다윗,
그 위대한 영성의 비밀

(개정증보판)

다윗, 그 위대한 영성의 비밀
(개정증보판)

2021년 10월 8일 초판 1쇄 인쇄
2025년 10월 28일 개정증보판 1쇄 발행

지은이   김성철 김은주
펴낸이   김영호
펴낸곳   도서출판 동연
등 록   제1-1383호(1992. 6. 12)
주 소   서울시 마포구 월드컵로 163-3, 2층
전화/팩스   02-335-2630 / 02-335-2640
이메일   yh4321@gmail.com
인스타그램   instagram.com/dongyeon_press

ISBN 978-89-6447-725-0 03230

다윗,

| 개정증보판 |

그 위대한
영성의 비밀

김성철 김은주 함께 씀

동연

변함없이 오빠를 지지해 준 선희, 선애 권사에게
고마움을 표하며

나는 다윗을 흠모하고 그의 일생을 동경해 왔다. 그의 삶을 살고 싶었던 것이다.

하지만 그것이 얼마나 이기적인 생각이었는지 깨닫기 시작하였다. 그의 위대한 인생을 닮고 싶었고 위업을 부러워했지만, 그가 겪었던 사건 모두는 아니라는 것이다. 십여 년의 쓰라린 도피 생활, 죄로 인하여 받은 하나님의 징계, 일평생 이어진 아픔의 긴 자국은 내가 겪고 싶지 않은 것이다. 이것이 나뿐이겠는가? 자라나는 청소년, 젊은 세대 그리고 왕성한 의욕으로 무장한 장년, 노년들도 나와 같은 비겁한 유혹 속을 헤매고 있을지 모르겠다. 우리가 살고 싶은 다윗의 삶은 우리 스스로가 선별한 다윗의 삶인 것을 부인할 수 없다. 물론 다윗과 같은 실수, 다윗과 같은 죄로 인한 징벌이나 의를 위한 핍박을 다 체험하라는 말은 아니다.

나는 다윗이 이룩한 위대한 업적에 심취하기도 하였고, 다윗이 지은 죄에 대한 실망으로 그의 인생을 재조명하기도 하였다. 하지만 이제는 그 가운데서도 믿음의 지팡이를 짚고 일어서다 쓰러지고, 다시 일어서다 주저앉으면서도 하나님을 부르는 그의 여정에 머리를 조아릴 수밖에 없었다.

그리고 내가 창조주께 두 손 들고 항복할 수밖에 없었던 것은 한번 택한 자를 다시금 잡아 쓰시고 한번 사랑한 자에게 끝없는 사랑을 보이사 그 뜻을 이루어 가시는 하나님의 인내였다. 다윗의 위대한 역사를 상고하다가 감탄하기도 하였고, 그의 죄의 속성과 죄로 인하여 무너져 내린 한 인간에 실망하기도 하였고, 이러한 인간을 다시금 잡아 이끄시는 하나님을 바라보고 나 자신에 대한 희망의 빙거(憑據)로 삼기도 하였다.

김이곤은 그의 책에 다음과 같이 썼다.

역사는, 하느님의 역사는, 구원을 향해 가는 그 역사는 결코 영광의 역사가 아니라 고난을 통해서 희망을 창조하는 역사이다. 히브리 민족의 고난사, 그것은 세계 인류를 구원하기 위한 '이방의 빛'으로서 겪는 고난사이다. 오늘 우리도 이 역사 속으로 부름을 받았고 '이방의 빛'으로서 부름을 받았다. 우리도 신의 약속을 받았고 신이 주시는 역사적 시련과 고난을 희망으로 창조해 가야 할 자들이라고 하는 것, 우리가 곧 세계 구원을 위한 열국의 빛이라고 하는 것, 희망이 없는 곳에 늘 희망을 심어줄 수 있는 자여야 한다는 것, 이것이 성서적 역사신앙의 가르침이다.[1]

우리는 하나님의 택정에 의해 하나님의 부르심을 받았다. 약속을 받은 것이다.[2] 약속을 받은 자는 어떤 인생이 펼쳐지더라도 모든

---

1 김이곤, 『신의 약속은 파기될 수 없다』 (한국신학연구소, 1983), 320.
2 "이르시되 나의 성도들을 내 앞에 모으라 그들은 제사로 나와 언약한 이들이니라 하시

것의 주관자이신 하나님을 앙망하며 자신의 안됨에서 오는 고난 그리고 환경에서 오는 시련을 소망으로 창조할 수 있다. 이것을 다윗은 증명해 주고 있다.

놀라운 다윗 뒤에는 더 놀라우신 하나님이 계셨고, 악한 다윗의 죄 뒤엔 다시금 용서하사 사랑으로 정한 뜻을 이루시는 끝없는 권능의 하나님이 계셨다. 주님은 자기의 어린 양을 포기하지 아니하신다.

내가 어렸을 때 아버님께서는 네 명의 자녀가 앞으로 교회에서 반주자나 지휘자가 되길 원해서서 피아노를 배우게 하셨다. 신앙이 좋으시고 실력 있고 철저히 가르치시는 선생님께서 우리 형제를 지도해 주셨다. 하지만 나는 그렇게 피아노 배우는 것을 싫어했다. 당시 아버님께서는 일 년에 두 번 자녀들을 모아놓고 얼마나 진척이 있는지 점검하시려 피아노 교본을 치게 하셨다.

실력이 없던 나는 꾀가 났다. 악보대로 연주하기가 어려워 왼손은 대충 코드를 잡아 쳤다. 아버님께서 피아노 연주하는 것을 한 번도 들은 적이 없었기에 속아 넘어가실 줄 알았다. 점검하실 때마다 아버님께서는 아무 말씀도 하지 않으셔서 속으로 쾌재를 불렀다. 이러길 여러 해, 초등학교 6학년 때의 일을 지금도 잊을 수 없다.

우리 집엔 자주 목사님들과 전도사님들이 오셔서 아버님과 함께 성경에 대하여 이야기하시고 찬양하셨다. 어느 날 목사님 한 분이 "찬송가 몇 장을 부릅시다"라고 하셨다. 그런데 이게 어찌 된 일인가?

도다"(시 50:5).

아버님께서 일어나셔서 피아노 앞에 앉으시는 것이 아닌가! 이제까지 이런 일은 없었다. "내 주를 가까이 하게 함은 십자가 짐 같은 고생이나 내 일생 소원은 늘 찬송하면서 주께 더 나가기 원합니다." 내가 들어도 아버님의 반주는 훌륭했고 은혜로웠다. 무엇보다도 악보를 정확히 치셨다.

그 이후로 아버님께서는 우리 형제들의 피아노 실력 점검을 하지 않으셨다. 아버님을 여러 해 속인 나는 머리를 들 수가 없었다. 왜 아버님께서는 점검하실 때 한 말씀도 안 하셨던 것일까? 감히 묻지도 못했다. 대학생이 되었을 때 용기를 내어 여쭈었다. "아버지, 그 당시에 왜 저를 나무라시지 않으셨어요?" 아버님께서는 대답 대신 엷은 미소만 지으셨다.

만약 그때 아버님께서 동생들 앞에서 나를 나무라셨으면 어땠을까? 자존심이 몹시 강한 나는 매우 견디기 어려웠을 것이고 비뚤어졌을지 모르겠다. 아버님께서는 여러 해 참아 주시고 지켜보시고 사랑으로 덮어 주셨다. 지금도 "내 주를 가까이 하게 함은 십자가 짐 같은 고생이나." 이 찬송을 부를 때마다 마음이 훈훈하면서 아버님의 인내에 오싹한 기분이 든다.

하나님께서는 그 양을 통하여 하고자 하시는 일을 성취하신다. 사랑의 인내가 충만하신 하나님께서는 기르시는 양을 통하여 말씀하시려는 것을 이루신다.[3]

---

3 예컨대 베드로는 잡석이었고, 요나는 자기의 멋과 정의에 기댄 인물이었고, 사도 바울은 고집스러운 자기 과시자였다. 하나님께서는 이해할 수 없는 방법으로 그들을 부르

이 책에선 이를 살피고자 한다. 그리고 이를 통하여 오래전 다윗이 오늘을 사는 우리에게 들려주고픈 이야기를 듣길 원한다.

이 책은 4년 전 동일한 제목으로 출간한 책의 오자를 수정하고, 자연스럽지 못한 문장을 다듬었으며, 1장(다윗의 등장)과 12장(성전 건축을 소망했으나 하나님에 의하여 그의 소망이 꺾이다) 그리고 18장(다윗의 인구조사)에 필요한 글을 첨가하였다. 또한 6장(결핍을 넘어 충만함으로 향하는 순례길: 시편 23편 주해), 17장(죽음 앞에서 부르는 구원의 노래: 시편 3편 주해), 20장(우리의 진면목: 시편 39편 주해), 21장(왕관을 벗어서), 부록(그루터기)을 추가하였다.

셨고, 좌충우돌(左衝右突)적 성품들을 다듬으셨다. 깎으셨다. 그래서 잡석을 반석으로 만드셨고, 제멋에 사는 자를 구약 최초의 이방인 선교사로 삼으셨고, 고집스러운 자기 과시자의 질그릇을 깨뜨리사 이방인의 사도로 삼으셨다.

차례

일러두기

　이 책에 인용된 성경은 "개역개정성경"(KRV, Korean Revised Version)이
다. 인용된 성경의 출처를 표기하지 않은 경우 개역개정성경이며, 그 외
판본을 사용한 경우 별도로 표기하였다.

제1부

택함 받은 자가
걸어야 할 길

1 장

다윗의 등장

하늘이 하나님의 영광을 선포하고 궁창이 그의 손으로 하신 일을 나타내는
도다 날은 날에게 말하고 밤은 밤에게 지식을 전하니 언어도 없고 말씀도 없으
며 들리는 소리도 없으나 그의 소리가 온 땅에 통하고 그의 말씀이 세상 끝까지
이르도다 하나님이 해를 위하여 하늘에 장막을 베푸셨도다 해는 그의 신방에
서 나오는 신랑과 같고 그의 길을 달리기 기뻐하는 장사 같아서 하늘 이 끝에서
나와서 하늘 저 끝까지 운행함이여 그의 열기에서 피할 자가 없도다 여호와의
율법은 완전하여 영혼을 소성시키며 여호와의 증거는 확실하여 우둔한 자를
지혜롭게 하며 여호와의 교훈은 정직하여 마음을 기쁘게 하고 여호와의 계명
은 순결하여 눈을 밝게 하시도다 여호와를 경외하는 도는 정결하여 영원까지
이르고 여호와의 법도 진실하여 다 의로우니 금 곧 많은 순금보다 더 사모할
것이며 꿀과 송이꿀보다 더 달도다 또 주의 종이 이것으로 경고를 받고 이것을
지킴으로 상이 크니이다 자기 허물을 능히 깨달을 자 누구리요 나를 숨은 허물
에서 벗어나게 하소서 또 주의 종에게 고의로 죄를 짓지 말게 하사 그 죄가

나를 주장하지 못하게 하소서 그리하면 내가 정직하여 큰 죄과에서 벗어나겠나이다 나의 반석이시요 나의 구속자이신 여호와여 내 입의 말과 마음의 묵상이 주님 앞에 열납되기를 원하나이다(시 19편).

많은 사람들이 전쟁의 소문과 과학 문명의 한계 그리고 자연재해와 사람의 심성이 악해짐을 보고 이 세상에 소망이 없다고 한다. 오스트리아–헝가리 제국의 소설가 프란츠 카프카(Franz Kafka)는 "목적지는 있다. 그러나 길이 없다. 우리가 길이라고 부르는 것은 다만 방황일 뿐이다"라고 했다. 오늘의 세상을 대변한 듯한 말이다.

그럼에도 불구하고 하나님께서는 소망을 거두신 일이 없으시다. 그 증거가 길 되시는 외아들을 보내어 주셨고, 외아들께서는 죽기까지 세상을 사랑하신 것 아니겠나? 성경엔 하나님을 소망의 하나님이라고 하셨다.

주님 안에 있는 자는 소망을 빼앗기지 않는다. 물론 이 세상은 시작이 있고 마침이 있음을 성경은 말씀하지만 그 마침 또한 영광된 시작임을 말씀하고 있다. 우리는 이 땅 가운데서도 그리스도 예수 안에서 천국을 맛보고 살 것이며, 이 세상이 마침이 되는 날 영원한 하나님의 나라의 복락을 누릴 것이다. 우리는 절망을 말하는 자가 아니요, 복음의 희망을 증거하는 자다.

이러한 자는 천국 복음을 위하여 새 희망 속에 헌신한다. 그리고 하나님의 나라가 임하시길 바라보며 선으로 악을 이기며 살아간다.[1]

사울의 타락과 불순종으로 하나님께서는 이스라엘의 역사 속에 다윗을 등장시키신다. 하나님께서는 왕들을 폐하시기도 하시며 세우시기도 하시고, 나라를 일으키시기도 하시며 폐망하게도 하신다.[2] 사울에게서 여호와의 영이 떠나가자 악령이 그를 괴롭혔고, 여호와의 영이 다윗에게 임하매 다윗을 감동시키셨다. 하나님께서는 다윗을 등장시켜 새 일을 행하신다. 하나님께서 하시고자 하시는 일은 사람으로 인하여 중단됨이 없으시다.[3]

창조주 하나님은 새 일을 행하시는 하나님이시다.

보라 내가 새 일을 행하리니 이제 나타낼 것이라 너희가 그것을 알지 못하겠느냐 반드시 내가 광야에 길을 사막에 강을 내리니(사 43:19).

---

1 김성철, 『얼마나 있으면 밤이 새겠소』(호산나출판사, 2017), 335-336.

2 우리는 다니엘서의 말씀과 같이 하나님은 왕을 세우시기도 하시고 폐하시기도 하시는 지혜와 능력이 무한하신 하나님을 다윗의 이야기에서 발견한다. 다니엘서 2장 21절에 "그는 때와 계절을 바꾸시며 왕들을 폐하시고 왕들을 세우시며 지혜자에게 지혜를 주시고 총명한 자에게 지식을 주시는도다"라고 기록되어 있다. 다니엘뿐 아니라 바울과 바나바가 비시디아 안디옥에서 전도할 때 바울은 다음과 같은 설교를 하였다. "그 후에 그들이 왕을 구하거늘 하나님이 베냐민 지파 사람 기스의 아들 사울을 사십 년간 주셨다가 폐하시고 다윗을 왕으로 세우시고 증언하여 이르시되 내가 이새의 아들 다윗을 만나 내 마음에 맞는 사람이라 내 뜻을 다 이루리라 하시더니 하나님이 약속하신 대로 이 사람의 후손에서 이스라엘을 위하여 구주를 세우셨으니 곧 예수라"(행 13:21-23).

3 여호와의 종 모세가 죽은 후에 슬픔에 잠겨있는 여호수아에게 하나님께서는 말씀하셨다. "내 종 모세가 죽었으니 이제 너는 이 모든 백성과 더불어 일어나 이 요단을 건너 내가 그들 곧 이스라엘 자손에게 주는 그 땅으로 가라"(수 1:2). 모세는 죽었으나 하나님은 하시고자 하시는 그 뜻을 사람에 관계없이 진행시키신다.

하나님은 지난 것에 얽매이지 않으시고 선하신 뜻을 이루시기 위하여 오늘도 역사하시는 창조주시다.

다윗은 사울 왕의 칼날을 피하여 도망 다녀야 했다. 피곤하고 불안하고 두려웠다. 하지만 이 기간이야말로 그가 하나님의 사람으로 다듬어지고 갖추어지는 준비의 기간이 되었다.

다윗은 도망자로 광야를 헤맬 때 자연을 관찰하며 묵상하는 일이 많았을 것이다. 그는 하나님께서 지으신 피조세계를 보며 하나님의 영광을 떠올렸다. 그만큼 그는 영적 감수성이 뛰어났으며 순전한 심령의 소유자였다. 그는 자연을 보면서 하나님의 오묘하신 손길을 느꼈던 것이다. 이것은 성령님께서 다윗에게 임하였기에 가능한 것 아니겠나!

당시 다른 민족은 해와 달과 별들을 숭배의 대상으로 여겼다. 하지만 다윗은 하늘이 하나님의 영광을 선포한다고 노래하였다. 그의 앞에 펼쳐진 것을 보면서 우주 만물을 만드신 주님께서 자신을 지으시고 부르실 뿐 아니라 인도하신다는 것을 믿었다. 모든 것이 하나님의 뜻대로 지으심을 받고 이끌림을 받을진대 자신의 이름을 아시는 하나님, 자신을 인도하여 주실 줄 의심하지 않은 것이다. 하나님은 다윗의 살아가는 이유였으며 목적이 되었다. 그의 중심엔 주님이 계셨고 그 인도하심 따라 한 발자국 한 발자국을 내디딜 수 있었다. 이것이 유다 광야를 지나면서도 영적 생명력이 날마다 넘치게 된 까닭이 되었다.

하나님께서는 여기에 더하여 자연계시를 뛰어넘는 특별계시인 말씀을 깨닫게 하시어 그 영광을 드러내신다. 하나님의 말씀은 우주 만물을 있게 해주는 원천이요, 인생의 모든 비밀과 나아가야 할 방향을 보여 준다. 뿐만 아니라 삶의 모범이 되고 따라야 할 모든 것이기에 다윗은 힘 있게 천국으로의 순례자의 노래를 부를 수 있었다. 다윗은 하나님의 말씀을 사랑했고 귀히 여겼으며 말씀에 자신을 끊임없이 복종시켰다. 다윗은 영영토록 있는 하나님의 말씀, 살아있고 항상 있는 하나님의 말씀을 사랑한 것이다.

하늘도 궁창도 낮과 밤도 태양이라도 하나님을 노래한다. 하나님의 하신 일을 증거한다. 하나님의 영광은 절대로 감춰지는 것이 아니기 때문이다. 반드시 드러나야 한다. 그리고 "빛이 있으라" 하신 하나님께서 말씀으로 지으신 모든 것을 그 말씀으로 이끄시고 마침내 말씀대로 이루실 것이다. 그러므로 하나님의 자녀는 자연을 보면서 계시의 말씀을 따르면서 오직 삼위일체[4] 하나님께 영광을 돌릴 수밖에 없다.

---

4 삼위일체(三位一體, Trinity)의 교리는 기독교의 특별한 진리요 교리이다. 이는 성경에 근거하고 있으며 다른 모든 종교와 철학의 사색으로부터 기독교를 구별하는 표지이다. 영어 '트리니티'(Trinity; 라틴어 '트리니타스', Trinitas)의 어원은 헬라어 '트리아스'(τρίας)나 또는 라틴어 '트레수누스'(Tresunus), '트리누스'(Trinus)이다. 이 말의 의미는 하나에 셋, 또는 셋이 하나이다. 그러나 세 겹(triplex)이란 뜻은 아니다. 이 말은 성경에서 발견되지 않지만, 한 본체가 영원한 삼위로 실존하신다는 중요한 사실을 표현하는 말이다. 헬라어 '트리아스'(τρίας)는 테오빌루스(Theovilus, 168~185년 어간의 수리아 안디옥 감독)가 처음 사용하였고, 라틴어 '트리니타스'(trinitas)는 터툴리안(Tertulian, 기독교 교부)이 가장 먼저 사용하였다(박형용, 『교의신학 신론』, 190).
성경에서 삼위일체의 교리는 구약성경과 신약성경에 근거하고 있는 진리이다. 구약에서 삼위일체의 교리의 근거를 하나님의 이름이 '엘로힘'(창 1:1, אֱלֹהִים)이란 복수형을 사용하고 있다는 점과 창세기에서 아브라함을 찾아온 천사가 셋이었다는 점(창

18:2) 그리고 이사야의 소명 체험 중에 스랍들의 찬송이 "거룩하다 거룩하다 거룩하다" 3회로 창화되었다는 점(사 6:3)을 제시하기도 한다. 그렇지만 이보다 하나님을 '아버지', '지혜', '영'(말씀)으로 표현하고 있는데, 이를 통해 하나님과 하나님의 활동을 동일하게 여기면서, 동시에 인격적으로는 구별되는 방법으로 표현하고 있다(아버지는 신 32:6, 지혜는 잠 8:22-31, 영(말씀)은 창 1장, 시 33:6, 8-9를 참조. 로저 올슨 · 크리스토퍼 홀, 『삼위일체』, 15-16).

신약에서 삼위일체의 표현은 성부와 성자와 성령을 한 하나님으로 이해하며 인격적으로는 다른 분으로 계시된다. 마태복음 28장 19절의 세례예식문에서 "아버지와 아들과 성령의 이름으로"의 표현과 고린도후서 13장 14절의 축도문에서 "주 예수 그리스도의 은혜와 하나님의 사랑과 성령의 교통하심이 너희 무리와 함께 있을지어다"의 표현에서 이미 삼위일체의 세 요소가 완전히 결합되어 있는 것을 볼 수 있다.

기독교 역사에서 삼위일체 신학은 창조주로서의 성부, 구속주로서의 성자, 성부와 성자의 구속을 적용시키며 성도를 성화시키시는 성령을 경험하는 삼위일체로부터 교리적인 삼위일체의 진술로 발전하게 된다. 교리적인 삼위일체로의 발전은 먼저 하나님의 영원하신 성부 되심이 확립되고, 성부로부터 아들의 출생 교리가 세워진다. 이어 아버지와 아들은 본질이 동일하다는 교리가 성립된다('호모우시오스'[homoousios], 동일본질의 교리, 아타나시우스의 공헌). 다음으로는 '한 본질(ousia) 안에 있는 세 위격(hypostasis)'의 공식에 따라 하나님의 본성 안에 영원한 구별이 있다는 교리가 확립된다. 하나님은 하나의 본질이면서 세 위격, 곧 하나의 존재 혹은 하나의 실체와 세 현존 혹은 세 위격이라는 주장이다. 이 교리의 확립은 갑바도기아의 세 교부의 신학, 바실리우스, 나지안주스의 그레고리우스, 닛사의 그레고리우스 덕분이다. 그들은 '휘포스타시스'(hypostasis)와 '우시아'(ousia)를 구별하여 휘포스타시스는 하나님의 본성 안에서의 실질적인 구별의 원리를 나타내는 것이라 하고, 우시아를 하나님의 본질 또는 본성 그 자체라고 하였다. 또한 이들은 삼위일체의 제3위인 성령의 위치와 특성을 확장시켰다. 그리하여 성자는 성부에게서 나시고, 성령은 성부와 성자에서 발출한다는 교리를 세우게 된다('필리오케'[filioque], '그리고 아들로부터'의 뜻).

삼위일체의 교리는 신학 논쟁을 통하여 발전하여 니케아(A.D. 325)-콘스탄티노플 (A.D. 381) 신조를 통해 분명히 진술된다. 니케아 신조에서 가장 중요한 본문은 "그는 하나님의 독생자시며 온 우주보다 먼저 나셨고, 만들어지신 분이 아니라 나셨으며, 참 신이시며, 참 빛이시며, 참 신 가운데 신이시며, 하나님에게서 나셨고, 창조함을 받지 않으셨고, 성부 하나님과 같은 본질이시며, 그로 말미암아 모든 만물이 창조되었고, 모든 인간과 우리의 구원을 위하여 하늘에서 내려오셨고, 성령으로 말미암아 동정녀 마리아에게서 인간으로 나셨고…"이다. 니케아 신조에 콘스탄티노플 신조는 다음 다윗은 맑고 순전하게 하나님을 바라고 그 뜻을 추구하였다. 우리에게 친숙한 기독교 시인 윤동주의 거칠고 어두운 삶 속에서 영롱하게 맺혀진 해맑은 정서와 마음이 생각난다.[5]

다윗은 하늘을 보면서도 그것을 지으신 아버지를 생각했고 시간의 흐름 속에 자신을 계시하시는 여호와 하나님을 사모하였다. 그는 그랬다. 그는 대체로 단순하였고 순수하였다. 아버지께서 만드신 모든 것을 보고 아버지의 사랑을 느꼈으며, 그 어느 작은 것 하나 창조주의 사랑의 숨결이 배이지 않은 것이 없음을 깨닫고 그저 감격하는 것이 그의 일상이었다.

왜냐하면 그 속에서 말씀하시는 하나님을 만났던 것이다. 영혼이 맑고 마음이 깨끗한 자에게 주시는 하나님의 은혜를 체험한 것이다. 다윗은 모든 환경과 여건 가운데 하나님을 발견하였고 말씀 속에서

의 내용이 확장되었다. "우리는 성령을 믿습니다. 우리는 이 성령이 생명의 주시요, 생명의 창시자로서 성부에게서 나왔음을 믿사오며, 이 성령께서 성부와 성자와 함께 우리의 예배를 받으시오며 영광을 받으시는 분임을 믿습니다…" 이후에 니케아-콘스탄티노플 신조에 서방 교회는 A.D. 586년에 스페인 수도 톨레도에서 성령이 성부로부터만이 아니고 성자에게서도 나온다는 내용(filioque)을 첨가하였다. 그 본문의 내용은 "… 우리는 이 성령이 생명의 주시요, 생명의 창시자로서 성부와 성자에게서 나왔음을 믿사오며…"로 수정되었다. 이 신조는 사도신경과 더불어 기독교 신앙고백 가운데서 중요한 의미를 가지고 있다. 오늘의 대부분의 기독교회는 삼위일체 하나님을 믿고 예배하고 있다(이형기, 『세계개혁교회의 신앙고백서』, 27). 김성철, 『얼마나 있으면 밤이 새겠소』, 363-365, 註: 김성수.

5 그의 서시(序詩)다. "죽는 날까지 하늘을 우러러 한 점 부끄럼이 없기를, 잎새에 이는 바람에도 나는 괴로워했다. 별을 노래하는 마음으로 모든 죽어 가는 것을 사랑해야지 그리고 나한테 주어진 길을 걸어가야겠다. 오늘 밤에도 별이 바람에 스치운다." 이 시는 깨끗한 양심을 유지하고 부끄럼 없기를 소원하며 고뇌를 사랑으로 승화시키며 살아가기를, 살아내기를 바라는 맑은 시인을 떠오르게 한다.

계시하시는 하나님의 손길을 체험하였다. 그리하였기에 온전하신 하나님의 법을 찬미하였고 주님께서 명하신 것을 믿음으로 행하였고 여호와의 가르침을 받으며 늘 깨우친 것 아닌가!

그의 모든 삶의 결국은 하나님이었다. 시편 18편 1절과 2절은 여호와께서 그 모든 원수의 손에서와 사울의 손에서 건져주신 날에 하나님께 드린 노래다.

나의 힘이신 여호와여 내가 주를 사랑하나이다 여호와는 나의 반석이시요 나의 요새시요 나를 건지시는 이시요 나의 하나님이시요 내가 그 안에 피할 나의 바위시요 나의 방패시요 나의 구원의 뿔이시요 나의 산성이시로다

모든 것 되시는 하나님을 찬양한 것이다.

그는 철저한 현실주의자였으며,6 철저히 꿈꾸는 자였다. 다윗은 놀랍게도 이 두 가지를 다 가진 인물이었다. 그의 모든 행위는 현실에 입각한 것으로써 자신의 삶의 자리에 하나님께서 은혜를 더하시면 놀라운 일이 분명코 일어날 것임을 의심하지 않았다. 다윗의 꿈은 자신을 뛰어넘고 열두지파를 뛰어넘고 이스라엘 나라를 뛰어넘고 수많은 열방과 족속을 뛰어넘었으며 시간을 뛰어넘는 원대한 것이었다. 그 꿈을 주신 분은 여호와 하나님이시다. 그러기에 그의 꿈은 하나님의 말씀 속에서 현실로 이루어질 것임이 자명하다.

---

6 이 주제는 2장 "다윗을 다윗 되게 한 사건, 하나님께서 주도하시다"에서 다루었다.

그는 깨끗하게 살려고 힘을 썼다. 말씀을 붙들고 사는 삶은 정결할 수밖에 없는데 하나님의 말씀은 정결하고 진실하며 의롭기 때문이다. 다른 말로 표현하자면 그의 삶의 제 일은 여호와 하나님의 말씀대로 사는 것이었다. 그래서 그는 흠과 티를 스스로 용납할 수 없었다. 죄에 대해선 철저히 자신을 엄격하게 대했으며 그의 목적은 자신의 전 인격이 하나님께서 받으심 직한 제물이 되는 것이었다. 그의 노래 "나의 반석이시요 나의 구속자이신 여호와여 내 입의 말과 마음의 묵상이 주님 앞에 열납되기를 원하나이다"처럼 말이다. 하지만 이렇게 시작한 다윗도 역시 불완전하고 흠이 많고 하나님의 손길로 순간순간 만져 주지 아니하시면 절망의 낭떠러지로 떨어질 수밖에 없다는 것을 우리는 그의 삶을 통해 절실히 느끼게 된다.

자! 하나님께서 사울을 이스라엘 왕이 되지 못하게 함으로써 새 왕이 필요하게 되었다. 하나님께서 판단하사 하나님의 필요에 의하여 진행시키신다. 모든 역사는 다 이와 같다 할 것이다. 에베소서 1장 11절에 "모든 일을 그의 뜻의 결정대로 일하시는 이의 계획을 따라 우리가 예정을 입어 그 안에서 기업이 되었으니"라는 말씀이 있다. 하나님께서는 자기의 원하시는 뜻이 계시고 하나님의 행하심은 그 뜻을 이루시기 위함이다. 다윗은 하나님의 새 일을 위한 도구였다. 하나님께서는 그를 도구로 쓰시기 위하여 성경 역사에 등장시키셨다.

이 모든 것은 그리스도 예수 안에서 예정된 것이다. 에베소서

1장 3-6절 말씀 그대로였다.

> 찬송하리로다 하나님 곧 우리 주 예수 그리스도의 아버지께서 그리스도 안에
> 서 하늘에 속한 모든 신령한 복을 우리에게 주시되 곧 창세 전에 그리스도
> 안에서 우리를 택하사 우리로 사랑 안에서 그 앞에 거룩하고 흠이 없게 하시려
> 고 그 기쁘신 뜻대로 우리를 예정하사 예수 그리스도로 말미암아 자기의 아들
> 들이 되게 하셨으니 이는 그가 사랑하시는 자 안에서 우리에게 거저 주시는
> 바 그의 은혜의 영광을 찬송하게 하려는 것이라.

어쩌면 이 말씀이 다윗을 가리켜 하신 말씀이 아닐까 생각할
정도다. 그는 하나님을 노래하였고 그 하시는 일을 찬송하였고 하나
님의 손길을 찬양하였다. 시편이 이를 증명하고 있다.

그는 시인이요 전사, 챔피언, 추방자, 건축가, 행정가 그리고
목자요 왕이었다. 그뿐만 아니라 그는 예술가였다. 악기를 연주하고
노래하고 시를 지었다. 그가 성령님의 감동하심을 받아 지은 시는
시편 중 절반이 넘는다. 성경은 그에 대하여 62장을 할당하고 있는데
아브라함이 14장에 걸쳐 기록되어 있는 것을 볼 때 다윗의 비중이
어떠한지 짐작할 수 있다.[7]

자! 그럼 구체적으로 다윗의 이야기를 시작한다.

하나님께서는 사무엘에게 하나님께서 보신 한 왕에게 기름을

---

7 J. 오스왈드 샌더스/최혜숙 옮김, 『하나님의 학교를 졸업한 사람들』(나침반사, 1985),
  151.

부으라고 명하신다. "내가 그의 아들 중에서 한 왕을 보았느니라."
사람은 찾을 수 없으나 하나님은 불꽃 같으신 눈으로 그 한 사람을
발견하신 것이다. 예레미야는 여호와께서는 누가 충성을 다하고
있는가를 아시고 사람의 심장과 폐부까지 들여다보시며 살피시는
분이라고 하였다. 엘리 대제사장 밑에서 잔심부름하던 사무엘을
발견하셨고, 홀로 힘겨운 인생을 살아내야 하는 이방 여인 룻을
발견하셨고, 포도주 틀에서 밀을 털어내는 겁많은 기드온을 발견하
셨고, 열두 겨릿소를 앞세우고 밭을 가는 엘리사를 찾아내셨고,
시골 동네 나사렛에서 마리아를 찾아내셨고, 무화과나무 아래에
있는 나다나엘을 찾아내셨다. 그리고 우리를 찾아내신 것이다.

하나님은 스스로 있는 자이시다. 행하시고자 하는 바를 하시는
구원자이시요 참신이라는 것이다. 하나님의 행하심을 그 누구도
막을 수 없다.8 그리하여 사무엘은 지시를 받은 대로 베들레헴 이새
의 집9으로 찾아가서 그의 아들들을 본다. 이로 보건대 모든 역사는
하나님께서 계획하시고 하나님께서 진행하시고 하나님께서 결정하
심을 알 수 있다.

사무엘은 첫째 엘리압을 보고 과연 주님께서 택하신 자로구나
생각하였으나 그가 아니라는 하나님의 감동을 받는다. 사무엘 선지
는 하나님의 도구였고 결정은 하나님이 하신다. 사무엘의 마음에

---

8 김성철, 『얼마나 있으면 밤이 새겠소』, 15.
9 이새의 가문은 사울 왕의 가문에 비해 그다지 뛰어나지 못했다. 이새는 오벳의 아들이
   요, 모압 여인 룻과 보아스의 손자이다. 이새가 사울 왕에게 보낸 물품이 떡과 한 가죽
   부대의 포도주, 염소 새끼(삼상 16:20)인 것으로 보아 부자는 아니었던 것 같다.

드는 자를 뽑는 것이 아니었다. 사무엘은 아비나답, 삼마 등 아들 일곱을 보았으나 응답이 없으셨다. 마침내 양을 지키고 있는 막내를 데리고 오라고 하였고, 그를 보니 눈에는 총기가 있었고 힘도 있어 보였다. 혈색 좋은 다윗이었다. 그러나 분명한 것은 아버지 이새가 왕이 될 만한 자식을 골랐다면 다윗은 아니었을 것이다. 성경은 그가 다윗을 염두에 두지 않았음을 시사하고 있다.[10] 다윗이 선택됨은 아버지에 의해서도 아니요, 주위 사람에 의해서도 아니요, 형제에 의해서도 아니요, 사무엘 선지자에 의해서도 아니다. 오직 하나님에 의해서였다.

잠언 16장 1절엔 다음과 같이 기록되어 있다.

계획은 사람이 세우지만, 결정은 주님께서 하신다(새번역).

다윗은 무시당하고 초대받지도 못한 인물이었다.[11]

이사야 선지자는 예수님을 이사야 53장 1-2절에 예언한다.

우리가 전한 것을 누가 믿었느냐 여호와의 팔이 누구에게 나타났느냐 그는 주 앞에서 자라나기를 연한 순 같고 마른 땅에서 나온 뿌리 같아서 고운 모양도

---

10 사무엘상 16장 11절에 아버지 이새는 사무엘이 "네 아들들이 다 여기 있느냐"는 물음에 대답하기를 "아직 막내가 남았는데 그는 양을 지키나이다"라고 하였다. 이새는 이름도 말하지 않고 그저 '막내'라고 한 것으로 보아 다윗을 대수롭지 않게 여긴 듯하다.

11 유진 피터슨/이종태 옮김, 『다윗: 현실에 뿌리박은 영성』(한국기독학생회출판부, 1999), 39.

없고 풍채도 없은즉 우리가 보기에 흠모할 만한 아름다운 것이 없도다.

자기 땅에 오매 자기 백성이 알지 못하여 영접하지 않은 분이 예수님이시다.[12] 다윗은 가족 중 그 누구도 염두에 두지 않은 인물이었다. 마치 고향에서 배척받으신 주님과 같이 말이다. 마태복음 13장 55-57절을 보자.

> 이는 그 목수의 아들이 아니냐 그 어머니는 마리아, 그 형제들은 야고보, 요셉, 시몬, 유다라 하지 않느냐 그 누이들은 다 우리와 함께 있지 아니하냐 그런즉 이 사람의 이 모든 것이 어디서 났느냐 하고 예수를 배척한지라 예수께서 그들에게 말씀하시되 선지자가 자기 고향과 자기 집 외에서는 존경을 받지 않음이 없느니라 하시고.

다윗을 찾아내신 분은 오직 하나님이시다. 하나님께서는 모세에게 자신을 드러내시면서 계시하시기를 스스로 있는 자, 즉 "나는 곧 나다"라고 하셨다. 스스로 있는 자란 행하시고자 하는 바를 하시는 구원자라는 것이요 참 신이라는 의미이다. 하나님은 모든 것을 뜻하신 바대로 하시는 여호와 하나님이시다. 시편 89편 20절이 이를 증거하고 있다. "내가 내 종 다윗을 찾아내어 나의 거룩한 기름

---

12 "참 빛 곧 세상에 와서 각 사람에게 비추는 빛이 있었나니 그가 세상에 계셨으며 세상은 그로 말미암아 지은 바 되었으되 세상이 그를 알지 못하였고 자기 땅에 오매 자기 백성이 영접하지 아니하였으나"(요 1:9-11).

을 그에게 부었도다." 오직 하나님이 하셨다는 것 아니겠나! 하나님
께서는 말씀하셨다. "그가 바로 내가 택한 사람이니 그에게 기름을
부어라." 사람에 의해 택하여진 자가 아니다. 쉐퍼 박사는 다음과
같이 언급하였다.

비록 우리가 재능이나 체력, 심리적 강인함에 있어서는 제한적이고
연약하다 하더라도, 우리는 나무 막대기보다 왜소한 존재가 아니다.
모세의 지팡이가 하나님의 지팡이가 되었듯이 바로 내가 하나님의
사람이 될 때 나는 하나님의 손에서 유용한 도구로 쓰일 수 있다.
성경은 하나님께 진정으로 성별된 것이 작을지라도 그것을 통해 큰
일이 이루어진다는 것을 강조한다. 진정한 영적 의미에서는 결코 작은
사람도 없고, 결코 큰 사람도 없다. 다만 하나님 앞에 성별된 사람과
성별되지 못한 사람이 있을 뿐이다. 우리들 각자가 가지고 있는 문제는
이러한 진리를 우리들 자신에게 적용하는 것이다.[13]

하나님께서는 이사야 41장 8-9절에 말씀하셨다.

그러나 나의 종 너 이스라엘아 내가 택한 야곱아 나의 벗 아브라함의 자손아
내가 땅 끝에서부터 너를 붙들며 땅 모퉁이에서부터 너를 부르고 네게 이르기
를 너는 나의 종이라 내가 너를 택하고 싫어하여 버리지 아니하였다 하였노라.

---

13 레인 데니스 엮음/김선일 옮김, 『프란시스 쉐퍼, 그의 삶과 사역』 (아가페출판사,
　　1994), 8.

우리는 왜 하나님께서 이스라엘을 택하셨는지 그 이유를 알 수 없다. 이것은 하나님의 비밀이다. 우리 주 예수 그리스도 안에 감추어진 하나님의 비밀인 것이다. 아마도 사무엘의 관점에서 보면 첫째 엘리압이 왕이 될 만한 재목이었을 것이다. 하나님께서는 엘리압에 관하여 무어라 하셨는가?

> 그의 용모와 키를 보지 말라 내가 이미 그를 버렸노라 내가 보는 것은 사람과 같지 아니하니 사람은 외모를 보거니와 나 여호와는 중심을 보느니라(삼상 16:7).

다윗이 빛이 붉어서 선택되었는가? 눈이 빼어나고 얼굴이 아름다워서 선택되었는가? 아니다. 이는 단지 사무엘이 본 바를 성경은 기록하고 있을 따름이다. 하나님의 사람 선택 기준은 중심이다. 야곱을 보라. 우리는 왜 하나님께서 에서를 버리시고 야곱을 선택하셨는지 모른다. 창세기 25장 22-23절을 보자.

> 그 아들들이 그의 태 속에서 서로 싸우는지라 그가 이르되 이럴 경우에는 내가 어찌할꼬 하고 가서 여호와께 묻자온대 여호와께서 그에게 이르시되 두 국민이 네 태중에 있구나 두 민족이 네 복중에서부터 나누이리라 이 족속이 저 족속보다 강하겠고 큰 자가 어린 자를 섬기리라.

바로 이것이 하나님의 섭리가 아닌가!

말라기 1장 2-3절에 "여호와께서 이르시되 내가 너희를 사랑하였노라 하나 너희는 이르기를 주께서 어떻게 우리를 사랑하셨나이까 하는도다 나 여호와가 말하노라 에서는 야곱의 형이 아니냐 그러나 내가 야곱을 사랑하였고 에서는 미워하였으며 그의 산들을 황폐하게 하였고 그의 산업을 광야의 이리들에게 넘겼느니라"고 기록되어 있다. 바로 이러한 알 수 없는 한량없는 은혜를 다윗이 받았고 또한 우리가 받은 것이다. 분명히 아는 것은 하나님은 실수하시지 아니하신다는 것이다.

개를 좋아하여 여러 견종을 기른 적이 있었다. 그중 골든리트리버 종이 하나 있었는데 이름이 '코비'였다. 정성을 다해 길렀으나 나는 '코비'가 썩 마음에 들지를 않았다. 그때 기르던 개 중에서 품평회에 한 번 나가보고자 하는 욕심이 있었는데 '코비'는 내 눈에 보기에 영 아니었다. 그러던 중 지인에게 '코비'를 줬고 이내 잊어버렸다. 그런데 이게 웬일이란 말인가! 지인에게서 연락이 왔는데 '코비'가 품평회에서 입상하였다는 것이다. 속이 얼마나 상하였는지, 지금도 그분에게 준 것을 후회하고 있다. 나는 보는 눈이 없었던 것이다.

하나님께서는 사람을 선택하실 뿐 아니라 그에게 복을 주신다. 사무엘상 기자는 사무엘에 의해서 기름부음을 받은 다윗이 여호와의 영에게 크게 감동되었다고 기록하고 있다. 하나님은 사명[14]을

---

14 국어사전에서 사명(使命)은 '맡겨진 임무' 또는 '사신(使臣)이나 사절(使節)이 받은 명령'으로 풀이된다. 사명은 맡은 사람이 감당해야 할 임무와 명령이다. 그리스도인들에게 사명이란 하나님께서 그 사람에게 맡기신 일을 의미한다. 김성철, 『얼마나 있으면 밤이 새겠소』, 361, 註: 김성수.

주실 뿐 아니라 감당할 수 있도록 성령님의 충만함을 부어주심을 알 수 있다. 예수님께서는 부활하신 후 제자들에게 명령하셨다.

> 너희는 온 천하에 다니며 만민에게 복음을 전파하라 믿고 세례를 받는 사람은 구원을 얻을 것이요 믿지 않는 사람은 정죄를 받으리라 믿는 자들에게는 이런 표적이 따르리니 곧 그들이 내 이름으로 귀신을 쫓아내며 새 방언을 말하며 뱀을 집어올리며 무슨 독을 마실지라도 해를 받지 아니하며 병든 사람에게 손을 얹은즉 나으리라(막 16:15-18).

주님께서는 명령만 하시고 만 것이 아니다. 사도행전 1장 4-5절에 약속하셨다.

> 예루살렘을 떠나지 말고 내게서 들은 바 아버지께서 약속하신 것을 기다리라 요한은 물로 세례를 베풀었으나 너희는 몇 날이 못되어 성령으로 세례를 받으리라.

모든 하나님의 사람들은 홀로 일한 것이 아니라 하나님의 영의 감동함을 받아 그 능력으로 일하였다. 마가복음 16장 19절과 20절을 보면 "주 예수께서 말씀을 마치신 후에 하늘로 올려지사 하나님 우편에 앉으시니라 제자들이 나가 두루 전파할새 주께서 함께 역사하사 그 따르는 표적으로 말씀을 확실히 증언하시니라"라고 기록되어 있다. 구체적인, 따르는 표적은 수없이 많을진대 예수님의 이름으로 귀신을 쫓아내며 새 방언을 말하며 뱀을 집어 올리며 무슨 독을 마실지라도 해를 받지 아니하며 병든 사람에게 손을 얹은즉 낫는 것 등이다. 이러한 것들은 사람이 할 수 있는 것이 아니다. 성령 하나님께서 행하시는 것이다.

그러므로 하나님의 사람들은 걱정하지 말아야 한다. 어떤 사명을 맡겨주시던 간에 말이다. **하나님께서는 사명만을 맡기시지 아니하시고 능히 감당할 능력도 주신다.** 여호와께서는 여호수아에게 요단을 건너, 주는 그 땅으로 가라 하셨다. 여기에서 끝이라면 얼마나 막막하고 기운이 없겠나? 여호수아 1장 5-6절에 "네 평생에 너를 능히 대적할 자가 없으리니 내가 모세와 함께 있었던 것 같이 너와 함께 있을 것임이니라 내가 너를 떠나지 아니하며 버리지 아니하리니 강하고 담대하라 너는 내가 그들의 조상에게 맹세하여 그들에게 주리라 한 땅을 이 백성에게 차지하게 하리라"고 하셨다.

다윗의 등장은 여호와의 영과 큰 관계가 있다.[15] 다윗이 등장한 것은 성령 하나님의 역사와 함께였으며 훗날 그는 이 사실이 얼마나 중요한지 일평생 잊지 아니하였다. 이것은 아마 다음과 같은 사건에서 비롯되었을 것이다. 하나님께서 사울을 버리시자 여호와의 영이 사울에게서 떠났다. 전에 사무엘은 사울의 머리에 기름을 붓고 여호와의 영이 크게 임할 것을 예언하였고 그대로 되었다. 하지만 이제는

---

15 "사무엘이 기름 뿔병을 가져다가 그의 형제 중에서 그에게 부었더니 이 날 이후로 다윗이 여호와의 영에게 크게 감동되니라 사무엘이 떠나서 라마로 가니라"(삼상 16:13).

여호와의 영이 떠나고 악령으로 인하여 심한 괴로움을 당하게 되었고 사울 왕의 신하들은 수금을 잘 타는 사람을 구하여 그 고통을 덜어주려 하였는데 이때 다윗이 발탁되었다. 사무엘상 16장 23절에는 다음과 같이 기록되어 있다.

> 하나님께서 부리시는 악령이 사울에게 이를 때에 다윗이 수금을 들고 와서 손으로 탄즉 사울이 상쾌하여 낫고 악령이 그에게서 떠나더라.

다윗이 단지 수금을 잘 타서 번뇌에 사로잡힌 사울을 낫게 한 것일까? 여호와의 영에게 크게 감동된 다윗이 수금을 연주하는 동안 악령이 쫓겨난 것이다. 여호와의 영의 역사인 것이다. 이와 같이 기름부음을 받은 다윗은 영적 전쟁을 치렀고 성령님의 도우심으로 승리하였음이 명확하다. 다윗은 이러한 체험으로 성령 하나님의 임재가 얼마나 중요한지 그의 삶 속에서 그 역사를 소중히 여기게 되었던 것이다. 아무리 훌륭하고 강한 왕이라도 여호와의 영이 떠나면 번뇌하는 인생으로 떨어진다는 사실 그리고 여호와의 영이 떠난 그 자리에 악령이 임하여 불쌍하고 처량한 인생을 좌지우지한다는 사실 그리고 악령은 여호와의 영에게 패할 수밖에 없다는 진리를 다윗은 그의 초기에 체득하게 되었다. 그리고 모든 것은 영적 싸움이라는 것을 그리고 승리는 오직 여호와 하나님께 있다는 것을 말이다.

로마서 8장 5-9절에는 이를 분명히 하고 있다.

육신을 따라 사는 사람은 육신의 일을 생각하지만 성령님을 따라 사는 사람은 성령님의 일을 생각합니다. 육적인 생각은 죽음을 뜻하고 영적인 생각은 생명과 평안을 뜻합니다. 육적인 사람은 하나님의 법에 복종하지도 않고 또 복종할 수도 없기 때문에 하나님과 원수가 되고 맙니다. 육신의 지배를 받는 사람은 하나님을 기쁘시게 할 수 없습니다. 그러나 성령님이 여러분 안에 계시면 여러분은 육신의 지배를 받는 것이 아니라 성령님의 지배를 받습니다. 누구든지 그리스도의 영이 없으면 그리스도의 사람이 아닙니다(현대인의 성경).

더 말해야 무엇하겠는가!

그의 노래 시편 18편에는 승리를 노래하고 있는데 그것은 자신의 승리가 아니라 하나님의 승리임을 선언하고 있다.

주께서 나의 등불을 켜심이여 여호와 내 하나님이 내 흑암을 밝히시리이다 내가 주를 의뢰하고 적군을 향해 달리며 내 하나님을 의지하고 담을 뛰어넘나이다(시18:28-29).

이렇게 할 수 있는 이유는 자신에게 부어진 여호와의 영을 모심에 있었다. 그는 자신의 등불을 스스로 켤 수 없다는 것을 알았다. 성령님의 기름으로라야 등불을 밝힐 수 있다는 것을! 내 상황, 내 인생의 모든 것을 말이다. 그리고 자신의 힘이 얼마나 하잘것없는 것도 알았다. 자신의 힘이신 하나님의 힘만 믿고 적들에게 달려들 수 있었고 원수들이 막아놓은 담을 뛰어넘을 수 있었다. 성경은 성령

하나님의 역사야말로 모든 것을 가능하게 하며 하나님의 뜻을 이루심을 말씀하고 있다.

스가랴 선지자 당시 유다 총독 스룹바벨과 대제사장 여호수아와 유다 백성들은 약해져 있었다. 감당해야 할 일이 많았고, 감당하기란 쉽지 않았다. 하지만 하나님께서는 그들 홀로 감당하라고 하지 않으셨다. 스가랴 4장 6절에 "그가 내게 대답하여 이르되 여호와께서 스룹바벨에게 하신 말씀이 이러하니라 만군의 여호와께서 말씀하시되 이는 힘으로 되지 아니하며 능력으로 되지 아니하고 오직 나의 영으로 되느니라"라고 기록되어 있다. 때마다 함께하시고 일마다 도와주사 완성시키시는 분은 성령 하나님이시라는 것이다.[16] 달변으로나 지혜로, 혹은 경험을 가지고 되지 않는다. 오직 하나님의 능력으로야 헤쳐 나갈 수 있으며 이길 수 있는 것임을 알 수 있다.

사도 바울의 고백도 마찬가지임을 알 수 있다.

그러나 이 귀한 보물, 지금 우리들 속에 빛나고 있는 이 빛과 힘은 깨지기 쉬운 그릇, 곧 우리의 연약한 육체 속에 들어 있습니다. 우리 속에 있는 이 영광스러운 힘은 우리 자신에게서 나온 것이 아니라 하나님에게서 나온 것이라는 사실은 누가 보아도 알 수 있습니다. 우리는 사면에서 닥치는 고통에

---

16 바벨론 포로에서 70년 만에 해방된 유다인들은 고토(故土) 예루살렘에 돌아가서 하나님의 성전을 건축하고자 하는 마음이 있었다. 하지만 시작된 성전 공사는 주변에 족속들의 방해로 16년간 중단되었다. 이때 하나님께서는 학개와 스가랴 선지자를 일으키셔서 성전 재건을 독려하시며 이 모든 것은 성령 하나님의 역사로 완공될 수 있을 것이라는 소망을 주셨으며 B.C. 516년에 그대로 이루어졌다.

짓눌리지만 움츠러들지도 쓰러지지도 않습니다. 너무도 어처구니 없는 일에 당황할 때도 있지만 절망하거나 자포자기하지 않습니다. 우리가 박해를 받을 때도 하나님께서는 결코 우리를 버리시지 않습니다. 우리는 얻어맞고 넘어져도 다시 일어나서 달려 나갑니다. 우리 몸은 예수께서 그러하셨던 것처럼 부단히 죽음에 직면하고 있습니다. 그러나 분명한 것은 생명이신 그리스도께서 우리 속에 살아 계신다는 사실입니다(고후 4:7-10, 현대어성경).

바울은 자신은 질그릇이라고 표현하였다. 귀하지도 소중하지도 아니한 흔하디흔한 그릇, 깨지기 쉬운 그릇임을 자인한 것이다. 즉, 자신이 할 수 있는 것은 아무것도 없으며 약한 존재임을 말이다. 이제까지 역사가 있었다면 그것이 자신이 아니요, 자신 속에 모신 주님이시요, 삶의 고비 고비에서 건져주신 분도 자신 안에 계신 보배 되신 예수님이라는 것이다.

찬송가의 노랫말과 같다.

이 세상 험하고 나 비록 약하나 늘 기도 힘쓰면 큰 권능 얻겠네, 주님의 권능은 한없이 크오니 돌 같은 내 마음 곧 녹여 주소서, 내 맘이 약하여 늘 넘어지오니 주 예수 힘주사 군세게 하소서.

그렇다. 이 세상은 험하다. 죽음이 왕 노릇 하는 이 세상은 우리의 능으로 헤쳐 나갈 수가 없다. 그러기에 다윗은 시편에서 그토록 간구하고 간청한 것이다. 성령님의 권능을 힘입기 위해서였다. 그 권능은 어리석고 강퍅(剛愎)한 내 마음도 녹여 주실 수 있고 넘어지는 우리를 굳건히 일어서게 할 수 있으며 목적지에 도달할 수 있도록 역사하신다.

고린도전서 2장 4-5절에 자신을 너무도 잘 파악한 사도는 "내 말과 내 전도함이 설득력 있는 지혜의 말로 하지 아니하고 다만 성령의 나타나심과 능력으로 하여 너희 믿음이 사람의 지혜에 있지 아니하고 다만 하나님의 능력에 있게 하려 하였노라"라고 쓰고 있다. 사도 바울은 고린도에 갔을 때 주위의 환경이 복음을 전하기엔 너무도 어려웠다. 그래서 그는 약하고 두려워하고 심히 떨었다고 하였다. 자신의 힘으로는 아니 됨을 알았다. 그래서 그는 하나님께 엎드렸다. 성령님의 나타나심과 능력을 구하였던 것이다. 성령님께서 역사하여 주셔야만 복음 전함이 가능함을 알았다.

예수님께서 사도에게 무어라 말씀하셨나?

내 은혜가 네게 족하도다 이는 내 능력이 약한 데서 온전하여짐이라(고후 12:9).

예수님의 능력은 약한 사람에게 가장 잘 나타난다는 것인데 자신이 아무것도 아님을 쓸모없는 풀포기와 같음을 스스로 아는 자에게, 즉 겸손한 자에게 주님의 능력은 임하는 것이다. 나에겐 아무 힘이 없다는 것을 아는 자는 용감한 자요 구하는 자요 하나님의 능력만 믿고 전진할 수 있는 자이다.

자! 실제로 베들레헴에 있는 나이 어린 양치기를 사울 왕의 신하가 어떻게 기억하고 수금 타는 자로 추천했겠는가?[17] 톱니가 맞물려 한 치의 오차도 없이 돌아가듯 하지 않은가? 나는 이 또한 여호와의 영의 역사라 생각한다. 성령님께서는 하나님의 섭리를 이루시기 위하여 쉼 없이 운행하신다. 그 지혜와 행하심을 그 누가 짐작할 수 있으랴! 성령님은 이 모든 것을 주관하시고 하나님의 뜻을 이루시기 위하여 인간이 상상 못 한 방법으로 신묘막측(神妙莫測)한 역사를 이루신다. 여호와의 영께서는 이같이 다윗을 이끌어가신다. 아니 이렇게 하나님은 다윗의 일생을 설계하신 것이다.

다윗은 노래 불렀다.[18]

---

17 "여호와의 영이 사울에게서 떠나고 여호와께서 부리시는 악령이 그를 번뇌하게 한지라 사울의 신하들이 그에게 이르되 보소서 하나님께서 부리시는 악령이 왕을 번뇌하게 하온즉 원하건대 우리 주께서는 당신 앞에서 모시는 신하들에게 명령하여 수금을 잘 타는 사람을 구하게 하소서 하나님께서 부리시는 악령이 왕에게 이를 때에 그가 손으로 타면 왕이 나으시리이다 하는지라 사울이 신하에게 이르되 나를 위하여 잘 타는 사람을 구하여 내게로 데려오라 하니 소년 중 한 사람이 대답하여 이르되 내가 베들레헴 사람 이새의 아들을 본즉 수금을 탈 줄 알고 용기와 무용과 구변이 있는 준수한 자라 여호와께서 그와 함께 계시더이다 하더라"(삼상 16:14-18).

18 모든 것이 그의 노래의 재료였다. 모든 것은 하나님께서 만드신 창조물이니까. 항상 찬양하며 항상 악기를 연주하였다. 그 어떤 환경과 여건도 하나님 찬양의 소재가 되었다. 다윗이 삶 가운데 겪은 모든 것들은 "할렐루야"였다. 아니 성령 하나님께서 다윗의 인생길의 마른 땅에서도, 푸른 풀밭에서도 찬양의 샘이 터져 나오도록 주관하셨다. 그의 삶이 자신의 지혜와 경험과 지식을 뛰어넘은 이유가 찬양 속에 응답하시는 하나님의 이끄심이 아니었을까! 그러기에 그의 시편은 다윗의 작품 이전에 그의 생각과 지식과 예술적 달란트를 사용하신 성령님의 감동으로 쓰인 것임은 말할 것이 없겠다.

내가 은밀한 데서 지음을 받고 땅의 깊은 곳에서 기이하게 지음을 받은 때에 나의 형체가 주의 앞에 숨겨지지 못하였나이다 내 형질이 이루어지기 전에 주의 눈이 보셨으며 나를 위하여 정한 날이 하루도 되기 전에 주의 책에 다 기록이 되었나이다(시 139:15-16).

태어나기도 전에 주님은 다윗을 보고 계셨고 이 땅에서의 삶이 시작되기도 전에 하나하나 되어질 일을 주님의 책에 다 기록해 두었단 말이다. 삶은 다 신비한 것뿐이다.

다윗이 굴곡 많은 인생의 과정 속에서도 아주 엎드러지지 아니한 것은 자신의 결말을 하나님은 아신다고 확신했기 때문이다. 만약 이것을 확신하지 못했다면 그는 쓰러져서 회복하지 못할 일이 어디 한두 번이 아니었을 것이다. 욥도 형용할 수 없는 고난의 한가운데 있을 때에 다음과 같이 선포하고 있다.

그러나 내가 가는 길을 그가 아시나니 그가 나를 단련하신 후에는 내가 순금같이 되어 나오리라(욥 23:10).

우리는 넘어지고 또 실패하고 어떤 때는 징계를 받아 상처투성이가 되었을지라도 속 깊은 곳에서 그치지 않고 우러나오는 고백은 하나님을 사랑한다는 것 아닌가? 이것만큼은 하늘이 두 쪽 난다고 해도 내가 외마디 소리를 지르고 죽어 가면서도 부인할 수 없는 것이다.

그리고 하나님의 부르심을 받은 것 어찌 부정하랴! 그러므로 우리는 안다.

하나님을 사랑하는 자 곧 그의 뜻대로 부르심을 입은 자들에게는 모든 것이 합력하여 선을 이루느니라(롬 8:28).

택하시고 하나님을 사랑하는 자를 위하여 모든 것을 합하여 유익하게 하시는 하나님, 그 하나님이 우리의 아버지시다. 어머니가 음식을 만들 때 매운 것을 넣기도 하시고 신 것을 첨가하기도 하시고 어떤 때는 짠 것, 단 것을 버무려 마침내 맛깔난 음식상을 차리시는 것처럼 우리 삶의 모든 재료를 합하셔서 가장 멋진 작품을 만드시고야 마시는 여호와 하나님이시다.

축구 경기를 보노라면 아슬아슬한 장면이 많이 나온다. 상대방에게 지고 있을 때 경기 마침의 시간은 점점 다가오고 희망이 사라질 때면 아예 텔레비전을 끄는 경우가 있다. 하지만 나중에 경기를 확인하면 동점으로 끝났을 때도 있고 역전승을 할 때도 있다. 이러한 경기를 녹화로 보면 너무도 마음이 편안하다. 왜? 결말을 알기 때문이다. 다윗은 자신의 인생의 결말을 선히 마무리해 주실 하나님을 믿었기에 시편 23편 6절에 "내 평생에 선하심과 인자하심이 반드시 나를 따르리니 내가 여호와의 집에 영원히 살리로다"라고 노래한 것이리라.

예레미야 10장 23절에는 "여호와여 내가 알거니와 사람의 길이 자신에게 있지 아니하니 걸음을 지도함이 걷는 자에게 있지 아니하니이다"라고 고백하고 있으며, 잠언 16장 9절은 "사람이 마음으로 자기의 길을 계획할지라도 그의 걸음을 인도하시는 이는 여호와시니라"라고 하였다. 하나님께서 하시는 일을 사람이 판단할 수 없다. 하나님의 지혜와 지식 그리고 풍요는 정녕 깊고, 하나님의 판단은 헤아리기 어렵고, 하나님의 길은 우리가 감히 짐작할 수도 없다.

하나님께서는 그리 괜찮은 가문도 아닌 곳에서 식구들에게서조차 주목받지 못한 목동을 찾아내셨다. 그리고 그 누구도 생각지 못한 엄청난 일을, 그를 통해 계획하셨고 진행하려 하신다. 지혜와 지식의 풍성함의 근본이신 하나님의 판단을 그 누가 가늠할 수 있겠는가! 그 모두가 하나님의 영의 역사하심과 주관하심 아니겠는가! 로마서 11장 33-36절에 다음과 같이 기록되어 있다.

하나님의 지혜와 지식의 부요함이란 그 깊이가 끝이 없습니다. 그분의 판단은 헤아릴 수 없으며 그분의 길은 추적할 수가 없습니다. 누가 주의 마음을 알았으며 누가 그분의 상담자가 되었습니까? 하나님께 먼저 드렸으니 하나님이 갚아주셔야 한다고 말할 사람이 누굽니까? 만물이 다 그분에 의해서 창조되었고 그분을 통해서 생동하며 그분을 위해 존재합니다. 하나님께 길이길이 영광을 돌립시다. 아멘(현대인의 성경).

바울 사도는 본래 교회를 핍박한 자였다. 스데반 집사가 순교할 때 사형 집행자들의 옷을 맡아줄 정도로 주도적인 인물이었다. 그는 스스로 자신을 비방자, 박해자, 폭행자, 죄인 중에 괴수로 표현할 정도였다. 그는 초대교회의 원수였다. 하지만 예수님은 그를 종과 증인으로 삼으셨다. 주님은 바울에게 말씀하셨다.

이스라엘과 이방인들에게서 내가 너를 구원하여 그들에게 보내어 그 눈을 뜨게 하여 어둠에서 빛으로, 사탄의 권세에서 하나님께로 돌아오게 하고 죄사함과 나를 믿어 거룩하게 된 무리 가운데서 기업을 얻게 하리라(행 26:17-18).

인생이 여기에 무어라 하겠는가!

주님은 니느웨로 가라시는 하나님의 명령이 마음에 들지 않아 다시스로 도망한 요나에게 풍랑을 일으켜 큰 물고기 뱃속에서 삼일을 있게 하시어 회개의 기회를 주셨고 그 물고기는 그를 육지로 토해내었다. 어찌 되었나? 요나 3장 1-2절에 보니 "여호와의 말씀이 두 번째로 요나에게 임하니라 이르시되 일어나 저 큰 성읍 니느웨로 가서 내가 네게 명한 바를 그들에게 선포하라." 하나님은 포기하지 않으시고 택한 그릇을 통해 그 일을 끝내 이루신다. 이는 전날의 신앙의 선진들에게 행하신 하나님의 거룩한 집요함이요, 오늘을 사는 우리에게까지 미치시는 하나님의 사랑의 인내이시다. 사무엘 선지자가 이스라엘 백성에게 한 말을 기억하자.

여호와께서는 너희를 자기 백성으로 삼으신 것을 기뻐하셨으므로 여호와께서는 그의 크신 이름을 위해서라도 자기 백성을 버리지 아니하실 것이요(삼상 12:22).

그뿐만이 아니다. 하나님께서는 이사야 41장 9절에 "내가 땅끝에서부터 너를 붙들며 땅 모퉁이에서부터 너를 부르고 네게 이르기를 너는 나의 종이라 내가 너를 택하고 싫어하여 버리지 아니하였다 하였노라"라고 하셨지 않은가! **하나님은 택한 그릇을 끝까지 붙드시고 거룩하신 일을 이루어가신다.**

이제 다윗은 이스라엘 왕으로 기름부음을 받았고 그는 다시 일상으로 돌아갔다. 그는 들뜨지 않았다. 그의 겸손은 그의 삶을 엮는 아름다운 실이었다. 양을 치면서 아버지에게 순종하였다. 그는 나서지 않고 오늘에 충실할 뿐이었다. 그의 일생을 살펴보면 대체로 차분하였다. 어찌 보면 흐르는 물처럼 하나님의 하심에 맡겼다. 다윗은 다른 이에게 그다지 신경 쓰지 않았다. 그만큼 자신의 일에 몰두했기 때문이었다. 누가 뭐라 하든, 어떤 자가 자신을 화살 과녁 삼을지라도 크게 개의치 않았다. 자기 일에 바쁜 자가 남의 일을 간섭하지 않는 것처럼 말이다. 다윗은 그의 에너지를 다른 곳에 쓰길 원하지 않은 것이다. 그러므로 그 자신은 흔들리지 아니하고 여일하게 하나님을 바랄 수 있었으며 경건을 유지할 수 있었다. 하나님께서 알아서 이끄시는 것 아니겠나? 다윗의 기름부음 사건을 사무엘 선지자는 그 누구에게도 말하지 말라고 하였을 것이다. 그 이유는 다윗을 사울로부터 보호하기 위해서이다. 아버지 이새와 형제들은 이 비밀을 잘 유지했던 것으로 보인다. 하지만 형제들은 다윗을 시기했음을 쉽지 않게 발견할 수 있다.[19] 그럼에도 불구하고 다윗은 사명자[20]답게 소망의 하나님께서 이끄시는 곳을 바라보며

한 발자국 한 발자국 걸어 나갔다.

---

19 사무엘상 17장에는 다윗이 아버지 이새의 말에 따라 골리앗을 앞세운 블레셋 군대와
대치하고 있는 형들을 찾아간 장면이 기록되어 있다. 이스라엘 군대를 모욕하는 골
리앗에게 분노한 다윗에게 큰형 엘리압이 말한다. "네가 어찌하여 이리로 내려왔느
냐 들에 있는 양들을 누구에게 맡겼느냐 나는 네 교만과 네 마음의 완악함을 아노니
네가 전쟁을 구경하러 왔도다." 그는 기름부음을 받은 동생을 시기 질투하고 깎아내
리고 있다.

20 사명자(使命者)는 사명을 받은 사람을 말하는데 다음과 같이 정의할 수 있다. "사명
자는 사명을 주신 자를 바로 알고, 그분이 맡기신 일을 바로 깨닫고, 맡기신 그 일을
온전히 이루어 드리기 위하여 생명을 바치는 자이다"(이원우 편, 『김형태목사성경강
해 성산수도원 사명자성회』 제5권, 57-50, 214). 김성철,『얼마나 있으면 밤이 새겠
소』, 361-363, 註: 김성수.

2 장

다윗을 다윗 되게 한 사건,
하나님께서 주도하시다

다윗과 골리앗의 이야기를 모르는 사람은 없을 줄 안다. 신앙을 가진 사람이든 비신앙인이든 간에 이처럼 멋있고 기억에 각인되며 상쾌하고 용기를 주는 이야기는 드물겠다. 예수님께서는 제자들에게 말씀하셨다.

너희 믿음이 작은 까닭이니라 진실로 너희에게 이르노니 만일 너희에게 믿음이 겨자씨 한 알 만큼만 있어도 이 산을 명하여 여기서 저기로 옮겨지라 하면 옮겨질 것이요 또 너희가 못할 것이 없으리라(마 17:20).

사람들이 주님께 "주님, 이 말씀의 증거를 대 주세요"라고 묻는다면 분명 "다윗과 골리앗의 이야기를 보라"고 하실 것 같다. 다윗과 골리앗의 싸움에서 다윗이 승리한 것은 체력의 승리 혹은 지혜의 승리가 아니라 믿음의 승리라고 생각한다. 신앙과 불신앙의 싸움이 이렇게 나타난 것이다. 골짜기를 가운데 두고 블레셋 군과 이스라엘 군이 대치하고 있었는데 블레셋 진영에서 골리앗이란 장수가 나와 싸움을 돋우었다. 그의 모습은 가히 모든 이를 압도할 만큼 무시무시하였다. 키가 거의 3미터, 놋으로 만든 투구와 함께 57킬로그램이나 되는 놋 갑옷을 입고 있었고 다리에는 놋으로 만든 각반을 대었고 놋 창을 들고 있었다. 창날의 무게만 어림잡아 7킬로그램이었고 큰 방패를 든 그자가 앞에서 걸어 나왔다.

그 누가 이러한 거인 장수와 대적하려 하겠는가! 그는 쩌렁쩌렁하고 사나운 목소리로 말하였다.

이렇게 다 나와 엉켜 싸울 필요가 있겠는가, 너희 중 나와 싸울 장수 한 사람을 내보내라. 그가 나를 이기면 우리가 너희 종이 되겠고 내가 그를 죽이면 너희가 우리를 섬기면 간단할 것 아닌가?

이것은 오래전 군대의 싸움 방식 중 하나이다. 이 말을 들은 사울 왕과 온 이스라엘이 놀라 크게 두려워하였다.

그때 다윗은 엘라 골짜기에 나타난다. 아니 하나님께서는 이때와 상황을 미리 설정해 놓으시고 마음에 합한 한 젊은이를 통하여 영광 받으실 것을 계획하셨다. 아마도 다윗은 베들레헴에서 아버지의 양을 치는 동시에 사울의 왕궁을 드나들면서 사울 왕의 호위병으로 수금도 연주하며 왕을 상쾌하게 하였을 것이다. 그러한 그가 이제는 아버지의 심부름으로 전장에 나가 있는 형의 안부를 살필 겸 볶은 곡식 한 말과 빵 열 덩이와 치즈 열 덩이를 가지고 엘라 골짜기에 모습을 드러낸 것이다. 하나님께서 하시는 일을 어찌 사람이 짐작할 수 있겠는가?[1] 주님께서 드러내게 하신 것이다. 하나님께서는 겸손한 다윗을 높이 드실 때라고 여기시고 무대를 준비하신 것이 아니겠나? 무장도 하지 않은 채, 앳된 모습으로 살벌한 전장을 찾은 것이다. 하나님께서 우리를 들어 쓰실 때 넉넉하고 평안하고 평탄한 환경이 아닐 때가 많음을 기억하여야 한다.

목동 다윗은 블레셋의 최고의 장수, 아무도 쓰러뜨릴 수 없는 난공불락(難攻不落)과도 같은 골리앗과 대면해야 했다. 그러나 비밀을 아는 사람은 인생의 거센 바람을 맞는다 해도 이 바람으로 인하여 소원의 항구에 속히 다다르겠음을 알고 도리어 기뻐한다. 갑자기 골리앗이 앞을 가로막는가? 여러분을 해하기 위하여 아주 말살시키기 위하여 달려드는 것이 있는가? 모든 것을 오른손에 잡으시고 움직이시는 하나님의 손이 곧 당신을 드실 것임을 의심하지 말자. 다윗은 결코 무모한 애송이가 아니었다.

다윗, 그는 현실에 충실한 하나님의 일꾼이었음을 이 전장에서 여지없이 보여주었다. 골리앗에 맞서 싸우겠다고 사울 왕에게 아뢰자[2] 사울 왕은 만류하였다. 그때 다윗이 한 말이다.

---

1 "하나님이 모든 것을 지으시되 때를 따라 아름답게 하셨고 또 사람들에게는 영원을 사모하는 마음을 주셨느니라 그러나 하나님이 하시는 일의 시종을 사람으로 측량할 수 없게 하셨도다"(전 3:11).
2 다윗이 골리앗과 싸움을 결심한 것은 그 중심에 일어난 의분(義憤) 때문이었다. 개인

주의 종이 아버지의 양을 지킬 때에 사자나 곰이 와서 양 떼에서 새끼를 물어
가면 내가 따라가서 그것을 치고 그 입에서 새끼를 건져내었고 그것이 일어나
나를 해하고자 하면 내가 그 수염을 잡고 그것을 쳐죽였나이다 주의 종이 사자
와 곰도 쳤은즉 살아 계시는 하나님의 군대를 모욕한 이 할례 받지 않은 블레셋
사람이리이까 그가 그 짐승의 하나와 같이 되리이다(삼상 17:34-36).

다윗은 공상가가 아니었다. 이상만이 가득한 젊은이가 아니었
다. 그는 감정에 휩싸여 즉흥적으로 행동하지도 아니하였다. 앞서
언급했듯이 그는 철저히 현실적 사람이었다. 그렇다. 그는 하루하루
시간 시간 닥쳐오는 현실을 현실 그대로 받아들이는 가운데 하나님
과 함께하였다. 그는 구름 위를 걷지 않았고 거친 인생길도 마다하지
않았다. 결코 현실을 외면하거나 거부하지 않았고 자신의 시간대
속에 역사하시는 하나님을 자신의 목자, 인도자로 받아들인 것이다.
그는 머리로만 그리는 신앙인이 아니었다. 그는 체험적 신앙의
소유자였다.

나는 지난번 저술한 책 『얼마나 있으면 밤이 새겠소』에서 다음과
같이 말하였다.

하나님의 사람들은 현실의 삶에 바탕을 둔 자들이어야 합니다. 오늘을
산 제물로 바칠 수 있도록 기도하고 말씀을 상고하여 성경을 생활로
번역하므로 초대 예루살렘교회의 성도들과 같이 하나님께 영광을 돌려야

적인 원한이나 일시적 감정이 아니었다. 골리앗은 하나님을 멸시하고 하나님의 군대를
모욕하였던 것이다. 이렇듯 다윗은 생각과 행동의 기준을 하나님의 영광에 둔 것이다.

하는 것입니다. … 우리는 발을 땅에 디디고 사는 존재들입니다. 그날을 바라볼수록 하나님의 자녀답게 믿음 가운데 사랑의 덕을 세우며 살아갈 것입니다. 한마디로 예수님의 삶을 배우며 그 발자취를 따르는 것입니다. … 분명 우리의 궁극적 목적은 새 하늘과 새 땅을 유업으로 받는 것이요, 그곳에서 영원히 하나님을 찬송하는 것입니다. 하지만 그 나라에 다다르기까지 우리는 오늘에 충실해야 합니다. 왜 그러나요? "회개하라 천국이 가까웠느니라"고 복음을 증거하신 예수님께서 그렇게 사셨기 때문입니다. 주님은 이 땅에 계실 때 부모님께 효하셨고 장남으로서 가족을 부양하셨으며 이웃을, 제자들을, 온 세상을 사랑하시되 끝까지 사랑하시고 죽기까지 사랑하셨습니다.[3]

다윗은 사무엘 선지자로부터 기름부음을 받았고 왕이 될 것임을 알았으나 들뜨거나 변하지 않고 지금 자신의 현실에 충실하였다. 결코 하나님보다 앞서지 않았고 여호와의 행하심을 바라보았다. 불기둥과 구름기둥이 움직일 때 움직였고 머물 때는 움직이지 않았다. 그리고 가장 확실한 현재에 온 힘을 다하였다. 맡겨진 양무리를 지키기 위하여 그는 생명을 걸었다. 범사에 최선을 다한 것이다. 아마도 골리앗을 쓰러뜨린 물맷돌 역시 사자나 곰, 도둑이 양을 해하거나 훔치러 올 때를 대비하여 꾸준히 연습했을 것이다. **오늘에 충실하며 내일을 준비하는 자를 그 누구도 당해낼 수 없다.** 앞날에

---

3 김성철, 『얼마나 있으면 밤이 새겠소』, 199-202.

대한 꿈을 그리는 것도 중요하나 더 중요한 것은 오늘을 하나님 앞에서 최고로 살아가는 것이다. 이러한 자를 하나님께서는 인정하시고 계획하신 바 정하신 뜻을 이루어 나가신다.

다윗은 오늘의 현실 속에서 역사하시는 하나님을 믿고 사자와 곰과도 싸웠다. 앞으로 역사하실 하나님을 먼저 기대한 것이 아니다. 바로 지금 역사하실 하나님을 의지한 것이다. 갈렙은 85세에 여호수아에게 말하였다.

> 그 날에 여호와께서 말씀하신 이 산지를 지금 내게 주소서 당신도 그 날에 들으셨거니와 그 곳에는 아낙 사람이 있고 그 성읍들은 크고 견고할지라도 여호와께서 나와 함께 하시면 내가 여호와께서 말씀하신 대로 그들을 쫓아 내리이다 하니(수 14:12).

"이 산지를 지금 내게 주소서." 하나님께서는 85세의 갈렙에게 말씀하신 대로 이루어주셨다. 호세아 선지자는 호세아 10장 12절에서 "너희가 자기를 위하여 공의를 심고 인애를 거두라 너희 묵은 땅을 기경하라 지금이 곧 여호와를 찾을 때니 마침내 여호와께서 오사 공의를 비처럼 너희에게 내리시리라"라고 백성들에게 외쳤다. 지금이야말로 하나님께서 응답하심의 날임을 잊지 말아야 한다.

오늘이 절망적으로 보이는가? 하나님은 절망 섞인 우리의 현실에도 역사하신다. 나와 내 상황을 보고 약해지지 말자. 이 모든 것을 보시고 미소 지으시며 창세 전에 작정하신 일을 하나하나 진행시켜 나가시는 하나님을 보고 날마다 강해지자. 하나님은 내일 그 능력을 나타내시는 분이 아니시다. 우리가 믿는 하나님은 내 삶의 자리, 바로 지금 그 권능과 능력을 보이시길 원하신다. 다윗은 오늘의 현실을 사는 가운데 지난날을 되새겼고 내일을 소망 중에 바라보았다. 지금 바로 이 자리에서 능력을 나타내시는 하나님을 의지하고 어린 양을 구하였고 사자와 곰의 수염을 잡고 쳐 죽일 수 있었다.

그의 믿음은 철저히 현실에 바탕을 둔 믿음이었던 것이다. 우리는 오늘을 가장 귀하게 여겨야 하고 하나님은 내일에 영광을 받으시는 것이 아니라 바로 지금 영광을 받으시길 더 원하시는 창조주심을 인식해야 한다. 다윗에게 가장 중요한 것은 지난날도 아니었고 미래도 아니었다. **바로 지금 삶의 자리가 가장 중요했다.** 이것보다 중요한 것은 그의 일생에 없었다. 우리의 구원을 이루신 하나님의 아들 예수님께서는 십자가의 고난과 부활 그리고 승천하사 하나님 보좌 우편에 앉으신 크고 위대한 일을 이루셨다. 하지만 주님이 참사람으로서도 어떻게 사셨는지 성경에 기록되어 있다. 누가복음 2장 51-52절이다.

> 예수께서 함께 내려가사 나사렛에 이르러 순종하여 받드시더라 그 어머니는 이 모든 말을 마음에 두니라 예수는 지혜와 키가 자라가며 하나님과 사람에게 더욱 사랑스러워 가시더라.

주님은 있는 자리에서 온 힘과 정성을 다하셨다는 것이다. 다윗에게 양무리를 치는 곳이 바로 하나님의 임재의 장소였고, 자신이 지금 있는 곳이 하나님의 역사를 체험하는 거룩한 땅이며, 현재 자신이 가지고 있는 것으로 하나님을 가장 기쁘시게 해 드릴 수 있음을 언제나 인식하였던 것이다.

예컨대 요셉에게 있어서 애굽 총리가 되었을 때가 그의 삶의 전성기였을까? 아니었을 것이다. 아버지 야곱의 집에 있을 때, 노예로 팔려 가 보디발의 집에 있을 때, 2년간 감옥에 있을 때, 총리가 되어 이스라엘 민족을 돌볼 때 등 그의 삶의 현재가 다 전성기였다. 자신이 처한 상황에서 자신이 그 당시 가지고 있는 모든 것을 동원하여 철저한 현실에 바탕을 둔 믿음의 삶을 살아갈 때 그 순간순간이 최고의 시기였고, 그로 인하여 하나님은 그의 미래를 위한 새 일을 계획하시고 진행시켜 나가신 것이다. 삶의 전성기란 하나님께서 함께하실 때를 일컫는다. 고로 신실한 성도는 삶 전체가 전성기일 수밖에 없다. 우리는 이것을 믿고 흔들리지 않고 담대히 하루하루를 감당해야 한다. 그러한 때에 하나님의 역사가 나타난다.

우리의 할 일은 무엇인가? 지난 것은 하나님께 맡기고 내일은 하나님의 소관이니 내가 넘보지 말고, 바로 오늘 역사하시는 하나님을 앙망하며 소망 중에 지금을 감당하는 것이다. 예수님은 말씀하셨다.

때가 아직 낮이매 나를 보내신 이의 일을 우리가 하여야 하리라 밤이 오리니 그 때는 아무도 일할 수 없느니라(요 9:4).

이 말씀에 비추어볼 때 바로 지금이 가장 소중하다. 내일이 밝거나 어두운 것이 무슨 소용인가? 아직 오지도 않은 미래에 우리는 속할 수도 없다. 앞날에 포로가 되는 어리석음을 우리는 종종 범하지 아니하는가!

자! 이제 다윗의 현실은 블레셋 군대가 진 치고 있는 '피의 경계선'이란 의미의 '에베스담민'과 이스라엘 군대가 진 치고 있는 엘라 골짜기로 옮겨진다. 극도의 긴장과 두려움이 대치되고 있는 전장이었고 블레셋 장수 골리앗으로 인하여 이스라엘 진영은 무서워 떨며 흔들리고 있었으나 다윗은 골리앗과 맞서겠노라고 나선다. 다윗에게 있어선 이곳이나 양을 치던 장소나 다를 것이 없었다. 하나님은 언제나 현재 속에 함께하시니 말이다. 예전에도 지금도 그리고 앞으로도 말이다. 그래서 사울 왕에게 말한다.

> 여호와께서 나를 사자의 발톱과 곰의 발톱에서 건져내셨은즉 나를 이 블레셋 사람의 손에서도 건져내시리이다(삼상 17:37).

동일하신 하나님께서 나의 현재를 주관하시는 데 장소와 대상이 바뀌었을 뿐 주님의 역사는 동일하게 나타난다고 믿은 것이다. 어찌 그뿐이겠는가? 내가 약할 때나 강할 때나, 주님의 권능은 그것에 좌우되지 아니하신다. 모든 것을 만드신 분이신데 피조세계의 상황에 따라 변치 아니하시고 창세 전에 정하신 그 뜻대로 이끄실 뿐이다.

사도 바울도 이와 같은 확실한 소망을 고린도후서 1장 8-10절에 적고 있다.

형제들아 우리가 아시아에서 당한 환난을 너희가 모르기를 원하지 아니하노니 힘에 겹도록 심한 고난을 당하여 살 소망까지 끊어지고 우리는 우리 자신이 사형 선고를 받은 줄 알았으니 이는 우리로 자기를 의지하지 말고 오직 죽은 자를 다시 살리시는 하나님만 의지하게 하심이라 그가 이같이 큰 사망에서 우리를 건지셨고 또 건지실 것이며 이 후에도 건지시기를 그에게 바라노라.

그는 아시아에서 당한 극심한 환난 가운데서도 건져주신 하나님께서 알지 못하는 앞날에도 건져주실 줄 조금도 의심하지 않은 것이다.

바로 이것이다. 하나님의 함께하심과 임재는 그 어떤 상황과 여건의 제약을 받지 않는다. 예수님께서 제자들에게 말씀하셨다.

볼지어다 내가 세상 끝날까지 너희와 항상 함께 있으리라(마 28:20).

주님의 제자들은 이 말씀을 믿었다. 그들의 상황은 시시각각(時時刻刻)으로 변하였다. 미끄러지듯 자신들의 인생이 원만히 흐를 때도 있었고 큰 고초 속에 있을 때도 있었고 기나긴 환난의 인생을 살아야 하는 이도 있었고 순교의 고통을 감내해야 했다. 하지만 그들은 다 믿음으로 견디어 나갔고 주님의 사랑 안에서 자신을 버티어냈다. 왜일까? 보이는 모든 것에 휘둘리지 않았기 때문이다. 주님은 세상 끝 날까지 함께 있으리라 하신 약속을 지키실 것이기에, 아니 바로 이것을 체험했기에 휘둘릴 수가 없었던 것이다.

다윗은 양치는 곳에서도 보호하시고 이김을 주신 하나님, 이 전장에서도 보호하시고 이김을 주실 줄 믿었다. 찬송가의 노랫말처럼 "이전에 나를 인도하신 주 장래에도 내 앞에 험산 준령 만날 때 도우소서 밤 지나고 저 밝은 아침에 기쁨으로 내 주를 만나리"와 같다. 하나님의 보호는 그 무엇보다도 강력하심을 알았기에 그렇다. 어찌 목동이 사자나 곰을 이길 수 있었으랴! 불가능한 일이었다. 하지만 사자나 곰의 입에서 어린 양을 건져내었을 뿐 아니라 분노한 사자나 곰이 자신에게 달려들 때 쳐 죽일 수 있었다.

나는 이 사건이 여호와의 영에게 크게 감동된 후의 일이라고 생각한다. 삼손이 딤나에서 젊은 사자를 만났을 때 여호와의 영이 삼손에게 강하게 임하니 그 사자를 염소 새끼를 찢는 것같이 찢을 수 있었지 않았던가?4 다윗은 여호와의 영의 함께하심을 믿고 최선을 다하여 오늘에 충실한 것이다. 만약 다윗이 자기의 힘만 의지했다면 골리앗과 싸우기를 원했겠는가! 항상 함께하시는 성령님의 능력을 조금도 의심하지 않은 것이다.

다윗은 손에 막대기를 가지고 시내에서 매끄러운 돌 다섯을 골라 자기 목자의 제구 곧 주머니에 넣고 손에 물매를 가지고 골리앗에게 나아갔다. 앞서도 언급한 것과 같이 물맷돌은 양들을 사나운 맹수로부터 지키기 위해 평상시 꾸준한 연습으로 익숙한 것이었다. 하나님

---

4 삿 14:5-6.

은 준비된 것을 언제고 사용하신다. 그 준비된 것으로 인하여 큰 역사를 일으키신다. 다윗은 작은 것을 준비하였으나 하나님께서는 그가 준비한 작은 것을 가지고 기적을 일으키셨다. 그러니 다윗의 이야기에서 우리가 마음에 새겨야 할 것은 지금 우리가 하는 모든 것은 하나님의 역사를 일으키는 단초(端初)가 된다는 것이다. 고린도전서 10장 31절에 "그런즉 너희가 먹든지 마시든지 무엇을 하든지 다 하나님의 영광을 위하여 하라"고 하셨다. 왜일까? 바로 그것이 다윗의 물맷돌이 될 수 있기 때문이다. 골로새서 3장 17절도 보자.

또 무엇을 하든지 말에나 일에나 다 주 예수의 이름으로 하고 그를 힘입어 하나님 아버지께 감사하라.

우리가 행하는 모든 것은 하나님의 영광을 위하여, 하나님께 영광을 돌리기 위함이다. 다윗은 그가 골리앗에게 나아가는 것도 하나님의 영광을 위하여, 하나님께 영광을 돌리기 위함으로 안 것이다. 이러할 때 골리앗은 지금 누구를 대항하는 것인가!

너는 칼과 창과 단창으로 내게 나아 오거니와 나는 만군의 여호와의 이름 곧 네가 모욕하는 이스라엘 군대의 하나님의 이름으로 네게 나아가노라(삼상 17:45).

그는 머뭇거리지 않았다. 그의 믿음은 곧바로 행동으로 옮겨졌다. 행동 없는 믿음은 없다. 블레셋 장수가 하나님의 이름을 모독하자 다윗은 그를 징치(懲治)하기 위하여 나아갔다. 거룩한 분노는 거룩한 행동으로 나타났다. 그리고 자신의 이 믿음의 행동은 하나님을 증거하기 위함임을 분명히 하였다. 우리가 하나님 편에 있을 때 하나님께서는 우리를 위하여 싸우신다. 우리가 하나님 편에 있을 때 하나님께서는 원수들 앞에서 우리를 높이 드신다. 우리가 하나님 편에 있을 때 하나님께서는 수많은 적들로 인하여 도리어 영광을 받으신다.

오늘 여호와께서 너를 내 손에 넘기시리니 내가 너를 쳐서 네 목을 베고 블레셋 군대의 시체를 오늘 공중의 새와 땅의 들짐승에게 주어 온 땅으로 이스라엘에 하나님이 계신 줄 알게 하겠고 또 여호와의 구원하심이 칼과 창에 있지 아니함을 이 무리에게 알게 하리라 전쟁은 여호와께 속한 것인즉 그가 너희를 우리 손에 넘기시리라(삼상 17:46-47).

나는 다윗의 이러한 용맹은 하나님의 약속을 붙잡은 데에서부터 나왔다고 본다. 하나님께서는 사무엘 선지자를 통하여 다윗에게 기름을 부었다. 분명 이스라엘의 왕 삼으신다는 하나님의 언약의 상징이었다. 다윗은 믿었다. 하나님의 뜻이 이루어질 것을 그리고 그 뜻을 이루시기까지 하나님의 열심이 이를 이루실 터이요 자신은 절대로 죽지 않으리라는 사실을 말이다. 이것이 없이는 한낱 목동의 입에서 저러한 믿음과 능력의 말이 나올 수 없는 것이다.

사도 바울의 인생에서 큰 위기 중 하나가 예루살렘에서 잡혀 산헤드린 공회원들 앞에서 변론할 때였다. 유대인들이 그를 죽이고자 혈안이 되었고 천부장은 찢겨 죽을까 염려하여 병영으로 피신시

쳤다. 캄캄하고 절망만이 엄습하는 그 위기의 밤에 어떤 일이 있었는지 사도행전 23장 11절에는 다음과 같은 기록이 있다.

그 날 밤에 주께서 바울 곁에 서서 이르시되 담대하라 네가 예루살렘에서 나의 일을 증언한 것 같이 로마에서도 증언하여야 하리라.

예수님께서 강림하사 바울 곁에 서셨다고 하셨다. 우리는 내 곁에 서신 예수님을 발견해야 한다. 믿음의 눈으로 말이다. 주님은 지금도 내 곁에 서 계시다. 우리가 인지하지 못하였을 뿐이다. 하나님께서 아니 계신 것처럼 탄식할 때가 있지는 않은가! "내 영안을 열어 주옵소서." 우리는 기도해야 한다. 나의 대장이신 주님을 뵈올 때 우리는 하늘의 용기를 얻는다. 예수님께서는 바울 사도에게 말씀하시기를 "너는 로마까지 가리라"고 하셨다. 그곳에서 복음을 증거해야 한다는 것이며, 따라서 로마에 가기까지 너는 절대로 죽지 않는다는 위로와 힘을 주신 것이다. 바울은 예수님의 이 말씀을 믿었다. 그러기에 담대했다. 그는 주님의 말씀과 같이 예루살렘에서 죽지 않았다. 가이사랴에서도 죽지 않았다. 로마로 가는 배가 유라굴로라는 큰 풍랑을 만났지만 죽지 않았다. 마침내 로마까지 들어가 주님의 말씀대로 그곳에서 복음을 전하다가 순교한 것이다.

온 세상에 하나님이 계심을, 하나님은 하시고자 하시는 것을 하시는 참 신이심을 증거한 다윗은 블레셋 사람을 향하여 빨리 달리길 시작하였다. 성령님의 감동을 놓치지 않았다. 목표가 정해졌으면 머뭇거리지 않았다. 그 과녁을 향하여 속히 달려 나갔다. 원수에게 시간을 주지 아니하였고 더 이상 하나님을 훼방하는 것을 묵인하지 않았다. 데살로니가전서 5장 19절에 "성령을 소멸하지 말며"라고 했지 않은가! 성령의 불을 끄지 말라는 것이다. 이러한 다윗의 성품은 그의 일평생 이어졌고 그의 가장 큰 장점이었다. 하나님 앞에서 생각한 것을 그는 즉각적으로 실천한 것이다. 여호와의 영의 감동을 그는 소멸하지 않았다.

그 결과 그가 던진 물맷돌은 골리앗의 이마에 정확하게 박혔으며 다윗은 그의 머리를 베고 블레셋과의 전투를 승리로 이끈 견인차 역할을 하였다. 물맷돌로 골리앗을 죽인 것은 하나님의 역사하심에서 비롯되었다. 나는 거기에다 한 가지를 덧붙인다. 앞서 언급한 대로 양들을 맹수로부터, 도둑으로부터 지키기 위해 물맷돌을 가지고 얼마나 연습을 했겠는가! 하나님은 그 앞에서 오늘에 충실한 자와 함께하시고 내일을 은혜로 보장하신다.

다윗이 골리앗을 이겼을 때 지은 노래, 시편 151편이다. 시편 151편은 맛소라사본에는 없으나 칠십인역과 사해사본에는 있다.

나는 내 형제 중에서 키가 작고 내 아버지 집에서 가장 어렸다. 나는 내 아버지의 양떼를 치고 있었다. 내 손은 피리를 만들고 내 손가락은 수금을 조율하였다. 누가 내 주님께 알리겠느냐? 그는 주님이시고 그는 들어주신다. 그가 자기 사신을 보내 나를 내 아버지의 양떼에서 이끌어내어, 자신의 그리스도의 기름을 내게 부으셨다. 내 형들은 훌륭하고 키도 크지만, 주님은 그들을 좋아하지 않으셨다. 나는 그 이방인에게 맞서기 위해 나아갔고, 그는 자기 우상으로 나를 저주하였다. 그러나 나는 그의 칼을 뽑아 그의 목을 베어 이스라엘 자손에게서 치욕을 없앴다.[5]

시 그대로다. 그는 형들보다 사람의 눈으로 볼 때 나은 점이 없었고 알려지지도 아니하였다. 하지만 하나님의 능력이 그와 함께한 것이다. 골리앗이 대항한 것은 다윗 뒤에 계신 하나님이었다. 결과는 볼 필요가 없었다.

―――――――――

5 고영길 엮음, 『다윗실록』 (홍성사, 2013), 72-73.

3 장

준비하시는 하나님
(다윗과 요나단)

보라 형제가 연합하여 동거함이 어찌 그리 선하고 아름다운고 머리에 있는 보배로운 기름이 수염 곧 아론의 수염에 흘러서 그의 옷깃까지 내림 같고 헐몬의 이슬이 시온의 산들에 내림 같도다 거기서 여호와께서 복을 명령하셨나니 곧 영생이로다(시 133편).

사울은 다윗을 증오하였고 여러 번 그를 죽이려고 했다. 위험천만한 살인 음모가 펼쳐지는 순간에 매우 역설적으로 사울의 아들인 요나단이 사울의 광기와 비열함과 증오로부터 다윗을 도피시켰다. 요나단이 제 목숨을 아끼듯이 그를 아끼기에 다윗은 충분히 매력적이었다. 음악적 재능과 용맹함을 겸비하였고 사람들에게 인기도 많았다. 하지만 그 무엇보다도 다윗과 요나단이 맺은 우정의 언약 너머에는 사랑하는 자를 위한 하나님의 예비하심이 있었다.

하나님은 준비하시는 여호와 이레의 하나님이시다. 예컨대 아브라함의 이야기를 떠올려 보자. 그가 100세나 되어 얻은 아들 이삭을 번제물로 드리려 할 때 하나님께서는 이미 숫양을 준비해 놓으셨다.

아브라함이 그 땅 이름을 여호와 이레라 하였으므로 오늘날까지 사람들이
이르기를 여호와의 산에서 준비되리라 하더라(창 22:14).

아브라함은 여호와께서 준비하시는 것이 여호와의 산에서 보여질 것이라고 함으로 말미암아 장차 나타나실 어린양 예수 그리스도를 예시하고 있지 않은가!

하나님께서는 다윗을 위하여 선하고 용감한 동역자 요나단을 준비해 놓으셨다. 그것도 사울 왕의 광기와 분노가 배어 있는 왕궁에서 말이다. 하나님께서는 그들이 하나 됨을 이루셔서 선을 이루어가신다. 하나님의 아들 예수 그리스도의 사역은 죄로 인한 단절과 분리에서 연합과 하나 됨의 사역임을 로마서 5장 10-11절에 말씀한다.

곧 우리가 원수 되었을 때에 그의 아들의 죽으심으로 말미암아 하나님과 화목
하게 되었은즉 화목하게 된 자로서는 더욱 그의 살아나심으로 말미암아 구원
을 받을 것이니라 그뿐 아니라 이제 우리로 화목하게 하신 우리 주 예수 그리스
도로 말미암아 하나님 안에서 또한 즐거워하느니라.

요나단과 다윗의 우정은 집안을 뛰어넘었고, 나이를 뛰어넘었고, 이해관계를 뛰어넘었으며 오직 하나님의 뜻으로 모아졌다. 그들은 하나님의 섭리를 중시하였고 여호와 하나님께서 무엇을 원하시는지만을 살폈다. 그래서 요나단과 다윗의 우정은 우정을 뛰어넘어 진실되고 아름다운 하나님을 향한 사랑으로 결실한다. 오직 하나님 안에서 말이다.

나는 하나님께서 그의 사랑하시는 자를 위하여 얼마나 섬세히 준비하시는가를 다윗과 요나단[1]의 이야기를 통하여 알게 되었다. 쓰시기 위한 사람을 보호하시고 지키시기 위하여 사람의 마음을 움직이신다. 스가랴 12장 1절에 보면 여호와 하나님을 설명하여 이르기를 "하늘을 펴시며 땅의 터를 세우시며 사람 안에 심령을 지으신 이"라고 하였다. 사람의 심령을 지으신 창조주께서는 그 사람의 심령을 움직이신다. 사무엘상 18장 1-4절에 다음과 같이 기록되어 있다.

> 다윗이 사울에게 말하기를 마치매 요나단의 마음이 다윗의 마음과 하나가 되어 요나단이 그를 자기 생명 같이 사랑하니라 그 날에 사울은 다윗을 머무르게 하고 그의 아버지의 집으로 다시 돌아가기를 허락하지 아니하였고 요나단은

---

1 사울의 맏아들이다. 아버지 사울과 달리 다윗을 진심으로 인정하고 존중히 여긴 장부였으며 끝까지 다윗을 도와 우정의 표상이 되었다. 다윗에게 이스라엘 왕위를 양보했다고 할 수도 있다. 블레셋과의 전투 중 길보아 산에서 전사하였다. 아들 므비보셋이 있다.

다윗을 자기 생명 같이 사랑하여 더불어 언약을 맺었으며 요나단이 자기가 입었던 겉옷을 벗어 다윗에게 주었고 자기의 군복과 칼과 활과 띠도 그리하였더라.

요나단은 다윗을 자기 생명같이 사랑하였다고 했는데 무엇 때문이었을까? 요나단의 고매한 인품, 장부다움이 다윗과 같은 심령의 소유자에게 끌리는 것은 자연스럽다고 볼 수 있겠다. 하지만 나는 하나님의 사랑의 섭리가 먼저라고 생각한다. 하나님께서는 사울왕의 왕궁—다윗을 해하려는 가장 어둡고 악한 곳—에 하나님의 사람을 돕는 선한 용사 요나단을 심어 놓으신 것이다.

이러한 일들은 성경 곳곳에 있다. 일례로 엘리야 시대에 오바댜도 그러한 사람이었다. 악한 왕비 이세벨이 여호와의 선지자를 멸하는 그 위기의 때에 왕궁 맡은 자, 궁내 대신이 바로 그였다. 아합과 그 왕비가 있는 곳, 악의 무리가 판을 치고 있는 바로 그곳에 하나님께서는 하나님을 지극히 경외하는 오바댜를 두시고 선지자 100명을 살리게 하셨다. 그로 인하여 여호와 신앙의 맥이 이어지게 되었고 여호와의 선지자를 도말하려 하는 사악한 아합과 이세벨 그리고 거짓 선지자들의 도모를 깨뜨리게 하셨다. 그는 아합과 이세벨의 왕궁 가운데 하나님의 빛을 나타내었을 뿐 아니라 엘리야 선지자에게 아합을 만나달라고 부탁하였고 아합을 만난 엘리야는 바알과 아세라의 선지자 850명을 갈멜산으로 모으라고 하였다. 오바댜는 엘리야가 갈멜산에서 승리하는 단초(端初)를 제공한 것이다.

하나님의 오묘하신 역사를 누가 측량할 수 있겠는가! 어둠이 짙어진 사울 왕의 왕궁에 요나단을 두신 하나님을 찬양하자. 요나단은 하나님의 큰 뜻을 위한 희생의 제물이 되었다. 부친의 미움을 샀으며 당연히 맏아들로 왕국을 이어받는 이 땅의 영광도 버렸다. 요나단이 어떻게 다윗을 위하였나를 그가 전사했을 때 다윗이 지은 조가에서 찾아볼 수 있다.

> 내 형 요나단이여 내가 그대를 애통함은 그대는 내게 심히 아름다움이라 그대가 나를 사랑함이 기이하여 여인의 사랑보다 더하였도다(삼하 1:6).

유진 피터슨은 다음과 같이 썼다.

그는 다윗의 친구가 되었고 끝까지 그 우정을 지켰다. … 요나단의 우정이 없었더라면 다윗은 아마 사울에 대한 충성을 끝까지 지키지 못했을 것이다. 아버지와 너무도 달랐던 요나단은 다윗 안에서 하나님을 알아보았고, 기름부음 받은 자로서의 위험과 어려움을 이해했으며, 그와 우정의 언약을 맺었다. … 힘겨운 상황이었지만 요나단은 다윗과 맺은 우정의 언약을 끝까지 지키며 살아갔다.[2]

하나님께서는 다윗을 위하여, 아니 하나님의 인생 구원의 크신 사랑의 경륜을 이루시기 위하여 요나단을 준비시켜 놓으셨다. 하나

---

2 유진 피터슨, 『다윗: 현실에 뿌리박은 영성』, 71.

님의 지혜와 지식은 어찌 그리 깊고 깊으신지 짐작할 수도 없다. 다윗의 친구는 다윗을 인정하였고 존경하였고 끝까지 감싸주었고 언약한 대로 다윗을 피신시켜 생명을 구해 주었다. 요나단의 우정은 조건이 없는 우정, 즉 사랑이었고 예수님의 그림자와도 같았다. 성경에 기록된 그의 인품이나 용맹스러움 그리고 지혜 등을 살펴볼 때 그는 왕이 되어도 손색이 없는 위인이었다. 그는 다윗을 위하여 왕의 자리도 던져버렸고 그 어떤 아쉬움도 표하지 아니하였고 다윗을 원망하지도 않았다. 그는 자신의 삶을 자기보다 더 나은 친구를 위하여 희생하였는데 이는 하나님을 믿는 믿음에서 비롯되었으리라. 그는 다윗의 시대를 열어 준 아름다운 디딤돌이었고 다윗을 하나님의 사람으로 가일층(加一層) 성장시켜 준 희생의 위인이었고 예수님을 닮은 하나님의 용사였다.

사람이 친구를 위하여 자기 목숨을 버리면 이보다 더 큰 사랑이 없나니 너희는 내가 명하는 대로 행하면 곧 나의 친구라(요 15:13-14).

개울을 건너기 위하여 만든 디딤돌을 보라. 우리는 그 디딤돌을 밟고 개울을 건넜다. 물 위에 드러난 돌들이 다인가? 아니다. 개울물이 조금 깊으면 개울 바닥 밑에 돌들을 깐다. 물밑엔 보이지는 않지만 이러한 돌들이 있다. 밑에 놓인 돌 위에 다시금 돌을 놓는 것이다. 그리고 물 밖으로 반반한 돌이 모습을 내밀고, 이것이 디딤돌이다. 보이는 돌 밑에 그 돌을 받쳐주는 보이지 않는 디딤돌이 있지 않은가!

요나단은 보이지 않은 디딤돌이요, 다윗은 밑에 깔린 받쳐주는 그 디딤돌 위에 놓인 디딤돌이었다.

4 장

사울이 죽인 자는 천천이요
다윗은 만만이로다

"사울이 죽인 자는 천천이요 다윗은 만만이로다." 이는 이스라엘 여인들의 노래인데 다윗이 골리앗을 죽이고 돌아올 때 부른 노래다. 도대체 나는 이 노래를 부른 여인들의 마음을 알 수 없다. 아무리 위기에서 나라를 구한 영웅이라고 하나 어떻게 섬기고 있는 왕하고 비교해서 그를 올리려 했는가! 그리고 이 노래는 사울 왕을 환영하는 중에 부른 노래였으니 말이다.

이 광경을 사무엘상 18장 6-7절에 묘사하기를 "무리가 돌아올 때 곧 다윗이 블레셋 사람을 죽이고 돌아올 때에 여인들이 이스라엘 모든 성읍에서 나와서 노래하며 춤추며 소고와 경쇠를 가지고 왕 사울을 환영하는데 여인들이 뛰놀며 노래하여 이르되 사울이 죽인 자는 천천이요 다윗은 만만이로다 한지라"라고 하였다.

이미 사울 왕은 공을 세운 다윗을 합당하게 대우하였다. 그만했으면 다윗도 불만이 없었을 것인데 기쁨에 들뜬 여인들은 사울 왕의 마음을 헤아리지 못했거나 그를 그 이상으로 너그러운 자로 여겼지 싶다. 그렇다고 이스라엘 여인들을 폄하할 생각은 없다. 너무나 단순하고 순진했다고 받아들일 수밖에. 이러한 노래의 결과는 즉각적으로 나왔다. 사울 왕은 여인들이 춤추며 부른 이 노래에 대하여 심히 불쾌하였고 화를 참지 못했다. 그래서 투덜거렸다. "사람들이 다윗에게는 수만 명을 돌리고, 나에게는 수천 명만을 돌렸으니, 이제 그에게 더 돌아갈 것은 이 왕의 자리밖에 없겠구나" 이 투덜거림이 온당한 것인가?

온당하지 않다고 본다. 그가 그토록 중요시한 왕의 자리란 하나님께서 허락하셔서 지금 자신이 누리고 있는 자리다. 하나님께서 주신 자리는 그 누구도 빼앗지 못한다. 빼앗을 수 있는 분은 주신 하나님 외에는 없다. 하지만 그만큼 그에겐 자신이 없었다. 왜? 하나님 중심의 생활을 하지 않았으니까. 순간순간 하나님의 도우심을 받아야 사는 인생이 여호와 하나님과의 교제를 끊었으니 공허함과 두려움이 엄습해 온 것이다. 매일의 생활 속에 주님으로부터 힘과 능력과 안위를 얻지 못한다면 스스로 자신을 지키며 살아갈 수 있겠는가? 예수님께서는 요한복음 15장 6절에 말씀하셨다.

사람이 내 안에 거하지 아니하면 가지처럼 밖에 버려져 마르나니 사람들이 그것을 모아다가 불에 던져 사르느니라.

하나님과의 교제를 잃어버린 자는 버려져 마를 것이요 사람들에게도 천히 여겨져 없어진다는 것이다. 하나님과 단절된 자는 사람을 두려워하고 하나님보다 사람을 의식하기 시작한다.

여인들의 노랫소리를 듣고 그 마음이 사울만 심란했겠는가? 다윗도 마찬가지였으리라 생각된다. 얼마나 마음이 들떴겠는가? 왕에게는 천천을 돌리고 자신에게는 만만을 돌렸으니 말이다. 사람은 인기가 올라가면 스스로를 주체하지 못한다. 바로 그때 실수하게도 되고 그릇되기 쉽다. 칭찬은 심히 달궈진 도가니나 풀무와 같이 그 사람의 됨됨이를 드러나게 한다. 뜨거운 불이 불순물을 가려내듯 말이다. 잠언 27장 21절엔 "도가니로 은을, 풀무로 금을, 칭찬으로 사람을 단련하느니라"라고 교훈하고 있다. 칭찬은 그 사람이 어떤 사람인지 가려낼 수 있다는 것이다. 다윗은 교만하지 않았다. 그는 하나님과 친밀했기 때문이었다.

사울은 초기와는 달리 마치 자신이 훌륭해서 왕이 되었다고 생각했던 것 같다. 사무엘상 14장 47-48절이다.

사울이 이스라엘 왕위에 오른 후에 사방에 있는 모든 대적 곧 모압과 암몬 자손과 에돔과 소바의 왕들과 블레셋 사람들을 쳤는데 향하는 곳마다 이겼고 용감하게 아말렉 사람들을 치고 이스라엘을 그 약탈하는 자들의 손에서 건졌더라.

사울은 초기엔 분명 훌륭하고 용감한 이스라엘의 초대 왕이었다.

하지만 자신을 다스리진 못했다. 사도 바울은 고린도전서 9장 27절에 "내가 내 몸을 쳐 복종하게 함은 내가 남에게 전파한 후에 자신이 도리어 버림을 당할까 두려워함이로다"라고 하였다. 남에게 전도하는 존귀한 직분을 받고 행하였지만 후에 자신은 실격자가 되어 쫓겨날지 모르기에 항상 자신을 살피고 단련시킨다는 것이다. 사울은 자기 관리에 실패하였고 마침내 교만의 쓴뿌리가 밖으로 나타나기 시작했다. 그는 우쭐하여 교만을 숨길 수 없었다. 그 교만은 아말렉과의 전투 후에 여실히 드러났다.

전투에서 승리하자 그는 먼저 아말렉을 쳐서 그들의 모든 소유를 남기지 말고 진멸하라 하신 하나님의 말씀을 어겼고 자신을 위하여 기념비를 세웠다. 이를 사무엘상 기자는 기록하고 있다. 사무엘상 15장 9절과 12절이다.

사울과 백성이 아각과 그의 양과 소의 가장 좋은 것 또는 기름진 것과 어린 양과 모든 좋은 것을 남기고 진멸하기를 즐겨 아니하고 가치 없고 하찮은 것은 진멸하니라. 사무엘이 사울을 만나려고 아침에 일찍이 일어났더니 어떤 사람이 사무엘에게 말하여 이르되 사울이 갈멜에 이르러 자기를 위하여 기념비를 세우고 발길을 돌려 길갈로 내려갔다 하는지라.

하나님은 분명 사무엘 선지자를 통하여 사울에게 이르기를 모두 진멸하라고 하셨다.[1] 하지만 사울은 그대로 순종하기를 거부한 것이다. 잔꾀를 부리기 시작한 것이다.[2] 그는 본래 단순한 자였고 정직한 자였으나 온갖 수단을 동원하여 스스로의 유익만을 생각해 낸 것이다. 자기를 따르는 백성들을 즐겁게 하여 인기를 얻길 원한 것이요, 하나님을 우선순위에 두지 않게 된 것이다. 인생은 이와 같이 연약하다. 늘 자신을 쳐 복종시키지 않으면 죄악에 떨어질 수밖에 없는 존재이다. **사울이 이같이 됨은 경건을 잃어버린 결과였다.**

그리고 떡하니 갈멜에 자기를 위하여 기념비를 세웠다. 전승비를 세운 것이다. 하나님을 근심하게 하고도 아말렉과의 전투에서 승리한 자신의 전승 기념비를 세우며 자만한 것이다. 기념비란 그 사람이 죽은 후에 후세 사람이 세워주는 것 아닌가. 사울은 누가 승리를 주셨는지를 잊었다. 그는 조급해진 것이다. 하나님께 대한 믿음이 식어졌기 때문이요 자신의 주인을 하나님에게서 자신으로 바꾸었기 때문이다.

---

1 하나님께서 아말렉을 진멸하라 하신 이유는 이스라엘이 애굽에서 나올 때 아말렉이 하나님을 두려워하지 않고 이스라엘 후미를 친 까닭이다. 아말렉에 대한 하나님의 진노가 얼마나 크셨는지를 모세는 신명기 25장 17-19절에 다음과 같이 이스라엘에게 일렀다. "너희는 애굽에서 나오는 길에 아말렉이 네게 행한 일을 기억하라 곧 그들이 너를 길에서 만나 네가 피곤할 때에 네 뒤에 떨어진 약한 자들을 쳤고 하나님을 두려워하지 아니하였느니라 그러므로 네 하나님 여호와께서 네게 기업으로 주어 차지하게 하시는 땅에서 네 하나님 여호와께서 사방에 있는 모든 적군으로부터 네게 안식을 주실 때에 너는 천하에서 아말렉에 대한 기억을 지워버리라 너는 잊지 말지니라." 사무엘 선지자는 사울 왕에게 하나님의 말씀을 전하였는데 사무엘상 15장 2-3절이다. "만군의 여호와께서 이같이 말씀하시기를 아말렉이 이스라엘에게 행한 일 곧 애굽에서 나올 때에 길에서 대적한 일로 내가 그들을 벌하노니 지금 가서 아말렉을 쳐서 그들의 모든 소유를 남기지 말고 진멸하되 남녀와 소아와 젖 먹는 아이와 우양과 낙타와 나귀를 죽이라 하셨나이다 하니." 즉, 아말렉에 속한 모든 것을 진멸하라는 명령이었다.
2 "내가 깨달은 것은 오직 이것이라 곧 하나님은 사람을 정직하게 지으셨으나 사람이 많은 꾀들을 낸 것이니라"(전 7:29).

1988년에 목사안수를 받았는데 안수받기 전날 아버님을 찾아가서 주시고자 하시는 말씀이 무엇인지를 여쭈었다. 그때 두 가지를 말씀해 주셨다. 하나는 "너는 상대적인 존재가 아니다"라는 것이었다. 다른 이와 견주어 살아가는 존재가 아니라 오직 하나님 앞에서 살아가는 일꾼이 되라는 말씀이었다. 사람은 다른 이와 비교한다. 속담에 배고픈 것은 참을 수 있지만 남이 잘되어 배 아픈 것은 참을 수 없다는 말이 있다. 또한 남의 불행이 곧 나의 행복이 될 때가 있다. 그러니 인생은 자칫 상대적 비교에서 울고 웃을 때, 만족할 때 불만족할 때가 있을 수 있다. 하지만 하나님은 우리를 상대적인 존재로 부르지 않으시고 오직 하나님 앞에서 살아가는 자녀로 부르셨다. 상대적인 존재로 희희비비(喜喜悲悲) 한다면 순간의 만족과 순간의 좌절에서 빠져나올 수 없지만 하나님 앞에서 살아간다면 하늘의 위로받으며 복될 것이다.

둘째는 "조급하지 말라"는 것이었다. 나이에 쫓기지 말라는 것이요, 어떤 것을 속히 이루려고 조급하지 말라는 것이요, 조용히 묵묵히 주신 길을 예수님 바라보고 걸으라고 하셨다. 그리고 훗날 은퇴할 해를 맞이해서도 조급하지 말고 이룬 것이 없어 보여도 쫓기지 말라고 하셨다. 우리가 조급하지 않고 주어진 길을 걷는 가운데 임마누엘 하시는 예수님과 동행하게 될 것이다. 지금도 가끔 아버님께서 주신 그 말씀이 새롭다.

자! 각설하고, 노랫소리에 불쾌하여 심히 노한 그날 후로 사울은 다윗을 주목하기 시작했다. 그는 불쾌하였고 분이 일었다. 나는 사울 왕의 이러한 태도가 더욱 몰락의 길을 재촉했다고 본다. 하나님을 주목해야 할 인생이 사람을 더 보기 시작한 것이다. 왜 이렇게 되었나? 사울 왕은 하나님을 의식하기보다 백성을 더 의식하였기 때문이요 하나님의 인정보다는 사람의 인정을 중히 여긴 까닭이다. 사람은 무엇을 보고 사느냐에 따라 그 사람의 가치가 매겨진다. 물질을 보고 사느냐, 명예를 보고 사느냐, 남의 이목을 보고 사느냐, 하나님을 주목하고 사느냐 등 그 사람이 보는 대상에 따라 그 가치는 달라진다.

그날 이후로 다윗은 사울에게 요주의 인물로 자리매김된 것이요 이로 인한 긴 연단의 시간이 그를 기다리고 있었다. J. 오스왈드 샌더스는 그의 책에서 다음과 같이 썼다.

> 이로 인하여 다윗의 계속되는 위험과 근심의 세월이 시작되었고 이것은 사울이 죽고서야 끝이 났다. 다윗과 이스라엘 나라를 향한 하나님의 계획을 좌절시키기 위하여 모든 지옥이 사울과 결탁한 듯이 보였다.[3]

사울의 행위, 다윗을 주목한 그 행위의 배후에 사탄이 있었음을 알 수 있는 성경 구절이 있다. 사탄은 여호와의 영에 감동된 자를 해하려 한 것이다.

---

3 J. 오스왈드 샌더스, 『하나님의 학교를 졸업한 사람들』, 155.

그 이튿날 하나님께서 부리시는 악령이 사울에게 힘 있게 내리매 그가 집 안에서 정신 없이 떠들어대므로 다윗이 평일과 같이 손으로 수금을 타는데 그 때에 사울의 손에 창이 있는지라 그가 스스로 이르기를 내가 다윗을 벽에 박으리라 하고 사울이 그 창을 던졌으나 다윗이 그의 앞에서 두 번 피하였더라(삼상 18:10-11).

하나님께서는 이미 사울 왕을 떠나셨다. 사무엘상 16장 14절에 "여호와의 영이 사울에게서 떠나고 여호와께서 부리시는 악령이 그를 번뇌하게 한지라"라고 기록되어 있다. 사울 왕은 하나님께서 자신을 떠나셨음을 알았겠나? 나는 사울 왕이 이 사실을 몰랐다고 생각한다. 스스로 자신을 속이는 자가 된 것이다. 그러니 두려워하지 않고 교만하여 멋대로 행한 것이다. 삼손이라는 사사는 여호와의 영이 이미 떠났으나 떠난 사실을 몰랐다. 들릴라라는 여인의 꾐에 빠져 머리털을 밀린 삼손이 어떻게 했나? 사사기 16장 19-20절에 사사기 기자는 기록하고 있다.

들릴라가 삼손에게 자기 무릎을 베고 자게 하고 사람을 불러 그의 머리털 일곱 가닥을 밀고 괴롭게 하여 본즉 그의 힘이 없어졌더라 들릴라가 이르되 삼손이여 블레셋 사람이 당신에게 들이닥쳤느니라 하니 삼손이 잠을 깨며 이르기를 내가 전과 같이 나가서 몸을 떨치리라 하였으나 여호와께서 이미 자기를 떠나신 줄을 깨닫지 못하였더라.

하나님께서는 다윗과 함께하셨다. 그러므로 사울 왕은 다윗을 두려워하였다. 표면적으로는 왕위를 다윗이 찬탈하지나 않을까에 대한 두려움이었고 내면적으로는 하나님께 버림받은 자이기에 두려움이 엄습한 것이다. 그래서 자신 앞에서 수금을 타는 다윗을 창을 던져 죽이려 했다. 여기에서 생각할 수 있는 것은 아주 가까운 거리에 있는 다윗이 상식적으로 전쟁에 능한 사울의 창을 어떻게 피할 수 있었겠냐는 것이다. 그것도 두 번이나 말이다. 사탄이 사울을 충동하여 다윗을 벽에 박으려 했으나 하나님의 영이 피하게 한 것이다. 자기 사람을 지키시고 보호하시는 하나님께서 바로 그 위기 시에 역사하셨다.

심령이 피폐해진 사울은 다윗을 죽이려 하였고 이 악한 도모는 계속되었다. 사울은 다윗을 블레셋과의 극렬한 전투에 보내며 맏딸 메랍을 주겠다고 하였는데 내심 전사하길 바랐고 이 약속마저 저버리고 아드리엘에게 아내로 주었다. 또한 딸 미갈을 줄 터이니 블레셋 사람의 포피 백 개를 원한다 하여 이 역시 블레셋 사람들의 손에 다윗이 죽길 바랐으나 다윗은 블레셋 사람 이백 명을 죽였으며 사울의 사위가 되었다. 사울은 알았다, 여호와께서 다윗과 함께 계심을. 그럼에도 불구하고 다윗을 죽이려 했다. 이처럼 사울은 노골적으로 하나님을 대적하는 자가 되었으나 그때마다 미갈을 통해서 그리고 요나단을 통해서 하나님께서는 다윗을 구원하셨다.

영원한 친구 요나단은 다윗의 위기 때에 다음과 같이 다윗과 언약하였다.

이스라엘의 하나님 여호와의 이름을 걸고 자네에게 맹세하네. 내가 내일이나 모레 이맘때에 아버지의 뜻을 확실히 살펴보겠네. 물론 자네에게 아무런 위험도 없다고 나는 자신하네. 만약 그렇지 않으면 내가 즉시 사람을 보내 은밀히 그 소식을 전해주겠네. 내가 자네에게 미리 알려 주지 않는다면 여호와께서 내게 벌을 내리셔도 달게 받겠네. 나의 부친께서 정말로 자네를 죽이려고 결심하셨다면, 자네가 미리 안전하게 피할 수 있도록 은밀히 사람을 보내 전해주겠네. 만약 그런 최악의 사태가 벌어진다면, 여호와께서 나의 아버님과 함께 해주셨던 것처럼, 어디로 가든지 자네와도 함께 해주시기를 빌겠네. 그리고 내가 살아 있는 동안에 자네가 왕이 되면, 여호와께서 자네에게 베풀어 주신 인자하심을 생각해 나의 목숨을 살펴 주게. 또한 나의 후손들에게서 피를 흘리지 말아 주게. 여호와께서 다윗의 원수들을 한 사람씩 지상에서 끊어 버리시는 때가 오더라도, 나의 후손들에게서 자네의 인자함을 끊어 버리지 말아 주게. 그때에 만일 요나단의 집안이 다윗의 집안 때문에 끊어져 버린다면, 여호와께서 다윗의 원수들을 일으켜 그 책임을 물으실 것이네(삼상 20:12-16, 현대어성경).

나는 요나단의 이 약속에 마음이 훈훈하고 아프고 쓰라렸다. 그리고 내심 이기적인 생각이 올라왔다. 요나단과 같은 친구가 있었으면. 하지만 곧 이 생각을 던져버렸다. 요나단과 같은 친구가 있으려면 다윗이 되어야 하는데 그 누가 자신하겠는가!

"사울이 죽인 자는 천천이요 다윗은 만만이로다." 이제 다윗은 요나단과 헤어져 10여 년의 방랑 생활을 시작한다.

시종이 도성으로 들어가 보이지 않자 다윗은 숨어 있던 바위 뒤에서 일어나 땅에 엎드려 요나단에게 큰 절을 세 번 하였다. 그런 다음 그들은 서로 입을 맞추며 울었는데, 다윗은 그칠 줄을 몰랐다. 요나단이 다윗에게 작별 인사를 하였다. '이제 잘 가게. 우리가 서로 여호와의 이름을 걸고 맹세한 것을 잊지 말기 바라네. 그 약속은 여호와께서 영원히 그 증인으로 살아 계시니, 우리의 후손들도 영원히 지켜야 할 것이네.' 다윗은 거기서 떠나 다른 곳으로 서둘러 떠나고, 요나단은 도성으로 돌아왔다(삼상 20:41-42, 현대어성경).

그 둘은 서로에 대한 그리움으로 마음 한구석이 비었을 테지만 곧 하나님 앞에서 한 언약이 그 빈구석을 채워주었다. 더 풍성히 더 가득히! 안 보면 잊힌다는 말이 있지만 하나님을 증인으로 두고 언약한 사람들은 서로를 잊을 수가 없다. 그들에게 하나님께서 역사 하시고 하나님의 자비하심과 함께하심이 언약과 함께 있을 것이기 때문이다. 당연하다. 증인이 할 선하고 미쁜 일이 그것이기 때문이다.

5 장

방랑의 시작

　　요나단과의 헤어짐으로[1] 이제 다윗은 10여 년의 방랑이 시작된다. 하지만 하나님께서는 이 기간을 가장 복된 기간으로 예비해 놓으셨다. 다윗을 다윗 되게 만드시는 연단의 기간으로 말이다. 오래전 욥은 친구 엘리바스의 세 번째 말에 대한 대답으로 다음과 같은 신앙을 고백하고 있다.

---

1 요나단은 이후에 다윗을 한 번 만난다. 그 장면이 사무엘상 23장 15-18절이다. "다윗이 사울이 자기의 생명을 빼앗으려고 나온 것을 보았으므로 그가 십 광야 수풀에 있었더니 사울의 아들 요나단이 일어나 수풀에 들어가서 다윗에게 이르러 그에게 하나님을 힘 있게 의지하게 하였는데 곧 요나단이 그에게 이르기를 두려워하지 말라 내 아버지 사울의 손이 네게 미치지 못할 것이요 너는 이스라엘 왕이 되고 나는 네 다음이 될 것을 내 아버지 사울도 안다 하니라 두 사람이 여호와 앞에서 언약하고 다윗은 수풀에 머물고 요나단은 자기 집으로 돌아가니라."
이제 다윗과 요나단은 두 번 다시 만나지 못하고 요나단은 길보아 전투에서 전사하고 만다. 이를 사무엘상 31장 6절에 기록하고 있다. "사울과 그의 세 아들과 무기를 든 자와 그의 모든 사람이 다 그 날에 함께 죽었더라."
하지만 우리는 안다. 천국에서 다윗과 요나단이 주님 품에 함께 있음을 말이다.

그러나 내가 가는 길을 그가 아시나니 그가 나를 단련하신 후에는 내가 순금같이 되어 나오리라(욥 23:10).

욥의 이 신앙고백은 세 가지가 함축되어 있다. 자신의 앞날은 하나님이 아신다는 것이다. 욥의 주변에 있는 자는 욥이 가는 길을 패망한 자가 걷는 길이라고 조롱하였다. 뻔한 패배자의 길이라고들 생각한 것이다. 하지만 그의 생각은 달랐다. 아직 끝나지 않았다는 것이다. 어찌 하나님의 오묘하신 섭리를 사람이 헤아리랴! 그러므로 자신의 가는 길을 아시는 분은 오직 하나님이라는 것이다. 욥의 소망이 바로 여기에 있었다. 다음으로 지금의 고난의 기간을 더욱 강하고 빛나게 하시는 단련, 연단의 기간으로 받아들인 것이다. 강한 철을 만들기 위한 담금질의 과정으로 보았다. 마지막으로 분명 하나님은 자신을 정금과 같이 만들어 내실 줄 의심하지 않았다. 앞날에 대한 확신 있는 믿음이 묻어나는 고백 아닌가?

밝은 대낮에 모든 것이 잘 보인다고 여겨지지만 다 그런 것은 아니다. 밤이 되면 낮에 볼 수 없었던 저 멀리에 있는 별을 볼 수 있다. 어두운 그날이 나에게 닥쳐와도 그것에도 하나님의 뜻이 있음을 의심하면 안 된다. 분명코 하나님께서 보여주시고자 하는 것이 있다. 그뿐만 아니라 우리 역시 그 밤에 빛을 발하기도 한다. 환난의 때는 구속의 하나님이 바로 내 곁에 계심을 잊지 말자.

앞서 언급했듯이 바울 사도의 일생 중 가장 어둡고 위기일 때 어떤 일이 일어났는지 사도행전 23장 11절에 기록되어 있다.

그 날 밤에 주께서 바울 곁에 서서 이르시되 담대하라 네가 예루살렘에서 나의 일을 증언한 것 같이 로마에서도 증언하여야 하리라 하시니라.

그렇다. 그 위기의 캄캄한 밤에 예수님은 바울 가장 가까이 서 계셨다.

바울 사도뿐 아니라 예레미야 선지자도 체험하였다. 예레미야의 인생의 위기 가운데 어떤 일이 일어났는지 예레미야애가 3장 55-57절에 기록되어 있다.

여호와여 내가 심히 깊은 구덩이에서 주의 이름을 불렀나이다 주께서 이미 나의 음성을 들으셨사오니 이제 나의 탄식과 부르짖음에 주의 귀를 가리지 마옵소서 내가 주께 아뢴 날에 주께서 내게 가까이 하여 이르시되 두려워하지 말라 하셨나이다.

그는 절망의 구덩이에 던져져서 희망이라곤 찾을 수 없었다. 어둠만이 있고 괴로움이 자신을 휘감았으나 선지자는 주님의 이름을 부른다. 구덩이 밑바닥에서 울부짖을 때 주님은 예레미야 선지자에게 가까이 오셨다. 그 깊은 구덩이에 임재하셔서 곁에 계셨다는 것이다. 그리고 말씀하시기를 두려워 말라고 하시고 그를 이끄셨다.

다윗은 시편 142편 1-3절에 다음과 같은 노래를 부르고 있다.

내가 소리 내어 여호와께 부르짖으며 소리 내어 여호와께 간구하는도다 내가 내 원통함을 그의 앞에 토로하며 내 우환을 그의 앞에 진술하는도다 내 영이 내 속에서 상할 때에도 주께서 내 길을 아셨나이다 내가 가는 길에 그들이 나를 잡으려고 올무를 숨겼나이다.

그는 고난 가운데 할 수 있는 것은 하나님께 하소연하는 것뿐이었다. 사람들은 그를 떠나고 없고 그의 우환에 대해 박수하고 있다. 이 모든 것을 물리치고 여호와께 부르짖을 수 있었던 까닭은 자신의 길을 아시는 하나님이심을 믿었기 때문이었다. 모든 것이 어그러지고 끝났다 하여 포기하고 싶은 때에도 말이다.

예수님께서는 어떤 바리새인들이 나아와 "여기를 떠나소서 헤롯이 당신을 죽이고자 하나이다"라고 은근히 위협할 때 그들에게 누가복음 13장 32-33절과 같이 이르셨다.

너희는 가서 저 여우에게 이르되 오늘과 내일은 내가 귀신을 쫓아내며 병을 고치다가 제삼일에는 완전하여지리라 하라 그러나 오늘과 내일과 모레는 내가 갈 길을 가야 하리니 선지자가 예루살렘 밖에서는 죽는 법이 없느니라.

헤롯 대왕의 아들, 갈릴리와 베레아 지방의 분봉 왕 헤롯 안디바가 아무리 예수님을 방해하고 핍박한다 해도 주님은 아버지 하나님께서 정하신 그 길을 가야 한다고 말씀하신 것이다. 아버지 하나님께서 정하신 그 길을 그 누구도 막을 수 없다는 것이다. 내가 갈 길, 즉 아버지께서 미리 계획하신 그 길을 주님은 걸어가셨다. 오직 그 길만 걸으신 것이다.

다윗은 방랑이 시작됐으나 이것은 사람의 견지요 하나님께서는 정확한 예정적 섭리로 마치 톱니바퀴가 맞물려 돌아가는 것처럼 그를 이끄신다. 다윗의 길을 예정하신 하나님께서는 그 길을 통하여 무엇을 이루시길 원하셨을까? 그것은 온 인류의 구원자 예수 그리스도의 증인으로 빚어지는 것임을 의심할 나위 없다.

나는 첫 번째 책에서 다음과 같이 썼다.

사명자는 고독하나 날로 강해진다. 하나님은 스스로 하실 바를 하시기에 그 무엇도 사명자를 쓰러뜨릴 수 없다. 우리는 지치고 열매가 없어도 거룩한 씨를 통하여서 새 일하시는 하나님을 믿고 다시금 오늘도 용맹을 발하며 사명의 언덕을 십자가 바로 지고 오르는 것이다. 내일 일을 걱정하지 말면서 말이다. 우리의 사명은 내 사명 이전에 하나님의 것 아닌가? 참되시고 성실하신 하나님을 믿고 그 복을 위하여 전진하는 삶, 그것은 우리의 할 일이다. 지치고 열매가 없는 것 같이 보여도 말이다.[2]

하나님의 제단에 하나님께서는 한 제물을 원하시는데 우리는 그 제물을 찾으려 하지 말자. 왜냐하면 그 제물은 바로 나 자신이기 때문이다. 우리는 이것을 다윗의 이야기에서 발견하게 된다. 하나님께서는 향기로운 제물로 다윗을 택하시고 온전한 제물 되게 그의

---

2 김성철, 『얼마나 있으면 밤이 새겠소』, 354-355.

인생길을 예비하시고 그 길 위에서 참된 제물로 만들어가셨다.

하나님께서는 우리에게 가장 복되고 아름다운 길을 준비해 주셨다. 그 길을 볼 때 갑갑하고 거칠고 깊은 골짜기와도 같다 해도 이것은 사람의 관점일 뿐이다. 나의 가는 길을 정하시고 그 길 가게 하시는 하나님의 사랑의 섭리를 믿어야 한다. 자신의 주인은 스스로가 아니다. 오직 하나님이시다. 다윗은 이 사실을 익히 알았다. 그리하여 그는 인생의 위기 때 다음과 같이 노래하였다.

> 내가 무리의 비방을 들었으므로 사방이 두려움으로 감싸였나이다 그들이 나를 치려고 함께 의논할 때에 내 생명을 빼앗기로 꾀하였나이다 여호와여 그러하여도 나는 주께 의지하고 말하기를 주는 내 하나님이시라 하였나이다 나의 앞날이 주의 손에 있사오니 내 원수들과 나를 핍박하는 자들의 손에서 나를 건져 주소서(시 31:13-15).

하나님의 소유인 다윗의 앞날은 원수들의 손에 의해 좌지우지(左之右之)되는 것이 아닌 오직 하나님의 섭리의 손에 있다고 온 천하에 외친 것이다.

이사야 43장 1절에 "야곱아 너를 창조하신 여호와께서 지금 말씀하시느니라 이스라엘아 너를 지으신 이가 말씀하시느니라 너는 두려워하지 말라 내가 너를 구속하였고 내가 너를 지명하여 불렀나니 너는 내 것이라"라고 기록되어 있다. 우리의 소유권을 주장하려면 세 가지가 충족되어야 함을 말씀하고 있는데, 첫째로 나를 지으시고,

둘째로 나를 구속하시고, 셋째로 나를 지명하여 부르셔야 한다. 이러하신 분이 누구이신가? 천지간에 오직 한 분 하나님밖에는 없다. 우리의 소유권을 주장할 수 있는 존재는 이 우주에 하나님밖에는 아니 계신다. 그 하나님의 인도가 가장 복되고 가장 존귀함을 성경이 증거하지 않은가? 하나님은 스스로 하실 바를 하시는 여호와 하나님이시다. 그러므로 내 길을 맡기고 이끄시는 하나님 앞에 모든 것을 내려놓을 때 우리는 그 손길을 매일의 삶 속에서 체험할 수 있는 것이다.

사울에게서 가까스로 도망한 다윗은 먼저 놉에 있는 성소로 달려갔다. 목숨을 부지하기 위해서였다. 아마도 다급함 속에 제일 먼저 그에게 생각난 피난처는 놉 땅에 있는 성소였을 것이다. 다윗은 제사장 아히멜렉에게 가서 사울 왕의 명을 받아 온 것처럼 말하고 떡과 골리앗이 쓰던 칼을 얻었다. 보통 성소의 떡상에 올려진 떡은 안식일 전날 새것으로 교체하였고 교체된 떡은 제사장들만이 먹을 수 있었다. 하지만 제사장 아히멜렉은 주린 다윗의 요구를 들어주었다. 그는 성소의 참 의미와 성소보다 크신 분이 누구신지 분명히 깨닫고 있었다. 예수님께서는 이것을 기억하시며 마태복음 12장 3-4절에 말씀하셨다.

다윗이 자기와 그 함께 한 자들이 시장할 때에 한 일을 읽지 못하였느냐 그가 하나님의 전에 들어가서 제사장 외에는 자기나 그 함께 한 자들이 먹어서는 안 되는 진설병을 먹지 아니하였느냐.

이로 인하여 아히멜렉을 비롯한 제사장 85명과 성읍 놉의 남녀와 아이들과 젖먹이들이 진노한 사울의 명을 받은 도엑에게 다 학살되었다. 도엑은 기회주의자였다. 다윗이 놉의 제사장 아히멜렉에게 갔을 때 그곳에 머물러 있었으며 되어진 일을 사울에게 다 일러바쳤다. 그는 에돔 출신이요3 사울의 목자장이었다. 다윗의 도피는 핏빛이었다. 여호와의 영이 떠난 사울의 집요한 광기 그리고 뱀같이 사악한 도엑의 잔인성이 하나님의 사람 다윗을 쫓았다.

오직 다윗은 하나님의 도우심만이 살길이었고 하나님께 탄원 드리는 것만이 있을 뿐이었다. 그때마다 다윗은 여호와의 영의 감동을 받아 하나님을 바라며 하나님을 붙들며 하나님의 도우심을 구하였다. 성공회 사제 존 스톳트는 그의 에베소서 강해에서 언급하기를,

하나님의 부르심은 우리 그리스도인의 삶의 맨 첫걸음이 된다. '미리 정하신 그들을 또한 부르시고 부르신 그들을 또한 의롭다 하시고 우리는 우리를 구원해 달라고 그에게 구했던 것이 사실이지만 우리의 구함은 그의 부르심에 대한 반응이었다.

라고 하였다.4 다윗은 구원은 오직 주님께 있음을 알았기에 세상

---

3 에돔 출신이란 야곱의 형 에서의 후손이라는 뜻이다. 에돔은 요단강 동쪽으로 산악지 대요, 에서와 그 후손들이 거주하였다. 도엑은 에돔 사람이었으나 개종하여 이스라엘 사람이 되었으며 사울 왕의 신임을 받아 재산 관리를 맡은 듯하다.
4 존 스톳트, 『하나님의 새로운 사회』(아가페출판사, 1993), 69.

줄이 끊어졌을 때에 더욱 하나님만을 앙망한 것이다. 다윗의 방랑은 하나님만이 그의 도움이심이요 하나님만이 그의 생명을 보존시키실 분이심을 가르쳐 주었다.

시편 52편이다.

[에돔인 도엑이 사울에게 이르러 다윗이 아히멜렉의 집에 왔다고 그에게 말하던 때에] 포악한 자여 네가 어찌하여 악한 계획을 스스로 자랑하는가 하나님의 인자하심은 항상 있도다 네 혀가 심한 악을 꾀하여 날카로운 삭도 같이 간사를 행하는도다 네가 선보다 악을 사랑하며 의를 말함보다 거짓을 사랑하는도다 간사한 혀여 너는 남을 해치는 모든 말을 좋아하는도다 그런즉 하나님이 영원히 너를 멸하심이여 너를 붙잡아 네 장막에서 뽑아 내며 살아 있는 땅에서 네 뿌리를 빼시리로다 의인이 보고 두려워하며 또 그를 비웃어 말하기를 이 사람은 하나님을 자기 힘으로 삼지 아니하고 오직 자기 재물의 풍부함을 의지하며 자기의 악으로 스스로 든든하게 하던 자라 하리로다 그러나 나는 하나님의 집에 있는 푸른 감람나무 같음이여 하나님의 인자하심을 영원히 의지하리로다 주께서 이를 행하셨으므로 내가 영원히 주께 감사하고 주의 이름이 선하시므로 주의 성도 앞에서 내가 주의 이름을 사모하리이다.

이 시편은 포악한 자에 대해 쏟는 탄식과 심판의 말을 담은 부분, 그에 대한 의인들의 반응이 인용되는 부분 그리고 시편 기자의 확신을 고백하는 부분으로 나뉜다. 여기서 포악한 자와 의인의 결과가 매우 대조적인 나무의 비유로 서술된다. 포악한 자는 그 뿌리가 뽑힐 것이나, 의인은 푸른 나무처럼 번성할 것이다. 다윗의 삶을 통하여 사람을 대하시는 하나님의 이 원칙은 변치 아니하고 선하게 집행됐음을 볼 수 있다.

자, 도엑은 다윗의 방랑을 자신의 정치적 이득과 출세를 위한 좋은 기회로 삼았다. 제사장을 죽이라는 왕의 명령에 신하들은 하나님의 제사장들을 감히 치려고 하지 못했지만, 그는 명령을 따랐고 잔인하고 광기 어린 살육과 학살의 장본인이었다. 그는 간악하고 사탄의 화신 같은 존재였다. 놉에서 떠난 다윗은 도망하여 블레셋의 가드성으로 간다. 하지만 국경을 넘었다 해서 안전하지 않았고 블레셋 사람에게 잡히고 만다.

이때의 형편이 얼마나 어렵고 고통스럽고 참혹했는지 시편 56편에 잘 나타나 있다.

하나님이여 내게 은혜를 베푸소서 사람이 나를 삼키려고 종일 치며 압제하나이다 내 원수가 종일 나를 삼키려 하며 나를 교만하게 치는 자들이 많사오니 내가 두려워하는 날에는 내가 주를 의지하리이다 내가 하나님을 의지하고 그 말씀을 찬송하올지라 내가 하나님을 의지하였은즉 두려워하지 아니하리니 혈육을 가진 사람이 내게 어찌하리이까 그들이 종일 내 말을 곡해하며 나를 치는 그들의 모든 생각은 사악이라 그들이 내 생명을 엿보았던 것과 같이 또 모여 숨어 내 발자취를 지켜보나이다 그들이 악을 행하고야 안전하오리이까 하나님이여 분노하사 뭇 백성을 낮추소서 나의 유리함을 주께서 계수하셨사오니 나의 눈물을 주의 병에 담으소서 이것이 주의 책에 기록되지 아니하였나이까(시 56:1-8).

다윗은 사울을 피해 놉에서 취한 골리앗의 칼을 가지고 블레셋 가드로 도망하였다. 여기서 흥미로운 사실은 블레셋 가드는 골리앗의 고향이다. 아군에게 쫓겨 적군의 사지로 도망하는 다윗, 전날의 승리의 상징물을 가졌으나 초라한 도망자 신세로 전락한 다윗은 이때 심정이 어떠했을까! 전날의 승리는 안개와도 같다. 초라하게 말라비틀어진 풀포기와도 같다. 그는 이를 뼈저리게 느끼고 체험하며 자신이 온전히 기댈 것은 사람도 이룬 것도 아닌, 오직 주님이심을 고백하고 있다. 대적들로부터 구원을 여호와 하나님께만 간구하는 개인의 탄식이 이 시편에 담겨있지 않은가!

다윗은 어디로 가든지 안전한 곳이 없었다. 어딜 가나 적들이 사방에서 그를 포위하듯이 옥죄고 있었고 모든 이가 들고 일어나 그를 죽이려 하였다. 하지만 그는 소망을 가진다. 헤매면서 흘리는 눈물, 하나님은 다 아시고 헤아리고 계시니 항아리에 눈물 담으시고 주님의 책에 헤매고 있는 것 다 기록해 달라고 탄원하고 있다. 그는 주님께서 자기 사정을 다 아심을 믿은 것이다. 예수님께서는 말씀하셨다.

의를 위하여 박해를 받은 자는 복이 있나니 천국이 그들의 것임이라(마 5:10).

핍박과 고난 속에 있는 다윗에게 이 땅엔 안식처가 없음을 깨우쳐 주신 것이요, 이러한 뼈저린 아픔으로 인하여 메시아가 이루실 영원한 나라를 그가 소망하였다고 볼 수 있겠다.

더렉 프린스는 시편 56편 8절에 대하여 다음과 같이 말한다.

이 구절이야말로 방황과 피난이 무엇인지 아는 자, 많은 눈물을 흘려본 자만이 고백할 수 있는 처절한 영혼의 울부짖음입니다. 그러나 비록 그가 눈물 흘리고 방황하고 있다 해도 자신 안에 평안이 있음을 발견합니다. 그리고 하나님의 눈이 자신을 보고 계심을 깨닫습니다. 하나님은 모든 것을 기록하고 계십니다. 그가 의를 위해 핍박받는 모든 것이 하나님의 책에 기록되어 있습니다.[5]

그는 가드 왕 아기스에게 끌려갔을 때 다른 방도가 없어 미친 체한다. 대문짝에 그적거리며 침을 수염에 흘리면서 말이다. 사무엘상 21장에 보니 아기스[6]는 보다 못하여 신하들에게 이른다. "이 사람이 미치광이로다 어찌하여 그를 내게로 데려왔느냐 내게 미치광이가 부족하여서 너희가 이 자를 데려다가 내 앞에서 미친 짓을 하게 하느냐 이 자가 어찌 내 집에 들어오겠느냐." 다윗은 살기 위해서 이렇게 한 것이다. 블레셋의 장수 골리앗의 목을 벤 자가 말이다.

이때의 일을 기록한 시가 또한 시편 34편이잖은가!

---

5 더렉 프린스/정희성 옮김, 『다윗의 시편과 함께』 (두란노서원, 1986), 97.
6 시편 34편에는 '아기스'라 하지 않고 아비멜렉이라고 하였다. '아비멜렉'이란 블레셋 왕의 명칭이고 그 왕의 이름이 아기스가 아닌가 싶다.

[다윗이 아비멜렉 앞에서 미친 체하다가 쫓겨나서 지은 시] 내가 여호와를 항상 송축함이여 내 입술로 항상 주를 찬양하리이다 내 영혼이 여호와를 자랑하리니 곤고한 자들이 이를 듣고 기뻐하리로다 나와 함께 여호와를 광대하시다 하며 함께 그의 이름을 높이세 내가 여호와께 간구하매 내게 응답하시고 내 모든 두려움에서 나를 건지셨도다 그들이 주를 앙망하고 광채를 내었으니 그들의 얼굴은 부끄럽지 아니하리로다 이 곤고한 자가 부르짖으매 여호와께서 들으시고 그의 모든 환난에서 구원하셨도다 여호와의 천사가 주를 경외하는 자를 둘러 진 치고 그들을 건지시는도다

의인이 부르짖으매 여호와께서 들으시고 그들의 모든 환난에서 건지셨도다 여호와는 마음이 상한 자를 가까이 하시고 충심으로 통회하는 자를 구원하시는도다 의인은 고난이 많으나 여호와께서 그의 모든 고난에서 건지시는도다 그의 모든 뼈를 보호하심이여 그 중에서 하나도 꺾이지 아니하도다(시 34:1-7, 17-20).

다윗이 블레셋 왕 앞에서 미친 체하다가 쫓겨날 때 하나님을 찬양하고 있다. 가드, 블레셋 땅에 들어가서 죽음의 위기에서 그가 무엇을 했나를 알 수가 있다. 그는 간구하였다. 순간순간을 간구로, 기도로 산 것이다. 두려움이 몰려올 때 그는 기도한 것이다. 주님을 앙망하였다. 그랬더니 여호와 하나님께서 그 빛난 얼굴을 비추어주사 억압당하는 자의 얼굴을 환하게 하신 것이다.

다윗은 이스라엘에서도 블레셋 땅에서 기댈 데 없었으나 하나님은 그의 의지처가 되어 주셨다. 다윗은 블레셋 왕 앞에서 꺼져가는

심지와 반쯤 꺾인 갈대와 같은 처지였으나 여호와께서 사자들을 보내사 호위해 주시고 구해 주셨다. 그는 깨달았다. 하나님을 신뢰하는 자가 주님을 향하여 부르짖으면 모든 고난에서 건져주신다는 것이다.7

바로 이것이다. 다윗이 유랑의 과정에서 얻은 진주는 간구하매 응답하시고 건져주시는 하나님이었다. 하나님께서는 천사를 보내사 눈물로 자신을 돌아보며 두려운 마음으로 섬기는 자를 잊지 아니하시고 그 가는 길을 지키신다는 것이다. 그러한 과정 속에서 하나님께서는 그를 다듬으셨다. 뾰족한 데는 깎으셨고 군더더기가 붙어 있는 곳은 잘라내셨고 매만져주셨다. 그는 원석이었다. 그것으로 보석을 만드시기 위하여 주님은 일하셨다. 보배로운 하나님의 일꾼을 만드시기 위해서 말이다.

무엇보다도 하나님께서는 자기의 영으로 다윗을 감동시키시사 우리 주 예수 그리스도를 예언하게 하셨다.8 그렇다. 하나님께서는

---

7 이러한 일들이 얼마나 많은지, 다니엘이 사자굴에 던져졌을 때에 하나님께서 천사를 보내사 맹수의 입을 막아주셨고 사드락과 메삭과 아벳느고가 풀무불 속에 던져졌을 때도 우리 주님께서 임재하사 조금도 상하지 않게 지켜주셨다.

8 예수님께서는 요한복음 15장 26절에 말씀하시기를 "내가 아버지께로부터 너희에게 보낼 보혜사 곧 아버지께로부터 나오시는 진리의 성령이 오실 때에 그가 나를 증언하실 것이요"라고 하셨다. 성령님의 감동하심을 입은 다윗이 성령님에 의하여 예수님을 증거하는 것은 당연한 일 아닌가! 이를 성경은 증거하고 있다. 일례로 마태복음 22장에서 예수님께서는 시편 110편 1절을 인용하시면서 다윗이 성령님의 감동으로 그리스도를 '주님'으로 불렀다고 말씀하셨다. 예수님께서 시편 110편은 다윗을 통한 예수님에 대한 예언임을 바리새인들에게 직접 이르신 것이다. 히브리서 5장 5-7절엔 시편의 예언은 바로 예수님에 대한 것임을 기록하고 있다. "또한 이와 같이 그리스도께서

그의 고난을 빚으사 예수님에 대한 예언의 열매를 맺게 하셨다. 하나님께서 다윗을 다윗 되게 하심은 하나님의 아들에 대하여 증거하는 증인으로 세우시기 위해서였다.

다윗이 목숨을 부지하기 위해 아비멜렉 앞에서 미친 체하다가 쫓겨나는 그 고난 가운데서 하나님 앞에 부른 노래가 예수 그리스도를 예언하는 노래가 될 줄이야! 하나님께서는 고난의 때를 겪는 다윗이 오직 도움의 하나님께 소망을 둘 때 그 입에서 찬양이 터져 나오게 하셨으며 이것을 통하여 그리스도를 계시하신 것이다. 놀랍지 아니한가?

그의 모든 뼈를 보호하심이여 그 중에서 하나도 꺾이지 아니하도다(시 34:20).9

이 예언이 어떻게 성취되었는지는 요한복음 19장 32-36절에

대제사장 되심도 스스로 영광을 취하심이 아니요 오직 말씀하신 이가 그에게 이르시되 너는 내 아들이니 내가 오늘 너를 낳았다 하셨고 또한 이와 같이 다른 데서 말씀하시되 네가 영원히 멜기세덱의 반차를 따르는 제사장이라 하셨으니 그는 육체에 계실 때에 자기를 죽음에서 능히 구원하실 이에게 심한 통곡과 눈물로 간구와 소원을 올렸고 그의 경건하심으로 말미암아 들으심을 얻었느니라." 신약성경은 다윗의 시편에 예수님에 대한 예언이 많이 포함되어 있음을 전하고 있다.

9 하나님께 바쳐지는 제물은 온전한 제물이어야 함이 신명기 15장 21절에 기록되어 있다. "그러나 그 짐승이 흠이 있어서 절거나 눈이 멀었거나 무슨 흠이 있으면 네 하나님 여호와께 잡아 드리지 못할지니." 요한복음 19장에 보면 로마 병정들은 예수님과 함께 못 박힌 사람들의 다리를 꺾는데 이는 안식일 전에 시체들을 치우기 위해 숨을 끊기 위해서였다. 하지만 예수님은 이미 죽으셨기에 다리를 꺾지 아니하였다. 이는 예수님께서 온전한 제물이 되어 하나님께 바쳐졌음을 상징한다.

기록되어 있다.

군인들이 가서 예수와 함께 못 박힌 첫째 사람과 또 그 다른 사람의 다리를
꺾고 예수께 이르러서는 이미 죽으신 것을 보고 다리를 꺾지 아니하고 그 중
한 군인이 창으로 옆구리를 찌르니 곧 피와 물이 나오더라 이를 본 자가 증언하
였으니 그 증언이 참이라 그가 자기의 말하는 것이 참인 줄 알고 너희로 믿게
하려 함이니라 이 일이 일어난 것은 그 뼈가 하나도 꺾이지 아니하리라 한
성경을 응하게 하려 함이라.

예수님께서는 누가복음 24장 44절에 말씀하셨다.

내가 너희와 함께 있을 때에 너희에게 말한 바 곧 모세의 율법과 선지자의 글과
시편에 나를 가리켜 기록된 모든 것이 이루어져야 하리라 한 말이 이것이라.

이 말씀은 부활하신 예수님께서 열한 제자에게 나타나시어 하신
말씀이다. 주님의 고난과 십자가의 죽으심 그리고 부활은 모세의
율법과 선지자의 글과 시편에 예언되어 있는 것이요 바로 이것이
역사적으로 이루어졌음을 언급하신 것이다. 그렇다. 다윗의 노래는
성령님께서 다윗을 감동시키사 그리스도에 관하여 예언하게 하신
것이다.

그뿐만이 아니다. 주님의 제자들은 그 말씀에 따라 다윗의 시편을
예수님에 대한 예언으로 받아들였다. 베드로 사도의 오순절 설교

중 사도행전 2장 25-35절이다.

다윗은 그분에 대해서 이렇게 말한 바 있습니다. '나 여호와를 한마음으로 모시고 살며 주께서 내 가까이에 계시니 떨리지 않습니다. 하여 이 마음 기쁘고 한없이 즐겁습니다. 이 몸도 편안히 살아갑니다. 주께서 이 몸을 스올로 팽개치지 않으시고 주님만을 애타게 그리는 이 몸 버리지 않으시리니 생명의 길 보여 주시리니 주님의 얼굴은 한없는 나의 기쁨 주님은 한없는 나의 즐거움이십니다.' 사랑하는 형제들이여, 생각해 보십시오. 지금 내가 인용한 이 말은 다윗이 자기 자신에 대해서 한 말이 아닙니다. 그는 죽어서 묻혔고 그의 무덤이 오늘날까지 남아 있습니다. 다윗은 예언자였기 때문에 그의 자손 중에서 메시아가 나서 다윗의 왕좌에 앉을 것이라고 하신 하나님의 변치 않는 약속을 알고 있었던 것입니다. 다윗은 먼 장래를 내다보면서 메시아의 부활을 예언하였습니다. 메시아는 지옥에 버려지지 않고 육신 또한 썩지 않을 것이라고 말한 것입니다. 그가 예언한 그대로 하나님께서는 예수를 죽은 자 가운데서 다시 살리셨습니다. 우리는 모두 그분의 부활의 증인입니다. 예수께서는 지금 하늘에서 가장 영광스러운 보좌인 하나님의 오른쪽에 앉아 계십니다. 그리고 약속하신대로 아버지께서는 그분에게 성령을 보내시는 권한을 주셨습니다. 그 결과 여러분이 방금 보고 들은 광경이 일어난 것입니다. 다음에 내가 인용하는 이 말 역시 다윗이 그 자신에 대해서 한 말이 아닙니다. 그는 하늘에 올라간 일이 없기 때문입니다. 그런데도 그는, '여호와께서 나의 주 임금에게 이르신 말씀이라. 여기 내 오른쪽에 앉아라. 내가 네 원수들을 네 발 아래에 둘 때까지 앉아 있어라'라고 말하였습니다(현대어성경).

이 말씀에 비추어보면 예수님께서는 이 땅에 계실 때 제자들에게 수시로 다윗의 시편에 대하여 말씀하셨고 특별히 자신에 대하여 예언한 것임을 숙지시키셨음을 알 수 있다. 베드로가 인용한 시편은 두 군데인데 하나는 시편 16편 8-11절이다. 이 말씀은 다윗 자신에 대하여 한 말이 아니요, 다윗의 예언인데 예수님의 죽음과 부활에 대한 것임을 설교한 것이다. 베드로 사도는 24절에 "하나님께서 그를 사망의 고통에서 풀어 살리셨으니 이는 그가 사망에 매여 있을 수 없었음이라"는 예수 그리스도의 역사적 부활 사건이 바로 다윗의 시편에 예언되어 있음을, 예언자 다윗이 예언하였음을 증거하고 있다. 시편 16편 10절이다.

이는 주께서 내 영혼을 스올에 버리지 아니하시며 주의 거룩한 자를 멸망시키지 않으실 것임이니이다.

그는 천 년 후의 일을 미리 본 것이다.
또 다른 하나는 시편 110편 1절이다.

여호와께서 내 주에게 말씀하시기를 내가 네 원수들로 네 발판이 되게 하기까지 너는 내 오른쪽에 앉아 있으라 하셨도다.

이 말씀 역시 다윗이 스스로에게 한 것이 아니다. 왜냐하면 그가 하늘에 올라간 일이 없기 때문이다. 다윗의 주가 되시는 예수 그리스도에 대한 예언이다. 예수님께서 부활 승천하셔서 아버지 하나님의 우편에 계실 것임을 이르신 것이다. 그뿐만 아니라 이 말씀은 마태복음 22장에 보면 예수님께서 직접 바리새인들과의 대화에서 인용하셨으며 고린도전서와 히브리서에서도 인용되고 있다.

하나님께서는 다윗의 환난을 사용하셔서 하나님을 바라게 하심으로 하나님의 계시를 받게 하셨다. 복음성가 노랫말을 보자.

괴로울 때 주님의 얼굴 보라. 평화의 주님 바라보아라. 세상에서 시달린 친구들아 위로의 주님 바라보아라. 힘이 없고 네 마음 연약할 때 능력의 주님 바라보아라. 주의 이름 부르는 모든 자는 함주시고 늘 지켜 주시리. 눈을 들어 주를 보라. 네 모든 염려 주께 맡겨라. 슬플 때에 주님의 얼굴 보라 사랑의 주님 안식 주리라.

하나님께서 우리에게 어떤 때는 인생의 밤을 주시고 괴로운 시절을 허락하시는 것은 하나님을 바라보게 하기 위한 과정이다. 잠언 16장 4절에 "여호와께서 온갖 것을 그 쓰임에 적당하게 지으셨나니 악인도 악한 날에 적당하게 하셨느니라"라고 기록되어 있다. 악한 자까지라도 하나님께서는 악한 날을 위하여 준비해 주신다. 주님께서는 모든 것을 자기 목적대로 지으셨다는 것인데, 우리가 하나님을 사랑하고 그 뜻 가운데 인도받는 줄 믿는 믿음이 흔들리지 않는다면 악한 자들로 인하여 받는 괴로움을 통하여도 그리스도의 존귀한 일꾼으로 성장할 것이다.

사도 요한도 마찬가지 아닌가? 로마 도미티아누스 황제 때 기독교 박해로 인해 밧모라 하는 돌 섬에 유배되어 채석장에서 강제 노동을 하고 있었다. 요한은 이곳에서 18개월가량 죄수의 몸으로 말할 수 없는 고생을 한 것이다. 굶주림과 거친 병사들의 자비 없는 위압적 태도로 약해질 대로 약해진 육신은 견딜 수 없는 삶의 고통으로 떨어질 수밖에 없었다. 하지만 주님의 오묘하신 인생의 이끄심은 그로 하여금 이 고난의 돌섬에서 요한계시록을 기록하게 하셨다. 그는 인생의 절망의 끝에서 예수님을 뵌 것이다. 하나님께서는 캄캄하고 고통스러운 때를 주시어 더욱 하나님을 앙망하게 하셨으며 그로 인하여 반드시 속히 될 일을 보여주셨다.

> 나 요한은 너희 형제요 예수의 환난과 나라와 참음에 동참하는 자라 하나님의 말씀과 예수를 증언하였음으로 말미암아 밧모라 하는 섬에 있었더니 주의 날에 내가 성령에 감동되어 내 뒤에서 나는 나팔 소리 같은 큰 음성을 들으니 이르되 네가 보는 것을 두루마리에 써서 에베소, 서머나, 버가모, 두아디라, 사데, 빌라델비아, 라오디게아 등 일곱 교회에 보내라 하시기로 몸을 돌이켜 나에게 말한 음성을 알아 보려고 돌이킬 때에 일곱 금 촛대를 보았는데 촛대 사이에 인자 같은 이가 발에 끌리는 옷을 입고 가슴에 금띠를 띠고 그의 머리와 털의 희기가 흰 양털 같고 눈 같으며 그의 눈은 불꽃 같고 그의 발은 풀무불에 단련한 빛난 주석 같고 그의 음성은 많은 물소리와 같으며 그의 오른손에 일곱 별이 있고 그의 입에서 좌우에 날선 검이 나오고 그 얼굴은 해가 힘있게 비치는 것 같더라(계 1:9-16).

이 얼마나 오묘하신 전능자의 방법인가! 고통에도 뜻이 있었다. 하나님께서는 손해 보지 않으신다. 그러므로 하나님 안에 거하는 사람은 어떤 인생의 파도를 만나든지 그것 때문에 손해 보지 않는다. 신앙의 위인들을 보라. 낭패와 실망 당한 뒤에 갈 곳은 오직 주님의 품이라는 사실을 체험하게 되었으며 그로 인하여 결국 승리하였다. 우리는 삶의 풍랑으로 인하여 더 빨리 소원의 항구에 도달한다.

예레미야애가 3장 19-25절에는 예레미야의 고난 중 기도가 나온다.

> 내 고초와 재난 곧 쑥과 담즙을 기억하소서 내 마음이 그것을 기억하고 내가 낙심이 되오나 이것을 내가 내 마음에 담아 두었더니 그것이 오히려 나의 소망이 되었사옴은 여호와의 인자와 긍휼이 무궁하시므로 우리가 진멸되지 아니함이니이다 이것들이 아침마다 새로우니 주의 성실하심이 크시도소이다 내 심령에 이르기를 여호와는 나의 기업이시니 그러므로 내가 그를 바라리라 하도다 기다리는 자들에게나 구하는 영혼들에게 여호와는 선하시도다

고초와 재난 쑥과 담즙과 같이 쓴 기간을 통과할 때 우리는 더욱 하나님을 바라게 된다. 나를 진멸시키지 않으시는 성실하심이 크신 여호와의 인자와 긍휼을 말이다.

인자와 긍휼이 풍성하신 성실하신 하나님께 대한 소망은 예수님에게로 귀결된다. 그렇다. 모든 소망과 희망의 끝은 오직 예수 그리스도시다. 그러므로 우리는 환난을 통하여 고난을 통하여 예수 그리스

도를 뵐 수 있는 것이다. 예레미야는 예수님을 언급하고 있다. 예레미야 31장 31-34절이다.

> 여호와의 말씀이니라 보라 날이 이르리니 내가 이스라엘 집과 유다 집에 새 언약을 맺으리라 이 언약은 내가 그들의 조상들의 손을 잡고 애굽 땅에서 인도하여 내던 날에 맺은 것과 같지 아니할 것은 내가 그들의 남편이 되었어도 그들이 내 언약을 깨뜨렸음이라 여호와의 말씀이니라 그러나 그 날 후에 내가 이스라엘 집과 맺을 언약은 이러하니 곧 내가 나의 법을 그들의 속에 두며 그들의 마음에 기록하여 나는 그들의 하나님이 되고 그들은 내 백성이 될 것이라 여호와의 말씀이니라 그들이 다시는 각기 이웃과 형제를 가르쳐 이르기를 너는 여호와를 알라 하지 아니하리니 이는 작은 자로부터 큰 자까지 다 나를 알기 때문이라 내가 그들의 악행을 사하고 다시는 그 죄를 기억하지 아니하리라 여호와의 말씀이니라.

훗날 하나님의 아들 예수 그리스도께서 세우실 새 언약을 예언하고 있는 것이다. 이스라엘은 하나님과의 언약을 제대로 이행하지 못하고 파기하였다. 하나님과 멀어졌고 우상을 숭배하고 죄의 길에서 허우적대었다. 그들을 기다리고 있는 것은 심판뿐이었다. 하지만 하나님께서는 그들을 버려두지 아니하시고 구원하고자 하셨다. 유일하신 아들, 예수 그리스도를 통해서이다. 그가 흘리신 피의 언약을 통해서 말이다. 마가복음 14장 22-24절이다.

그들이 먹을 때에 예수께서 떡을 가지사 축복하시고 떼어 제자들에게 주시며 이르시되 받으라 이것은 내 몸이니라 하시고 또 잔을 가지사 감사 기도하시고 그들에게 주시니 다 이를 마시매 이르시되 이것은 많은 사람을 위하여 흘리는 나의 피 곧 언약의 피니라.

하나님께서는 예수님으로 말미암아 새 언약을 세우시고 이를 믿는 자에게 구원의 은혜를 베푸신다. 히브리서 8장 6절에 기록하기를 "그러나 이제 그는 더 아름다운 직분을 얻으셨으니 그는 더 좋은 약속으로 세우신 더 좋은 언약의 중보자시라"고 하셨지 않은가?

자, 다윗은 성령님의 감동을 받아 예수님을 증거하였다. 성령님의 감동을 받지 않고서야 어찌 1,000년 후의 예수님에게 되어질 일을 정확히 미리 노래할 수 있으랴! 그뿐만 아니라 성령님의 감동을 받지 않고서야 어찌 영원한 예수님에 의해 이루어질 나라를 그의 시편에서 예언할 수 있었단 말인가! 다윗이 사무엘에게 기름부음을 받을 때 성부 하나님의 역사가 있었고 성령 하나님의 감동이 있었다. 일일이 성부 하나님께서는 사무엘에게 누구에게 기름을 부어야 하는지를 말씀하셨고 기름부음을 받은 날 이후로 성령 하나님의 감동이 있었다. 그러므로 다윗이 성자 하나님을 증거함에 대해 이상하게 생각할 것이 아니다. 삼위일체 하나님께서 다윗의 삶에 있어 역사하심은 분명하고 확실하다. 하나님께서는 다윗을 통해서 그의 자손으로 보내실 아들을 증거하시길 원하신 것이다. 그러므로 다윗은 특별한 인물이었다. 그의 업적, 그의 인품, 그의 공과(功過)에 의해서가 아니다. 예수님을 증거하는 은총을 받은 것이다.

하나님께서는 하나님의 자녀로 다윗을 다듬길 원하셨고 인생의 풍파 속에 성공과 실패 속에 하나님의 녹로[10] 위에 있는 다윗을 빚으셨다. 하나님의 택정함을 받은 사람은 그 택정함의 뜻을 이루기 위한 연단을 받아야 한다. 모세, 세례 요한, 요셉, 다니엘, 사도 바울 등 모든 하나님의 사람은 이 과정을 거쳐야 했다. 이 과정을 통과한 자에게 아버지 하나님의 계획을 드러내신다.

주님의 뜻을 이루소서. 고요한 중에 기다리니 진흙과 같은 날 빚으사 주님의 형상 만드소서.

녹로에 올려진 깨어지고 찌그러진 진흙 덩어리가 주님의 손길에 의해 빚어진다. 그러는 가운데 예수 그리스도를 예언할 주님의 형상으로 빚어져 갔다. 예수 그리스도를 예언할 자를 하나님은 다듬으시고 연단시키셔서 그 사명에 합당하게 만드시는 것이다.

하나님께서는 다윗의 뜻이 아버지 하나님의 뜻과 같이 되기를 소원하시며 그의 인생길을 이끄시고 연단 속에 함께하셨다.

내 모든 소원 기도의 제목 예수님 닮기 원함이라 예수님 형상 나 입기 위해 세상의 보화 아끼잖네, 무한한 사랑 풍성한 긍휼 슬픈 자 위로 하시는

---

10 흙으로 그릇을 만들 때 쓰는 원반을 말하는 것으로 토기장이는 이 원반을 돌리면서 그 위에 올려진 흙을 손으로 빚는다.

주 길 잃은 죄인 부르는 예수 그 형상 닮게 하옵소서, 겸손한 예수 거룩한 주님 원수의 멸시 참으사사 우리를 위해 고난을 받은 구주를 닮게 하옵소서, 예수님 닮기 내가 원하네 날 구원하신 예수님을 내 마음속에 지금 곧 오사 주님의 형상 인치소서.

우리는 이 땅을 살아가는 동안 주님을 닮길 원하고 있다. 그 형상을 입기 위해 세상의 것을 버리기도, 고난을 달게 받기도 그리고 사명에 헌신하기도 한다. 우리는 이 과정 속에서 조금씩 조금씩 변화한다. 아니 예수님께서 우리를 변화시키신다.

리처드 포스터는 다음과 같이 그의 책에 썼다.

의지와 결심이라는 인간의 힘으로 내면의 변화를 얻지 못해 절망할 때, 놀라운 새 깨달음의 눈을 뜨게 됩니다. 즉, 내면의 의는 은혜롭게 받아야 할 하나님의 선물인 것입니다. 속에서 필요한 변화는 하나님의 일이지 우리의 일이 아닙니다. 필요한 것은 내면의 일인데, 내면에서 일할 수 있는 이는 오직 하나님뿐입니다. 우리는 하나님의 나라의 이 의를 성취하거나 벌 수는 없습니다. 그것은 주어지는 은혜입니다.[11]

사도 바울은 빌립보서 2장 5-8절에 다음과 같이 적고 있다.

---

11 리처드 포스터/편집부 역, 『영적 성장을 위한 제자훈련』 (보이스사, 1982), 24.

너희 안에 이 마음을 품으라 곧 그리스도 예수의 마음이니 그는 근본 하나님의 본체시나 하나님과 동등됨을 취할 것으로 여기지 아니하시고 오히려 자기를 비워 종의 형체를 가지사 사람들과 같이 되셨고 사람의 모양으로 나타나사 자기를 낮추시고 죽기까지 복종하셨으니 곧 십자가에 죽으심이라.

하나님께서는 다윗을 쓰시기로 작정하셨다. 예수 그리스도를 증거할 선지자로 말이다. 그래서 그의 길을 주관하시고 이끄셨고 다윗은 그 모든 인생의 길 가운데 낙심하거나 교만하지 아니하고 다시금 말씀의 지팡이 잡고 일어나 걸은 것이다. 하나님께서는 다윗이 잘못된 길을 걸을 때 포기하시지 아니하시고 다시금 안내하시기를 거듭하셨고 다윗은 아버지의 마음을 알아 스스로 굳세게 하여 아버지께서 안내하시는 그 길을 걸어간 것이다. 그러는 가운데 다윗은 그리스도 예수의 마음을 닮아갔고 품었던 것이다. 예수님을 예언할 자로 말이다.

이제 에스라인 에단의 마스길[12]이라고 불리는 시편 89편을 보자.

그 때에 주께서 환상 중에 주의 성도들에게 말씀하여 이르시기를 내가 능력 있는 용사에게는 돕는 힘을 더하며 백성 중에서 택함 받은 자를 높였으되 내가 내 종 다윗을 찾아내어 나의 거룩한 기름을 그에게 부었도다 내 손이 그와 함께 하여 견고하게 하고 내 팔이 그를 힘이 있게 하리로다

---

12 시편의 한 형태로서 묵상 혹은 교훈을 의미한다.

내가 또 그를 장자로 삼고 세상 왕들에게 지존자가 되게 하며 그를 위하여
나의 인자함을 영원히 지키고 그와 맺은 나의 언약을 굳게 세우며 또 그의
후손을 영구하게 하여 그의 왕위를 하늘의 날과 같게 하리로다
내가 나의 거룩함으로 한 번 맹세하였은즉 다윗에게 거짓말을 하지 아니할
것이라 그의 후손이 장구하고 그의 왕위는 해 같이 내 앞에 항상 있으며 또
궁창의 확실한 증인인 달 같이 영원히 견고하게 되리라 하셨도다(시
89:19-21, 27-29, 35-37)

.

　자, 여기에서 보면 하나님께서 다윗을 택하셨고 찾아내셔서 기름
을 부었다고 하였다. 그로 인하여 다윗은 능력 있는 자가 된 것이다.
기드온을 보라. 그가 300명의 군사로 메뚜기의 많은 수와 해변의
모래같이 많은 미디안과 아말렉과 동방의 모든 적을 물리칠 수 있었
던 것은 기드온에게 능력이 있었던 것이 아니요, 그를 찾아낸 하나님
께서 능력 있게 하셨기 때문이다. 사사기 7장 9절에는 "그 밤에
여호와께서 기드온에게 이르시되 일어나 진영으로 내려가라 내가
그것을 네 손에 넘겨 주었느니라"라고 기록되어 있다. 그럼 하나님께
서 다윗이라는 한 인물을 택하시고 찾아내셔서 힘 있는 자가 되게
한 까닭이 무엇인가? 그것은 메시아와 그의 나라를 예언하게 하시기
위해서이다. 이 말씀을 보면 하나님께서 다윗에게 하신 약속은 반드
시 이루어짐을 노래하고 있으며 그 약속의 중심엔 예수 그리스도가
계심을 알 수 있다.

> 그의 왕위는 해 같이 내 앞에 항상 있으며 또 궁창의 확실한 증인인 달 같이
> 영원히 견고하게 되리라(시 89:36-37).

그렇다. 우리 주 예수 그리스도로 말미암아 이루어질 그 나라에 대한 예언임을 알 수 있다. 즉, 다윗에게 하신 하나님의 언약은 궁극적으로 메시아와 그의 영원한 나라에 대하여 말씀하신 것이다.

나는 시편 118편 중의 몇 구절은 다윗이 위기에서 하나님께서 신원(伸寃)해 주실 줄 믿고 노래한 것을 훗날 다윗 자신이 회고하며 기록한 것으로 알고 있다.

> 내가 고통 중에 여호와께 부르짖었더니 여호와께서 응답하시고 나를 넓은
> 곳에 세우셨도다 여호와는 내 편이시라 내가 두려워하지 아니하리니 사람이
> 내게 어찌할까 여호와께서 내 편이 되사 나를 돕는 자들 중에 계시니 그러므로
> 나를 미워하는 자들에게 보응하시는 것을 내가 보리로다
> 내가 죽지 않고 살아서 여호와께서 하시는 일을 선포하리로다 여호와께서
> 나를 심히 경책하셨어도 죽음에는 넘기지 아니하셨도다
> 건축자가 버린 돌이 집 모퉁이의 머릿돌이 되었나니 이는 여호와께서 행하신
> 것이요 우리 눈에 기이한 바로다(시 118: 5-7, 17-18, 22-23).

다윗의 광야는 하나님의 학교였다. 하나님께서는 유리방황(流離彷徨)하는 그 광야를 그의 마음이 예수님을 닮아가도록 주님의 마음을 품도록 훈련시키신 것이다. 나는 이것을 확신한다. 왜냐하면

여호와의 영에 감동되어서 노래한 그의 시편이 놀랍게도 예수님을 예언하고 있기 때문이다. 성삼위의 하나님께서 고난(苦難)한 도망자의 길에서 역사하신 것이다. 그는 건축자의 버린 돌과 같았다. 사울에게서 버림받았고 도와준 사람에게서 버림받았고[13] 주변의 그 누구도 그를 귀히 보지 않았다.

하지만 하나님께서는 그를 들어 집 모퉁이의 머릿돌, 요긴한 돌로 사용하셨다. 쓸모없다고 내친 돌을 그 어떤 돌보다도 귀한 돌이 되게 하신 분은 여호와 하나님이셨다. 엄청나고 놀라운 일을 하나님이 행하셨다. 더 놀라운 것은 바로 다윗이 노래한 시편은 앞서 언급한 대로 우리 주 예수 그리스도를 예언하고 있다는 것이다. 아무나 예수님을 예언하였나? 아니다. 이 거룩한 일은 거룩한 자가 해야 하는 것이다.

거룩한 인생은 거룩하신 하나님을 닮아가려 힘쓴 자이며 그리되도록 하나님께서 훈련시키신 자이다. 이런 이야기가 있다. 한 조각가가 큰 대리석을 가지고 말을 조각하였는데 얼마나 잘 만들었는지 살아있는 말이 땅을 박차고 달려갈 것만 같은 작품이었다. 감상하고 있던 사람이 조각가에게 물었다. "어쩌면 이런 훌륭한 말 조각을 할 수 있습니까?" 조각가는 미소를 지으며 대답했다. "대리석 덩어리

---

13 사무엘상 23장에 보면 다윗은 블레셋 사람들이 그일라를 쳐서 탈취할 때 블레셋 사람들을 치고 그곳 주민을 구원하였다. 사울 왕으로부터 피난 가는 절박한 속에서도 하나님을 의지한 다윗은 용기를 내어 그일라 사람을 구원해 준 것이다. 하지만 은혜를 입은 그일라 사람들은 사울 왕에게 다윗이 여기 있다고 고해바쳤다. 은혜를 원수로 갚은 것이다.

에서 말 같지 않은 부분만 쳐내면 됩니다."

광야는 다윗에게 있어 하나님의 학교와도 같았다. 거기에서 하나님께서는 말 같지 않은 부분을 쳐내는 조각가와 같이 다윗을 다듬으셨고 정으로 쪼아서 하나님의 사람을 만드셨다. 하나님의 아들을 예언할 선지자로 말이다.

사도행전 4장 10-11절에는 베드로가 성령이 충만하여 백성의 관리들과 장로들에게 선포한 말씀이 있다.

너희와 모든 이스라엘 백성들은 알라 너희가 십자가에 못 박고 하나님이 죽은 자 가운데서 살리신 나사렛 예수 그리스도의 이름으로 이 사람이 건강하게 되어 너희 앞에 섰느니라 이 예수는 너희 건축자들의 버린 돌로서 집 모퉁이의 머릿돌이 되었느니라.

장로들과 바리새인과 이스라엘 백성들에게 배척당하신 예수님을 하나님께서는 높이 드사 온 세상의 주(主)로 삼으셨다는 것이다. 바로 이것이 성령이 충만한 베드로의 설교였다. 이 설교의 핵심이 무엇인가? 예수님은 머릿돌이라는 것이다. 이 말씀은 조금 전 언급한 시편 118편의 인용구이다.

건축자가 버린 돌이 집 모퉁이의 머릿돌이 되었나니 이는 여호와께서 행하신 것이요 우리 눈에 기이한 바로다.

다윗은 사울 왕을 비롯한 많은 자들에게서 버린 바 되었다. 버려진 돌이었다. 하지만 하나님께서는 그를 드사 머릿돌이 되게 하셨다. 정하신 뜻대로 이스라엘의 왕으로 삼으신 것이다. 참으로 기이하지 않은가? 그의 삶을 반추하여 얻은 시가 바로 우리 주 예수 그리스도를 예언한 말씀이 되었으니 말이다. 예수님께서도 장로들과 바리새인들 그리고 군중들에게 버린 바 되셨다. 하지만 하나님께서는 말씀하신 것을 이루시기 위하여 기이한 일을 행하셨다. 곧 하나님 나라의 왕이 되신 것이다.

이와 같이 여호와의 영, 성령님이 충만히 다윗에게 임하사 하나님의 아들, 구원자 예수 그리스도를 예언하게 하신 것이다. 다윗과 이스라엘 왕국은 메시아 예수 그리스도와 그분이 이루실 하늘나라와 떼려야 뗄 수 없는 것이다.[14] 성령의 감동하심을 받아 지은 시편에서 성부 하나님께서는 성자 예수님으로 인하여 이루어질 하나님의 나라를 증거하신다. 다윗의 이야기를 통해서 말이다. J. 오스왈드 샌더스의 말대로 하나님께서는 메시아에 대한 시편을 쓸 수 있는 거룩한 특권을 그에게 주신 것이다.

예수님께서 시편을 들어 말씀하심이 마태복음 21장 15-17절에 기록되어 있다. 고난 주간에 된 일이다.

> 대제사장들과 서기관들이 예수께서 하시는 이상한 일과 또 성전에서 소리

---

14 복음의 중심은 예수 그리스도이며, 복음의 주제는 예수 그리스도께서 이루실 하나님의 나라이다. 부록에 "복음의 중심"과 "복음의 주제"에 대한 글을 담았다.

질러 호산나 다윗의 자손이여 하는 어린이들을 보고 노하여 예수께 말하되 그들이 하는 말을 듣느냐 예수께서 이르시되 그렇다 어린 아기와 젖먹이들의 입에서 나오는 찬미를 온전케 하셨나이다 함을 너희가 읽어 본 일이 없느냐 하시고 그들을 떠나 성 밖으로 베다니에 가서 거기서 유하시니라.

여기에서 주님께서는 시편 8편 2절을 인용하고 계시지 않은가!

주의 대적으로 말미암아 어린 아이들과 젖먹이들의 입으로 권능을 세우심이여 이는 원수들과 보복자들을 잠잠케 하려 하심이니이다.

예수님께서는 다윗의 시편을 자유자재로 인용하신다. 다윗의 노래를 사랑하신 것이다.

사울을 피하여 다윗은 놉으로, 가드로, 아둘람 굴로, 모압 미스베로 정처 없이 도망하였다. 그가 얼마나 곤궁하고 힘겨웠는지 그는 이 당시를 여호와의 영의 감동하심을 받아 시로 남겼다. 시편 142편 이다.

내가 소리 내어 여호와께 부르짖으며 소리 내어 여호와께 간구하는도다 내가 내 원통함을 그의 앞에 토로하며 내 우환을 그의 앞에 진술하는도다 내 영이 내 속에서 상할 때에도 주께서 내 길을 아셨나이다 내가 가는 길에 그들이 나를 잡으려고 올무를 숨겼나이다 오른쪽을 살펴 보소서 나를 아는 이도 없고 나의 피난처도 없고 내 영혼을 돌보는 이도 없나이다 여호와여 내가 주께 부르짓어 말하기를 주는 나의 피난처시요 살아 있는 사람들의 땅에서 나의 분깃이시라 하였나이다 나의 부르짖음을 들으소서 나는 심히 비천하니이다 나를 핍박하는 자들에게서 나를 건지소서 그들은 나보다 강하니이다 내 영혼을 옥에서 이끌어 내사 주의 이름을 감사하게 하소서 주께서 나에게 갚아 주시리니 의인들이 나를 두르리이다.

그는 원통하였다. 그도 그럴 것이 그는 사울을 대적한 일도, 모반한 일도, 조금이라도 딴마음을 품은 일도, 골리앗을 죽인 후 자랑한 일도 없기 때문이다.[15] 다윗은 충성되이 사울을 위하여 악기를 연주했으며 최선을 다해 직임을 완수하였다. 그런데도 돌아오는 것은 자신을 죽이려는 자들의 함성과 칼날이었다. 심히 억울했고 쫓기되 죽은 개나 벼룩 같은 비참한 신세가 되었음을 한탄할 수밖에 없었다. 그러나 다윗은 이러고만 있지 않았다. 그는 자신의 짐과 억울함, 피곤함, 처참함을 하나님 앞에 펼쳐 보이고 있다. 자신의 마음을 사람에게 말하지 아니하고 하나님께 쏟아 놓았다. **그러므로 이때야 말로 다윗의 삶에서 영성이 가장 빛을 발한 때였다.**

외로운 길 나와 동행하심으로 참 기쁨과 빛 주시는 주님 이제야 내가

---

15 그의 장점 중 하나가 겸손이었다. 그러므로 자랑과는 거리가 먼 인물이었다. 하지만 이러한 그도, 뒤에 언급하겠지만, 자신의 군사의 수를 자랑하려다가 하나님의 큰 징계를 받았다. "선 줄로 생각하는 자는 넘어질까 조심하라"는 말씀과 같이 늘 깨어 있어야 함을 성경은 교훈하고 있다.

찾아 만났으니 구주 예수 내 구세주시라. 험한 산골 어두운 곳 갈지라도 이제 다시 두렵지 않도다. 주님 예수 나를 찾아 주셨으니 하늘나라 나 영생 얻었네. 주님께서 십자가에 돌아가심 듣기까지 오랜 세월 동안 그 참사랑 내가 알지 못했으니 그 얼마나 큰 수치 아닌가. 이제부터 내가 이 복음 전하리. 이 세상에 어느 곳이든지 죄악에서 아직 방황하는 자여, 회개하고 주를 영접하라. 험한 산골 어두운 곳 갈지라도 이제 다시 두렵지 않도다. 주님 예수 나를 찾아 주셨으니 하늘나라 나 영생 얻었네.

주님께서 계시는 그 보좌를 사모하며 삶의 발걸음을 향할 때 다윗은 발견하였다. 자신을 찾아오신 하나님을! 자기의 길을 아시는 하나님을 만난 것이다. 아둘람 굴 속에서 말이다. 그는 하나님 앞에 나아갔다. 그리고 부르짖었다. 살려달라고, 불쌍히 보아 달라고 말이다. 원통했다. 너무도 고통스러워 속이 짓물러졌다. 그 모든 것을 하나도 남김없이 아둘람 굴 속[16]에서 토해 놓았다. 가장 곤고한 때, 그는 어둡고 고달픈 그 자리를 부흥회의 거룩한 장소로 만들었다.[17]

---

16 아둘람 지역은 석회암 굴들이 많다. 더러는 굴이 넓어 어림잡아 600명 이상이 들어가 몸을 숨길 수 있는 곳도 있다. 사무엘상 22장에, 다윗이 아둘람 굴로 도망하자 그의 형제와 아버지의 온 집이 그곳으로 내려와 합류하였고 사울의 학정 밑에서 환난 당한 자, 빚에 시달리는 자, 원통한 자들이 몰려와 다윗을 우두머리 삼았는데 400명쯤 되었다.

17 하나님께서는 가장 어둡고 막막한 장소를 가장 영적으로 밝고 소망의 장소로 만들어 주심을 신앙의 위인의 삶을 통하여 알 수 있다. 예컨대 바닷물에 던져진 요나가 물고기 뱃속에서 간구하므로 다시금 사용하시는 하나님의 역사를 체험하였지 않은가!

담대히 주님께 나아갈 때 찾아오신 하나님으로 인하여 하나를 깨달았다. 자신도 갈 길을 알지 못했으며 함께한 자들을 어디로 이끌어야 할지 몰랐으나 오직 하나님은 자기의 길을 아신다는 것이다.

데오도르 H. 에프는 그의 저서에서 다음과 같이 말하였다.

그러므로 하나님은 그의 말씀을 통하여 우리 삶 속에서 일어나는 시련은 그것이 필요할 때 필요한 곳에 오는 것이기 때문에 일시적인 것일 뿐이라고 알려 주십니다. 이것은 베드로전서 1장 6절에 나오는 '필요할 때마다'(if need be)라는 말에 의해서도 강조되고 있습니다. "그러므로 너희가 이제 —필요할 때마다(if need be) 오는— 여러 가지 시험을 인하여 잠간 근심하게 되지 않을 수 없었으나 오히려 크게 기뻐하도다." 모든 사람이 동일한 필요를 가지고 있는 것은 아니므로 어떤 이들은 다른 사람보다 더 많은 시련을 겪게 될 수도 있습니다.[18]

다윗, 그가 일평생 견지(堅持)한 것은 자신은 양, 하나님은 목자였

"내가 받는 고난으로 말미암아 여호와께 불러 아뢰었더니 주께서 내게 대답하셨고 내가 스올의 뱃속에서 부르짖었더니 주께서 내 음성을 들으셨나이다. 주께서 나를 깊음 속 바다 가운데 던지셨으므로 큰 물이 나를 둘렀고 주의 파도와 큰 물결이 다 내 위에 넘쳤나이다. 내가 말하기를 내가 주의 목전에서 쫓겨났을지라도 다시 주의 성전을 바라보겠다 하였나이다"(욘 2:2-4). 이러한 그에게 하나님께서는 두 번째 기회를 허락하셨다.

18 데오도르 H. 에프/김동원 역, 『하나님은 그리스도인에게 왜 고난을 허락하시는가』 (바울서신사, 1990), 43.

다. 그가 젊었을 때에도, 중년일 때에도, 노년일 때에도 그리고 자신이 하나님께로 갈 때에도 말이다. 양이 스스로 어디로 가야 할지 알 수 없다. 양의 길은 목자만이 아신다. 어찌 양이 자기 길을 알랴! 목자는 선한 목자이시기에 기르시는 양에게 가장 맞는 길로 이끄신다. 그러기에 시편 78편 52절과 53절에 "그가 자기 백성은 양 같이 인도하여 내시고 광야에서 양 떼 같이 지도하셨도다 그들을 안전히 인도하시니 그들은 두려움이 없었으나 그들의 원수는 바다에 빠졌도다"라고 한 것 아니겠나?

예레미야 선지자도 기도하지 않았는가!

> 주님, 인간이란 자신의 운명을 스스로 결정할 수가 없지 않습니까? 사람이 물론 제 발로 걸어 다니지만 어찌 그 발걸음을 스스로 결정할 수가 있습니까? 인생의 길을 결정하는 것은 인간 자신이 아니라는 것을 제가 압니다(렘 10:23, 현대어성경).

우리도 마찬가지임을 인정하지 않을 수 없다.

다윗은 자기의 길을 아시는 주님께서 피난처가 되어 주실 수 있으며 주님만이 자기의 모든 것임을 도피 굴에서 깨닫는다. 한마디로 그는 믿음의 사람이었다. "하나님께서 나를 죽이실지라도 나는 하나님께 소망을 둡니다"라는 흔들리지 않는 믿음과 소망의 사람이었고 이루시는 하나님을 지극히 사랑하는 사랑의 용사였다. 오직 구원은 하나님께로부터 오는 것임을 노래하였고 광야를 지나며 가장 힘찬 하나님을 향한 소망과 의지와 심령의 확정을 외친 광야의 소리였다. 그가 광야를 지나며 증거한 것은 광야를 지나는 자신이 아니라 광야 가운데 함께하신 주님이셨다.[19] 그는 사울의 눈을 피해 굴에 있던 때에 시편 57편 7절의 노래를 부른다.

하나님이여 내 마음이 확정되었고 내 마음이 확정되었사오니 내가 노래하고 내가 찬송하리이다.

그는 곤고할 때 마음을 확정하였다. 주님 뜻대로 살기로, 주님 인도 따라 살기로 그리고 모든 삶을 그분께 맡기기로 말이다. 이러한 자를 사울이 어떻게 하겠나?

광야를 지나며[20]

왜 나를 깊은 어둠 속에 홀로 두시는지
어두움 밤은 왜 그리 길었는지
나를 고독하게 나를 낮아지게
세상 어디도 기댈 곳이 없게 하셨네

---

19 다윗은 자기 삶의 주인공을 하나님으로 여겼다. 자신이 아니었다. 언제나 하나님을 그의 인생 중심에 놓았다.

20 장진숙이 곡과 노랫말을 썼다. 장진숙은 작곡, 작사가 겸 프로듀서이며 그녀를 중심으로 프로젝트 팀 히즈윌(His Will)이 2007년도에 시작되었다.

광야 광야에 서 있네

주님만 내 도움이 되시고 주님만 내 빛이 되시는

주님만 내 친구 되시는 광야

주님 손 놓고는 단 하루도 살 수 없는 곳

광야 광야에 서 있네

왜 나를 깊은 어둠 속에 홀로 두시는지

어두운 밤은 왜 그리 길었는지

나를 고독하게 나를 낮아지게

세상 어디도 기댈 곳이 없게 하셨네

광야 광야에 서 있네

주님만 내 도움이 되시고 주님만 내 빛이 되시는

주님만 내 친구 되시는 광야

주님 손 놓고는 단 하루도 살 수 없는 곳

광야 광야

주께서 나를 사용하시려 나를 더 정결케 하시려

나를 택하여 보내신 그곳 광야

성령이 내 영을 다시 태어나게 하는 곳

광야 광야에 서 있네

내 자아가 산산이 깨지고 높아지려 했던

내 꿈도 내려놓고

오직 주님 뜻만 이루어지기를

나를 통해 주님만 드러나시기를

광야를 지나며

다윗의 도피 여정은 주님 손 놓고는 단 하루도 살 수 없었다. 아니 하나님께서 그렇게 환경을 만들어 주셨다고 해야 맞을 것이다. 하나님께서는 그의 모든 환경을 섭리하셔서 창세 전에 예정하신바 그 뜻을 이루어 나가셨는데 우리 주 예수 그리스도를 증거하게 하기 위해서였다. 그 도피 여정의 쓰라림을 시편 55편 6-8절에 다음과 같이 표현하고 있다.

> 나는 말하기를 만일 내게 비둘기 같이 날개가 있다면 날아가서 편히 쉬리로다 내가 멀리 날아가서 광야에 머무르리로다 내가 나의 피난처로 속히 가서 폭풍과 광풍을 피하리라 하였도다.

그 누가 광야로 들어가려 하겠는가! 하지만 도피자는 광야로 들어갈 수밖에 없다. 비둘기처럼 날개가 달렸다면 아무도 없는 원수의 손이 미치지 못하는 그 황량한 빈들에 가고 싶다는 것이다. 그 광야가 목숨을 부지할 수 있도록 피난처가 되어 준다면 말이다. 사람이 살아가기가 너무도 힘겨운 그곳이라도 말이다. 다윗은 그저 도망한다. 목숨을 부지하기 위해서였다. 구해 주시고 힘주시고 위로하심의 손길이 없이는 감당할 수가 없었다. 아둘람 굴에서 그는 다시금 부모와 함께 모압 미스베로 갔다.[21] 그리고 그는 선지자 갓이 유다 땅으로 들어가라고 한 조언을 듣고 헤렛 수풀로 갔다.

---

21 모압은 다윗의 선조모인 룻의 고향이다. 아마도 다윗은 부모의 신변까지 위태로워지자 안전을 위하여 혈연적으로 연결된 모압으로 도피한 것으로 본다.

거기에서 다윗은 사울의 명을 받은 사악한 도엑이 제사장들을 살육하고 성읍 놉을 진멸했다는 쓰라린 소식을 접한다.

그즈음에 다윗은 블레셋 사람이 유다 지파 성읍인 그일라를 쳐서 타작마당을 탈취했다는 소식을 듣는다. 이때 그가 어떻게 행동했는지 사무엘상 23장 2-4절에 기록되어 있다.

이에 다윗이 여호와께 묻자와 이르되 내가 가서 이 블레셋 사람들을 치리이까 여호와께서 다윗에게 이르시되 가서 블레셋 사람들을 치고 그일라를 구원하라 하시니 다윗의 사람들이 그에게 이르되 보소서 우리가 유다에 있기도 두렵거든 하물며 그일라에 가서 블레셋 사람들의 군대를 치는 일이리이까 한지라 다윗이 여호와께 다시 묻자온대 여호와께서 대답하여 이르시되 일어나 그일라로 내려가라 내가 블레셋 사람들을 네 손에 넘기리라 하신지라.

다윗은 사람의 말을 물리치고 오직 하나님의 말씀을 신뢰하였다. 그는 하나님께 묻고 응답을 받고 하나님께 다시금 묻고 응답을 받아 행동하였다.[22] 이것은 다윗의 일평생 그가 견지(堅持)한 거룩한 행동 방식이었다. 즉, 자기의 자의(自意)에 의해 행동하지 아니하고 하나님의 뜻을 묻는 자세, 이 겸손한 자세를 하나님은 귀히 보셨다. 하나

---

22 도엑에 의한 놉의 제사장 학살 때 제사장 아히멜렉의 아들 아비아달은 도망쳐 생명을 보존하였으며 다윗에게 찾아왔다. 그는 다윗에게 올 때 에봇—조끼 모양의 제사장 성의—을 가지고 왔으며 다윗은 에봇 안주머니에 있는 '우림과 둠밈'—어떤 모양인지는 불분명하다—을 통하여 하나님의 뜻을 물었을 것이다.

님께서는 그러한 그에게 답을 주셨다. 말씀에 순종하여 다윗은 그일라 주민을 구원하였으나 사울이 자기를 죽이려 내려온다는 것과 그일라 사람들이 다윗과 일행을 사울의 손에 넘긴다는 하나님의 말씀을 듣고 다시금 광야를 유랑한다. 하지만 다윗과 함께하신 하나님께서는 다윗을 따르는 자를 더하셔서 400명의 무리가 이제는 600명으로 불어나게 하셨다. 고난과 역경 가운데 하나님은 점점 다윗을 크게 하신 것이다.

우리는 순례의 길을 걷는 천국에로의 순례자들이다. 이 과정 속에 수많은 일들을 만나고 겪는다. 어떤 때는 지치고 어떤 때는 낙심하고 어떤 때는 상처로 인하여 쓰라림을 당하기도 하지만, 이 가운데서도 하나님은 나를 향하신 하나님의 뜻을 이루심을 의심하지 말아야 한다. 프란츠 카프카(Franz Kafka)[23]는 "목적지는 있다. 그러나 길이 없다. 우리가 길이라고 부르는 것은 다만 방황일 뿐이다"라고 하였다. 이것이 이 세상을 살아가는 인생의 모습일 것이나 그럼에도 불구하고 하나님께 묻는 자에게는 소망의 하나님의 역사가 있어짐을 다윗의 행적을 통하여 알게 된다. 주님께서 가야 할 길을 인도해 주시고 내가 걷는 그 길이 끊어졌을 때에는 여호와 나의 목자께서 직접 길이 되어 주신다. 예수님께서는 내가 곧 길이라고 말씀하셨으며 우리는 그 길을 다 걸은 후에 목적지가 곧 주님이심을 고백하게

---

23 오스트리아-헝가리 제국의 유대계 소설가이다. 법학박사 학위를 취득했고 프라하의 보험회사에서 일했으나 문학창작에 매진하여 현대 문학사에 기여하였다. 40세의 아까운 나이에 결핵이 악화되어 사망했다. 주요 작품으로는 『변신』, 『심판』 등이 있다.

될 것이다. 목적지가 있다면 낙망할 수가 없다. 삶의 이유가 바로 거기에 있기 때문이다.

고린도후서 4장 7-11절에는 목적지가 있는 삶의 이유를 가진 자의 확신에 찬 고백이 나온다.

그러나 이 귀한 보물, 지금 우리들 속에 빛나고 있는 이 빛과 힘은 깨지기 쉬운 그릇, 곧 우리의 연약한 육체 속에 들어 있습니다. 우리 속에 있는 이 영광스러운 힘은 우리 자신에게서 나온 것이 아니라 하나님에게서 나온 것이라는 사실은 누가 보아도 알 수 있습니다. 우리는 사면에서 닥치는 고통에 짓눌리지만 움츠러들지도 쓰러지지도 않습니다. 너무도 어처구니 없는 일에 당황할 때도 있지만 절망하거나 자포자기하지 않습니다. 우리가 박해를 받을 때도 하나님께서는 결코 우리를 버리시지 않습니다. 우리는 얻어맞고 넘어져도 다시 일어나서 달려 나갑니다. 우리 몸은 예수께서 그러하셨던 것처럼 부단히 죽음에 직면하고 있습니다. 그러나 분명한 것은 생명이신 그리스도께서 우리 속에 살아 계신다는 사실입니다. 그렇습니다. 우리는 주님을 섬기고 있기 때문에 끊임없는 위험을 당하고 있습니다. 그러나 이것으로 오히려 죽을 수밖에 없는 우리의 몸 안에서 예수 그리스도의 힘을 나타내 보일 기회가 언제나 우리에게 주어지고 있는 것입니다(현대어성경).

다윗은 방랑하는 것 같으나 창조주의 섭리가 아닌 것이 없었으며, 그는 유랑하는 것 같으나 그의 걸음은 정확한 목적점을 향해 가도록 역사하시는 창조주의 경륜이 더욱 뚜렷이 나타났다.

히브리서 11장 13-14절은 다음과 같이 기록하고 있다. "이 사람들은 다 믿음을 따라 죽었으며 약속을 받지 못하였으되 그것들을 멀리서 보고 환영하며 또 땅에서는 외국인과 나그네임을 증언하였으니 그들이 이같이 말하는 것은 자기들이 본향 찾는 자임을 나타냄이라." 많은 신앙의 위인들은 목적지를 바로 알았고 그 목적지로 가는 길을 알았다. 그 가는 길을 하나님이 지시하셨기 때문이다.

예수님께서는 말씀하셨다.

내가 곧 길이요 진리요 생명이니 나로 말미암지 않고는 아버지께로 올 자가 없느니라(요 14:6).

우리는 주 예수 그리스도 안에서 본향으로 가는 길을 알지 않은가! 그러므로 주님 안에 있는 자는 소망을 절대로 빼앗기지 않는다. 그 소망은 주님께서 주신 것이기 때문이다. 로마서 15장 13절에 "소망의 하나님이 모든 기쁨과 평강을 믿음 안에서 너희에게 충만하게 하사 성령의 능력으로 소망이 넘치게 하시기를 원하노라"라고 하셨지 않은가! 그뿐만 아니라 그들은 악을 이기며 살아간다. 이들을 위해 하나님께서는 하나님의 정하신 섭리와 뜻 안에 모든 것을 이끌어 가심을 볼 것이다. 왜냐하면 하나님께서는 이 세상 속에서 택하신 백성을 찾으시고, 그들로 인하여 열방과 모든 민족을 복되게 하시고 구원하여 내실 것이기 때문이다.

그러므로 하나님의 자녀들은 험난한 세상이지만 복스러운 소망과 함께 하나님께서 주신 삶의 숙제를 믿음으로 풀어가며 살아가야 한다.[24] 미가서 6장 8절에 "사람아 주께서 선한 것이 무엇임을 네게 보이셨나니 여호와께서 네게 구하시는 것은 오직 정의를 행하며 인자를 사랑하며 겸손하게 네 하나님과 함께 행하는 것이 아니냐"고 하셨다. 하나님께서 우리에게 요구하는 것은 정의를 실천하고 흐르는 시간대 속에서 하나님의 은혜를 기억하며 겸손히 하나님과 함께 인생길을 걷는 것임을 말씀하신 것이다. 이것 외에 무엇이 더 있겠는가? 오직 내 하나님과 같이 인생길을 가는 것이 소원이 되어야겠다.

다윗은 항상 쫓기며 살았지만—그는 십 광야로, 마온 광야로, 엔게디 광야로, 바란 광야로— 전능하신 하나님께서는 다윗에게 미리 알려 주셨고, 다윗은 새 사냥꾼의 올무를 피할 수 있었다. 그러한 중에 하나님은 다윗에게 사랑과 안위의 사건을 만나게 해 주셨는데 그가 십 광야 수풀에 있을 때에 요나단이 찾아온 것이다. 그리고 요나단은 다윗을 다음과 같이 격려한다.

두려워하지 말라 내 아버지 사울의 손이 네게 미치지 못할 것이요 너는 이스라엘 왕이 되고 나는 네 다음이 될 것을 내 아버지 사울도 안다(삼상 23:17).

요나단은 하나님의 일과 사람의 일을 구분한 것이다. 아버지 사울과 자신의 입지를 사람의 시각으로 생각한다면 다윗은 가장

---

24 김성철, 『얼마나 있으면 밤이 새겠소』, 335-337.

위험한 정적이었다. 당연히 다윗을 제거해야 했다. 하지만 그는 하나님의 일을 생각하였다.

베드로의 경우를 보자. 가이사랴 지방에서 "주는 그리스도시요 살아 계신 하나님의 아들이시니이다"라는 그의 신앙고백이 있은 후 예수님께서는 고난과 죽음을 말씀하셨고 부활을 비로소 나타내셨다. 주님의 수난 예고에 대하여 베드로는 강하게 반대하여 말하기를 "주여 그리 마옵소서 이 일이 결코 주께 미치지 아니하리이다"라고 하였다. 예수님께서는 베드로에게 무엇이라 하셨나? "사탄아 내 뒤로 물러 가라 너는 나를 넘어지게 하는 자로다 네가 하나님의 일을 생각하지 아니하고 도리어 사람의 일을 생각하는도다"라고 꾸짖으셨다. 이렇듯 하나님의 일과 사람의 일을 구분하기란 쉬운 것이 아니다. 자신을 쳐 복종시켜야 하기 때문이다.

요나단은 하나님의 일과 사람의 일을 구분하였는데 정과 욕심을 못 박아버린 것이다. 요나단은 다시 왕궁으로 돌아갔는데 이것이 이 땅에서 둘 사이의 마지막 만남이 되었다.

자, 사울에 대하여 잠시 언급하고자 한다. 사울의 집요함에 맞설 사람이 있을까? 그는 다윗에게 집착한다. 왜 그렇게 집착하게 되었을까? 하나님을 떠났기 때문이요, 자신이 이룬 듯 보이는 왕의 자리가 그 무엇보다 귀해 보였기 때문이다. 그는 자기 자신이 모든 것을 해야 했고 또한 할 수 있을 것으로 여겼다. 이러한 징후는 다윗이 그의 앞에 나타나기 전부터 있었다. 그것은 하나님의 말씀에 대한 거부였다. 어찌 됐든 말씀에 대한 거부는 교만의 표출이었다. 이러한 사건은 그가 이스라엘을 다스린 지 이 년에 벌어진 블레셋과의 전투에서 그리고 아말렉과의 전투를 통하여 보인다. 그는 하나님께 대한 온전한 순종의 관계를 거부하기 시작했다. 즉, 하나님으로부터 독립을 시도한 것이다. 이 같은 일은 아담과 하와 때부터 있어졌다. 하나님의 말씀에 얽매이는 것을 싫어한 인류의 조상은 말씀에 대한 그릇된 독립의 대가로 죽음을 맞이하게 된다. 하나님의 말씀은 길이요 진리요 생명임을 망각한 것이다. 하나님으로부터의 독립이라는 악한 유혹은 사울을 망하게 한 요인이 되었다.

예수님께서는 제자들에게 말씀하셨다.

> 내 안에 거하라 나도 너희 안에 거하리라 가지가 포도나무에 붙어 있지 아니하면 스스로 열매를 맺을 수 없음 같이 너희도 내 안에 있지 아니하면 그러하리라 나는 포도나무요 너희는 가지라 그가 내 안에, 내가 그 안에 거하면 사람이 열매를 많이 맺나니 나를 떠나서는 너희가 아무 것도 할 수 없음이라 사람이 내 안에 거하지 아니하면 가지처럼 밖에 버려져 마르나니 사람들이 그것을 모아다가 불에 던져 사르느니라(요 15:4-6).

주님 안에 거하여야 산다. 평안을 누리고 안식을 향유할 수 있다. 예수님의 탕자의 비유도 이를 교훈하고 있지 않은가?

하나님을 떠난 사울에게 찾아온 것은 두려움이었다. 당연하다. 예수님께서는 마태복음 10장 28절에 말씀하셨다.

몸은 죽여도 영혼은 능히 죽이지 못하는 자들을 두려워하지 말고 오직 몸과 영혼을 능히 지옥에 멸하실 수 있는 이를 두려워하라.

하지만 사울은 그렇지 못했다. 하나님을 두려워하지 않으니 사람이 두려워진 것이다. 그러하니 자신에게 위협적인 존재로 부각된 다윗을 제거해야만 했던 것이다. 하나님이 떠난 삶은 이처럼 공허하고 두렵고 내가 해야 하기에 쉴 틈이 없고 다윗에게 집착할 수밖에 없는 것 아닐까? 그가 하나님을 두 번이나 거부하였고 이에 대해 하나님은 두 번에 걸쳐 사울을 거부하셨다. 그것은 하나님께서 그를 왕으로 인정치 않으신 것으로 나타났다.[25] 하나님과 함께하지 않는 삶에는 반드시 두려움이 엄습할 수밖에 없다.

사울은 앞서 언급한 대로 집요하게 끝까지 다윗을 추적하였다.

_____

25 사울 왕은 하나님을 거부하였는데 대표적으로 블레셋 사람이 믹마스에 진 치고 있을 때 기다리라 하신 하나님의 명을 어기고 사무엘 선지가 오기 전에 자기가 번제를 드렸다. 그 이유는 백성들이 블레셋 군의 위용을 보고 동요하여 흩어질 것을 염려함이다. 이때 사무엘은 하나님의 말씀을 전한다. 사무엘상 13장 14절이다. "지금은 왕의 나라가 길지 못할 것이라 여호와께서 왕에게 명령하신 바를 왕이 지키지 아니하였으므로 여호와께서 그의 마음에 맞는 사람을 구하여 여호와께서 그를 그의 백성의 지도자로 삼으셨느니라 하고." 하나님께서도 사울을 거부하셨다. 다음으로 아말렉과의 전투에서 대승한 후에 사울은 아말렉의 모든 것을 진멸하라시는 하나님의 명령을 거부한다. 이에 사무엘은 사무엘상 15장 22절과 23절의 말씀을 전한다. "여호와께서 번제와 다른 제사를 그의 목소리를 청종하는 것을 좋아하심 같이 좋아하시겠나이까 순종이 제사보다 낫고 듣는 것이 숫양의 기름보다 나으니 이는 거역하는 것은 점치는 죄와 같고 완고한 것은 사신 우상에게 절하는 죄와 같음이라 왕이 여호와의 말씀을 버렸으므로 여호와께서도 왕을 버려 왕이 되지 못하게 하셨나이다 하니." 하나님께서 사울을 거부하신 것이다.

어떤 사람이 다윗이 엔게디 광야[26]에 있다고 고해 바치자 사울은 힘을 다해 그를 잡고자 하였다. 사무엘상 24장 1-4절이다.

> 사울이 블레셋 사람을 쫓다가 돌아오매 어떤 사람이 그에게 말하여 이르되 보소서 다윗이 엔게디 광야에 있더이다 하니 사울이 온 이스라엘에서 택한 사람 삼천 명을 거느리고 다윗과 그의 사람들을 찾으러 들염소 바위로 갈새 길 가 양의 우리에 이른즉 굴이 있는지라 사울이 뒤를 보러 들어가니라 다윗과 그의 사람들이 그 굴 깊은 곳에 있더니 다윗의 사람들이 이르되 보소서 여호와께서 당신에게 이르시기를 내가 원수를 네 손에 넘기리니 네 생각에 좋은 대로 그에게 행하라 하시더니 이것이 그 날이니이다 하니 다윗이 일어나서 사울의 겉옷 자락을 가만히 베니라.

사울은 3,000명의 군사를 거느리고 600명 정도의 다윗과 그의 사람들을 쫓는다. 사울이 얼마나 혈안이 되어 다윗을 죽이기 위해 힘을 쏟고 있는지를 단적으로 보여주는 기록이다. 여기에서 우리가 알 수 있는 것은 사울이 얼마나 어리석었는가이다. 그의 우선순위는 다윗을 없애는 것이었다. 그의 삶에 있어 최우선으로 해야 하는 것은 다윗의 제거였다. 이것을 극적으로 보여주는 것이 바로 이 대목이다. 하나님은 그의 우선순위에서 확연히 밀린 것이다. 온 힘을 모았고 온 정성을 모아서 그는 3,000명의 정예 군대를 거느리

---

26 엔게디는 많은 동굴이 산재해 있는 석회석 고원지대이며 요새지다. 또한 오아시스 지역이기도 하다.

고 엔게디 광야로 간 것이다. 이는 그의 마지막이 다가왔음을, 하나님의 심판이 가까웠음을 보여주는 것이다. 인생의 결말은 우선순위가 무엇인가? 지금 열중하고 있는 것이 무엇인가에 따라 결정되는 것이다.

엔게디는 사람이 숨을 수 있는 많은 굴이 있었는데 사울은 하필 다윗이 숨어 있는 굴로 용변을 보기 위하여 들어간다. 이러한 기회가 어디에 있을까? 사람은 자기의 바람대로 일이 진행될 때 하나님께서 주시는 복이라고 생각한다. 그것이 바른가 바르지 않은가는 둘째다. 이것이야말로 하나님의 뜻이라고도 받아들이고 나에게 주신 기회라고 여긴다. 자기중심대로 생각하기 때문이다. 이러하기에 인생은 걸넘고 실수하기도 하는 것이다. 다윗은 어땠을까? 나는 이 장면의 기사를 보며 왜 하나님께서 다윗을 마음에 맞는 사람이라고 했는지를 알 수 있었다.

다윗과 함께한 사람들이 이 기회는 하나님께서 주신 기회라고 한 번에 사울을 죽이길 원했다. 모든 정황이 그렇지 않은가? 하지만 다윗의 생각은 그렇지 않았다. "내 어찌 하나님께서 기름 부어 세운 왕을 내 손으로 치리요." 그는 이 순간에도 하나님과의 관계를 생각한 것이다. 그 어떤 것보다도 하나님이 두려웠던 것이다. 다윗은 사울이 두려웠다. 그래서 도망하여 유리방황(流離彷徨)한 것이다. 그리고 사울의 정예 부대 3,000명이 두려웠다. 자신을 따르는 600명과 비교되지 않은 강한 군대였다. 그리고 주변의 모든 사람이 두려웠다. 힘 있는 자를 따르는 것이 세상이요 힘없는 자를 잡아 죽이려는 것이 세상임을 도피하는 과정을 통하여 너무도 체험했다.

하지만 그 모든 것보다 두려운 분은 하나님이셨다. 왜? 자기 속에 계신 여호와의 영이 이를 알려 주셨던 것이요 한낱 목동이던 자신에게 기름을 부으신 분도, 물맷돌을 던져 맹수를 쫓던 자신으로 하여금 블레셋 최고의 장수를 쓰러뜨리게 한 분도 하나님이셨다. 그리고 암울한 왕궁에 도움의 손길 요나단을 두신 분도 하나님이 셨다.

다윗은 깊이 생각한 것이다. 자기 나름의 생각이 아니라 침착하게 하나님 안에서 생각하였다. 사도행전 17장 11절에 베뢰아 사람에 대하여 나온다.

> 베뢰아에 있는 사람들은 데살로니가에 있는 사람들보다 더 너그러워서 간절한 마음으로 말씀을 받고 이것이 그러한가 하여 날마다 성경을 상고하므로.

베뢰아 사람들은 하나님의 말씀을 순전한 마음으로 받아들일 뿐 아니라 그것이 사실인지 살피려고 날마다 성경을 연구하였다는 것이다. 다윗은 무엇이든 하나님을 앙망하며 급히 행동하지 아니하 였다. 그는 하나님 앞에서 다시 한번 생각하였다. 그리하여 그는 실수를 최소화할 수 있었다.

그가 돌아보니 하나님의 역사하심이 너무도 크셨다. 다윗의 훌륭한 점 중 하나가 오늘의 아픔과 위험과 절망의 상황 속에서도 그것이 제일 크다고 보지 않았다는 것이다. 왜일까? 그의 우선순위가 하나님이었기 때문이다. 이것은 자명한 것이다. 시편 93편 1-4절을 보자.

> 여호와께서 다스리시니 스스로 권위를 입으셨도다 여호와께서 능력의 옷을 입으시며 띠를 띠셨으므로 세계도 견고히 서서 흔들리지 아니하는도다 주의 보좌는 예로부터 견고히 섰으며 주는 영원부터 계셨나이다 여호와여 큰 물이 소리를 높였고 큰 물이 그 소리를 높였으니 큰 물이 그 물결을 높이나이다 높이 계신 여호와의 능력은 많은 물 소리와 바다의 큰 파도보다 크니이다.

시인은 여호와께서 모든 것을 다스리심을 믿었고 아무리 인생의 큰 물결이 소리를 내어 위협한다고 하나 하나님의 능력에 비하면 아무것도 아님을 노래하고 있다. 어떤 장애물이 우리를 가로막는다 할 때 지혜로운 성도는 절대로 그 장애물과 자신을 비교하지 않고 그 장애물과 하나님을 빗대어 본다. 그러면 샬롬의 평강을 얻으며 여호와의 능력을 체험하는 것이다.

다윗은 일관되게 자신을 이끄시고 자신을 통해 역사하시고 뜻을 이루어가시는 높이 계신 하나님께 삶의 초점을 맞추었다. 그랬더니 지금 당면한 이것은 큰일이 아니었다. 하나님을 앙망하며, 다른 그 어떤 것보다 언제나 하나님을 바라보면 시야가 넓어진다. 다윗은 용변을 보기 위하여 벗어놓은 사울의 겉옷 자락만을 베었다. 성서 기자는 이러한 것조차도 마음에 찔렸다고 기록하고 있다. 다윗은 자기 손에 피를 묻히지 아니하고 자기의 사람들을 시켜 사울을 죽일

수도 있었다. 그러나 그렇게 하지 않았다. 다윗은 성령님의 인도를
받은 것이다.

로마서 8장 11-14절에는 다음과 같이 기록되어 있다.

> 예수를 죽은 자 가운데서 살리신 이의 영이 너희 안에 거하시면 그리스도 예수
> 를 죽은 자 가운데서 살리신 이가 너희 안에 거하시는 그의 영으로 말미암아
> 너희 죽을 몸도 살리시리라 그러므로 형제들아 우리가 빚진 자로되 육신에게
> 져서 육신대로 살 것이 아니니라 너희가 육신대로 살면 반드시 죽을 것이로되
> 영으로써 몸의 행실을 죽이면 살리니 무릇 하나님의 영으로 인도함을 받는
> 사람은 곧 하나님의 아들이라.

이로 보건대 다윗은 하나님의 아들이었다. 사울은 자기의 상황을
알아채지 못하고 굴에서 나가 자기 길을 간다. 다윗도 따라 나가
사울의 뒤에서 사울을 부르니 사울이 돌아보았다. 다윗은 엎드려
왕에 대한 예를 갖추며 벤 사울의 옷자락을 들고 말한다.

> 여호와께서는 나와 왕 사이를 판단하사 여호와께서 나를 위하여 왕에게 보복
> 하시려니와 내 손으로는 왕을 해하지 않겠나이다
> 그런즉 여호와께서 재판장이 되어 나와 왕 사이에 심판하사 나의 사정을
> 살펴 억울함을 풀어 주시고 나를 왕의 손에서 건지시기를 원하나이다(삼상
> 24:12, 15).

다윗은 판단하시는 하나님을 의뢰하였고 하나님보다 앞서길 원치 않았다. 사울이 왜 하나님에게서 끊어졌는가? 그는 하나님을 신뢰하지 않았고 조급하여 하나님보다 앞서고 말았다.[27] 다윗은 사무엘 선지를 감동시키사 자신에게 기름을 부은 하나님의 뜻이 이루어질 것임을 믿었다. 그는 뿔에 채워진 기름이 자신에게 부어지는 것이 무슨 의미인 줄을 알았다. 사무엘은 그 거룩한 의식의 뜻을 다윗에게 말해 주었을 것이며 무엇보다도 여호와의 영이 그를 감동시키심으로 하나님의 때에 자신이 이스라엘의 왕이 될 것임도 알았을 것이다. 우리가 철저히 하나님을 경외하고 하나님 앞에서 살 때 서두를 이유도 없고 조급해질 때에 이를 제어할 수 있는 능력도 얻을 수 있다. 오직 하나님의 뜻만 설 것임을 성령 하나님께서 알려 주신다. 판단은 하나님께서 하실 일이요 보복도 하나님의 것이라고 다윗은 사울에게 말하였지 않은가?

시편 7편 9-11절을 보면 다윗의 하나님께 대한 확신을 알 수 있다.

악인의 악을 끊고 의인을 세우소서 의로우신 하나님이 사람의 마음과 양심을 감찰하시나이다 나의 방패는 마음이 정직한 자를 구원하시는 하나님께 있도다 하나님은 의로우신 재판장이심이여 매일 분노하시는 하나님이시로다.

---

27 삼상 13:8-15.

다윗은 하나님을 의로우신 재판장이라고 부르고 있다. 전도서 기자도 "하나님은 모든 행위와 모든 은밀한 일을 선악 간에 심판하시리라"라고 전도서 12장 14절에 쓰고 있다.

욥기에 욥은 다음과 같이 엘리바스에게 대답하고 있다.

땅아 내 피를 가리지 말라 나의 부르짖음이 쉴 자리를 잡지 못하게 하라 지금 나의 증인이 하늘에 계시고 나의 중보자가 높은 데 계시니라 나의 친구는 나를 조롱하고 내 눈은 하나님을 향하여 눈물을 흘리니 사람과 하나님 사이에와 인자와 그 이웃 사이에 중재하시기를 원하노니 수년이 지나면 나는 돌아오지 못할 길로 갈 것임이니라(욥 16:18-22).

지금 욥은 억울함을 토로하고 있다. 억울한 사정을 쏟아놓고 있다. 아무도 들어주지 않는 하소연이지만. 하지만 욥은 자신의 사정을 다 아시는 하나님, 자신 편에 계시는 분, 일어나사 신원(伸寃)하여 주시는 하나님을 향하여 눈물을 쏟아내며 울부짖는다는 것이다. 오직 하나님 외에는 소망이 없음을 말하고 있다.

다윗은 친구들이 조롱하고 자신을 위하여 변호하여 줄 자가 없었다. 간사한 말로 모두가 다 자신을 모함하고 조롱하고 떠나고 있다. 하지만 이러한 형편 속에서도 하늘에서 자신을 변호하여 주시는 주님을 발견하며 힘을 얻고 있는 것이다. 자신을 재판하사 올바르게 판단해 주실 하나님이 계시니 신앙의 위인들은 고비 고비에 낙심하지 아니하고 모든 것을 하나님께 의탁하였다. 아무리 원수들이 자신을 모략하고 고소하고 고발한다 해도 하늘의 재판장께서는 흔들리지 아니하고 바르게 판결하여 주실 것을 의심하지 않았던 것이다.

사도 바울은 로마서 8장 33절과 34절에 외치고 있다.

누가 능히 하나님께서 택하신 자들을 고발하리요 의롭다 하신 이는 하나님이시니 누가 정죄하리요 죽으실 뿐 아니라 다시 살아나신 이는 그리스도 예수시니 그는 하나님 우편에 계신 자요 우리를 위하여 간구하시는 자시니라.

스가랴 3장에 보면 사탄이 대제사장 여호수아를 대적하고 있다. 온갖 비난을 쏟아붓는 것이다. 사탄은 여호수아를 고소한 것이다. 하지만 하나님께서는 사탄의 입을 닫게 하시고 여호수아의 죄를 다 제하여 주시고 그의 편을 들어 주셨다.[28] 온 세계가 들고일어난다 하여도 사탄이 온갖 비난과 고소를 한다 하여도 주님께서는 택하신 자들을 도리어 의롭다 하신다.[29]

하나님 앞에서 행한 다윗은 사울의 목숨을 해하지 아니하였고 이에 대해 사울은 다음과 같이 다윗에게 말한다.

---

28 도리어 하나님께서는 사탄을 책망하셨다. 스가랴 3장 2절에 "여호와께서 사탄에게 이르시되 사탄아 여호와께서 너를 책망하노라 예루살렘을 택한 여호와께서 너를 책망하노라 이는 불에서 꺼낸 그슬린 나무가 아니냐"고 말이다. 로마서 8장 33절과 34절은 그 누구도 하나님의 자녀를 고발하거나 정죄하지 못한다고 기록되어 있다.
29 "또 미리 정하신 그들을 또한 부르시고 부르신 그들을 또한 의롭다 하시고 의롭다 하신 그들을 또한 영화롭게 하셨느니라"(롬 8:30).

보라 나는 네가 반드시 왕이 될 것을 알고 이스라엘 나라가 네 손에 견고히 설 것을 아노니(삼상 24:20).

그는 알고 있었다. 하나님께서 다윗을 왕으로 세우실 것을 말이다. 사울은 그래서 더욱 다윗을 죽이려 했을 것이다. 그러나 바로 이것은 하나님의 뜻을 가로막는 패역한 죄악이었다.

하나님께서 기름 부은 자를 해치지 않겠다는 거룩한 아름다움, 원수도 인정할 수밖에 없는 다윗의 인품이었지만 하나님께서 붙들어 주시지 않는다면! 다윗은 사무엘이 죽자 이제는 바란 광야로 그를 따르는 무리들을 거느리고 들어간다. 그리고 얼마 후 마온 광야로 올라온다. 엔게디 황무지에서 바란 광야 그리고 마온 광야, 다윗은 목숨을 부지하기 위해 정처 없이 떠돌아다닌 것이다. 그러한 가운데서도 다윗은 마온 광야 고지대에서 많은 가축들을 놓아먹이고 사는 큰 부자 나발의 재산을 보호해 준다. 아마도 도둑과 거친 불량자로부터 침해를 당하지 않도록 밤낮 울타리가 되어 주었을 것이다. 그러는 중에 양털 깎는 날이 되었다. 농사를 짓는 사람의 추수에 해당되는 기쁨의 날이요, 큰 잔치가 벌어지는 날 다윗은 열 명의 수하를 보내어 축하하고 잔치 음식을 나누어 주기를 기대하였다. 당연한 다윗의 요구였으나 나발은 모욕스러운 말과 함께 단번에 거절하고 만다. 이 소식을 들은 다윗은 노가 발하였다. 분노한 그는 함께한 자들을 무장하게 하고 나발과 그와 함께한 자를 멸하기로 결심한다.

거친 풍파 가운데서도 경건을 잃지 않았으며 거룩한 마음을 빼앗기지 않았던 다윗은 나발의 한 마디에 무너져 내린 것이다. 경박하고 거만하고 자기의 가진 것을 신으로 삼는 나발에게 말이다.

다윗이 누구냐? 이새의 아들이 누구냐? 생전 들어 보지도 못한 이름이다. 요즈음은 주인에게서 도망한 종들이 많다던데 내가 그런 놈들까지 먹여 살려야 되겠느냐? 여기 마련한 떡과 포도주와 짐승의 고기들은 모두 내 양털 깎는 일꾼들을 위한 것이지, 어디서 왔는지도 모르는 그런 거지 떼에게 줄 것이 아니다! (삼상 25:10-11, 현대어성경)

다윗이 자기 사람들에게 "너희는 각기 칼을 차라"(삼상 25:13)고 말했다. 나발이 있는 갈멜로 400명을 데리고 간다.

그 어간에 나발의 종 중 한 사람이 나발의 아내 아비가일에게로 가서 나발이 다윗의 수하에게 한 모멸적인 말을 전했고 이대로라면 모두가 다윗과 그와 함께한 자들에게 몰살당할 것이라고 고한다.

아비가일은 총명하고 아름다운 여인이었다. 즉시 떡 200덩이와 포도주 두 가죽 부대, 요리한 양 다섯 마리, 볶은 곡식이 가득한 자루, 무화과 떡 200덩이를 나귀에 싣고 다윗에게로 간다. 다윗과 아비가일은 서로 산모퉁이를 돌면서 마주치게 되었고 아비가일은 나귀에서 내려 분노와 복수로 끓어오르는 다윗에게 절하며 아뢴다. 그 내용인즉 "불량한 사람 나발로 인하여 피 흘리지 마소서. 하나님께서 함께 계시기에 당신은 왕이 되실 것입니다. 그때 마음에 걸리는 일이 없었으면 합니다. 하나님께서 당신을 후대하실 때 나를 기억해 주세요"이었다.

아비가일의 지혜롭고 진심 어린 말에 다윗의 복수와 분노의 마음이 가라앉는다. 살육을 멈추게 하신 하나님을 찬양하며 아비가일의 청을 다 허락한다. 나발은 되어진 일을 듣고 겁에 질려 앓다가 죽었고 다윗은 아비가일을 자기 아내로 맞이한다.

사무엘상 25장 38절에 성서 기자는 "한 열흘 후에 여호와께서 나발을 치시매 그가 죽으니라"라고 기록하고 있다.

이에 다윗은 원수를 하나님께서 갚아 주셨다고 했으며 자신이 직접 악을 행하지 않게 막아주셨다고 하나님을 찬양하고 있다. 그는 이런 사람이었다. 광야, 그의 삶에 거친 광야였지만 그의 심령은 깨끗하였으며 그리될 수 있도록 아비가일을 통하여 하나님께서 역사하셨다.

아비가일의 말의 뜻을 유진 피터슨은 다음과 같이 썼다.

다윗이여, 원수를 갚는 일은 당신이 할 일이 아닙니다. 원수 갚는 일은 하나님이 하실 일이고, 당신은 하나님이 아닙니다. 당신이 여기 광야에 있는 것은, 하나님이 무슨 일을 하시며 하나님 앞에서 당신이 누구인가를 발견하기 위해서입니다. 광야는 당신이 스스로를 시험해 보며 자신이 얼마나 강인하고 꿋꿋한지 알아보는 시험장이 아닙니다. 광야는 당신의 삶 속에서 그리고 당신의 삶을 통해 일하시는 하나님의 신실하심과 능력을 발견하는 곳입니다. 나발은 어리석은 자에 불과합니다. 하지만 당신도

어리석은 자가 되렵니까? 여기서 어리석은 자는 하나로 족합니다.[30]

다윗은 선을 행하고도 멸시와 모욕을 받았다. 그래서 그는 복수하려고 하였다. 하지만 하나님의 손길을 기다리지 못하고 악을 스스로 징치(懲治)하려다 자신이 더 악한 자가 되는 경우가 심심찮게 일어나는 곳이 광야이다. 그러기에 로마서 12장 19절에 "내 사랑하는 자들아 너희가 친히 원수를 갚지 말고 하나님의 진노하심에 맡기라 기록되었으되 원수 갚는 것이 내게 있으니 내가 갚으리라고 주께서 말씀하시니라"라고 하지 않았나? 그의 분노는 하나님을 기다리지 못하게 하고 조급하게 만들었다. 다윗은 사울의 조급함의 결과가 어떤 것인지를 잘 알고 있었을 것이다. 그러나 조급함의 주인공이 자신인 것을 알지 못하였다. 골리앗을 쓰러뜨린 다윗, 나발에게 걸려 넘어질 뻔한 것이 아닌가? 선 줄로 생각하는 자 넘어질까 조심해야 함은 마귀는 언제나 자기의 생각을 우리에게 넣어주려 틈을 보고 있기 때문이다. 그리하여서 하나님과 충돌시키려 하며 그로 인하여 불순종의 사람으로 떨어지게 한다. 마태복음 16장을 보면 예수님께 크게 칭찬받은 베드로가 잠시 후에 "사탄아 내 뒤로 물러가라" 하시는 책망을 받았음을 잊지 말아야 한다.[31]

이러한 사건들 가운데서도 사울은 다시금 다윗을 찾아 죽이려고

---

30 유진 피터슨, 『다윗: 현실에 뿌리박은 영성』, 105.
31 무명의 그리스도인 지음/이진희 옮김, 『무릎으로 사는 그리스도인』 (생명의말씀사, 1994), 138.

하였다. 그러한 때 십 사람이 다시금 다윗을 밀고하여 사울은 3,000
명을 거느리고 십 광야로 내려가 광야 앞 하길라산 길가에 진을
쳤다. 다윗이 이를 알고 아비새와 함께 사울의 진영에 들어가 보니
그는 누워 자고 있었다. 아비새가 다윗에게 말한다.

하나님이 오늘 당신의 원수를 당신의 손에 넘기셨나이다 그러므로 청하오니
내가 창으로 그를 찔러서 단번에 땅에 꽂게 하소서 내가 그를 두 번 찌를 것이
없으리이다(삼상 26:8).

다윗은 아비새를 만류하며 "죽이지 말라 누구든지 손을 들어
여호와의 기름 부음 받은 자를 치면 죄가 없겠느냐"고 다시금 사울을
살려준다. 다윗은 자고 있는 사울의 머리 곁에 있는 창과 물병만
가지고 진영을 빠져나왔으나 아무도 보거나 눈치채지 못하고 깨어
있는 사람도 없었다. 이를 사무엘상 기자는 "여호와께서 그들을
깊이 잠들게 하셨으므로 그들이 다 잠들어 있었기 때문이었더라"라
고 쓰고 있다. 다윗이 하나님을 두려워하며 행할 때 하나님께서는
그의 범사를 지켜 주신 것이다. 모든 것의 배후에 하나님의 사랑의
역사, 보호의 역사가 있음을 우리에게 깨우쳐 주시는 것이 아닌가!
　다윗이 건너편으로 가서 사울에게 되어진 일을 말하며 다음과
같이 말한다.

오늘 왕의 생명을 내가 중히 여긴 것 같이 내 생명을 여호와께서 중히 여기셔서

모든 환난에서 나를 구하여 내시기를 바라나이다(삼상 26:24).

다윗의 이 말속에서 우리는 분명한 한 가지를 알 수 있다. 그가 사울을 살려줄 수 있었던 것은 인간의 정에 의해서거나 마음이 넓어서가 아니라 그가 하나님 앞에서 살아서였다. 다윗은 하나님 앞에서 행하기를 힘썼던 것이다. 언제나 하나님께서 지금 나에게 원하시는 것이 무엇인가를 생각했으며 하나님의 돌보심을 믿었다. 그러했기에 하나님 앞에서 내가 한 행위에 대해 하나님께서 반드시 보상해 주시리라는 소망이 있었던 것이다. 그는 하나님 앞에서 살았기에 두 번이나 사울을 살려 줄 수 있었다. 당장의 이익보다는 하나님께서 기뻐하시는 것에 삶의 초점을 맞추었던 것이다.

이는 바로 직전의 한 말로 더욱 명확하다.

여호와께서 사람에게 그의 공의와 신실을 따라 갚으시리니 이는 여호와께서 오늘 왕을 내 손에 넘기셨으되 나는 손을 들어 여호와의 기름 부음을 받은 자 치기를 원하지 아니하였음이니이다(삼상 26:23).

사울을 죽일 수 있었으나 다윗은 하나님께서 사울에게 기름 부어 왕 삼으셨음을 잊지 않은 것이다. 다윗의 이 처신은 앞으로 이루어질 다윗 왕국을 지탱하는 힘이 되었다. 복수하지 않고 악을 악으로 갚지 않은 이 일로 말미암아 열두 공동체는 엮어질 수 있었다. 여러 번의 반란이 있었으나 그럼에도 불구하고 그의 왕위와 왕권이 유지

될 수 있었던 것도 다윗이 보여준 "하나님의 기름부음 받은 자에게 어찌 사람이 손을 대리요"라는 그의 거룩한 경건 때문이었다. 개인적인 감정 때문에 복수하지 아니하고 악을 하나님의 손에 맡기는 것은 그의 철칙이었다. 로마서 12장 21절에 "악에게 지지 말고 선으로 악을 이기라"고 했지 않은가!

사울은 다윗에게 이른다. 사무엘상 24장 20절이다.

보라 나는 네가 반드시 왕이 될 것을 알고 이스라엘 나라가 네 손에 견고히 설 것을 아노니.

나는 이 말이 사울의 진심이었다고 생각한다. 그도 가벼운 사람은 아니었으니 말이다. 하지만 이 감동을 간직하지는 못한 것이다. 요한일서 2장 15-17절에는 "이 세상이나 세상에 있는 것들을 사랑하지 말라 누구든지 세상을 사랑하면 아버지의 사랑이 그 안에 있지 아니하니 이는 세상에 있는 모든 것이 육신의 정욕과 안목의 정욕과 이생의 자랑이니 다 아버지께로부터 온 것이 아니요 세상으로부터 온 것이라 이 세상도, 그 정욕도 지나가되 오직 하나님의 뜻을 행하는 자는 영원히 거하느니라." 사울은 육신의 정욕, 안목의 정욕, 이생의 자랑을 다스리지 못하였다. 그는 지나가는 것의 미련을 끊지 못하였다. 그러니 영원히 거하는 하나님의 뜻을 행하는 자와 견줄 수 있었겠는가!

사울은 이후 죽을 때까지 다시 다윗을 만나지 못한다. 하나님 앞에 사는 인생, 하나님께서 돌보신다. 지금은 손해 보는 것 같고, 지금은 지는 것 같고, 지금은 뒤떨어지는 것 같지만 부족한 부분부분들을 주님은 다 채워주시고도 남으신다. 사울은 그리하지 않았다. 자기가 먼저였고 자기의 생각이 우선이었다. 다윗과는 길이 달랐다. 다윗은 자기 길로 가고 사울은 자기 곳으로 돌아갔다. 그 결과가 어떠한가? 사울은 자만하고 자기를 내세워 갈멜에 기념비를 세웠으나 다윗은 다윗 왕국을 세울 수 있었다.

6 장
결핍을 넘어 충만함으로 향하는 순례길
시편 23편 주해(註解)

결핍은 인간이 처음으로 마주하는 감정이다.[1]

아이는 말을 배우기 전에 먼저 배고픔을 느끼고, 그것을 울음으로 드러내며 채우려 한다. 어쩌면 언어란, 인간이 자신의 결핍을 메우기 위해 창조해 낸 도구일지도 모른다.

우리는 채우려는 몸부림 속에서 세상을 이해하고, 그 과정에서 자신만의 세계관을 만들어 간다. 인간은 언제나 부족함을 인지하며 살아간다.

시간, 칭찬, 관계, 인정, 물질, 사랑, 능력….

아무리 채워도 내 안에는 언제나 비어 있는 공간이 남아 있다. 충분히 가진 것 같아도, 다음 날이면 또다시 부족함이 느껴진다.

---

1 Sendhil Mullainathan and Eldar Shafir, *Scarcity, Why Having Too Little Means So Much* (New York: Times Books, 2013), 21-22.

그래서 인간은 이것을 매우기 위해 땀을 흘리고, 잠을 줄이고, 자신을 증명하려 애쓴다. 그런데 여기엔 우리 삶의 모순적인 부분이 있다. 결핍이 어느 정도 채워지면 성취한 듯 보이지만, 그것으로 느끼는 영혼의 허기짐은 여전하다는 것이다. 결국 이것이 완전히 사라지는 일은 불가능하다.

세상의 모든 사람은 결핍을 안고 살아가는 존재다. 위대한 이스라엘의 왕 다윗조차 이러한 현실을 잘 알고 있었다. 그러나 그는 자신의 결핍을 부정하거나 감추지 않았다.

오히려 그것을 정직하게 인정하며 하나님께 고백했다. 시편 23편의 첫 구절은 이렇게 시작한다.

여호와는 나의 목자시니 내게 부족함이 없으리로다(시 23:1).

다윗은 "나에게 더 이상 부족함이 없다"는 고백으로 시작한다. 이 선언은 "나는 이미 다 가졌다"가 아니다. "내 인생에 결핍이 전혀 없다"가 아닌, 결핍의 경험을 넘어선 신뢰의 고백이며 믿음이다. 1절의 '부족함'은 히브리어 חסר(ḥāsar)로, 필요가 충족되지 않는 상태를 의미한다. 저자는 부족함이 없다는 선포로 결핍이라는 현재 경험을 하나님과의 관계 안에서 넘어선 것이다.

우리가 사는 이 시대는 부족함에서 비롯된 비교의 시대다. 미디어와 SNS를 통해 나와 상대방을 견주며 불행과 행복의 관계를 찾는 사람들이 얼마나 많은가.

그러면 이것을 극복할 수 있는 믿음의 고백이 우리에게 있는가?

그가 나를 푸른 풀밭에 누이시며 쉴 만한 물 가로 인도하시는도다(시 23:2).

결핍에 대한 하나님의 응답은 채워주심이 아니다. 오히려 목자가 양을 데리고 가듯, 하나님은 우리의 이러한 현실 속에서 앞장서 길을 인도하신다. 어디로 인도하시는가? 풀과 물이 있는 '쉼'이라는 공간이다. 결핍을 겪는 인간에게 주시는 하나님의 해답은 공급이 아니다. 쉼이다. 곰곰이 생각해 보면, 결핍의 해결은 공급이 아니다. 오히려 결핍의 문제는 '쉼'이 없을 때 일어난다. 하나님께서는 고단한 다윗의 영혼을 쉬게 하시고, 전쟁과 칼이 난무하는 공포 속에서 건져 내시고 회복시키신다.

내 영혼을 소생시키시고 자기 이름을 위하여 의의 길로 인도하시는도다(시 23:3).

그렇다면 결핍으로부터의 회복은 무엇일까? 그것은 바로 '영혼의 소생'이다. '영혼'의 히브리어 원어는 נַפְשִׁי(nafshee)로써 사람의 생명력, 존재, 정서, 소망까지를 포함한 포괄 단어이다. 또한 소생(יְשׁוֹבֵב, yesho'vev)은 '돌이켜 바로잡다'라는 뜻을 가진다. 하나님이 말씀하시는 영혼의 소생은 원래 우리에게 주어진 것이었다. 그러나 관계의 단절, 욕망의 추구, 세상에서의 헛된 상대적 비교는 영혼의 단절을 불러일으킨 것이다. 그러나 하나님께서는 '쉼'을 통해 잘못된 것을 깨닫게 하시고 바로잡아 영혼을 살리신다. 하나님의 쉼은 생명에 숨을 불어넣어 쉬게 한다.

> 내가 사망의 음침한 골짜기로 다닐지라도 해를 두려워하지 않을 것은 주께서
> 나와 함께 하심이라 주의 지팡이와 막대기가 나를 안위하시나이다(시 23:4).

결핍의 끝자락에서 마주하는 것은 무엇일까? 그것은 바로 사망의 음침한 골짜기다.

사망(מָוֶת, māwet, mavet)은 단순한 육신의 종료라는 의미를 뛰어넘는다. 음침(צַלְמָוֶת, tzalmavet)은 '그림자'와 '죽음'의 합성어로, 죽음과 절망 속 어둠을 나타낸다. 이것은 인간의 고난, 공포를 나타낸다. 이러한 속에서 무엇이 위로가 될까? 다윗은 오직 주님의 함께하심이라고 노래한다. 하나님은 우리의 결핍을 항상 제거하시진 않는다.[2] 하나님의 해답은 '결핍 속에서 동행하심'이었다. 그리고 하나님의 동행은 결핍을 새로운 경험으로 변형시켜 놀라운 은혜의 공간으로 이끄신다.

결핍이 때로는 우리를 두려움의 골짜기로 몰아넣는다. 그러나

---

2 바울 사도는 육체의 가시로 인해 많은 고통을 겪었다. 얼마나 괴로웠던지 그는 이것을 '사탄의 사자'라고 불렀다. 육체의 가시를 제거하여 달라고 여러 번 주님께 간구하였으나 주님은 허락하지 않으셨다. 왜 허락하지 않으셨을까? 고린도후서 12장 9절에는 "이는 그리스도의 능력이 내게 머물게 하려 함이라"라고 기록되어 있다. 바울의 가시로 인해 능력의 주님께서 함께하신다는 것인데, 즉 임마누엘이다.

그것이 하나님의 임재를 경험하게 한다. 그렇기에 결핍 속에서 느끼는 하나님의 동행이 우리를 견디게 하는 것이다.

주께서 내 원수의 목전에서 내게 상을 차려 주시고 기름을 내 머리에 부으셨으니 내 잔이 넘치나이다(시 23:5).

시편 23편은 단순한 결핍 극복을 넘어서는 신앙고백이 아니다. 하나님과의 동행을 통해 주어지는 응답은 겨우 생존할 만큼의 것이 아니다. 하나님의 응답은 결핍을 넘어 풍성함으로 이끄신다. 이것이 곧 충만이다. 나를 조롱하는 원수들 앞에서, 결핍의 한복판에서 하나님께서는 기름을 넘치도록 부으시며 나의 명예와 기쁨을 회복시키신다. 결핍이 역전될 때, 하나님께서는 나의 결핍을 부끄러움이 아니라 은혜로 바꾸시는 분이시다.

내 평생에 선하심과 인자하심이 반드시 나를 따르리니 내가 여호와의 집에 영원히 살리로다(시 23:6).

하나님의 동행이 선하고 인자하심을 고백하는 우리는 결국 결핍의 종말을 맞이한다. 이것은 하나님과의 영원한 동행으로만 가능한 것이다. 6절의 '따르다'(רדף, radaph)는 히브리어 원어로 '쫓아오다'라는 능동적 의미를 내포한다. 내가 하나님을 따른다고 생각하는가? 사실 우리의 모든 인생길은 하나님의 선하심과 인자하심이 능동적으로 찾아오셔서 우리의 결핍을 메우는 시간의 연속이다.

하나님의 선하심과 인자하심이 우리를 쫓아온다. 결핍이 더 이상 우리를 추격하지 못한다. 그래서 인생의 끝에서 우리는 영원한 하나님의 집, 즉 결핍이 더 이상 존재하지 않는 곳에 이르게 되는 것이다.

다윗은 시편 23편을 암울하고 불안하며 삶의 부족함이 채워지지 않는 시기에 지었다. 그가 위대한 영성의 소유자인 이유는, 결핍이 다윗의 약함을 드러내지만 동시에 하나님의 인도하심을 경험할 기회를 만들었다는 것을 고백함에 있다.

결핍은 피할 수 없는 인간의 경험이다. 그러나 이에 대한 하나님의 응답은 회복과 보호, 충만함에 이르게 하셔서 결국 영원한 동행에 이르게 하신다.

우리는 요즘 어떤 결핍 때문에 불안해하고 있는가? 하나님은 그 속에서 나에게 어떤 쉼과 회복을 주려고 하실까? 나는 그것이 사라질 때까지 기다리는가, 아니면 결핍 속에서도 하나님을 경험하는가?

시편 23편은 우리에게 말한다.

결핍은 끝이 아니라, 하나님을 만나는 시작일 수 있다고!

7 장

사울, 신접한 여인을 찾다

사울이 블레셋 사람들의 군대를 보고 두려워하여 엔돌이라는 곳에 신접한 여인을 찾아갔다. 급할 때는[1] 지푸라기라도 잡는 것이 연약한 인생이지만 하필 그가 잡은 것은 하나님께서 가장 싫어하시는 가증한 것이었다. 사울은 모든 것이 두려웠다. 다윗도 두려웠고 백성들도 두려웠고 적들도 두려웠다. 하지만 하나님은 두려워하지 않았다. 사울은 눈에 보이는 것만 두려워하였다.

예수님께서는 말씀하셨다.

몸은 죽여도 영혼은 능히 죽이지 못하는 자들을 두려워하지 말고 오직 몸과 영혼을 능히 지옥에 멸하실 수 있는 이를 두려워하라 참새 두 마리가 한 앗사리

---

1 블레셋 군대가 수넴에 다다라 진을 쳤다. 이때 이스라엘 군대는 길보아에 진을 쳤는데 블레셋 군대의 위용에 그만 사울은 맥이 빠지게 되었고 아무리 하나님께 여쭈었으나 하나님께서는 그 무엇으로도 사울에게 대답하지 않으셨다.

온에 팔리지 않느냐 그러나 너희 아버지께서 허락하지 아니하시면 그 하나도 땅에 떨어지지 아니하리라 너희에게는 머리털까지 다 세신 바 되었나니 두려워하지 말라 너희는 많은 참새보다 귀하니라(마 10:28-31).

하나님을 두려워할 때 세상의 것이 두렵지 않고 하나님을 두려워하지 않을 때 세상 것이 두려워지는 것이다. 우리는 이 이야기에서 얼마나 인생은 연약하고 허망하고 진실로 선다 해도 아무것도 아닌 존재임을 알게 된다. 한때 성령님의 감동을 받았던 그가 이제는 무당에게 자신을 의지하려 한 것이다. 사람은 떨어지려면 이렇게까지 추락한다. 그러니 겸손할 뿐 아니겠는가!

사울은 신접한 여인에게 사무엘을 불러올리라고 명한다. 영적으로 우둔해지고 믿음에서 떠난 사울은 분별하지 못한 것이다. 사울이 집권 초기엔 어떠했나? 그는 남녀를 가리지 않고 이스라엘에 있는 모든 무당을 없애버렸다.[2] 그러한 그가 이제는 블레셋 사람들의 군대를 보고 두려워 떨며 신접한 여인을 찾은 것이다. 신명기 18장 9-12절에 하나님께서는 모세를 통하여 다음과 같은 말씀을 주셨다.

네 하나님 여호와께서 네게 주시는 땅에 들어가거든 너는 그 민족들의 가증한 행위를 본받지 말 것이니 그의 아들이나 딸을 불 가운데로 지나게 하는 자나 점쟁이나 길흉을 말하는 자나 요술하는 자나 무당이나 진언자나 신접자나

---

2 "사무엘이 죽었으므로 온 이스라엘이 그를 두고 슬피 울며 그의 고향 라마에 장사하였고 사울은 신접한 자와 박수를 그 땅에서 쫓아내었더라"(삼상 28:3).

박수나 초혼자를 너희 가운데에 용납하지 말라 이런 일을 행하는 모든 자를 여호와께서 가증히 여기시나니 이런 가증한 일로 말미암아 네 하나님 여호와께서 그들을 네 앞에서 쫓아내시느니라.

모세는 이스라엘 백성들에게 가나안 땅에 들어가거든 그곳에 사는 자들의 역겨운 짓을 따라 해서는 안 된다고 경고한 것이다.

사울이 접신녀에게 물은 것은 죄악된 일이었다고 역대상 10장 13-14절에 적고 있다.

사울이 죽은 것은 여호와께 범죄하였기 때문이라 그가 여호와의 말씀을 지키지 아니하고 또 신접한 자에게 가르치기를 청하고 여호와께 묻지 아니하였으므로 여호와께서 그를 죽이시고 그 나라를 이새의 아들 다윗에게 넘겨 주셨더라.

그는 정도(正道)를 벗어나 심판받은 것이다.

하나님께서는 하나님께 묻지 아니하고 다른 것에게 묻는 것을 싫어하신다. 하나님은 질투하시는 하나님이시다. 신명기 32장 15-16절에 "그런데 여수룬3이 기름지매 발로 찼도다 네가 살찌고 비대하고 윤택하매 자기를 지으신 하나님을 버리고 자기를 구원하신 반석을 업신여겼도다 그들이 다른 신으로 그의 질투를 일으키며

---

3 이스라엘의 별칭 혹은 애칭으로 '의로운 자'라는 의미이다. 신명기에서 모세가 처음 사용하였고 이사야서에서 하나님께서 자기 백성을 부를 때 사용하셨다.

가증한 것으로 그의 진노를 격발하였도다"라고 했다. 이스라엘이 하나님의 사랑 속에 모든 것이 풍부하매 하나님을 버리고 이방 신을 섬겨서 하나님으로 하여금 질투하시게 하였다는 것이요 진노하시게 하였다는 것이다. 왜 하나님께서 질투하셨나? 이스라엘을 너무도 뜨겁게 사랑하셨기 때문이다. 하나님 외에 다른 것을 찾으면 그 마지막이 뻔하기에 너무도 애달프셔서 질투하신 것이다. 다른 것에게 묻는 것은 죄악이다.

사울은 하나님께 엎드렸어야 했다. 회개했어야 했다. 그리고 어떻게 해야 하는지 물었어야 했다. 사울은 다급하니 허둥지둥했다. 다급할수록 하나님을 생각했어야 했다. 나훔 1장 2-3절의 말씀이다.

여호와는 질투하시며 보복하시는 하나님이시니라 여호와는 보복하시며 진노하시되 자기를 거스르는 자에게 여호와는 보복하시며 자기를 대적하는 자에게 진노를 품으시며 여호와는 노하기를 더디하시며 권능이 크시며 벌 받을 자를 결코 내버려두지 아니하시느니라 여호와의 길은 회오리바람과 광풍에 있고 구름은 그의 발의 티끌이로다.

하나님은 정의와 공의의 하나님이시다. 노하기를 더디하시며 권능이 크신 하나님은 분명히 죄에 대하여 묵과(黙過)하시지 않으시고 반드시 합당한 벌을 내리신다. 그분이 하시는 일은 과함이 없으시다. 그분이 행하시는 일은 모자람이 없으시다. 합당한 뜻을 가지시고 합당하게 심판하신다.

자, 사울 왕의 요청으로 접신녀는 한 영을 불러올렸다. 사울은 그 생김새를 묻고 그것이 죽은 사무엘의 영인 줄 알고 땅에 대고 절하였다. 그럼 땅속에서 올라온 영이 사무엘의 영이었나? 사무엘의 영이 아니다. 히브리서 9장 27절에 "한 번 죽는 것은 사람에게 정해진 것이요 그 후에는 심판이 있으리니"라고 하지 않았나? 죽은 후에 그 영이 떠돈다고 하는 것은 성경적이 아니다. 영적으로 둔해지고 믿음에서 떠난 사울은 무당이 불러올린 것을 사무엘이라 생각한 것이다. 산 사람이 영매자4를 통해 죽은 자와 교제할 수 있다는 것은 성경적이 아니다. 사탄이 사울을 혼미하게 했으며 속인 것이다. 거짓 말하는 자, 속이는 자, 거짓의 아비 사탄에게 사울은 속은 것이다.5 로마서 8장 5-8절을 보자.

> 육신을 따르는 자는 육신의 일을, 영을 따르는 자는 영의 일을 생각하나니 육신의 생각은 사망이요 영의 생각은 생명과 평안이니라 육신의 생각은 하나님과 원수가 되나니 이는 하나님의 법에 굴복하지 아니할 뿐 아니라 할 수도 없음이라 육신에 있는 자들은 하나님을 기쁘시게 할 수 없느니라 만일 너희 속에 하나님의 영이 거하시면 너희가 육신에 있지 아니하고 영에 있나니 누구든지 그리스도의 영이 없으면 그리스도의 사람이 아니라.

사울 왕은 이제 접신녀를 의지하게 되는 비참한 영적 상태로

---

4 혼령과 인간을 매개한다는 사람으로 무당이나 박수 등이 있다. 절대 성경적이 아니다.
5 김성철, 『얼마나 있으면 밤이 새겠소』, 141-145.

떨어졌다. 아무리 찬란하고 힘 있게 출발했다 해도 이렇게 될 수 있다는 것이다.

사울의 안타까운 행보, 하나님의 영이 떠난 자의 서글픈 자취이다. 사도 바울은 로마서 8장 5, 6절에 다음과 같이 기록하였다.

육신을 따르는 자는 육신의 일을, 영을 따르는 자는 영의 일을 생각하나니 육신의 생각은 사망이요 영의 생각은 생명과 평안이니라.

8 장

다윗의 끝없는 위기,
위기를 극복하는 다윗

사무엘상 30장 1-6절에는 다음과 같은 기사가 나온다.

다윗이 부하들을 거느리고 아벡에서 시글락까지의 100킬로미터를 사흘 동안 걸어서 돌아와 보니, 시글락의 온 성읍은 잿더미로 변해 있었다. 아말렉 족속 이 유다의 남부 지역으로 쳐들어와 약탈하다가 시글락에도 손을 뻗친 것이다. 그들이 비록 시글락에서 사람을 죽이지는 않았지만, 여자와 어린아이까지 남김없이 포로로 사로잡아 끌고 갔다. 다윗과 그의 부하들이 돌아와서 그런 광경을 보고 너무 놀란 나머지 소리 지르며 울었는데, 지쳐서 기진맥진할 때까지 울고 또 울었다. 다윗의 두 아내, 곧 이스르엘 여인 아히노암과 갈멜 사람 나발의 미망인 아비가일도 포로로 잡혀갔다. 그런데 이러한 사태는 미묘 하비도 다윗에게 아주 불리하게 발전되었다. 왜냐하면 처자식을 잃고 흥분한 군중들이 다윗을 돌로 쳐죽이자고 덤벼들었기 때문이다. 그러나 이런 와중에서도 다윗은 자기의 하나님 여호와를 더욱 의지하였다(현대어성경).

다윗이 시글락을 비운 틈을 타 아말렉 족속이 침입하여 여자와 어린아이들을 모조리 잡아갔다. 이 허탈한 상황으로 인하여 다윗을 따르던 자들이 동요되었고 다윗에게 반기를 드는 위기로까지 번지게 되었다. 그때 그는 어떻게 하였나? 인간적 방법을 배제하였다. 하소연하거나 변명하거나 사람의 말로 설득하려 하지 않았다. 다윗은 도리어 자신의 하나님 여호와를 힘입고 용기를 얻었다. 다윗은 하나님을 신뢰하였다. 이제까지 이끄신 하나님, 이 상황에서도 건져 주실 줄 믿었다. 그리고 이 상황까지도 주관하시는 여호와 하나님만을 바라보았다. **어려움이 더해질수록 다윗은 더욱 하나님 여호와를 의지한 것이다.** 이것이 그의 거룩한 처세술이었다. 하나님께 모든 것을 맡기고 "주님! 도와주세요!" 바로 이것이었다.

그렇다. 이뿐 아니라 다윗의 삶에 있어서 이어졌던 것은 고통이었다. 육신적 고통, 정신적 고통 그리고 영적 고통이 끊이지 않았다. 모세의 기도와 같지 않은가? 모세는 그의 시에서 "우리의 연수가 칠십이요 강건하면 팔십이라도 그 연수의 자랑은 수고와 슬픔뿐"이라고 하였다. 예외인 인생은 없을 것이다. 하지만 다윗은 이러한 사건과 시간을 맞닥뜨릴 때마다 더욱 하나님을 의지하였고 구원의 하나님을 믿어 담대함을 얻었다.

그때 하나님께서는 바로 그 사람을 위하여 역사하신다. 다윗은 위기의 때 자기의 하나님 여호와를 증거하고 하나님의 도우심을 받았다. 우리는 밝은 대낮에 모든 것을 잘 볼 수 있다고 생각하며 어두울 때엔 볼 수 없다고 여기기도 하지만 다 그런 것은 아니다. 땅거미가 지고 어둑어둑해지면 낮에 보이지 않던 저 멀리에 있는 별이 반짝이는 것을 볼 수 있다. 다니엘은 세상이 캄캄해지고 악한 자가 판을 칠 그 환난의 때에 "오직 자기의 하나님을 아는 백성은 강하여 용맹을 떨치리라"(단 11:32)라고 하였다.

우리의 인생의 때에 어둡고 황망하고 걷잡을 수 없는 비바람이 몰려오면 이제야말로 내 거룩한 신앙을 증거하는 기회이자 하나님께 영광을 돌리는 복된 날임을 알아야 한다. 그리고 환난의 때는 구속의 하나님이 나와 가장 가까이 계실 때임을 잊지 말아야 한다.[1]

구체적으로 다윗은 어떻게 했나? 그는 즉시 하나님께 여쭈었다. 사람을 보지 않고 주위를 둘러보지 아니하고 오직 하나님을 의지한 것이다. 하나님께로부터 큰 용기를 얻은 그는 "제가 앞서 떠난 저 약탈자들을 추격해야 되겠습니까? 제가 그들을 쫓아가면 따라잡을 수 있겠습니까?"라고 아뢰자, 주님께서는 "네가 그들을 쫓으면 틀림 없이 따라잡을 수 있거니와 잡혀간 사람들도 구할 수 있다"는 응답을 주셨다. 그는 성공하는 기도 생활을 끊임없이 영위하였다.

첫째는 단순하고 어린아이 같은 마음, 겸손하고 믿는 마음으로 하나님의 은혜를 구하였으며 다음으로는 확고하고 굳은 마음으로 자기희생의 자세로 기도의 길을 따라 전진한 것이다.[2] 하나님께

---

1 김성철, 『얼마나 있으면 밤이 새겠소』, 342.
2 G. 그랜저 플레밍/윤종석 옮김, 『기도의 능력』 (두란노, 1992), 123.

물으려면 오직 하나님을 바라는, 하나님을 찾는 생활을 연습해야 한다. 그리할 때만이 무슨 일을 만나든 하나님께 여쭐 수 있는 것이다.

아사 왕을 보라. 아사 왕은 남유다의 세 번째 왕이었다. 그는 이방 제단과 산당, 신상으로 섬기던 돌기둥을 부숴버렸고 여신상들을 토막 쳐 버린 종교개혁을 단행하였다. 하나님은 그러한 아사 왕과 유다 나라에 평안을 주셨는데 그는 백성들에게 말하였다.

> 우리가 우리 하나님 여호와를 찾았으므로 이 땅이 아직 우리 앞에 있나니 우리가 이 성읍들을 건축하고 그 주위에 성곽과 망대와 문과 빗장을 만들자 우리가 주를 찾았으므로 주께서 우리 사방에 평안을 주셨느니라(대하 14:7).

아사는 이와 같이 하나님을 찾았다. 구스 사람 세라가 100만 명의 대군과 300대의 전차를 몰고 남유다를 침공할 때에 그는 하나님을 찾고 기도하였다. 하나님께서는 아사의 기도를 들으시고 구스 군대를 물리쳐 주셨다. 하나님께서 하늘의 군대를 거느리시고 구스 군대를 전멸시켜 주신 것이다.

하지만 북이스라엘과 충돌이 있을 때 아사는 웬일인지 하나님을 찾지 않고 아람과 동맹을 맺는다. 이때 하나니란 선견자가 다음과 같이 말한다.

> 여호와의 눈은 온 땅을 두루 감찰하사 전심으로 자기에게 향하는 자들을 위하여 능력을 베푸시나니(대하 16:9).

그러나 그는 돌이키지 아니하였다. 결국 그는 발에 병이 들어 위독했으나 강퍅(剛愎)한 마음을 버리지 못하고 하나님을 찾지 아니하다가 그 병으로 죽고 말았다. 하나님의 능력의 역사하심을 이미 체험한 아사 왕은 왜 끝까지 하나님을 찾지 않았을까? 바로 이것이 부패한 인생의 본성 아니겠는가! 날마다 하나님 앞에서 자신을 맑히지 아니하면 경성하지 아니하면 누구든 아사가 될 수 있는 것이다.

다윗이 끝없는 위기를 맞으면서도 여기에서 벗어날 수 있었던 것은 끝없이 하나님을 찾았기 때문이요, 이러한 거룩한 습관은 그의 평생 대부분 이어졌다. 한 마디로 이로 인하여 끝없는 위기는 모두 극복되었던 것이다. 시편 50편 15절의 아삽의 노래를 기억하자.

환난 날에 나를 부르라 내가 너를 건지리니 네가 나를 영화롭게 하리로다.

이것은 진리이다. 환난 날은 하나님을 찾으라 하는 주님의 사인이다. 그러면 하나님이 건져주신다. 이처럼 단순하면서도 명확한 영적 공식이 어디에 있겠는가? 그로 인하여 하나님은 영광 받으신다는 것이다. 우리의 환난 날은 하나님을 부르라는 하나님의 신호이다. 그러면 하늘을 가르시고 강림하사 택하신 백성을 구원해 주시고 홀로 영광을 받으신다. 다윗은 이 거룩한 영적 공식을 언제나 사용하였다.

9 장

사울 왕이 세 아들과 함께 전사하다.
아! 요나단도!

사무엘상 31장 1-6절이다.

한편 블레셋 사람과 이스라엘 사람 사이에 전쟁이 있었다. 이 전투에서 이스라엘군은 블레셋 사람 앞에서 도망하다가 길보아산에서 수없이 죽어 쓰러졌다. 또 블레셋 사람들은 사울과 그의 아들들을 추격하여 사울의 아들 요나단과 아비나답과 말기-수아도 죽였다. 이처럼 사울의 주변에 싸움이 치열하자 그는 적군의 화살에 맞아 심한 부상을 입었다. 이때 사울은 자기 경호병에게 '너는 칼을 뽑아 저 블레셋 이방인들이 나를 잡아 괴롭히기 전에 어서 나를 죽여라.' 하고 명령하였다. 그러나 그 경호병이 두려워서 감히 그를 죽이지 못하자 사울은 자기 칼을 집어 칼 끝을 배에 대고 그 위에 엎드러졌다. 그러자 그 경호병은 왕이 죽은 것을 보고 자기도 칼을 배에 대고 엎드러져 그와 함께 죽었다. 이렇게 해서 사울과 그의 세 아들과 경호병과 그의 모든 부하들이

다같이 한날에 죽었다(현대인의 성경).

사울의 아들 요나단은 하나님 앞에 헌신적 믿음과 영적인 거룩함이 있었다. 하지만 사울의 패역이 너무도 커서 하나님의 마음을 돌리진 못하였다. 남유다 요시아 왕 때의 상황과도 같다. 요시야는 철두철미(徹頭徹尾)한 종교개혁을 행한 자였다. 그는 유월절을 얼마나 성심껏 지키게 했는지 그전까지 흐트러졌던 절기를 사사시대부터 이렇게 지킨 때가 없었다. 하지만 열왕기하 기자는 어떻게 기록하였나 열왕기하 23장 24-26절을 보자.

> 요시야가 또 유다 땅과 예루살렘에 보이는 신접한 자와 점쟁이와 드라빔과 우상과 모든 가증한 것을 다 제거하였으니 이는 대제사장 힐기야가 여호와의 성전에서 발견한 책에 기록된 율법의 말씀을 이루려 함이라 요시야와 같이 마음을 다하며 뜻을 다하며 힘을 다하여 모세의 모든 율법을 따라 여호와께로 돌이킨 왕은 요시야 전에도 없었고 후에도 그와 같은 자가 없었더라 그러나 여호와께서 유다를 향하여 내리신 그 크게 타오르는 진노를 돌이키지 아니하셨으니 이는 므낫세[1]가 여호와를 격노하게 한 그 모든 격노 때문이라.

---

1 남유다의 14대 왕이다. 12세에 왕이 되어 55년 동안 나라를 다스렸다. 아버지는 그 유명한 히스기야 왕이었다. 하지만 아버지와는 반대로 우상 숭배를 했으며 강포하여 죄 없는 사람을 많이 죽여 예루살렘 거리를 피로 물들게 하였고 온 유다를 악하게 만들었다. 전해 내려오는 이야기에 의하면 이 사악한 자가 이사야 선지자를 톱으로 켜서 죽였다.

하나님께서는 므낫세 왕이 행한 모든 악 때문에 유다에 대한 분노를 돌이키지 않으셨다는 것이다. 요시야 왕은 애굽의 왕 바로느고의 군대에 맞서다가 므깃도에서 전사하고 말았다.

선한 자, 믿음의 사람, 용감하고, 다윗을 살려주었고 왕의 자리도 의로운 친구에게 내어주기에 머뭇거림이 없었던 요나단은 길보아 전투에서 전사하였다. 허망하게 말이다. 사울이 왕이 될 때 이미 천부장일 정도로 지휘력을 소유한, 백성에게 인정받은 자였다. 그는 철저한 신앙인이었다. 호위병 하나를 데리고 블레셋 진지에 가서 20명가량의 블레셋 군을 죽이고 큰 승리를 거둘 때 요나단은 그 호위병에게 다음과 같이 말하였다.

우리가 이 할례 받지 않은 자들에게로 건너가자 여호와께서 우리를 위하여 일하실까 하노라 여호와의 구원은 사람이 많고 적음에 달리지 아니하였느니라 (삼상 14:6).

그 누가 무서운 적들과 마주하고 있을 때, 이 같은 용기 있는 믿음의 고백을 할 수 있겠는가! 요나단은 하였다.

그는 덕망 있는 지도자였고 많은 사람에게 인정을 받았으며 따뜻한 심령의 소유자였다. 그뿐만 아니라 그는 하나님의 큰 뜻을 헤아릴 줄 아는 폭넓은 사람이었다. 사울은 다윗을 시기하였으되 요나단은 다윗의 마음과 하나가 되어 자기 생명같이 사랑하였다. 그는 그리스도의 마음을 품은 자였다. 그는 죽기까지 하나님의 뜻을 이루기 위하여 다윗을 위하여 모든 것을 내어주었다. 그가 어떤 인품의 사람인지 아버지 사울을 피해 도망하는 다윗에게 "네 마음의 소원이 무엇이든지 내가 너를 위하여 그것을 이루리라"고 한 것을 보면 짐작할 수 있다. 요나단이 다윗에게 말한다.

이스라엘의 하나님 여호와께서 증언하시거니와 내가 내일이나 모레 이맘때에 내 아버지를 살펴서 너 다윗에게 대한 의향이 선하면 내가 사람을 보내어 네게 알리지 않겠느냐 그러나 만일 내 아버지께서 너를 해치려 하는데도 내가 이 일을 네게 알려주어 너를 보내어 평안히 가게 하지 아니하면 여호와께서 나 요나단에게 벌을 내리시고 또 내리시기를 원하노라 여호와께서 내 아버지와 함께 하신 것 같이 너와 함께 하시기를 원하노니 너는 내가 사는 날 동안에 여호와의 인자하심을 내게 베풀어서 나를 죽지 않게 할 뿐 아니라 여호와께서 너 다윗의 대적들을 지면에서 다 끊어 버리신 때에도 너는 네 인자함을 내 집에서 영원히 끊어 버리지 말라(삼상 20:12-15).

앞서 언급했듯이 요나단과 다윗의 마지막 만남이 사무엘상 23장 16절과 17절에 있는데 다윗이 사울을 피하여 십 수풀에 있을 때였다. 이때도 요나단은 다음과 같이 다윗을 위로한다.

두려워하지 말라 내 아버지 사울의 손이 네게 미치지 못할 것이요 너는 이스라 엘 왕이 되고 나는 네 다음이 될 것을 내 아버지 사울도 안다(삼상 23:17).

요나단의 삶은 허망했던가? 아니다. 요나단은 다윗의 길을 예비하였다. 마치 세례 요한이 예수님의 길을 예비한 것처럼 말이다. 그는 구약의 세례 요한과 같은 존재였다. 모든 것을 다윗을 위하여 준비하였고 그가 등장하자 조용히 그 길에서 비켜섰다. 아무런 미련도 없이 어찌 보면 가장 큰 경쟁자임에도 불구하고 다윗이 잘되는 것을 보고 감격하며 사라져갔다. **요나단으로 인하여 다윗의 시대가 열렸고 하나님의 오묘하신 섭리가 이루어졌으며 요나단으로 인하여 예수 그리스도께서 이 땅에 강림하신 것이다.**

다윗은 사무엘하 1장 19-27절에 요나단과 사울 왕을 위한 조가를 지었다.

> 이스라엘아, 너의 지도자들이 언덕에서 죽임을 당했구나. 아, 용사들이 싸움터에서 쓰러졌구나. 그 일을 가드에서 말하지 말라. 그 일을 아스글론 거리에서 이야기하지 말라. 그 일을 말하면 블레셋의 딸들이 기뻐할 것이다. 할례받지 않은 자들의 딸이 즐거워할 것이다. 길보아 산에 이슬이나 비가 내리지 말지어다. 그들에서 곡식이 나지 말지어다. 거기에서 용사들의 방패가 부끄러움을 당했도다. 사울의 방패는 더 이상 기름칠 할 수 없게 되었구나. 요나단의 활은 많은 적을 죽였고, 사울의 칼도 적들을 죽였다. 그들의 무기는 죽은 자들의 피로 물들었고, 그들의 무기는 강한 자들의 살에 박혔다. 우리는 사울과 요나단을 사랑했다. 그들이 살아 있는 것을 기뻐했다. 사울과 요나단은 죽을 때에도 함께 죽었다. 그들은 독수리보다 빨랐고 사자보다도 강했다. 너희 이스라엘의 딸들아, 사울을 위해 울어라. 사울은 너희를 붉은 옷으로 입혔고

너희 옷에 황금 장식을 달게 했다. 아, 용사들이 싸움터에서 쓰러졌구나. 요나단이 길보아 언덕에서 죽었구나. 내 형제 요나단이여, 내가 너를 위해 우노라. 너는 나를 너무나 사랑하였지. 네가 나를 사랑함이 놀라웠으니 여자들의 사랑보다도 놀라웠다. 아, 용사들이 싸움터에서 쓰러졌구나. 전쟁 무기들이 사라져 버렸구나(쉬운성경).

이것은 다윗의 본마음이었다고 나는 생각한다. 그는 하나님의 마음에 합한 사람이었다. 이제 다윗은 이스라엘로 돌아간다. 아니 사무엘 선지자가 뿔에 기름을 담아 다윗에게 부은 그 하나님의 뜻을 이루기 위하여 방랑과 유랑을 끝내고 말이다. 요나단은 다윗의 그 길에 디딤돌이었다. 시냇가에 정겨운 징검다리를 보라. 물 위에 드러난 것이 다인가? 아니다. 그 밑에도 크고 작은 돌들이 있다. 눈에 보이는 것을 물 밑에서 받쳐준 디딤돌들이 있는 것이다. 물 위에 드러난 것은 물 밑에 디딤돌로 인하여 나타난 것임을 우리는 안다. 아! 요나단이여!

10 장

유다의 왕이 된 다윗,
평생 가시를 달고 살다

다윗이 여호와께 물었다. "이제는 제가 유다 지파의 성읍들 중 한 성읍에 들어가 살아도 되겠습니까?" 여호와께서 "올라가라!"고 대답하시자 다윗은 "제가 어느 성읍으로 들어가야 되겠습니까?" 하고 다시 물었다. 여호와께서는 "헤브론으로 올라가라!"고 대답하셨다. 이리하여 다윗은 자기의 두 아내, 즉 이스르엘 여인 아히노암과 나발의 아내였던 갈멜 여인 아비가일을 데리고 헤브론으로 올라갔다. 다윗의 부하들도 가족을 모두 거느리고 그와 함께 올라가서 헤브론 주변에 있는 여러 성읍들을 차지하고 살았다. 그러자 유다 지파의 장로들이 헤브론으로 올라와서 다윗에게 기름을 부어 자기들의 왕으로 세웠다. 유다 왕이 된 다윗은 사울의 시체를 거두어다가 장사 지낸 사람들이 바로

---

1 옛 이름은 기럇 아르바다. 오래전 아브라함이 이곳에 장막을 세웠고 대족장들의 믿음의 숨결이 묻어 있는 곳이다. 하나님께서 두 천사를 데리시고 오신 곳이요, 아브라함과 사라, 이삭과 리브가, 야곱과 레아가 묻힌 땅이다. 여호수아 14장에 보면 갈렙이 여호수아에게 "그 날에 여호와께서 말씀하신 이 산지를 지금 내게 주소서"라고 청하였고 여호수아는 이를 받아들여 헤브론을 갈렙의 기업으로 삼게 하였다.

길르앗야베스의 주민들이라는 소식을 듣게 되었다. 그래서 그는 그들에게 사신들을 보내어 이렇게 전하였다. "여러분이 사울 왕의 시체를 장사 지내 줌으로써 그분에게 끝까지 충성하였으니, 여호와께서 그 충성을 보시고 여러분에게 보답해 주시기 바랍니다. 이제는 여호와께서 여러분에게 변함없는 사랑과 진실하심을 베풀어 주시기 바라는 마음으로 나도 여러분에게 그와 같이 좋은 일로 보답해 드리겠습니다. 비록 여러분의 왕 사울은 죽었어도 유다 지파가 이미 나를 자기들의 왕으로 세워 놓았으니, 여러분도 실망하지 말고 오히려 강하고 담대한 사람들이 되시기 바랍니다"(삼하 2:1-7, 현대어성경).

사울이 죽었으나 다윗이 곧 이스라엘 왕으로 등극한 것은 아니었다. 그는 초기에 유다 지파를 다스렸을 뿐이다. 다윗이 유다 지파에 속했기에 그것도 가능하였다. 다른 지파의 사람들은 다윗에 대하여 예컨대 골리앗을 죽인 일, 사울을 사울의 생시나 사후에 잘 대해준 일 등을 알았을지라도 호감이었지 그를 왕으로 섬긴다는 것은 차원이 다른 문제였다. 고비를 넘기니 그에게 다른 고비가 기다리고 있었고 한 문제를 해결했는가 했더니 또 다른 문제가 그를 기다리고 있었다. 하나님께서는 왜 이처럼 다윗을 잠시도 긴장의 끈을 놓지 않게 이끄시는 걸까?

사도 바울은 고린도후서 1장 8-10절에 다음과 같이 썼음을 우리도 상기할 필요가 있다.

형제들아 우리가 아시아에서 당한 환난을 너희가 모르기를 원하지 아니하노니 힘에 겹도록 심한 고난을 당하여 살 소망까지 끊어지고 우리는 우리 자신이 사형 선고를 받은 줄 알았으니 이는 우리로 자기를 의지하지 말고 오직 죽은 자를 다시 살리시는 하나님만 의지하게 하심이라 그가 이같이 큰 사망에서 우리를 건지셨고 또 건지실 것이며 이 후에도 건지시기를 그에게 바라노라.

하나님께서는 다윗이 끝까지 자신을 의지하지 않고 오직 하나님만을 의지하길 바라신 것이다. 나는 환경 섭리를 믿고 내 모든 환경이 나 좋은 대로 움직이지 않기를 기도한다. 왜냐하면 나는 편안하고 쉽고 내 마음에 드는 것을 선호할 것이니까. 사람은 쉽고 편한 것을 좋아하고 이것들을 위해선 영혼의 유익까지도 뒤로 제쳐놓으니 말이다. 하나님께서는 더 큰 복을 주시기 위하여 이것을 깨뜨리신다.

일은 벌어졌으니 이즈음에 사울의 남은 아들 이스보셋이 이스라엘 왕이 되었다. 이것은 어찌 보면 당연한 일이었다. 사울 왕에 대한 충성된 자들도 산재해 있었고 베냐민 지파의 사람들은 자기들의 지파에서 왕이 이어지길 당연히 바랐을 테니까! 그들은 이스보셋을 왕으로 옹위한 것이다. 그는 마하나임을 수도로 정하고 세력을 정비하였다. 즉, 다윗의 대적이 되었고 내전이 시작된 것이다.

레온 J. 우드는 그의 책에서 다음과 같이 말하였다.

다윗을 잘 알지 못하는 다른 지파들에게 있어서는 상황이 달랐다. 다윗이 사울의 군대장관으로 있을 때, 블레셋과 대항한 그의 용맹에 관해서는 이들에게도 잘 알려져 있었을 것이다. 그러나 왕으로부터 망명한 이후,

그는 그들의 관심으로부터 아마 멀어졌을 것이다. 결과적으로 그들이 사울의 죽음 소식을 들었을 때, 사울의 남은 아들 이스보셋을 우선 생각하게 된 것은 당연한 일이었다.[2]

사무엘하 2장 10-11절에는 다음과 같이 표현하고 있다.

> 사울의 아들 이스보셋이 이스라엘 왕이 될 때에 나이가 사십 세이며 두 해 동안 왕위에 있으니라 유다 족속은 다윗을 따르니 다윗이 헤브론에서 유다 족속의 왕이 된 날 수는 칠 년 육 개월이더라.

사울의 셋째 아들로서 이스라엘의 왕이 된 이스보셋과의 싸움이 시작되었다. 다윗의 군대의 장은 스루야의 아들인 요압이었다. 스루야는 다윗의 여동생이었는데 그녀에게는 아들이 셋 있었다. 그 이름은 요압, 아비새, 아사헬이었다. 그중 요압은 거칠고 난폭했고 자기의 주관에 따라 행동한 장수였다. 그는 다윗의 일평생 그의 허리춤에 있는 가시였다.

유다 지파를 제외한 북쪽 지파 연합은 사실상 기회주의자요 그러면서 상황 판단을 잘하는 장수 아브넬이 중심이었다. 실제 이스보셋은 아브넬이 세운 꼭두각시나 다름이 없었다. 사건이 일어난 것은 기브온 전투에서였다. 그날에 싸움이 서로 맹렬하였는데 아브넬이

---

2 레온 J. 우드/김의원 옮김, 『이스라엘의 역사』(기독교문서선교회, 2018), 342-343.

패하여 도망하는 것을 스루야의 아들 중 발이 빠른 아사헬이 쫓아가다가 도리어 아브넬의 창에 죽고 만다. 이때 요압은 동생의 복수를 하리라고 결심한다.

전투에 패한 아브넬은 생각하기를 이미 전세가 기울었다 판단한 가운데 다윗에게 투항하고자 하여 알렸고 다윗은 흔쾌히 그를 받아들인다. 이에 불만을 품은 요압은 다윗에게 당돌하게 항의하며 말한다.

어찌 하심이니이까 아브넬이 왕에게 나아왔거늘 어찌하여 그를 보내 잘 가게 하셨나이까 왕도 아시려니와 넬의 아들 아브넬이 온 것은 왕을 속임이라 그가 왕이 출입하는 것을 알고 왕이 하시는 모든 것을 알려 함이니이다(삼하 3:24-25).

그는 다윗에게 항의한 후에 허락도 받지 않고 부하를 시켜 아브넬을 붙잡아 헤브론에서 배를 찔러 죽였다. 동생의 복수에 눈멀었고 앞으로 자신의 자리가 아브넬에 의해 위태로울까 하여 이 같은 짓을 한 것이다.

다윗은 뒤늦게 이 사실을 알았지만 엎질러진 물이었다. 다윗이 아브넬을 용납한 것은 이스라엘 공동체가 하나 되길 바라는 마음과 되도록 북쪽 지파들을 자극하지 않기 위해서였다. 아브넬은 북쪽 지파 연합의 왕이었던 이스보셋을 옹위한 자 아닌가! 다윗은 유다 지파와 다른 지파 사이에 포용 정책을 써 불필요한 화근을 만들지 않길 바랐던 것이다. 이에 반하여 다윗의 여동생 스루야의 아들이 결국 자신의 복수심에 눈멀어 다윗의 정책을 흩트려 놓은 것이다.

그는 사무엘하 3장 38-39절에 자기의 신복들에게 다음과 같이 말하였다.

> 오늘 이스라엘에서 아주 훌륭하고 유능한 사람이 죽었다는 것을 그대들은 알고 있소? 내가 비록 하나님께서 기름 부어 세운 왕이지만 이러한 일을 막을 만큼 강한 왕은 못되오. 스루야의 아들들이 나보다 더 강해졌고, 나는 더 이상 그들의 힘을 누를 수가 없기 때문이오! 그러므로 그들이 저지른 악행대로 여호와께서 그들에게 벌을 내려 주시기 바랄 뿐이오(현대어성경).

다윗은 요압을 벌할 수 없었다. 요압이 혈육이라는 점, 그의 세력도 만만치 않아 손을 댔다가는 실이 많았으리라 생각했을 것이고 요압 같은 장수도 필요했다. 다윗으로서는 하나님께 맡기고 참을 수밖에 없었으리라 생각한다. 방자한 요압은 다윗의 평생 가시로 남았고 그 가시 역할을 톡톡히 했다. 득이 되었을까? 실이 되었을까?

사도 바울은 고린도후서 12장 1-10절에 다음과 같은 간증을 적고 있다.

> 이처럼 자랑을 늘어놓는 것은 모두 어리석은 짓이지만 조금 더 자랑을 하겠습니다. 주께서 보여주신 환상과 계시에 대해서입니다. 14년 전에 나는 하늘로 들려 올라간 일이 있습니다. 내가 몸까지 올라갔는지, 아니면 내 영만 올라갔는지는 묻지 마십시오. 그것을 대답할 수 있는 분은 하나님뿐이십니다. 어쨌든

나는 낙원으로 올라갔고 거기서 인간의 능력으로나 말로는 도저히 그려낼 수 없는 놀라운 사실을 들었습니다. 그러나 그 내용 또한 아무에게도 말할 수 없도록 금지되어 있습니다. 그 일이야말로 내게는 크나큰 자랑거리입니다. 하지만 내놓고 떠벌리고 다닐 마음은 없습니다. 내가 자랑하고 싶은 것은 다만 내가 나약한 인간이라는 것과 이런 나를 당신의 영광을 위해서 불러 주시는 하나님이야말로 얼마나 위대한 분인가 하는 것입니다. 내가 비록 이런저런 자랑을 한다 해도 그것이 모두 사실이니 어리석은 자가 되지는 않을 것입니다. 그러나 사람들이 나를 내 생활과 설교에서 실제로 보고 들은 것 이상으로 과장할까 싶어 그만두겠습니다. 다만 이 말을 덧붙여 두고 싶습니다. 하나님께서는 내가 그 놀라운 경험 때문에 교만해질까 봐 내 몸에 가시로 찌르는 것 같은 병을 주셨다는 사실입니다. 그 병은 사단의 사자가 되어 내가 교만해지지 않도록 나를 괴롭히고 고통을 주었습니다. 나는 그 병에서 회복되기를 세 번이나 간절히 하나님께 빌었습니다. 그때마다 하나님께서는 이렇게 말씀하셨습니다. "안 된다. 그러나 내가 너와 함께 있으마. 너게 내리는 은총은 그것으로 충분하다. 내 능력은 약한 사람에게 가장 잘 나타난다." 이제 나는 내 약한 것을 기쁘게 자랑합니다. 나의 힘이나 능력을 나타내 보이기보다는 그리스도의 능력을 생활로 증거하는 것을 기쁘게 여기고 있습니다. 나는 모든 것이 그리스도를 위한 것임을 알기에 그 가시도 모욕도 고통도 박해도 어려움도 온전히 기쁘게 받아들입니다. 내가 약할 때 나는 강하기 때문입니다. 무력해질수록 나는 그만큼 더 그리스도를 의지하기 때문입니다(현대어성경).

다윗의 평생, 동생 스루야의 아들 요압은 가시로 남는다. 요압은 공도 많이 세웠지만 다윗을 위해 한 것이라기보다는 자신의 욕심과 야망을 위해서였다. 요압으로 인하여 다윗은 언제나 긴장하지 않을 수 없었다. 럭비공과 같이 어디로 튈지 알 수 없는 그는 다윗을 위협하는 인물이었다. 자! 다윗에게 유익이 되었을까, 해가 되었을까? 나는 분명 이것이 다윗에게 유익이 되었다고 생각한다. 그 이유는 하나님은 환경을 주관하시는 분이시고 결코 손해 보시는 분이 아니시기 때문이다.

11 장

다윗이 온 이스라엘의 왕이 되다

드디어 다윗은 온 이스라엘의 왕이 되었다.

온 이스라엘이 헤브론에 모여 다윗을 보고 이르되 우리는 왕의 가까운 혈족이
니이다. 전에 곧 사울이 왕이 되었을 때에도 이스라엘을 거느리고 출입하게
한 자가 왕이시었고 왕의 하나님 여호와께서도 왕에게 말씀하시기를 네가
내 백성 이스라엘의 목자가 되며 내 백성 이스라엘의 주권자가 되리라 하셨나
이다 하니라 이에 이스라엘의 모든 장로가 헤브론에 있는 왕에게로 나아가니
헤브론에서 다윗이 그들과 여호와 앞에 언약을 맺으매 그들이 다윗에게 기름
을 부어 이스라엘의 왕으로 삼으니 여호와께서 사무엘을 통하여 전하신 말씀
대로 되었더라(대상 11:1-3).

성서 기자는 다윗이 온 이스라엘의 왕이 될 수 있었던 까닭을
단적으로 기록한 것이다. 그 까닭은 약 20년 전에 사무엘을 통하여

하신 하나님의 말씀이 그대로 응하였다는 것이다. 이와 같이 다윗이 온 이스라엘의 왕이 된 까닭은 여호와께서 이렇게 되리라고 말씀하셨기 때문이다.

여호수아 21장 43-45절에는 이스라엘 민족이 약속하신 온 땅을 차지할 수 있었던 까닭을 기록하고 있다.

> 여호와께서 이스라엘의 조상들에게 맹세하사 주리라 하신 온 땅을 이와 같이 이스라엘에게 다 주셨으므로 그들이 그것을 차지하여 거기에 거주하였으니 여호와께서 그들의 주위에 안식을 주셨으되 그 조상들에게 맹세하신 대로 하셨으므로 그들의 모든 원수들 중에 그들과 맞선 자가 하나도 없었으니 이는 여호와께서 그들의 모든 원수들을 그들의 손에 넘겨 주셨음이니라 여호와께서 이스라엘 족속에게 말씀하신 선한 말씀이 하나도 남음이 없이 다 응하였더라.

이스라엘이 가나안 땅을 얻을 수 있었던 이유는 그들이 강해서도 아니요, 가나안 족속보다 월등히 지혜로워서도 아닌, 하신 말씀을 이루시는 하나님의 역사이었음을 성서 기자는 분명히 한 것이다.

한마디로 하나님의 말씀이 이루어진 것이다. 믿음이란 무엇을 말하는가? 그것은 하나님을 믿고 그 입으로 말씀하신 것을 온전히 믿는 것이다. 우리는 다윗의 이야기를 통하여 꼭 붙들어야 할 것은 삶 가운데 하나님의 약속에 대한 믿음이 식지 않도록 힘써야 한다는 것이다. 말씀대로 이루어주실 줄 믿고 늘 스스로 굳세게 하여 용기를 잃지 말아야 한다. 아브라함과 이삭과 야곱의 하나님, 우리 주 예수 그리스도의 하나님은 말씀하시고 그 말씀하신 것을 이루시기 위하여 역사하신다.

우리의 신앙은 하나님께서는 약속하신 것을 반드시 지키시고 이루시고 완성하여 주실 줄 믿는 것이다. 이사야 48장 9-11절에 하나님께서는 말씀하셨다.

> 내 이름을 위하여 내가 노하기를 더디 할 것이며 내 영광을 위하여 내가 참고 너를 멸절하지 아니하리라 보라 내가 너를 연단하였으나 은처럼 하지 아니하고 너를 고난의 풀무 불에서 택하였노라 나는 나를 위하며 나를 위하여 이를 이룰 것이라 어찌 내 이름을 욕되게 하리요 내 영광을 다른 자에게 주지 아니하리라.

부족하고 부패하고 연약한 인생들이지만 하나님께서는 버리시지 아니하고 언약하신 것을 이루리라고 하신 것이다. 약속하신 하나님의 영광을 위해서 말이다.

시편 23편 3절에서 다윗은 "내 영혼을 소생시키시고 자기 이름을 위하여 의의 길로 인도하시는도다"라고 하나님을 찬양하고 있다. 성경 전체는 하나님은 그 이름을 두고 맹세하사 신실하게 행하시는 언약의 하나님이심을 우리에게 계시하여 주고 있다.[1] 다윗은 언약의 하나님을 믿고 언약을 이루시는 하나님의 때를 인간의 방법을 사용

---

1 김성철, 『얼마나 있으면 밤이 새겠소』, 31-40.

하지 않고 기다렸다. 그는 하나님보다 앞서지 아니하고 하나님께 묻고 그다음 행동으로 옮겼다. 모름지기 이스라엘 왕이 된 다윗에게 곧바로 블레셋의 공격이 있었다. 아마도 블레셋은 다윗의 세가 커지자 싹을 자르기 위하여 군사를 움직였을 것이다. 왕국이 통일된 것을 블레셋은 이제 위협으로 느끼기 시작한 것이다. 다윗은 즉시 여호와 하나님께 여쭈었다. "내가 블레셋 사람에게로 올라가리이까 여호와께서 그들을 내 손에 넘기시겠나이까." 여호와 하나님께서는 대답하시기를 "올라가라 내가 반드시 블레셋 사람을 네 손에 넘기리라." 아무리 위급한 때에라도 다윗은 가장 먼저 거룩한 습관대로 하나님께 기도한 것이다. 이것이 다윗을 다윗 되게 하였다. 이렇게 다윗은 하나님께 먼저 기도함으로 두 차례에 걸친 블레셋의 침공에 맞섰으며 하나님의 명령대로 행하여 승리하였다. 이로써 그는 북방 지파들에게 인정을 받았고 진정한 왕으로 나라의 틀을 세우는 계기가 되었다.[2] 그는 순종한 것이다.

전날 사무엘은 사울에게 무엇이라 하였는가?

여호와께서 번제와 다른 제사를 그의 목소리를 청종하는 것을 좋아하심 같이 좋아하시겠나이까 순종이 제사보다 낫고 듣는 것이 숫양의 기름보다 나으니 이는 거역하는 것은 점치는 죄와 같고 완고한 것은 사신 우상에게 절하는 죄와 같음이라 왕이 여호와의 말씀을 버렸으므로 여호와께서도 왕을 버려 왕이

2 레온 J. 우드, 『이스라엘의 역사』, 347-349.

되지 못하게 하셨나이다(삼상 15:22-23).

그는 사울의 전철을 밟지 않았다. 그의 일생을 보면 지난날의 실수를 가슴 아프게 여기며 마음에 새기었음을 알 수 있다. 누구나 실수는 할 수 있지만 반복하여 실수한다면 얼마나 마음 아픈 일인가! 시편 19편 12-13절에 다윗은 노래하였다.

자기 허물을 능히 깨달을 자 누구리요 나를 숨은 허물에서 벗어나게 하소서 또 주의 종에게 고의로 죄를 짓지 말게 하사 그 죄가 나를 주장하지 못하게 하소서 그리하면 내가 정직하여 큰 죄과에서 벗어나겠나이다.

모르고 지은 죄, 알면서 지은 죄에서 벗어나게 해 달라는 간구인 것이다. 다윗은 넘어짐과 실패를 교훈으로 챙겼다는 것이다. 오히려 그 모든 것을 하나님께서 자신을 바로 세우시려는 징계로 감사히 받아들였다. 히브리서 12장 8절에 "징계는 다 받는 것이거늘 너희에게 없으면 사생자요 친아들이 아니니라"라고 기록되어 있다.

그는 손해 보지 않았다.

자, 다윗은 여부스 사람들이 살고 있던 예루살렘을 점령하여 그곳 이름을 다윗성이라 명명하였다. 그곳은 이스라엘의 수도가 되었는데 성서 기자는 전능하신 하나님 여호와께서 다윗과 함께하셨기 때문에 점점 그가 강대해졌다고 기술하고 있다. 권오선은 그의 책에서 다윗이 예루살렘을 수도로 삼은 몇 가지 이유를 말했다.

먼저 예루살렘은 요새 지역이고, 어느 지파에도 소속되지 않은 곳이었으며, 불모지이기에 능력의 하나님의 도우심의 역사를 나타내 줄 수 있는 곳이라는 것 등을 들었는데 타당하다고 생각한다.3

그즈음에 두로 왕 히람이 심부름꾼들과 백향목과 목수들과 석공들을 보내 다윗을 위해 왕궁을 지어주었고 다윗은 이로 인하여 교만하지 아니하고 여호와께서 자기를 세우사 이스라엘 왕으로 삼으셨으며 하나님의 백성 이스라엘을 번영하게 하시려고 자기의 나라를 높여 주신 것을 깨달아 알았다. 그는 이와 같이 겸손하였다.

이제 다윗은 예루살렘에 하나님의 궤4를 옮겨온다. 기럇여아림에 70년 이상 머물던 언약궤를 다윗성으로 모시려 한 것이다. 다윗은 이스라엘의 진정하신 왕은 하나님이심을 알았다. 그래서 십계명 두 돌판이 들어있는 언약궤를 옮겨 옴으로써 이스라엘은 하나님이 통치하신다는 것을 온 이스라엘과 천하에 선포하고자 한 것이다. 이 증거가 사무엘하 6장 16-23절이다. 다윗의 진정한 마음을 우리는 엿볼 수 있다.

그런데 법궤가 다윗성으로 들어올 때에, 사울의 딸 미갈5이 창가에 서서 내려

---

3 권오선, 『구약성서이야기』 (따스한 이야기, 2020), 192.
4 십계명 두 돌판이 들어있는 상자, 언약궤라 불렀다. 궤는 조각목으로 만들어졌으며 가로가 약 112cm, 세로와 높이가 약 67cm로 순금으로 안팎을 쌌으며 위의 가로 돌아가며 금테를 입혔다. 옮길 때에는 양편 금고리를 꿴 금으로 싼 조각목 채로 옮기었다. 금고리에는 언제나 채가 꿰어져 있었는데 그 누구라도 언약궤에 직접 손을 대지 않게 하기 위함이었다. 제사장들이 언약궤를 메었다.
5 미갈은 다윗의 첫째 아내로 사울 왕의 둘째 딸이다. 다윗을 지극히 사랑하여 아버지

다보고 있었다. 마침 다윗 왕이 빙글빙글 돌며 춤을 추면서 여호와의 영광을 찬양하자 미갈은 이러한 다윗을 보고 왕의 체통을 떨어뜨리는 일이라고 마음 속으로 멸시하였다. 다윗은 이미 도성에 성막을 치고, 그 한 가운데에 법궤 모실 자리를 마련해 놓았는데, 사람들이 무사히 그곳에 법궤를 가져다 놓았다. 그러자 다윗은 번제물을 살라서 여호와께 바치고, 화목제물도 바친 다음 그 고기를 모인 사람들과 나누어 먹었다. 그리고 온 백성을 축복해 주고 집으로 돌려보냈는데, 그곳에 있던 사람들은 남녀를 가리지 않고 모두 떡 한 덩이와 구운 쇠고기 한 점과 건포도과자 한 개씩을 받아 집으로 가는 길에서 먹었다. 다윗도 자기의 식구들을 축복해 주려고 집으로 돌아갔다. 그런데 미갈이 나와서 남편을 맞으며 이렇게 빈정거리며 헐뜯었다. "오늘 이스라엘의 임금님을 보니, 참으로 영광스럽습니다! 그래 신하의 부인들이 다 보는 앞에서 부끄러운 줄도 모르고 옷을 다 벗어버리시다니, 그런 행동은 방탕한 자들에게서나 볼 수 있는 것이 아닙니까?" 그러나 다윗은 미갈에게 이와 같이 대답하였다. "내가 어떤 행동을 하였든지, 그것은 여호와의 영광을 찬양한 것뿐이오! 당신의 아버지와 당신의 집안에서 이 나라를 빼앗아 내게 주시고, 하나님의 백성 이스라엘의 영도자로 나를 세워 주신 분이 바로 여호와이시기 때문이오. 나는 앞으로도 여호와의 영광을 드러내기 위해서는 기뻐 뛰며 춤을 추겠소. 나는 앞으로도 여호와를 위해서라면 오늘보다도 더 천해지고 싶소. 여호와 앞에서는 언제나 낮고 천한 사람이 되고 싶소! 그래도 당신이 말하는 그 여인들에게는 내가 여전히 존경받을 왕이 아니겠소!" 이런 일로 인하여 다윗은 더 이상 미갈과 동침하지 않았다. 그래서 미갈은 죽는 날까지 자식을 낳지 못하였다(현대어성경).

사울 왕으로부터 다윗을 탈출시키기까지 하였다.

자! 다윗의 마음엔 누가 이스라엘의 진정한 왕인가! 다윗은 하나님 앞에서는 그저 어린아이, 목자 되시는 하나님 앞에서는 양일 뿐이었다. 시편 131편이다. "여호와여 내 마음이 교만하지 아니하고 내 눈이 오만하지 아니하오며 내가 큰 일과 감당하지 못할 놀라운 일을 하려고 힘쓰지 아니하나이다 실로 내가 내 영혼으로 고요하고 평온하게 하기를 젖 뗸 아이가 그의 어머니 품에 있음 같게 하였나니 내 영혼이 젖 뗸 아이와 같도다 이스라엘아 지금부터 영원까지 여호와를 바랄지어다."

여호와 하나님께서는 다윗에게 복을 주시어 이스라엘의 국경은 서서히 넓혀져 갔다. 주변의 나라는 다윗에게 무릎을 꿇었으며 하나님께서 아브라함에게 약속하신 지경까지 다윗의 나라는 확대되었다. 하나님께서는 대족장 아브라함에게 나타나셔서 언약하셨다.

> 그 날에 여호와께서 아브람과 더불어 언약을 세워 이르시되 내가 이 땅을 애굽 강에서부터 그 큰 강 유브라데까지 네 자손에게 주노니 곧 겐 족속과 그니스 족속과 갓몬 족속과 헷 족속과 브리스 족속과 르바 족속과 아모리 족속과 가나안 족속과 기르가스 족속과 여부스 족속의 땅이니라 하셨더라(창 15:18-21).

그는 모든 전쟁을 치를 때 분명 하나님의 지도하심과 명하심을 받고 수행되었으리라 본다. 왜냐하면 다윗은 하나님께 묻는 자였고 하나님께서는 그에게 자애롭게 대답하셨기 때문이다. 그는 하나님의 명령대로 행하였다. 그는 하나님의 말씀에 근거하여 힘 있게 순종하여 나갔다. 하나님께서는 나단 선지자를 통하여 다음과 같은 말씀을 주셨다.

> 그러므로 이제 내 종 다윗에게 이와 같이 말하라 만군의 여호와께서 이와 같이 말씀하시기를 내가 너를 목장 곧 양을 따르는 데에서 데려다가 내 백성 이스라엘의 주권자로 삼고 네가 가는 모든 곳에서 내가 너와 함께 있어 네 모든 원수를 네 앞에서 멸하였은즉 땅에서 위대한 자들의 이름 같이 네 이름을 위대하게 만들어 주리라(삼하 7:8-9).

다윗의 힘의 근원은 하나님께 있었고 다윗의 권위는 하나님에게서 나왔다. 그러므로 그가 하나님 안에 거할 때 거침이 없었다. 다윗의 노래 시편 2편을 보면 그가 하나님 안에서 얼마나 담대하고 용감하고 당당했는지를 볼 수 있으며 성령님의 감동하심을 받아 자신을 뛰어넘어 메시아 예수 그리스도를 예언하고 있음을 알 수 있다.[6]

어찌하여 뭇 나라가 술렁거리며, 어찌하여 뭇 민족이 헛된 일을 꾸미는가?
어찌하여 세상의 임금들이 전선을 펼치고, 어찌하여 통치자들이 음모를 함께

---

6 시편 2편이 예수님에 대한 예언임이 분명함을 알 수 있는 말씀이 사도행전 4장 23-26 절이다. "사도들이 놓이매 그 동료에게 가서 제사장들과 장로들의 말을 다 알리니 그들이 듣고 한마음으로 하나님께 소리를 높여 이르되 대주재여 천지와 바다와 그 가운데 만물을 지은 이시요 또 주의 종 우리 조상 다윗의 입을 통하여 성령으로 말씀하시기를 어찌하여 열방이 분노하며 족속들이 허사를 경영하였는고 세상의 군왕들이 나서며 관리들이 함께 모여 주와 그의 그리스도를 대적하도다 하신 이로소이다."

꾸며 주님을 거역하고, 주님과 그의 기름 부음 받은 이를 거역하면서 이르기를 "이 족쇄를 벗어 던지자. 이 사슬을 끊어 버리자" 하는가? 하늘 보좌에 앉으신 이가 웃으신다. 내 주님께서 그들을 비웃으신다. 마침내 주님께서 분을 내고 진노하셔서, 그들에게 호령하시며 이르시기를 "내가 나의 거룩한 산 시온 산에 나의 왕을 세웠다" 하신다. "나 이제 주님께서 내리신 칙령을 선포한다. 주님께서 나에게 이르시기를 너는 내 아들, 내가 오늘 너를 낳았다. 내게 청하여라. 뭇 나라를 유산으로 주겠다. 땅 이 끝에서 저 끝까지 너의 소유가 되게 하겠다. 네가 그들을 철퇴로 부수며, 질그릇 부수듯이 부술 것이다 하셨다." 그러므로 이제, 왕들아, 지혜롭게 행동하여라. 세상의 통치자들아, 경고하는 이 말을 받아들여라. 두려운 마음으로 주님을 섬기고, 떨리는 마음으로 주님을 찬양하여라. 그의 아들에게 입맞추어라. 그렇지 않으면 그가 진노하실 것이 니, 너희가, 걸어가는 그 길에서 망할 것이다. 그의 진노하심이 지체없이 너희에게 이를 것이다. 주님께로 피신하는 사람은 모두 복을 받을 것이다(새번역).

그가 성령님이 충만할 때 얼마나 담대하고 강하고 용기 있었는가! 다윗이 왕위에 있을 때 주변의 나라들, 예컨대 블레셋, 암몬, 모압, 에돔 등이 이스라엘을 넘보았고 망하는 것을 보길 소원하였다. 그들이 준동(蠢動)하고 틈을 엿보고 있었던 것이다. 하나님께서 다스리시는 이스라엘을 무너뜨리기 위하여 함께하였다. 하지만 다윗은 흔들리거나 당황하지 않았다. 그 이유는 자신에게 기름을 붓게 하시어 왕을 삼으신 분은 천지를 지으신 하나님이시요, 하나님은 자기의 편이심을 알았기 때문이다.

시편 118편 6-7절에 노래한다.

여호와는 내 편이시라 내가 두려워하지 아니하리니 사람이 내게 어찌할까
여호와께서 내 편이 되사 나를 돕는 자들 중에 계시니 그러므로 나를 미워하는
자들에게 보응하시는 것을 내가 보리로다.

하나님은 나와 함께 계시다는 것이다. 임마누엘이다. 10절과
11절에는 "뭇 나라가 나를 에워쌌으니 내가 여호와의 이름으로 그들
을 끊으리로다 그들이 나를 에워싸고 에워쌌으니 내가 여호와의
이름으로 그들을 끊으리로다"라고 하였다. 주변의 여러 나라가 합하
여 이스라엘을 에워싸도, 그들의 힘이 태산과 같다 하더라도 거기에
하나님이 계시지 않는다. 그러므로 여호와의 이름으로 그들을 끊으
리로다라고 한 것이다.

그가 골리앗에게 한 말도 이와 같은 것이다.

너는 칼과 창과 단창으로 내게 나아 오거니와 나는 만군의 여호와의 이름 곧
네가 모욕하는 이스라엘 군대의 하나님의 이름으로 네게 나아가노라(삼상
17:45).

칼과 창과 단창을 골리앗은 가지고 있었으나 다윗은 여호와께서
함께하신 것을 가장 큰 무기로 안 것이다. 사도행전 3장에 보면
나면서 못 걷게 된 사람이 성전에 들어가는 베드로와 요한에게 구걸

할 때 베드로가 무어라 했나?

은과 금은 내게 없거니와 내게 있는 이것을 네게 주노니 나사렛 예수 그리스도
의 이름으로 일어나 걸으라(행 3:6).

세상 권세에 비교할 수 없는 천지에 있는 이름 중 가장 귀하고 높은 이름, 나사렛 예수 그리스도께서 베드로와 요한에게 있기에 이렇듯 담대히 명한 것이다.

다윗은 이방 나라가 다 들고 일어나서 덤벼든다 하더라도 여호와 하나님께서 함께하시니 겁낼 것 없다고 외치고 있으며 그 이방 나라들의 준동(蠢動)을 하늘 보좌에 계신 하나님께서 비웃으신다고 하였다. 여기에서 우리가 기억해야 할 것은 하나님께서 택하신 자를 대적하는 것은 하나님을 대적하는 것과 마찬가지라는 것이다.

하나님께서는 노를 발하사 이방 나라들의 준동을 막으시고 하나님께서 기름 부어 세우신 자를 만천하에 선포하신다.

너는 내 아들이라 오늘 내가 너를 낳았도다 내게 구하라 내가 이방 나라를
네 유업으로 주리니 네 소유가 땅 끝까지 이르리로다 네가 철장으로 그들을
깨뜨림이여 질그릇 같이 부수리라(시 2:7-9).

하나님께서는 다윗을 택하여 너는 내 아들이라 선언하셨고 내가 너를 낳았다고 하셨다. 그렇다. 하나님께서는 사무엘을 통하여 다윗

에게 기름을 부으셨다. 그로부터 하나님은 다윗을 다듬으셨다. 이사야는 주는 우리 아버지, 우리는 진흙이요 주는 토기장이라고 하였다. 하나님의 녹로에 진흙 덩이와도 같은 우리를 올려놓으시고 그 손으로 우리를 빚으신다. 그러다 잘 빚어지지 않고 터져버리고 무너져 내린 쓸모없는 것이 되어도 아바 아버지께서는 그것을 던져 버리지 않으시고, 터져버리고 무너져 내린 그것을 다시금 빚으신다. 그래서 작정하신 그릇을 만드신다.

해산의 수고를 마다하지 않으시고 포기하지 않으시고 다시금 하나님의 녹로에 올려놓으사 마음에 맞는 토기를 만드시는 것이다.

하나님은 다윗을 버리시지 않으셨다. 싫어 던지시지 않으셨다. 이사야 41장 9절과 10절처럼 말이다.

내가 땅 끝에서부터 너를 붙들며 땅 모퉁이에서부터 너를 부르고 네게 이르기를 너는 나의 종이라 내가 너를 택하고 싫어하여 버리지 아니하였다 하였노라 두려워하지 말라 내가 너와 함께 함이라 놀라지 말라 나는 네 하나님이 됨이라 내가 너를 굳세게 하리라 참으로 너를 도와 주리라 참으로 나의 의로운 오른손으로 너를 붙들리라.

그러면서 하나님께서는 구하면 줄 것이라고 하셨다. 그를 대적하여 일어나는 이방 나라라 할지라도 하나님이 통째로 주신다는 것이다. 예수님께서 누가복음 11장에서 말씀하시기를 "내가 또 너희에게 이르노니 구하라 그러면 너희에게 주실 것이요 찾으라 그러면 찾아낼 것이요 문을 두드리라 그러면 너희에게 열릴 것이니 구하는 이마다 받을 것이요 찾는 이는 찾아낼 것이요 두드리는 이에게는 열릴 것이니라"(9-10)라고 하셨다. 바로 이것이 성도의 특권이 아닌가? 다윗에게는 구하는 대로 너에게 주겠다고 하시면서 네 소유가 땅끝까지 이른다고 하셨다. 그리고 하나님께서 택하신 바 된 다윗으로 하여금 쇠몽둥이로 대적들을 깨뜨리게 하고 질그릇 같이 부수게 할 것이라고 하셨다.

하나님께서 이같이 행하시는데 누가 막을 것이며 누가 방해할 것인가! 그래서 다윗은 이방 나라들에 권면하고 있다. 하나님을 경외하고 그가 택하신 아들에게 입 맞출 것을 말이다. 그래야 산다는 것이다. 그래야 망함을 면한다는 것이다.

레온 J. 우드는 "이것은 애굽이나 앗수리아, 바벨론 등의 제국 시기 그 광대한 영토에는 견줄 수 없지만, 다윗 시대에 있어서는 꽤 넓은 점령지의 하나였으며 분명 다윗은 당시 세계에서 가장 강력한 통치자였다"[7]고 기술하였다. 이렇게 될 수 있었던 밑바탕은 다윗이 이스라엘 지파의 통합을 이루었기 때문이라 볼 수 있다. 그는 또한 다음과 같이 말한다.

성경에는, 다윗이 이스라엘 지파들을 하나의 중앙정부로 통합한 내용에 관해서는 거의 기록되어 있지 않다. 외국과의 전쟁에 관한 진술이 훨씬

---

7 레온 J. 우드, 『이스라엘의 역사』, 358.

많은 부분을 차지한다. 그러나 강력한 본국의 배경 없이 이러한 전쟁을 할 수 없었을 것이므로, 그가 사울이 이룩하지 못한 진정한 통합을 달성한 것은 확실하다.[8]

어떻게 다윗은 그 독특하고 까다롭고 완고한 각 지파를 통합할 수 있었을까? 그의 즉위 초기 블레셋과의 전쟁에서 그들을 크게 물리침에 따라 각 지파의 기업으로 받은 땅의 회복 때문일까? 나는 그것도 큰 부분으로 작용했을 것으로 보지만 더 근본적인 이유가 있다고 본다. 그것은 다윗은 지파들의 마음을 얻었기에 통합이 가능했다고 본다. 예컨대 하나님의 힘을 의지하여 블레셋 장수 골리앗을 죽여 승리를 거둔 일로는 이스라엘을 구원할 수 있는 재질을 보였고, 자신을 죽이려 한 사울을 두 번이나 살려준 일 그리고 사울의 아들 요나단과의 우정, 사울과 요나단이 전사한 후에 보여준 다윗의 태도와 그들의 시신을 정성 다해 장사 지낸 길르앗 야베스 사람들에게 감사를 표한 점 등은 그가 오로지 하나님 앞에서 행한 일들이다.

다윗은 조급하지 않았고 하나님의 섭리를 믿었으며, 하나님의 사람으로서 주님이 기뻐하시는 그 길을 걷기에 주저함이 없었던 것이다. 사람 보기엔 어리석고 무모하게 보였을지 모르지만 다윗의 목자이신 하나님께서는 그에게 복을 더하셨다. 이 모든 것을 주위에서 지켜보고 들은 이스라엘 12지파는 믿고 그를 자신들을 의탁해도

8 위의 책, 351-352.

괜찮은 인물로 받아들였다. 하나님을 향해 눈물을 흘리고 하나님 기뻐하시는 길이 고난의 길일지라도 담대히 걷는 자에게 주님께서는 긍휼을 허락하시어 정하신 뜻을 가감 없이 이루신 것이다.

제 **2** 부

주의 집을 향한
열정

1 2 장

성전 건축을 소망했으나
하나님에 의하여 그의 소망이 꺾이다

모세에게는 간절한 소망이 있었다.

주 여호와여 주께서 주의 크심과 주의 권능을 주의 종에게 나타내시기를 시작
하셨사오니 천지간에 어떤 신이 능히 주께서 행하신 일 곧 주의 큰 능력으로
행하신 일 같이 행할 수 있으리이까 구하옵나니 나를 건너가게 하사 요단 저쪽
에 있는 아름다운 땅, 아름다운 산과 레바논을 보게 하옵소서1(신 3:24-25).

---

1 민수기 20장에 보면 이스라엘 백성이 마실 물이 없자 모세와 아론에게 거칠게 불평하
였다. 이때 하나님께서는 "반석에게 명령하여 물을 내라"고 하셨는데 모세는 분을 참
지 못하고 그만 "반역한 너희여 들으라 우리가 너희를 위하여 이 반석에서 물을 내랴?"
소리치며 손을 들어 그의 지팡이로 반석을 두 번 치고 말았다. 하나님의 말씀에 불순종
한 것이다. 많은 물이 나와 회중과 짐승이 마셨지만 이 일로 인하여 하나님께서는 모세
에게 약속의 땅에 들어가지 못하리라고 말씀하셨다.

모세는 40년간의 광야 생활의 열매를 자신이 거두고 싶었다. 참으로 가나안 땅에 들어가고 싶었다. 약속의 땅을 발로 밟기를 소원한 것이다. 이에 하나님께서는 모세에게 다음과 같이 대답하셨다.

그만해도 족하니 이 일로 다시 내게 말하지 말라 너는 비스가 산 꼭대기에 올라가서 눈을 들어 동서남북을 바라고 네 눈으로 그 땅을 바라보라 너는 이 요단을 건너지 못할 것임이니라 너는 여호수아에게 명령하고 그를 담대하게 하며 그를 강하게 하라 그는 이 백성을 거느리고 건너가서 네가 볼 땅을 그들이 기업으로 얻게 하리라(신 3:26-28).

하나님께서는 모세의 할 일을 여기까지로 정하신 것이요, 이것으로 만족하게 여기고 이 일로 더 이상 말하지 말라고 하셨다. 모세는 이러한 하나님의 뜻을 아멘으로 받아들인다. 히브리서 11장 1절엔 믿음에 대하여 다음과 같이 기록되어 있다.

믿음은 무엇입니까? 믿음은 우리가 바라는 것이 반드시 이루어진다는 확신을 갖는 게 아니겠습니까? 또한 아직 눈앞에 보이지 않는 미래의 일일지라도 우리가 기대하는 것이 반드시 우리를 기다리고 있다는 것을 의심하지 않는 게 아닙니까?(현대어성경)

모세는 이스라엘을 이끌고 가나안에 들어갈 일을 기쁨으로 여호수아에게 맡긴다.

너는 강하고 담대하라 너는 이 백성을 거느리고 여호와께서 그들의 조상에게 주리라고 맹세하신 땅에 들어가서 그들에게 그 땅을 차지하게 하라 그리하면 여호와 그가 네 앞에서 가시며 너와 함께 하사 너를 떠나지 아니하시며 버리지 아니하시리니 너는 두려워하지 말라 놀라지 말라(신 31:7-8).

이와 같이 모세의 소망이 가나안에 들어 가는 것이었듯이 다윗의 소망은 성전 건축에 있었다. 이 소망은 그가 언약궤를 다윗성에 옮겨 올 때부터 간절했음을 엿볼 수 있겠다. 그의 왕은 오직 하나님이요, 그는 하나님의 신하일 뿐이었다. 여호와 하나님의 말씀에 의하여 다스려지는 나라를 꿈꾸었을 것이다. 특별히 이 꿈은 자신의 인간적 지위가 올라갈 만큼 올라갔을 때 구체화하려고 힘을 썼다. 이것이 다윗의 위대한 점이다. 언제나 그 마음이 하나님께 가 있었다. 그가 약 13년간 유리방황(流離彷徨)할 때에도, 헤브론에서 약 7년 반 유다 지파의 왕으로서 다스릴 때에도 그리고 통일 왕국을 이룬 지금도 말이다. 하나님의 마음에 합한 사람이지 않은가!2 평안하면 안락함을 쫓고 안락할 때 쉬운 것과 쾌락이 파고들기 쉽다. 그는 변함이 없었다. 그의 자손으로 오시는 예수님의 성품을 닮았다. 히브리서 13장 8절에 "예수 그리스도는 어제나 오늘이나 영원토록 동일하시니라"고 증거하고 있다. 변함없으시다는 것이다. 요한복음 13장 1절에 요한 사도는 예수님을 회상하기를 "유월절 전에 예수께서

---

2 그는 하나님을 사랑했을 뿐 아니라 두려워하였고 오직 하나님의 영광을 위하여 모든 것을 계획하고 하나님께서 허락하신 범위 안에서 힘을 다하여 실행하였다.

자기가 세상을 떠나 아버지께로 돌아가실 때가 이른 줄 아시고 세상에 있는 자기 사람들을 사랑하시되 끝까지 사랑하시니라"라고 기록하고 있다.

다윗은 선지자 나단에게 말했다. "나는 백향목 궁에 살거늘 하나님의 궤는 휘장 가운데에 있도다." 그는 늘 하나님의 은혜에 대한 감격이 있었다. 그가 노래한 시편 116편 1-12절은 다음과 같이 감격에 겨워 노래하고 있다.

> 여호와를 사랑합니다. 살려 달라 울부짖을 때마다 애원하는 내 소리 들어주시며 부르짖을 때마다 주께서는 내 소리에 귀 기울여 주셨습니다. 죽음의 사슬이 나를 얽어 매고 스올이 다가오는 공포에 사로잡혀 공포와 절망에 몸부림칠 때 여호와 이름 부르며 울부짖었습니다. 여호와여, 살려 주소서. 이렇게 빌었습니다. 여호와, 정의로우신 분. 다정스레 우리를 감싸 주시고 마음 써주시는 하나님. 안쓰러운 것 보시고 어찔 줄 몰라 가슴 쓰려 하시는 분. 어디 하나 의지할 데 없는 이를 지켜 주시는 분, 여호와 지친 이 몸 건져 주시도다. 여호와께서 그토록 잘해 주셨으니 나 이제 다시 평안하리라. 혹시 죽지나 않을까 목숨 구해 주셨다. 혹시 울지나 않을까 눈물을 닦아 주셨다. 혹시 넘어지지나 않을까 다리를 붙들어 주셨다. 나는 걸어가리라, 여호와 앞에서. 생명이 살아 숨 쉬는 이 세상에서. 나 굳건히 믿음 잃지 않으리라. 야, 이토록 비참하게 되었구나, 생각되어도 누구하나 믿을 이 없구나, 생각 들어 무서워 떨지라도 그토록 잘해 주시니 그토록 아껴 주시니 여호와께 무엇으로 다 갚으랴(현대어성경).

'그토록 잘해 주시니 그토록 아껴 주시니 여호와께 무엇으로 다 갚으랴.' 이 마음이 다윗에게 늘 있었다. 그의 일생에 대한 회고는 한마디로 시편 23편에 잘 나와 있다. "여호와는 나의 목자시니 내게 부족함이 없으리로다." 어떤가? 지난날을 생각해 볼 때 하나님이 나의 목자가 되어 주셨고 그분은 나에게 너무도 잘해 주셔서 부족함이 없었다는 것이다. 다윗의 어록을 생각하고 그의 노래를 살펴건대 찾아볼 수 없는 것이 있다. 그것은 불평과 목자의 이끄심에 대한 아쉬움이다. 놀랍지 않은가? 이것이 그의 삶의 바른 자세였고 이 자세가 그를 하나님의 마음에 맞는 사람으로 만든 것이다.

나단 선지자가 다윗 왕에게 "여호와께서 왕과 함께 계시니 마음에 있는 모든 것을 행하소서"라고 아뢰었다. 바로 그 밤에 여호와의 말씀이 나단 선지자에게 임하였다. 그 말씀을 요약하면 다음과 같다.

너는 내가 살 집을 지을 사람이 아니다. 네가 죽을 때에 네 아들 중 하나를 다음 왕으로 세울 것이며 그가 나를 위해 성전을 지을 것이다.

하나님께서는 다윗의 갸륵하고 어여쁜 마음의 소원을 물리치신 것이다. 이해되는가? 하나님께서는 다윗의 그 중심의 충성된 마음을 거절하신 것이다.

훗날 다윗은 아들 솔로몬에게 이때의 일을 구체적으로 말한 내용이 역대상 22장 6-8절에 기록되어 있다.

다윗이 그의 아들 솔로몬을 불러 이스라엘 하나님 여호와를 위하여 성전 건축하기를 부탁하여 다윗이 솔로몬에게 이르되 내 아들아 나는 내 하나님 여호와의 이름을 위하여 성전을 건축할 마음이 있었으나 여호와의 말씀이 내게 임하여 이르시되 너는 피를 심히 많이 흘렸고 크게 전쟁하였느니라 네가 내 앞에서 땅에 피를 많이 흘렸은즉 내 이름을 위하여 성전을 건축하지 못하리라.

다윗의 충성됨은 다른 것이 아니다. 그의 일생일대에 가장 큰 소망이 거절당하였으나 하나님의 거절까지 감사로 받아들여 주님의 뜻에 무릎을 꿇은 것이다. 그는 거절하신 것에 대한 감사를 더욱 풍성히 하였다. **다윗은 그의 원이 이루어지길 바라지 않고 오직 하나님의 원이 이루어지기를 기대하였다.** 예수님의 성품이 아닌가! 다윗은 내가 무엇을 해야겠다는 생각을 버렸다. 바로 이 자세가 그가 품은 것이 야망이 되지 아니하고 비전이 되게 하였다. 다윗은 하나님 앞에 철저히 낮아져서 은혜를 구하였다. 나를 중심에 놓을 때 고달파진다. 그 중심에 하나님의 아들을 놓고 그 아들이 증거하는 하나님 나라를 놓을 때 자유할 수 있다.

한 번은 바리새인들이 세례 요한에게 물었다. "당신이 그리스도시오?" 요한이 대답했다. "나는 그리스도가 아니요." "그럼 엘리야요?" "나는 엘리야도 아니요." "그러면 당신은 누구요?" "나는 소리요, 광야에서 외치는 소리요." 광야의 소리는 자신을 증거하는 외침이 아니라 말씀이신 예수님을 증거하다 사라지는 것이다. 세례 요한이 예수님을 드러내길 원했던 것처럼 다윗은 하나님의 뜻을 드러내길 원했다. 주님은 겟세마네 동산에서 기도하셨다.

아버지여 만일 아버지의 뜻이거든 이 잔을 내게서 옮기시옵소서 그러나 내
원대로 마시옵고 아버지의 원대로 되기를 원하나이다(눅 22:42).

힘쓰고 애써 더욱 간절히 바로 아버지의 뜻이 이루어지기를 간구
하신 것이다. 분명 다윗의 소원은 하나님께 거절당하였다. 하지만
다윗은 자신이 하나님께 거절당한 것이 아님을 확신했고 하나님의
뜻 안에서 자신이 할 수 있는 일에 힘을 썼다. 그는 하나님께서 주신
약속의 꿈을 믿고 하나님 앞에 섰으며, 걸었으며, 전진하였다.

하나님의 뜻 안에서 자신이 할 수 있는 일을 오늘에 하였다. 그는
자신이 성전 건축은 할 수 없음을 알았다. 하나님의 말씀이 떨어졌을
때 말씀에 입각하여 다윗은 자신의 바람을 속히 포기하였다. 다윗은
그럼에도 불구하고 하나님께서 성전 건축을 위한 준비를 허락하셨
음을 믿었다. 하나님의 주권을 거스르는 일엔 분명코 선을 그었지만
하나님 앞에서 할 수 있는 범위 안에서는 온몸과 마음을 다 바쳤다.
그리고 자신의 뜻은 꺾였지만 주님은 자신에 맞는 더 좋은 것을
허락하심을 의심하지 않았다. 하나님의 뜻 안에서라면 차선의 선택
이 더욱 빛을 발할 수 있다는 것을 잊지 말자. 다윗에게 있어서 그것은
성전 건축을 위한 준비 작업이었다. 자신의 소원을 꺾고 하나님의
소원을 택한 다윗에게 그의 목자께서는 복에 복을 더하셨다. 성전
건축을 위한 준비 작업을 위해 하나님께서는 그에게 영감을 주셨는
데 성전의 설계도였다.

아! 좋으신 하나님의 지극히 높으신 생각을 어찌 피조물 된 우리

가 따라갈 수 있으랴! 역대상 28장 11-19절이다.

> 다윗이 성전의 복도와 그 집들과 그 곳간과 다락과 골방과 속죄소의 설계도를
> 그의 아들 솔로몬에게 주고 또 그가 영감으로 받은 모든 것 곧 여호와의 성전의
> 뜰과 사면의 모든 방과 하나님의 성전 곳간과 성물 곳간의 설계도를 주고 또
> 제사장과 레위 사람의 반열과 여호와의 성전에서 섬기는 모든 일과 여호와의
> 성전을 섬기는 데에 쓰는 모든 그릇의 양식을 설명하고 또 모든 섬기는 데에
> 쓰는 금 기구를 만들 금의 무게와 모든 섬기는 데에 쓰는 은 기구를 만들 은의
> 무게를 정하고 또 금 등잔대들과 그 등잔 곧 각 등잔대와 그 등잔을 만들 금의
> 무게와 은 등잔대와 그 등잔을 만들 은의 무게를 각기 그 기구에 알맞게 하고
> 또 진설병의 각 상을 만들 금의 무게를 정하고 은상을 만들 은도 그렇게 하고
> 갈고리와 대접과 종지를 만들 순금과 금 잔 곧 각 잔을 만들 금의 무게와 또
> 은 잔 곧 각 잔을 만들 은의 무게를 정하고 또 향단에 쓸 순금과 또 수레 곧
> 금 그룹들의 설계도대로 만들 금의 무게를 정해 주니 이 그룹들은 날개를 펴서
> 여호와의 언약궤를 덮는 것이더라 다윗이 이르되 여호와의 손이 내게 임하여
> 이 모든 일의 설계를 그려 나에게 알려 주셨느니라.

그는 하나님의 종이었고 가장 친밀한 친구였으며 사랑함을 입은 자녀였다. 다윗은 왕위에 있는 동안 성전 건축을 위한 준비에 박차를 가하였다. 주어진 여건 속에서 최선을 다해 하나님께 영광을 돌리려 힘을 쓴 것이다. 하나님께서 허락하시지 않은 부분을 탐하거나 욕심 내지 아니하고 허락하신 범위 안에서 겸손히 최선을 다하였다. 솔로

몬에게 말한 내용이 역대상 22장 14-16절이다.

> 내가 환난 중에 여호와의 성전을 위하여 금 십만 달란트와 은 백만 달란트와 놋과 철을 그 무게를 달 수 없을 만큼 심히 많이 준비하였고 또 재목과 돌을 준비하였으나 너는 더할 것이며 또 장인이 네게 많이 있나니 곧 석수와 목수와 온갖 일에 익숙한 모든 사람이니라 금과 은과 놋과 철이 무수하니 너는 일어나 일하라 여호와께서 너와 함께 계실지로다.

여기에서 특별히 기억해야 할 것은, 다윗이 하나님의 성전 건축을 위해 수많은 자재를 준비하였는데 환난 중에 했다는 것이다. 숱한 어려움 속에서 준비한 것이다. 이것이 하나님을 사모하고 사랑한 다윗의 간절한 마음이었다. 어려움 가운데 여호와의 성전을 위하여 힘쓴 그를 하나님은 기억하셨다.

이런 일이 있었다. 1993년도에 교회증축을 하였다. 온 성도들이 전심으로 봉헌하고 하나님의 집을 위하여 헌신하였다. 나이 많으시고 어렵게 사시는 할머님이 계셨는데 평소에 말씀이 없었고 시간 있을 때마다 폐지를 모아 용돈도 하셨다. 어느 날 할머님이 찾아오셨는데 손에는 빨간 벽돌 서너 개가 힘겹게 들려 있었다. 말씀인즉 폐지를 판 것으로 떼를 쓰셔서 몇 장을 사 오셨다는 것이다. 창피하니 이름도 밝히지 말아 달라는 부탁을 여러 번 하셨고 목사의 약속을 기어이 받아내고서야 돌아가셨다. 그때 교회 마당에는 바깥 벽면을 두를 빨간 벽돌이 쌓여 있었다. 나는 가만히 할머니로부터 받은 벽돌을 그곳에 가져다 놓았다.

성전 건축을 마치고 교회 건물을 볼 때면 '무명의 할머님께서 준비하신 벽돌이 이 가운데 있는데' 하면서 마음이 뭉클하였다. 그 후 할머님은 타지로 이사 가셨고 2008년에 교회 리모델링이 있었는데 성전 건물 바깥쪽을 인조 돌로 둘렀다. 당연히 교회를 두르고 있던 빨간 벽돌이 가려져 보이지 않게 되었다. 하지만 나는 교회를 볼 때면 그 할머님의 빨간 벽돌이 보인다. 거칠고 주름진 손에 들려온, 어려운 가운데 하나님을 사랑하며 봉헌한 그 벽돌 말이다.

어찌 보면 솔로몬은 다윗이라는 나무에 달린 열매를 따 먹은 것이다. 솔로몬이 지었을 것이라고 생각되는 시편 132편은 성전에 대한 아버지 다윗의 간절한 바람과 하나님과 맺은 언약을 상세히 노래하고 있는데, 이는 아버지로부터 전해 들은 것을 토대로 하고 있다고 할 것이다.

여호와여, 다윗을 잊지 마소서. 그에게 지워진 모든 짐 다 견디었습니다. 여호와여, 다윗이 여호와께 맹세하며 야곱의 전능하신 하나님이신 주께 한 서원을 기억하소서. "나는 결코 집에 들어가지 않으리라. 잠자리에 들지도 않으리라. 눈을 붙이지도 아니하리라. 쉴 생각조차 아니하리라. 여호와 거처하실 자리 마련할 때까지. 야곱의 전능하신 하나님 계실 곳. 준비할 때까지." 여호와의 법궤가 있다는 말을 에브라다에서 들었습니다. 야일 들녘에서 그 법궤를 찾았습니다. 다같이 여호와의 집으로 가자. 주님의 보좌 앞에 나가 예배드리자. 여호와여, 법궤가 있는 성전으로 주님의 권능 드러내는 법궤가 있는 곳으로

드시옵소서. 주님을 받드는 제사장들이 언제나 정의만을 실천하게 하소서. 주님의 백성이 기쁨의 환호성 올리게 하소서. 주님의 종 다윗에게 하신 약속대로 여호와여, 손수 뽑으신 왕을 저버리지 마소서. 여호와께서 다윗에게 분명히 맹세하셨으니 그 약속을 돌이키지 아니하시리라. "네 몸에서 난 아들 가운데서 왕위에 오를 자를 뽑으리라. 네 뒤를 이어 다스리게 하리라. 네 자식들이 나와 맺은 계약을 진실되이 지키고 그들에게 준 명령을 진실되이 따라 산다면 그들의 자식들도 대를 이어 왕위를 이어 가리라." 여호와께서 시온을 뽑으시고 시온을 몸소 사실 곳으로 삼으시려고 말씀하셨다. "나 이곳에서 영원토록 편히 쉬리라. 이곳이 바로 내가 살고 싶은 곳이었다. 시온이 필요한 것 넉넉히 마련해 주며 시온에 사는 빈민들 배불리 밥 먹게 하리라. 그 제사장들 하는 일마다 복을 주리니 믿음 깊은 이들 기쁨에 넘쳐 환호성 올리리라. 이곳에서 다윗의 자손을 골라 위대한 왕으로 세우리라. 내가 뽑은 그 왕의 왕좌가 든든히 서게 하리라. 원수의 얼굴에는 먹칠을 하고 그의 왕국은 뻗어 나가게 하리라. 번성하게 하리라"(현대어성경).

이 노래로 보건대 다윗은 아들 솔로몬에게 성전에 대한 말을 수없이 했을 것이라 여겨진다. 왜 그러했겠나? 그것은 하나님께 받은 은혜에 대한 송구함과 그 은혜를 조금이라도 갚기 위한 간절함이 차고 넘쳐서였다. 자신은 그 은혜로 백향목 궁에 편히 거하는데 하나님의 궤는 휘장 가운데 있음을 죄스러워하였다. "내게 주신 한량없으신 은혜를 무엇으로 보답할꼬!" 이것은 다윗의 일생을 지배한 존귀한 마음이었다. 그래서 하나님의 언약궤를 안치할 성전 건축을 소망한 것이다. 사람은 마음속에 있는 것이 입으로 나오기 마련이다. 다윗의 마음에 이 소망이 차고 넘치니 뒤를 이을 아들에게 반복하고 성전 건축에 대한 것을 강조한 것이다.

그뿐만 아니라 다윗은 솔로몬의 귀에 못이 박히게 하나님과 맺은 언약을 이야기했으리라. 왜냐하면 그 언약은 다윗의 생의 기반이었으며, 현재의 고난을 딛고 일어서서 새로운 미래를 창조하게 하는 원동력이었으니까?

다윗은 조상 아브라함이 하나님과 언약을 맺은 사건을 잘 알고 있었을 것이다. 하나님은 언약을 세우시고 언약을 지키시고 마침내 언약을 이루시는 좋으신 하나님이신 것을! 창세기 15장에 여호와께서 아브라함과 언약을 세우신다. 그 언약의 내용은 하나님께서 아브라함에게 아들을 주시고 가나안 땅을 주신다는 것이었다. 그리고 거기에 따른 과정도 일러주셨다. 해가 지고 어둠이 짙게 깔리니 연기 나는 화덕과 타오르는 횃불이 갑자기 나타나서 쪼개 놓은 고기[3] 사이로 지나간다. 하나님께서는 타는 횃불 모습으로 나타나셔서 하나님 홀로 쪼갠 고기 사이로 지나가심으로 언약을 체결하신 것이다.

하나님께서는 아브라함과 언약하시되 일방적으로 약속하신 것이며 하나님 자신이 약속하신 것을 반드시 지키신다는 맹세인 것이

---

3 고대 근동에서는 언약을 맺은 쌍방이 동물을 잡아 둘로 쪼개 놓고 그 사이로 지나갔다. 이러한 예식은 만약 어느 한쪽이 언약을 파기했을 때는 쪼개진 짐승과 같이 될 것이라는 경고이기도 했다.

다. 인생은 하나님과 언약을 맺으나 이행할 만한 능력이 없다. 사랑의 하나님께서는 그 약속을 이행하는 모든 책임을 홀로 지시고 축복의 언약을 세우신 것이다. 다윗은 자신의 지나온 모든 삶이 하나님의 사랑과 자비와 용서의 연속이었기에 이 감격을 아들 솔로몬에게 언약하신 말씀과 함께 자세히 전했을 것이다.

그러기에 솔로몬은 메시아에 대한 것까지 기억하고 노래할 수 있었다. 즉, 다윗은 세상 왕국만을 생각한 것이 아니라 자신의 후손으로 오실 하나님의 아들이 세우실 영원한 하나님의 왕국을 언제나 마음 한편에 두고 있었던 것이다.

다윗은 역대상 22장 18-19절에 이스라엘 모든 방백에게 명령하여 솔로몬을 도우라고 일렀다.

> 너희 하나님 여호와께서 너희와 함께 계시지 아니하시느냐 사면으로 너희에게 평온함을 주지 아니하셨느냐 이 땅 주민을 내 손에 넘기사 이 땅으로 여호와와 그의 백성 앞에 복종하게 하셨나니 이제 너희는 마음과 뜻을 바쳐서 너희 하나님 여호와를 구하라 그리고 일어나서 여호와 하나님의 성전을 건축하고 여호와의 언약궤와 하나님 성전의 기물을 가져다가 여호와의 이름을 위하여 건축한 성전에 들이게 하라.

그가 이스라엘 모든 방백에게 말한 내용의 중심은 하나님의 성전 건축이었고, 하나님께서는 이를 위하여 이스라엘에 평온함을 주시고 모든 자를 이스라엘 앞에 복종하게 하셨다고 이른다. 하나님의 성전을 건축하게 하시려고 너희에게 복을 주셨다는 것으로 이는 다윗의 신앙이었다. 다윗을 지켜본 모든 신하는 그가 일평생 무엇을 추구하였나를 이미 알고 있었을 것이다.

페르시아 제국에 산재해 사는 유다 민족이 하만이라는 자의 간계로 다 죽게 되었을 때 에스더의 사촌 오빠인 모르드개는 왕후가 된 에스더에게 다음과 같은 말을 전하는데 에스더 4장 13-14절이다.

> 너는 왕궁에 있으니 모든 유다인 중에 홀로 목숨을 건지리라 생각하지 말라 이 때에 네가 만일 잠잠하여 말이 없으면 유다인은 다른 데로 말미암아 놓임과 구원을 얻으려니와 너와 네 아버지 집은 멸망하리라 네가 왕후의 자리를 얻은 것이 이 때를 위함이 아닌지 누가 알겠느냐.

하나님께서 자기의 백성을 구원코자 에스더를 높이시어 왕후가 되게 하셨다는 것이다. 다윗이 이스라엘 모든 방백에게 하나님의 성전을 건축하게 하시려고 너희에게 복을 주셨다는 것과 일맥상통(一脈相通)한다.

다윗은 중심에 자신을 놓은 것이 아니라 하나님을 놓았다. 모든 것을 여호와 하나님 중심으로 생각하고 행동하였는데 이것을 주님께서는 흡족하게 여기셨다. 다윗은 하나님의 마음에 맞았다. 그는 하나님을 위한 마음이 하나님에 의해서 꺾이는 그 순간에도 하나님이 그렇게 하시길 원하시면 "아멘" 한 것이다. 그러니 하나님의 사랑하심을 입은 것이요, 예수님의 조상으로서 자격이 주어진 것이다.

그에게 하나님께서는 약속하셨다. 너의 후손을 통해 메시아를 보내어 주시겠다고!

마태 기자는 다음과 같이 기록하였다.

아브라함과 다윗의 자손 예수 그리스도의 계보라(마 1:1).

예수님을 아브라함과 다윗의 자손이라고 하였다. 하나님께서는 전날 아브라함과 언약을 맺으셨다.

네가 이같이 행하여 네 아들 네 독자도 아끼지 아니하였은즉 내가 네게 큰 복을 주고 네 씨가 크게 번성하여 하늘의 별과 같고 바닷가의 모래와 같게 하리니 네 씨가 그 대적의 성문을 차지하리라 또 네 씨로 말미암아 천하 만민이 복을 받으리니 이는 네가 나의 말을 준행하였음이니라(창 22:16-18).

"네 씨로 말미암아 천하 만민이 복을 받으리라"는 것은 예수 그리스도를 아브라함의 자손을 통해 이 땅에 보내주시겠다는 언약이다. 아브라함은 훗날 후손을 통하여 천하 만민에게 복을 주실 메시아가 탄생할 것임을 믿었다. 불가능한 가운데서도 이삭을 허락하신 하나님, 아들을 번제로 드린다 해도 약속은 이루어질 줄 의심하지 않은 것이다. 그가 믿은 하나님은 로마서 4장 17절의 말씀과 같이 "죽은 자를 살리시며 없는 것을 있는 것으로 부르시는 전능하신 여호와 하나님"이시다.

이러한 약속은 다윗에게도 하셨다.

네 수한이 차서 네 조상들과 함께 누울 때에 내가 네 몸에서 날 네 씨를 네
뒤에 세워 그의 나라를 견고하게 하리라 그는 내 이름을 위하여 집을 건축할
것이요 나는 그의 나라 왕위를 영원히 견고하게 하리라(삼하 7:12-13).

이는 하나님께서 나단 선지자를 통하여 다윗에게 이르신 말씀이
다. 하나님께서는 다윗의 아들 솔로몬에 대하여 말씀하시면서 궁극
적으로 다윗의 혈통을 통해 메시아 예수 그리스도가 이 땅에 오시며
예수님께서 마침내 하나님의 나라를 이루신다는 예언이다. 분명코
다윗은 알았을 것이다. 메시아가 자신의 후손으로 오신다는 것을!
그리고 그의 나라는 영원하다는 것을 말이다. 어떻게 알았을까?
그는 하나님의 영에 감동된 하나님의 사람이었기 때문이다. 구원자
예수 그리스도, 하나님의 아들 예수 그리스도는 다윗의 자손이다.
예수님께서 예루살렘 성에 입성하실 때 군중들은 무어라 찬미하였나!

호산나 다윗의 자손이여 찬송하리로다 주의 이름으로 오시는 이여 가장 높은
곳에서 호산나(마 21:9).

사도 바울은 비시디아 안디옥에서 뭇사람들에게 다음과 같이
증거하였다.

그 후에 그들이 왕을 구하거늘 하나님이 베냐민 지파 사람 기스의 아들 사울을 사십 년간 주셨다가 폐하시고 다윗을 왕으로 세우시고 증언하여 이르시되 내가 이새의 아들 다윗을 만나니 내 마음에 맞는 사람이라 내 뜻을 다 이루리라 하시더니 하나님이 약속하신 대로 이 사람의 후손에서 이스라엘을 위하여 구주를 세우셨으니 곧 예수라(행 13:21-23).

'하나님의 약속' 다윗은 하나님께서 주신 말씀을 붙잡았다. 가까이는 아들 솔로몬에 관하여 하신 말씀 그리고 먼 훗날 후손을 통하여 영원한 왕이신 메시아가 이 땅에 오신다는 말씀 그리고 그분은 영원한 하나님의 나라를 이룰 것이라는 말씀을 붙잡았다. 자신은 말씀을 이루는 하나님의 도구라는 사실을 놀랍게도 마음에 둔 것이다. 그 말씀이 이루어지기까지 하나님은 자신을 버리지 아니하시고 잊지 아니하시고 잃어버리지 아니하실 것이라는 사실을 마음에 새겼다. 그렇다. 다윗이 믿은 하나님은 말씀하시는 하나님, 천대에 명하신 말씀을 기억하시고 불충하고 연약한 인생과의 약속을 변함없는 섭리로 이루시는 여호와이시다.

모세를 보자. 애굽에서 이스라엘 민족은 정월 십오일, 유월절에 국고성 라암셋을 출발하였다. 여호와의 밤에 말이다. 그리고 요단강가 모압 평지에 진 치기까지 약 40년이 걸렸다. 라암셋에서 시내 광야까지 11번 진을 옮겨 쳤고 시내 광야에서 가데스까지 21번, 가데스에서 모압 평지까지 9번 진을 옮겨 쳤다. 합하면 41번 진을 옮겨 친 것이 된다. 그 안에 이루 말할 수 없는 일들이 있었고 사건들이 있었다. 모세로서 감당할 수 없는 눈물 나는 일들, 괴로운 일들, 뜻하지 않은 사건들이 점철되었다. 그러한 중에도 변함없이 흔들리지 않고 이스라엘을 이끈 까닭이 무엇인가? 그것은 오직 변하지 않는 하나님의 약속을 기억했기 때문이었다.

이사야 40장 6-8절에는 "말하는 자의 소리여 이르되 외치라 대답하되 내가 무엇이라 외치리이까 하니 이르되 모든 육체는 풀이요 그의 모든 아름다움은 들의 꽃과 같으니 풀은 마르고 꽃이 시듦은 여호와의 기운이 그 위에 붊이라 이 백성은 실로 풀이로다 풀은 마르고 꽃은 시드나 우리 하나님의 말씀은 영원히 서리라 하라"고 기록하고 있다. 영원히 서는 하나님의 말씀, 모세는 말씀의 지팡이를 언제나 붙들고 있었고 쓰러져도 그것으로 땅을 디디고 다시금 일어서서 걸었다.

모세뿐이 아니다. 믿음의 조상 아브라함을 창세기 12장 4절에 여호와의 말씀을 좇아간 인물로 묘사하고 있다. 다윗 역시 여호와의 말씀을 좇아간 하나님의 종 아닌가? 말씀을 좇아간 다윗은 시편 105편 8-10절에 노래하였다.

그는 그의 언약 곧 천 대에 걸쳐 명령하신 말씀을 영원히 기억하셨으니 이것은 아브라함과 맺은 언약이고 이삭에게 하신 맹세이며 야곱에게 세우신 율례 곧 이스라엘에게 하신 영원한 언약이라.

그리고 다윗은 중요한 자신의 체험을 빗대어 노래한다. 16-19

절이다.

그가 또 그 땅에 기근이 들게 하사 그들이 의지하고 있는 양식을 다 끊으셨도다 그가 한 사람을 앞서 보내셨음이여 요셉이 종으로 팔렸도다 그의 발은 차꼬를 차고 그의 몸은 쇠사슬에 매였으니 곧 여호와의 말씀이 응할 때까지라 그의 말씀이 그를 단련하였도다.

우리는 여기에서 다윗의 신앙을 살펴볼 수 있다. 그의 신앙은 하나님의 말씀은 분명코 이루어지는 것이요, 그 말씀 이룰 때까지 하나님의 입에서 나간 말씀이 그 말씀을 받은 자를 연단시키심을 믿은 것이다. 그러므로 다윗은 인생의 어느 때이든지 흔들리지 않고 다시금 일어나 스스로 굳세게 하여 일한 것이다.

1 3 장

다윗과 요나단,
다윗과 므비보셋

다윗의 모든 일이 하나님의 은혜와 사랑과 인도하심 속에 형통하였다. 하지만 그는 이룬 것에 도취되지 않는다. 하나님이 하신다는 확고한 신앙이 그에게 있었던 것이다. 겸손히 생각할 때 그가 이룬 것은 하나도 없었다. 그렇다. 하나도 없었다. 그는 세상의 지방(脂肪)을 자기의 삶의 자리에 만들지 않았다. 아니 도리어 순간순간 그의 삶의 자리에서 다 걷어내길 힘썼다. 언제나 고된 시기에 베풀어 주신 하나님의 손길 그리고 함께한 사람을 잊지 않았다. 하나님의 사람으로서 그의 인간됨을 엿볼 수 있는 대목이 있다. 인생을 통하여 나타난 하나님의 은혜를 끝까지 기억한 아름다운 성품을 말이다.

사무엘하 9장 1절에 기록하고 있다.

다윗이 이르되 사울의 집에 아직도 남은 사람이 있느냐 내가 요나단으로 말미암아 그 사람에게 은총을 베풀리라 하나라.

전날 요나단은 다윗을 돕기로 약속하면서 다윗에게 부탁하였다.

너는 내가 사는 날 동안에 여호와의 인자하심을 내게 베풀어서 나를 죽지 않게
할 뿐 아니라 여호와께서 너 다윗의 대적들을 지면에서 다 끊어 버리신 때에도
너는 네 인자함을 내 집에서 영원히 끊어버리지 말라(삼상 20:14-15).

다윗은 그리하기로 요나단과 언약하였다.

다윗은 그 언약을 지키기 위하여 요나단의 아들 므비보셋[1]을 찾았다. 다윗은 요나단과의 한 언약을 항상 잊지 않고 기억하고 있었다. 일반적으로 생각한다면 다윗은 사울의 자손들을 색출해 내어 죽여야 후환을 막는 길이었다. 아마도 요나단의 아들 므비보셋도 그때까지 피해의식 속에 살았을 것이며, 언제 다윗의 군대가 사울의 피붙이들을 진멸하기 위해 들이닥칠지 불안한 속에 지냈을 것이다. 어찌 생각하면 이렇게 자신의 신세를 망친 원인 제공자 다윗을 지독히 원망했을지 모르겠다. 그러한 그를 다윗은 찾아내어 말한다.

---

1 아버지 요나단이 전사했을 때 므비보셋은 5살 정도였다. 당시 므비보셋의 유모는 아이를 업고 도망가다가 그만 넘어지고 말았는데 그때 두 다리에 심한 장애를 입게 되었다. 이후 그는 불우한 인생을 살았으며 혹 사울의 자손임이 발각될 경우 해를 당할까 봐 조마조마한 인생을 살게 되었다. 그러한 그를 다윗은 찾아 왕자와 동등한 대우를 해주었다.

무서워하지 말라 내가 반드시 네 아버지 요나단으로 말미암아 네게 은총을 베풀리라 내가 네 할아버지 사울의 모든 밭을 다 네게 도로 주겠고 또 너는 항상 내 상에서 떡을 먹을지니라(삼하 9:7).

다윗은 하나님의 마음을 품은 것이다.

출애굽기 2장 23-25절에 "여러 해 후에 애굽 왕은 죽었고 이스라엘 자손은 고된 노동으로 말미암아 탄식하며 부르짖으니 그 고된 노동으로 말미암아 부르짖는 소리가 하나님께 상달된지라 하나님이 그들의 고통 소리를 들으시고 하나님이 아브라함과 이삭과 야곱에게 세운 그의 언약을 기억하사 하나님이 이스라엘 자손을 돌보셨고 하나님이 그들을 기억하셨더라"라고 기록되어 있다.

열왕기하 20장 6절에 하나님께서는 이사야 선지자를 통하여 히스기야 왕에게 이르시기를 "내가 네 날에 십오 년을 더할 것이며 내가 너와 이 성을 앗수르 왕의 손에서 구원하고 내가 나를 위하여 또 내 종 다윗을 위하므로 이 성을 보호하리라 하셨다 하라"라고 하셨다. 하나님께서는 기억하신다. 하나님의 자녀들과 하신 약속을 기억하시고 그들을 기억하사 자비를 베푸신다.

다윗은 약속한다. 한 마디로 "나는 너의 아버지와 한 약속을 지킬 것이다." 사무엘상 20장 42절에 보면 요나단이 다윗을 도와주어 사울에게서 벗어나게 해주면서 언급한 내용이 기록되어 있다. "평안히 가라 우리 두 사람이 여호와의 이름으로 맹세하여 이르기를 여호와께서 영원히 나와 너 사이에 계시고 내 자손과 네 자손 사이에 계시리라 하였느니라." 더 말해야 무엇하랴! 다윗과 요나단 둘은 하나님을 증인으로 맹세하였는데 말이다. 므비보셋의 의심의 안개는 걷혔을 것이라고 나는 생각한다.

이스라엘은 하나님을 아브라함과 이삭과 야곱의 하나님으로 불렀다. 하나님은 아브라함과 언약하셨고 이삭과 언약하셨고 야곱과 언약하셨기 때문이다. 하나님은 그 이름을 두고 맹세하사 그 맹세하신 것을 신실하게 행하시는 하나님이시다.[2] 이러한 사상이 모세오경을 통하여 이어져 내려왔으며 당연히 신실한 하나님의 자녀들은 하나님 앞에서 약속한 바는 지켜야 할 것으로 받아들였다. 그러했기에 므비보셋은 마음에 평강이 찾아왔을 것이다. 다윗은 므비보셋과 그의 어린 아들 미가를 요나단과 같이 돌보아 주었다. 히브리서 기자는 다음과 같이 오늘을 사는 우리에게 전해주고 있다.

아브라함에게 주신 약속을 생각해 보십시오. 하나님께서는 자신보다 더 높은 이가 없기 때문에 자기의 이름으로 맹세하시며 몇 번이나 아브라함에게 복 내리시고 그에게 아들을 주셔서 위대한 민족의 조상이 되게 하겠다고 말씀하셨습니다. 아브라함은 하나님께서 약속하신 대로 아들 이삭을 주실 때까지 인내를 가지고 기다렸습니다. 사람들은 어떤 약속을 지킬 의지와 또 만일에 그것을 어겼을 때는 어떠한 벌이라도 달게 받겠다는 각오를 표시할 때 자기보다 더 위대한 분의 이름을 걸고 맹세합니다. 그렇게 하면 나중에 가서 어떠한

---

2 기독교의 하나님을 언약의 하나님이라 부르는데 그 이유는 성경이 우리에게 일러주는 하나님은 그 이름을 두고 맹세하사 신실하게 행하시는 하나님이시기 때문이다.

논의도 들고 나올 수 없게 됩니다. 하나님께서도 자신의 이름으로 맹세를 하심으로써 인간을 구원하시려는 그 약속이 완전하다는 것을 보증하셨으며 그분의 계획이 변경되지나 않을까 하는 염려는 조금도 할 필요가 없도록 하셨습니다. 하나님께서는 약속과 맹세를 동시에 다 우리에게 주셨습니다. 이 둘은 우리가 완전히 믿을 수 있는 것입니다. 하나님은 거짓말을 하실 수 없는 분이기 때문입니다. 그러므로 구원을 찾아 하나님께 피해 온 사람들은 하나님께 이러한 보증을 받고 새로운 용기를 얻을 수 있게 되는 것입니다. 그리고 하나님께서 약속하신 그 구원을 조금도 의심 없이 확신할 수 있게 되는 것입니다(히 6:13-18, 현대어성경).

하나님께서 하신 약속과 맹세는 이행된다는 것이요, 그 보증을 하나님께서는 하셨으며 약속과 맹세가 이루어질는지 우리는 전혀 염려하지 않아도 된다는 것이다. 왜 그렇다고 했나? 하나님은 거짓말을 하실 수 없는 분이기 때문이라는 것이다. 발람[3]은 다음과 같이 예언하였다.

하나님은 사람이 아니시니 거짓말을 하지 않으시고 인생이 아니시니 후회가 없으시도다 어찌 그 말씀하신 바를 행하지 않으시며 하신 말씀을 실행하지

---

3 신명기 23장에 보면 그는 메소보다미아의 브돌 사람이요 브올의 아들이었다. 그의 직업은 술사였고 거짓 선지자였다. 모압 왕 발락이 물질로 그를 유혹하여 이스라엘을 저주하라 할 때 하나님이 두려워 도리어 축복하였으나 결국 재물에 눈이 어두워 이스라엘을 멸망시킬 꾀를 내다가 결국 이스라엘이 미디안을 칠 때 발람 역시 칼에 죽임을 당하였다.

않으시랴(민 23:19).

다윗은 요나단과의 약속을 지켰다. 아버지 하나님을 닮아간 것이
다. 이 약속을 지킴으로 인하여 후환의 싹을 키운다 해도 말이다.
다윗은 요나단과 약속했고 여호와의 이름으로 맹세하였다. 그 구체
적인 것이 사무엘상 20장 14-16절이다.

> 내가 살아 있는 동안에 자네가 왕이 되면, 여호와께서 자네에게 베풀어 주신
> 인자하심을 생각해 나의 목숨을 살펴 주게. 또한 나의 후손들에게서 피를
> 흘리지 말아 주게. 여호와께서 다윗의 원수들을 한 사람씩 지상에서 끊어버리
> 시는 때가 오더라도, 나의 후손들에게서 자네의 인자함을 끊어버리지 말아
> 주게(현대어성경).

14장

다윗과 밧세바

허물의 사함을 받고 자신의 죄가 가려진 자는 복이 있도다 마음에 간사함이

없고 여호와께 정죄를 당하지 아니하는 자는 복이 있도다 내가 입을 열지 아니

할 때에 종일 신음하므로 내 뼈가 쇠하였도다 주의 손이 주야로 나를 누르시오

니 내 진액이 빠져서 여름 가뭄에 마름 같이 되었나이다 내가 이르기를 내

허물을 여호와께 자복하리라 하고 주께 내 죄를 아뢰고 내 죄악을 숨기지 아니

하였더니 곧 주께서 내 죄악을 사하셨나이다(시 32:1-5).

다윗은 죄인 중의 두목이었다. 이것이 자신이 평가한 자신이었
다. 하지만 그는 그럼에도 불구하고 하나님을 붙잡았는데 죄인이
하나님을 붙잡는 것, 바로 그것이 회개이다. 하나님을 붙잡는 그
행위는 비록 죄인이더라도 거룩한 것이다. 하나님을 붙잡을 때 다윗
은 죄악을 다 아뢰지 아니할 수 없었다. 그는 다시 살아났다. 아니
하나님께서 그의 영을 소생시켜 주셨다. 다윗의 다윗 됨은 그가

지은 죄를 아뢰지 아니할 때에 마음이 괴로웠다는 데 있다. 뼈마디가 녹아내렸다. 진액이 빠지듯이 고통스러웠다. 그뿐만 아니라 하나님께서는 그를 얼마나 사랑하셨는지 회개시켜 주셨다. "주의 손이 주야로 나를 누르시오니." 하나님의 손이 무겁게 덮치어 회개를 이끄신다. 그는 그 고통 가운데에서 "내 죄를 고백합니다"라고 울부짖었다.

그는 죄로 인하여 만신창이가 되었으나 하나님 앞에 살아남았다. 다윗이 성령님의 감동하심을 받아 한 노래처럼 말이다.

여호와는 긍휼이 많으시고 은혜로우시며 노하기를 더디 하시고 인자하심이 풍부하시도다 자주 경책하지 아니하시며 노를 영원히 품지 아니하시리로다 우리의 죄를 따라 우리를 처벌하지는 아니하시며 우리의 죄악을 따라 우리에게 그대로 갚지는 아니하셨으니 이는 하늘이 땅에서 높음 같이 그를 경외하는 자에게 그의 인자하심이 크심이로다 동이 서에게 먼 것 같이 우리의 죄과를 우리에게서 멀리 옮기셨으며 아버지가 자식을 긍휼히 여김 같이 여호와께서는 자기를 경외하는 자를 긍휼히 여기시나니 이는 그가 우리의 체질을 아시며 우리가 단지 먼지뿐임을 기억하심이로다(시 103:8-14).

인간의 범주를 인간은 넘지 못함을 여실히 보여준 사건이 일어났다.

그 해가 돌아와 왕들이 출전할 때가 되매 다윗이 요압과 그에게 있는 그의 부하들과 온 이스라엘 군대를 보내니 그들이 암몬 자손을 멸하고 랍바를 에워쌌고 다윗은 예루살렘에 그대로 있더라 저녁 때에 다윗이 그의 침상에서 일어나 왕궁 옥상에서 거닐다가 그 곳에서 보니 한 여인이 목욕을 하는데 심히 아름다워 보이는지라(삼하 11:1-2).

이제까지 다윗은 인생의 나약함과 부질없음을 하나님께서 주시는 힘으로 그리고 그 이끄심으로 극복하며 임마누엘 하시는 하나님의 한 없으신 사랑으로 보살핌을 받아 살아왔다. 그리고 이 사건을 통하여 자신은 은혜 아니면 서지 못하는 피조물임을 만세에 교훈으로 전해주고 있다. 야고보서 1장 13-15절에 다음과 같은 기록이 있고 어쩌면 이렇게 다윗에게 들어맞는 말씀인지, 아니 인생 모두에게 주시는 경고의 말씀인지 모르겠다.

사람이 시험을 받을 때에 내가 하나님께 시험을 받는다 하지 말지니 하나님은 악에게 시험을 받지도 아니하시고 친히 아무도 시험하지 아니하시느니라 오직 각 사람이 시험을 받는 것은 자기 욕심에 끌려 미혹됨이니 욕심이 잉태한즉 죄를 낳고 죄가 장성한즉 사망을 낳느니라.

그리고 또 한 가지 말씀이 있다. 사도 바울의 고뇌가 담겨있는 로마서 7장 15-24절이다.

나는 나를 도무지 모르겠습니다. 속으로는 올바른 일을 해야지 하면서도 그렇게 되지 않습니다. 그러고는 내가 원하지 않는 짓, 내가 미워하는 짓만 저지르고 있습니다. 나는 내 행실이 잘못되었다는 것도, 내가 어기고 있는 율법이 선하다는 것도 잘 알고 있습니다. 그러면서도 이러는 나를 어찌해 볼 도리가 없는 것입니다. 이런 나는 이미 내가 아니기 때문입니다. 내게 이런 악한 일을 시키는 것은 내 속에 들어 있는 나보다 더 힘이 센 죄입니다. 나는 내 육신 안에 올바른 것이 하나도 없다는 사실을 알고 있습니다. 아무리 몸부림쳐도 나는 나에게 올바른 일을 하게 할 수 없습니다. 나는 그렇게 하고 싶어도 되지가 않습니다. 선한 일을 하고 싶어도 되지 않고 악한 일을 하지 않으려고 애를 써도 되지 않습니다. 이제 내가 원하지 않는 일을 하고 있는게 사실이라면 문제는 분명해집니다. 죄가 아직도 나를 사로잡고 있다는 사실입니다. 나 스스로는 늘 올바른 일을 원하나 어쩔 수 없이 잘못된 일을 해버리는 이것이 인생의 현실인 것 같습니다. 속으로 하나님의 뜻을 따라서 살고 싶어 하면서도 내 속 깊은 곳에 어떤 다른 것이 있어서 그것이 내 마음에 분란을 일으켜 나를 누르고 아직도 내 속에 도사리고 있는 죄의 노예로 만들어버립니다. 나는 마음으로는 늘 기쁨으로 하나님 섬기는 종이 되기를 원하면서도 실제로는 여전히 죄의 노예가 되어 있는 자신을 봅니다. 이제 여러분은 내 형편이 어떻다는 것을 아셨을 것입니다. 아, 나는 얼마나 비참한 처지에 놓인 인간입니까! 누가 이 죽을 수밖에 없는 노예 상태에서 나를 해방시켜 줄 것입니까? 하나님께 감사드립니다. 우리 주 예수 그리스도께서 나를 해방시키셨습니다. 그분이 나를 해방시켜 주셨습니다(현대어성경).

비참한 인생, 죽을 수밖에 없는 죄의 유혹에 무너질 수밖에 없는 인생임을 사도 바울은 토로하지 아니할 수 없었다.

다윗, 그의 일생 가운데 거칠 것 없는 평안함과 힘과 부를 구가(謳歌)하고 있을 때 유혹은 어김없이 찾아왔다. 그를 무너뜨리려고, 하나님의 영원한 나라를 방해하려고, 메시아 오시는 길을 막으려고 말이다. 천로역정에서 해석자는 다음과 같은 말을 하였다.

암돼지는 살이 찔수록 진흙 구덩이를 더 좋아하고, 황소는 살이 찌면 찔수록 더 먼저 도살장에 끌려 들어가며, 정욕을 지닌 인간은 건강하면 할수록 악에 더 쉽게 빠지는 법입니다. 여자들에게는 깨끗하고 곱게 단장하려는 욕망이 있으니만큼 하나님 보시기에 고귀한 덕으로써 단장하는 것이 마땅합니다. 하루 이틀쯤 밤을 새우기는 쉽지만 1년 내내 앉아서 밤을 새우기는 어렵습니다. 그와 마찬가지로, 처음 신앙을 고백하는 일은 쉽지만, 끝까지 신앙을 유지하는 일은 마땅한 일이지만 매우 어렵습니다.[1]

우기가 지나고 봄철 건기를 맞아 다윗 왕의 군대는 출정하게 됐는데 암몬의 수도 랍바로 향했고 승승장구하여 랍바를 포위하기에 이르렀다. 다윗은 출정하지 않았고 예루살렘에 머물렀다. 그는 느지막이 일어나 왕궁 옥상을 거닐었는데 한 여인이 목욕하고 있는 것을 보았는데 심히 아름다워 보였다. 그녀의 이름은 밧세바[2]였다.

---

1 존 번연/유성덕 옮김, 『천로역정』(크리스찬다이제스트, 1990), 216.
2 엘리암의 딸로 다윗의 충성스러운 장수 헷 사람 우리아의 아내였다. 우리아가 전사하고 곧 다윗의 아내가 되어 여러 자녀를 출산하였다. 첫아들은 일찍이 죽었고 시므아, 소밥, 나단, 솔로몬이 그들이다. 솔로몬은 이스라엘의 3대 왕이 되었고 하나님의 성전을 건설한다. 밧세바는 예수님의 족보에 나오는 네 여인 중 하나이다.

다윗은 사람을 보내 여인에 대하여 알아보게 하였다. 그녀는 엘리암의 딸이요 헷 사람 우리아의 아내였다. 그는 여기에서 멈췄어야 했다. 첫째 심히 아름다워 보인 여인은 남의 아내였고, 더욱이나 다윗의 충성스러운 부하였다. 그런데 그녀가 점점 아름다워 보이는 것을!

전에 다윗이 본 아름다운 대상은 오직 한 분 하나님이었다. 시편 8편 1절에 노래한다.

여호와 우리 주여 주의 이름이 온 땅에 어찌 그리 아름다운지요.

시편 27편 4절에는 뭐라 노래했나!

내가 여호와께 바라는 한 가지 일 그것을 구하리니 곧 내가 내 평생에 여호와의 집에 살면서 여호와의 아름다움을 바라보며 그의 성전에서 사모하는 그것이라.

그는 오직 여호와의 아름다움을 바라보는 것으로 만족한 사람이었다. 하지만 밧세바가 점점 아름다워 보이게 된 것이다. 야고보 사도는 각 사람이 시험을 받는 것은 자기 욕심에 끌려 미혹됨이라고 하였다. 그렇다. 가장 추한 자기 욕심에 끌리니 밧세바를 거절할 수 없었던 것이다.

그는 신속하였다. 전령을 보내어 밧세바를 데려오게 하였고 동침하였다. 이 모든 것은 순식간에 일어났다. 골리앗을 향해 던져진 물맷돌도 이보다는 느렸을 것이다. 그의 이성은 마비되었고 영성 또한 힘을 잃었고 오직 악함과 추함과 비루함만이 그의 정욕으로 충만한 눈을 번득이게 만들었다. 바로 이것이 하나님께서 붙들어 주시지 아니한 다윗의 본모습이었다. 하나님께서 다윗의 손을 붙들어 주시지 않으면 한 시도 살아갈 수 없는 광야였다. 그는 13년간 유리방황(流離彷徨)하면서 이것을 체험하였다. 그리고 그 광야를 지나며 배웠다. 겸손한 자만이 광야에서 배울 수 있었다. 그런데 광야는 바람과 먼지와 짐승이 울부짖는 그곳이 아니었다. 진짜 광야는 다윗의 왕궁이었다. 하지만 지금 광야에서 그는 겸손하지 않았다.

다른 때 같았으면 하나님께 기도하며 물었을 것이다. 그런데 그는 저녁까지 침상에 머물렀다. 육체적 긴장이 풀렸고 그와 더불어 영적 무장도 해제되었다. 모든 것이 자신만만하였다. 나라는 안정되었고 영토는 넓어져 갔고 주변 나라들이 머리를 조아렸다. 사무엘서 기자는 분명히 기록하고 있다.

여호와께서 주위의 모든 원수를 무찌르사(삼하 7:1).

다윗이 한 것이 아니었다. 하나님께서는 나단 선지자를 통하여 그에게 말씀하셨다. "내가 너를 목장 곧 양을 따르는 데에서 데려다가 내 백성 이스라엘의 주권자로 삼고." 그렇다. 아버지도 부르지 아니한 막내 다윗을 하나님께서는 부르셨다. 양을 치는 목동의 자리로부터 말이다. 그리고 하나님께서는 이스라엘 백성을 다윗의 소유라 하지 않으셨다. 분명코 '내 백성'이라 하셨다. 이스라엘은 하나님의 소유라는 것이다. 잠시 너에게 맡긴 바 된 내 백성이라는 것이다. 하나님은 교만한 자를 물리치신다. 싫어하신다. 하나님의 주권을 침해하려는 자이기 때문이다. 그런데 다윗이 지금 하는 짓은 하나님의 대적이 하는 짓이었다. 예전의 다윗이 정녕 아니었다.

곧 기별이 왔다. "내가 임신하였나이다." 욕정을 채운 다윗은 이것으로 끝내려 했을지 모르겠다. 하지만 그렇게 다윗 뜻대로 되지 않았다. 다윗은 자기의 죄를 덮으려 궁리하였다. 사무엘하 11장 6-8절에 그가 얼마나 교활한 인간인지를 적나라하게 나타내 주고 있다.

다윗이 요압에게 기별하여 헷 사람 우리아를 내게 보내라 하매 요압이 우리아를 다윗에게로 보내니 우리아가 다윗에게 이르매 다윗이 요압의 안부와 군사의 안부와 싸움이 어떠했는지를 묻고 그가 또 우리아에게 이르되 네 집으로 내려가서 발을 씻으라 하니 우리아가 왕궁에서 나가매 왕의 음식물이 뒤따라 가니라.

다윗은 우리아를 집에 보내어 아내와 동침하게 하려는 술수를 부린 것이다. 전투 중에 있는 장수를 오라 하였고 잔꾀를 부려 추한 죄를 감추려 한 것이다.

하지만 충성스러운 우리아는 집에 가서 쉬지 않았다. 그 이유는 다음과 같았다. 다윗에게 한 말이다.

우리 군대가 지금 전쟁 중이며 여호와의 궤도 그들과 함께 있고 나의 지휘관인 요압 장군과 그 부하들이 빈 들에서 진을 치고 있는데 어떻게 내가 집에 가서 먹고 마시고 내 아내와 같이 잘 수 있겠습니까? 내가 대왕 앞에서 맹세하지만 나는 절대로 이런 일은 하지 않을 것입니다(삼하 11:11, 현대인의 성경).

우리아가 누구와 같은가 생각해 보라. 누구와 같은가? 전날의 다윗이다. 우리아 속에서 나는 예전의 다윗을 볼 수 있었다. 나단 선지자에게 다윗이 전날 뭐라고 하였나? "볼지어다 나는 백향목 궁에 살거늘 하나님의 궤는 휘장 가운데에 있도다." 자신은 좋은 궁에 거하면서 하나님의 궤는 천막 속에 있음을 그는 마음 아파했다. 좌불안석(坐不安席)이다. 그러던 다윗, 우리아는 자기의 주군(主君) 다윗의 영향을 받았을 것이다. 다윗의 깨끗함, 겸손함, 여호와 하나님께 대한 충성심이 좋아 언제나 목숨을 바쳐 싸운 용사가 아니었던가!

다윗은 우리아를 죽이기로 작정한다. 충성된 그의 30인 용사 중 한 사람을! 우리아의 충성이 불순종으로 받아들여진 것이다. 셋째 날 다윗은 우리아를 초대하여 음식과 술을 많이 먹였으나 그 저녁에도 충성스러운 우리아는 집으로 가지 아니하고 왕궁의 문간에서 문지기들과 함께 잔다. 간음죄를 은폐하려는 다윗의 악한 계책이 수포로 돌아간 것이다. 이후에 다윗은 어떤 범죄를 저질렀는가 하는 것을 성서 기자는 적나라하게 기록하고 있다. 욕심이 잉태한즉 죄를 낳고 죄가 장성한즉 사망을 낳는 만고불변(萬古不變)의 법칙을 보여주고 있다. 사무엘하 11장 14-25절이다.

넷째 날 아침이 되자 다윗은 요압에게 편지를 한 장 써서 우리아의 손에 들려 보냈다. 그 편지로 다윗은 이렇게 살인 명령을 전달하였다. "우리아를 전투가 가장 치열한 지점으로 내보내시오! 그런 뒤 그를 지원하던 군인들을 갑자기 후퇴시켜 그가 혼자 싸우다가 전사하게 하시오." 요압은 이미 오랫동안 랍바성을 포위하고 있었기 때문에 적진 가운데서도 가장 수비가 강한 곳을 잘 알고 있었다. 그래서 그는 우리아를 바로 그런 곳에 배치하였다. 그런 다음 얼마 지나지 않아서 암몬 족속의 군인들이 성밖으로 나와 요압의 군대와 싸우게 되었는데, 요압의 주력 부대가 힘을 쓰지 않고 전투를 기피하였기 때문에 다윗의 부하 몇 사람과 함께 우리아도 이 싸움에서 전사하였다. 요압은 이 전투의 결과를 다윗에게 보고하였다. 그는 전령에게 이와 같이 가르쳐주었다. "그대가 이번 전투의 상황을 모두 임금님께 보고하면 아마 임금님께서 화를 내시며 이렇게 물으실 것이오." "너희가 왜 그토록 성벽에 가까이 접근하였느냐? 적군이 성벽 위에서 밑으로 활을 쏠 줄도 몰랐었느냐? 너희는 여룹베셋의 아들 아비멜렉[3]이 데벳스에서 어떻게 죽었던가를 벌써 잊었느냐? 어떤 여인이 성벽 위에서 던진 맷돌짝에 맞아 죽지 않았느냐? 그렇게 위험한 줄 알면서 너희가 왜 그토록 성벽에 가까이 접근하였느냐?" 그러면 그대는 "헷 사람 우리아도 죽었습니다."라고 보고하시오. 전령이 다윗에게 이르러 요압이 자기에

---

3 기드온의 아들로 어머니는 세겜족이었다. 자신의 형제들을 바위 위에서 죽였고 세겜에서 왕이 되었지만, 반란이 일어나 전투 중에 망대에 있던 한 여인이 던진 맷돌로 인하여 두개골이 깨져 죽었다. 악한 자이다.

게 시킨 대로 보고하였다. 다윗이 "왜 그토록 성벽에 가까이 접근하였느냐?"라고 반문하자 그는 이렇게 말하였다. "적진의 병력이 우리보다 우세하여 도성밖으로 달려나와 들녘으로 우리를 쫓아오면서 공격하였기 때문에 우리도 반격을 감행하여 성문 가까이에까지 그들을 치면서 밀고 들어갔습니다. 바로 이때에 성벽 위에서 적이 우리에게 화살을 내리쏘았습니다. 하필 임금님의 부하들이 몇 사람 거기서 전사하고, 헷 사람 우리아도 죽었습니다." 다윗이 전령에게이와 같이 말하였다. "그대는 요압에게 이와 같이 전하시오." "이번 일로 크게염려하지 마시오. 전쟁에서는 이편도 죽고 저편도 죽는 법이오, 싸움에 필요한것은 용기뿐이오. 그대는 계속 그 성을 맹렬히 공격하여 기필코 점령하시오"(현대어성경).

다윗은 요압을 싫어하였다. 그 이유는 전날 요압이 아브넬을 개인적 복수심으로 다윗의 명을 거스르고 죽인 일이 있었고, 됨됨이가 거칠고 무도(無道)한 사람이었기 때문이었다. 어쩔 수 없이 현실적 유익을 위해 군대장관이란 자리를 준 것이었다. 하지만 이제 다윗은 무도한 요압과 한패가 된 것이다. 얄팍한 인생의 민낯이다. 인생에 있어서 고귀함과 추함이란 한 뼘 차이도 안 된다. 하나님께서 붙들어 주시지 않는다면! 다윗은 우리아를 격렬한 전장에 보냄으로써 죽게 만들었다. 간음한 그는 살인까지 한 것이다. 그의 가장 충성스러운 부하를 교묘한 방법으로 비참하게 죽인 것이다. 그는 살인자이다.

김영근 목사는 그의 책에 다음과 같이 적었다.

다윗은 광야에서 있을 때는 범죄하지 않았다. 오히려 쫓겨 다니는 고통 가운데서도 자신의 목숨을 노리는 대적자 사울 왕을 두 번씩이나 살려주면서 살인하지 않았다. 그때는 다윗에게는 하나님의 마음에 합한 자로 살겠다는 다부진 꿈을 가지고 있었다. 그런데 그가 왕이 되어 편안했을 때 그는 성적인 충동을 이겨내지 못하고 밧세바를 간음을 했고 이 사실을 은폐(隱蔽)하려고 그의 남편 우리아를 전쟁터의 가장 위험한 곳에 혼자 떨어지게 해서 살인했다. 왕이 된다는 현실적인 꿈을 이루었지만 참된 꿈에서는 멀어져 있던 다윗은 결국 충동주의자처럼 활동하고 말았고 그의 인생에서 비극을 초래하고 말았다.[4]

밧세바는 남편을 위해 곡하였고 장례를 마친 후 다윗은 그녀를 왕궁으로 데려다가 아내를 삼았다. 속전속결(速戰速決)이다. 그 이유는 뻔하였다. 밧세바의 임신을 그 누구도 알 수 없도록 하기 위해서였다. 다윗은 전날 이러지 않았다. 인위적(人爲的)으로 하질 않았다. 자기의 지혜와 꾀로 하지 않았다. 하지만 이번에는 그러하지 않았다. 자신의 머리를 짜내었고 꾀를 다 동원했으며 주변의 사람을 이용하였다. 바벨탑 사건을 보자. 바벨탑은 인간이 만든 걸작품이었다. 인간의 머리, 야망 그리고 능력, 잠재력 등이 총동원된 것이다. 하지만 그것이 성공하였을까? 도리어 언어가 갈리었고 인종이 나뉘었고 인간의 단절을 초래하고 말았다.[5] 예레미야 17장 9-10절에 다음과

---

4 김영근,『쓴뿌리 치유』(목양미디어, 2010), 174.

5 김성철,『얼마나 있으면 밤이 새겠소』, 69.

같이 기록되어 있다.

> 만물보다 거짓되고 심히 부패한 것은 마음이라 누가 능히 이를 알리요마는 나 여호와는 심장을 살피며 폐부를 시험하고 각각 그의 행위와 그의 행실대로 보응하나니.

다윗의 인위적 시도를 성서 기자는 분명히 적었다.

> 다윗이 행한 그 일이 여호와 보시기에 악하였더라(삼하 11:27).

하나님께서 이미 판단해 버리셨는데 다윗이 행한 바로 그 일이 악했다고 심판을 내리신 것이다. 어찌 다윗은 하나님을 속일 수 있다고 생각한 것일까? 그는 여호와를 만홀(漫忽)히 여긴 것이다. 그는 끝장났다. 하지만 하나님은 그를 끝내시지 않으셨다.

학창 시절에 일이다. 나는 제법 그림을 잘 그렸는데 미술 시간에 선생님께서 그림을 그려내면 제출한 그것으로 미술 점수를 주시겠다고 하셨다. 나는 그림을 그리기 시작했는데 영 마음에 들지 않아 도화지를 버리려고 했다. 그런데 미술에 영 소질이 없는 친구가 "성철아, 버리려거든 그거 나한테 주라" 부탁하여 마음에 들지 않는 그림을 친구에게 주었고 친구는 그 그림을 제출하였다. 나는 새로 그린 그림을 자신 있게 선생님에게 냈다. 그런데 이게 웬일인가? 나중에 미술 점수가 나왔는데 선생님께서는 내가 버린 그 그림에 점수를 더 주신 것이다.

　하나님께서는 버려지고 더럽혀진 다윗을 끝장내시지 않으셨다. 나단을 살인자에게 보낸 것이다. 나단이 다윗에게 이른다. 사무엘하 12장 1-4절이다.

　어떤 성에 두 사람이 있었습니다. 한 사람은 양과 소를 아주 많이 가진 부자였고 다른 한 사람은 자기가 사서 기르는 어린 암양 한 마리밖에는 아무것도 가진 것이 없는 가난한 사람이었습니다. 그러나 그 암양은 온 가족의 애완동물이 되어 식구들과 함께 같은 상에서 먹고 마셨으며 주인은 마치 자기 딸처럼 그 양을 부둥켜안고 귀여워했습니다. 그런데 최근에 그 부자집에 손님 한 분이 찾아왔습니다. 그러자 그 부자는 자기의 양과 소는 아까워서 잡지 못하고 한 마리밖에 없는 그 가난한 사람의 암양을 빼앗아다가 그것을 잡아서 손님을 대접하였습니다(현대인의 성경).

　다윗은 이 이야기를 듣고 분개하였다. 원래 감수성이 많고 예민 (銳敏)한 다윗은 "여호와의 살아 계심을 두고 맹세하노니 이 일을 행한 그 사람은 마땅히 죽을 자라 그가 불쌍히 여기지 아니하고 이런 일을 행하였으니 그 양 새끼를 네 배나 갚아 주어야 하리라" 마치 의로운 재판장이나 된 듯이…. 그는 고래고래 소리를 질렀을 것이다. 아니 길길이 뛰었을 것이다. 그런 악한 자가 곁에 있다면 골리앗의 목을 벤 골리앗의 칼로 그 목을 쳤을 것이다.

　나단 선지는 그러한 다윗에게 "당신이 그 사람이라"고 지적을 하였다. 다윗은 자신을 몰랐던 것이다. 이것이 인생의 본바탕이다. 자신을 제대로 모르기에 큰소리치고, 자신을 제대로 모르기에 교만하고, 자신을 제대로 모르기에 남을 정죄한다. 자신을 제대로 모르기에 하나님 앞에서 뻣뻣이 머리를 든다. 나단 선지자는 하나님의 말씀을 전한다. 사무엘하 12장 7-12절에 나온다.

내가 너를 양치는 목장에서 불러 이스라엘의 왕으로 기름 부어 세웠고, 너를 잡아 죽이려고 온갖 음모와 술책을 다 쓰던 사울의 손아귀에서도 너를 항상 살려 주었다. 나는 네 상전 사울의 왕궁도 네게 넘겨 주었고 그의 궁녀들만이 아니라 그의 딸까지 네 아내로 삼아 주었고 너를 유다와 이스라엘의 왕으로 세워주었다. 이것으로도 부족해서 네게 더 무슨 소원이 있었다면 무엇이든지 들어주었을 것이다. 그런데 네가 어째서 나의 뜻을 무시하고 나를 욕되게 하였느냐? 너는 남의 아내를 빼앗기 위하여 그 남편을 칼로 쳐죽였다. 그것도 암몬 족속의 칼을 이용하여 교묘히 너의 죄를 숨기면서 그를 살해하였다. 네가 나를 업신여기고 네 욕망을 채우기 위하여 간음과 살인으로 모든 사람을 속이고 헷 사람 우리아의 아내를 네 아내로 삼았으니 이제부터는 앞으로 영영 네 집안에서 칼에 맞아 죽는 사람들이 끊어지지 않을 것이다. 특별히 내가 네 생전에 내릴 재앙을 똑똑히 들어라. 네가 낳은 자식들이 끊임없이 네게 재앙을 일으키도록 하겠다. 네 생전에 너의 아내들을 빼앗아 다른 사람에게 주면 그가 대낮에 네 아내들을 데리고 잘 것이다. 너는 아무도 모르게 그런 일을 감쪽같이 저질렀으나 나는 대낮에 세상이 다 알도록 퍼뜨려서 온 이스라엘이 다 구경하도록 하겠다(현대어성경).

하나님께서는 다윗의 겉을 보셨을 뿐 아니라 깊은 속의 교활함도 보신 것이다. 하나님께서는 그가 한 일을 너무도 소상히 다 아시고 계셨던 것이다. 예레미야 17장 10절에 "나 여호와는 심장을 살피며 폐부를 시험하고 각각 그의 행위와 그의 행실대로 보응하나니"라고 하셨잖는가! 다윗은 이 심판의 선언에 도망갈 방법도 없었고 벗어날 도구도 없었고 그리할 마음도 없었다. 그는 나단 선지자에게 "내가 여호와께 죄를 범하였노라"고 시인하였다. 그는 변명하지 않았다. 구구절절이 자신에게도 이유가 있었다고 말하지 않았다. "내가 주님께 죄를 지었습니다."

다윗 왕을 다윗 왕 되게 한 것 중 최고봉은 하나님 앞에서 가진 꾸밈없고 솔직한 진실된 자세였으며, 평생 이 자세를 견지(堅持)하였다. 고영길 선생은 다음과 같이 썼다.

> 다윗은 나단의 책망을 받아들이고 회개하였다. 진정한 회개는 범죄 사실에 대한 솔직한 시인에서 시작하고, 진정으로 회개할 때 하나님은 즉각 용서하고 회복시키신다. 다윗과 솔로몬 이후의 유다와 이스라엘의 모든 왕은 예언자들에게서 책망을 들었을 때 회개하지 않고 오히려 그 예언자를 죽였다. 그럼으로써 다윗의 길로 가지 않고 사울의 길을 따라가 마침내 예루살렘은 멸망하고 만다.[6]

---

6 고영길, 『다윗실록』, 195.

하나님의 행하심을 받아들인 다윗에게 하나님께서는 회복의 길을 열어 주셨다. 여기에서 알 수 있는 것은 인생이 멸망하는 것은 죄를 지어서 멸망하는 것이 아니라 회개하지 않아서 멸망한다는 사실이다. 가룟 유다와 베드로의 차이점은 무엇인가? 가룟 유다는 예수님을 은 삼십을 받고 판자요, 베드로는 세 번이나 예수님을 부인한 자였다. 그 둘의 차이점은 무엇인가? 가룟 유다는 회개하지 않았고 베드로는 회개한 것이다. 이로 보건대 범죄하였을 때 회개하고 돌이키는 것을 하나님은 원하시고 그를 다시금 세워 주신다는 사실이다. 하나님께서는 이사야 선지자를 통하여 말씀하셨다.

오라 우리가 서로 변론하자 너희의 죄가 주홍 같을지라도 눈과 같이 희어질 것이요 진홍 같이 붉을지라도 양털 같이 희게 되리라(사 1:18).

예수님께서는 누가복음 5장 32절에 "내가 의인을 부르러 온 것이 아니요 죄인을 불러 회개시키러 왔노라"고 하셨다. 회개한 다윗은 끝나지 않았고 죽지 않았다. 왜냐하면 하나님의 은혜보다 큰 것은 세상에 없다. 먹보다 더 검은 죄까지도 말이다.

그때 지은 시로 알려진 시편 51편은 다윗의 회개가 얼마나 진정한 회개였나를 알 수 있다.

오 하나님, 주의 한결같은 사랑으로 내게 자비를 베풀어 주소서. 나를 불쌍히 여겨 주셔서 내 모든 잘못을 없애주소서. 내 모든 죄악들을 다 씻으시고 내 모든 죄들을 깨끗하게 해 주소서. 내가 저지른 잘못들을 알고 있으니, 내 죄가 항상 내 앞에 있습니다. 내가 주께 죄를 지어 주께서 보시기에 악한 짓을 했습니다. 그러므로 주께서 내게 뭐라고 하셔도 주의 말씀이 옳으며 주께서 내리신 판단이 바릅니다. 그렇습니다. 나는 태어날 때부터 죄투성이었습니다. 어머니가 나를 임신했을 때부터 나는 죄인이었습니다. 주는 정말로 내 속에 진실이 있기를 바라십니다. 주는 내 마음속에 지혜를 가르치십니다. 우슬초로 나를 씻겨 주소서. 그러면 내가 깨끗해질 것입니다. 나를 씻어 주소서. 그러면 내가 눈보다 더 하얗게 될 것입니다. 내 귀에 기쁨과 즐거움의 소리가 들리게 해 주소서. 주께서 꺾으셨던 내 뼈들이 즐거워하게 해 주소서. 내 죄에서 주의 얼굴을 돌리시고 내 모든 죄를 없애주소서. 오 하나님, 내 속에 깨끗한 마음을 만들어 주시고 내 안에 올바른 마음을 새롭게 해 주소서. 나를 주 앞에서 쫓아내지 마시고, 주의 성령을 내게서 거두어 가지 마소서. 주의 구원에 대한 기쁨을 내게 다시 주셔서 내가 주께 순종하게 하소서. 그러면 내가 나쁜 일을 하는 사람들에게 주의 길을 가르치겠습니다. 그렇게 되면 죄인들이 주께로 돌아올 것입니다. 오 하나님, 사람을 죽인 죄에서 나를 건져주소서. 하나님, 주는 나를 구원하시는 분이시니 내 입이 주의 의로우심을 노래할 것입니다. 오 주여, 주께서 제 입술을 열어 주셔서 제가 주를 찬양하게 하소서. 주는 제사를 기뻐하시지 않습니다. 제사를 좋아하신다면 제가 드릴 것이지만, 주는 태워 드리는 제사인 번제를 좋아하지 않으십니다. 하나님께서 바라시는 제사는 깨어진 마음입니다. 오 하나님, 상처난 가슴과 죄를 뉘우쳐 주님께 고백하는 마음을 주는 경멸하지 않으실 것입니다. 주의 은혜로 시온을 번성케 해 주시고 예루살렘 성벽들을 쌓아 주소서. 그러면 주께서 의로운 제사와 깨끗한 번제를 받으시고 기뻐하실 것이며 수소도 주의 제단 위에 바쳐질 것입니다(쉬운성경).

　본 시편에서 보건대 다윗의 회개는 철저한 회개였다. 변명이 없다. 온전한 회개자는 변명이 없다. 자신의 죄는 우리아에게 혹은 밧세바에게 혹은 자신을 기대한 사람에게 혹은 이스라엘 나라에 지은 것 이전에 하나님께 대한 범죄였기에 죄에 대한 심판도 달게 받겠다는 것이요, 그 심판 앞에 순종하겠다는 것이다. 다윗은 하나님 앞에서 살려고 한 자였으니 말이다. 그뿐만 아니라 검고 붉은 죄일지라도 하나님께서는 희게 하실 수 있음을 믿었고 소생시키시는 하나님의 사랑을 의지했다. 하나님께 소망을 두었다는 것이다.

　그가 바라는 것은 자신을 주 앞에서 쫓아내지 마시고 주의 성령을 거두어 가지 말아 달라는 것이다. 그는 오직 하나님과 자신과의 관계만을 신경 썼다. 사람들의 비방, 조소(嘲笑), 힐난(詰難)에는 관심이 없었다. 여호와의 영이 사울에게서 떠났을 때 되어진 일들을 다윗은 너무도 생생히 보았다. 악령이 임했고 멸망의 나락으로 떨어졌지 않은가! "하나님, 나를 버리지 마세요. 하나님 내게서 떠나지 마세요!"

　그는 간절히 구하였다. 여호와의 영이 떠나지 않으시면 반드시 회복될 것을 믿었다. 그는 상처 난 마음, 깨어진 심령으로 간구할 때 하나님께서 받아주심을 의심하지 않았다. 그리고 이스라엘 나라는 하나님의 것이오니 시온을 은혜로 지켜 달라고 구하였다. 하나님을 신뢰하지 않았다면 어찌 이러한 곡조 있는 기도를 드렸으랴!

히브리서 12장 8절에 "징계는 다 받는 것이거늘 너희에게 없으면 사생자요 친아들이 아니니라"라고 기록하고 있다. 다윗은 하나님을 믿었던 것이다.

이제 그에게 하나님의 징벌이 임한다. 밧세바와의 사이에서 태어난 아들이 심히 앓게 되었다. 다윗은 직감했을 것이다. 자기의 죄 때문에 아기가 죽어간다는 것을 말이다. 나단 선지자가 전해준 하나님의 심판이 시작되었음을 그는 알았다. 그래서 마음이 아팠다. 그는 금식하고 밤새도록 땅에 엎드려 구하였다. 살려달라고! 아무리 원로 대신들이 간청해도 다윗은 일어나지도 먹지도 아니하였다. 너무도 너무도 죄가 미웠고 마음이 아팠고 죽어가는 아들에게 미안했다. 그는 음식을 입에 대지 아니하고 뼈저린 회개를 계속했을 것이다. 그러나 아이는 칠 일 만에 죽고 말았다. 하나님의 심판이었다. 신하들은 이 사실을 다윗에게 알리기를 주저하였다. 왕자가 아파 신음할 때 얼마나 왕이 괴로워했고 아파했는지 알고 있었기 때문이다. 하물며 죽었으니 혹 그 상심이 커서 어떻게 될까 염려하였다. 신하들의 수군거리는 소리를 듣고 다윗은 아이가 죽은 줄을 알았고 "아이가 죽었느냐" 물었다. "죽었습니다."

사무엘하 12장 20절은 다음과 같이 기록하고 있다.

다윗이 땅에서 일어나 몸을 씻고 기름을 바르고 의복을 갈아입고 여호와의 전에 들어가서 경배하고 왕궁으로 돌아와 명령하여 음식을 그 앞에 차리게 하고 먹은지라.

다윗은 이미 지나간 것에 마음 쓰지 않았다. 지나간 것은 하나님의 행하심이요, 앞으로 올 것은 하나님의 뜻이기에 그는 현재에 지혜로운 것을 택하기로 한 것이다. 그는 의아해하는 신하들에게 이르기를 "아이가 살았을 때에 내가 금식하고 운 것은 혹시 여호와께서 나를 불쌍히 여기사 아이를 살려 주실는지 누가 알까 생각함이거니와 지금은 죽었으니 내가 어찌 금식하랴 내가 다시 돌아오게 할 수 있느냐 나는 그에게로 가려니와 그는 내게로 돌아오지 아니하리라." 그는 믿음의 장부였다. 믿음의 용사는 실수나 죄를 범치 않은 자가 아니라 하나님의 말씀의 지팡이를 의지하여 다시금 디디고 일어서는 자이다. 그리고 하나님께서 어떻게 판단하시고 행하시든지 "하나님, 참 잘하셨습니다. 하나님께서 행하시는 일은 모두가 다 너무도 잘하셨습니다." 그 앞에 순복(順服)하는 것이다.

데오도르 H. 에프는 다음과 같이 썼다.

몇 년 전, 나는 한 절친한 친구로부터 장거리 전화를 받은 적이 있습니다. 그는 자기 가족에게 발생한 매우 심각한 사고에 대해 이야기하면서, 네 가지 문제에 대해 그들과 함께 기도해 줄 것을 요청했습니다. 그런데 그중 하나가 "하나님이 이처럼 심각한 사건을 통해 그들에게 가르쳐 주기 원하시는 교훈을 계시해 주실 것을 간구하는 기도였습니다. 이러한 지혜를 얻기 위해 기도했으므로, 하나님은 곧 그들에게 응답을 주셨고 그들은 그에 따라 자신들의 길을 교정받게 되었습니다. 아마 오늘날도 하나님은 그와 동일한 방법으로 당신에게 말씀하고 계실는지 모릅니다. 당신은 그가 당신의 삶에 징계를 가져다주셔야만 했던 이유를 알기 위해 기도로써 그에게 나아가 본 적이 있습니까? 그리스도의 형상을 본받고자 하는 것이 당신의 진실한 소원이기에 하나님의 징계를 올바로 대하고 있습니까?[7]

야곱을 보자. 아버지와 형을 속이고 축복을 가로챈 고로 분노한 형을 피해 밧단아람으로 도망하고 있었다. 돌무더기가 많은 루스라는 곳에서 곤하고 처량하여 돌을 베개로 삼고 누워 자게 되었다. 그때 하나님께서는 도망자 야곱에게 나타나셨으며 하나의 약속을 주셨다.

> 내가 너와 함께 있어 네가 어디로 가든지 너를 지키며 너를 이끌어 이 땅으로 돌아오게 할지라 내가 네게 허락한 것을 다 이루기까지 너를 떠나지 아니하리라(창 28:15).

너무도 감격한 야곱은 하나님은 나의 하나님이 되실 것이요, 훗날 이곳에서 하나님을 경배하겠으며 십 분의 일을 하나님께 드리겠노라고 서원한다. 마침내 그는 하나님의 은혜로 20년 만에 두 떼나 이루어 돌아올 수 있었으며 형 에서와도 화해하였고 모든 일이 순조롭게 되었는데 이 모든 것이 하나님의 은혜의 역사였다.

하지만 야곱은 하나님을 잊었고 하나님께 서원한 것을 이행하지

---

7 데오도르 H. 에프, 『하나님은 그리스도인에게 왜 고난을 허락하시는가』, 91.

않았다. 그는 벧엘로 올라가 하나님께 제단을 쌓아야 했으나 목초지가 많은 평지 세겜에 8년이나 머물게 된다. 모든 일이 순조로이 잘되나 싶었으나 그곳 세겜에서 야곱의 가족은 큰 위기를 만난다. 야곱의 딸 디나는 그 땅의 추장 세겜에 의해 욕을 보았고 이에 분개한 야곱의 아들들은 그 성읍을 기습하여 살육하고 노략을 하였다. 이로 인하여 그 땅의 족속들이 들고일어나 야곱과 함께한 모든 권속이 몰살당할 위기에 봉착하게 되었다. 일은 벌어졌고 방법이 없었다. 이러한 가운데 하나님은 야곱을 찾아오셨다.

> 일어나 벧엘로 올라가서 거기 거주하며 네가 네 형 에서의 낯을 피하여 도망하던 때에 네게 나타났던 하나님께 거기서 제단을 쌓으라(창 35:1).

하나님께서는 야곱에게 "너 있는 자리에서 일어나라"고 하셨다. "지금 네가 있는 그곳은 네가 있을 곳이 아니야, 너는 거기서 나와야 돼"라는 말씀이다. 그렇다. 세겜은 야곱이 있을 곳이 아니었다. 주님은 야곱에게 지금 벧엘로 가라고 하셨고, 네가 형 에서를 피해 도망칠 때 그곳에서 너에게 나타나지 않았느냐고 부드럽게 말씀하신 것이다.

야곱은 하나님의 말씀을 듣고, 잊고 있었던 지난날의 은혜를 생각했을 것이다. '그래 지난날 내가 형님의 노여움을 피하여 도망했었지. 그때 아무것도 없이 지팡이 하나만을 가지고 달아났지 않았던가. 외롭고 피곤하고 정처 없을 때 하나님께서 나에게 나타나사

위로해 주셨고 꿈을 주셨고 감당할 수 있는 힘도 주셨던 것이 기억나는구나. 그때 내가 주님께 서원하지 않았나. 무사히 돌아오면 그 무엇보다도 먼저 나에게 나타나신 그 장소 루스, 즉 벧엘에서 하나님을 기억하겠노라'고 말이다.

하나님의 벧엘로의 부르심의 음성을 듣고 야곱은 결단하였다.

우리가 일어나 벧엘로 올라가자 내 환난 날에 내게 응답하시며 내가 가는 길에서 나와 함께 하신 하나님께 내가 거기서 제단을 쌓으려 하노라(창 35:3).

하나님께서 야곱에게 찾아오셔서 은혜의 손으로 감싸주시고 사랑으로 빚으신 결과이다. 호세아 선지자는 호세아 6장 1-2절에 이스라엘 백성들에게 외쳤다.

오라 우리가 여호와께로 돌아가자 여호와께서 우리를 찢으셨으나 도로 낫게 하실 것이요 우리를 치셨으나 싸매어 주실 것임이라 여호와께서 이틀 후에 우리를 살리시며 셋째 날에 우리를 일으키시리니 우리가 그의 앞에서 살리라.

김형태 목사의 설교 중 다음과 같은 말씀이 있다.

아픈 실패가 있었다면, 나만이 당한 고통스러운 실패였었다면, 그것은 곧 나에게 참으로 유익하게 하기 위한 뼈아픈 교훈인 것이다. 문제는 앞의 것을 분명히 바라보면서 지금 작은 것을 착실히 알차게 다져나가는 것이다. 염세적인 사상에 빠지지 말고 낙망하지 말고, 안 되면 안 되는 대로, 믿음을 가지고 주님을 의뢰하면 주님이 이루어주신다. 하나님이 주신 숙제를 믿음으로 풀어나가자.[8]

다윗은 분명 모든 것이 다 잘려 나갔다. 그의 열매도 잎사귀도 가지도 모두 다 잘려 나갔다. 처참하게 뭉그러졌고 고귀하다 여긴 그의 성품이었기에 더욱 추하게 되었다. 이러한 다윗의 모습을 보고 사람들은 실망하였다. 그를 지근거리(至近距離)에서 모시고 전쟁을 수행한 요압 장군도 그중의 하나였을 것이다. 물론 다윗의 명에 따라 밧세바의 남편 우리아를 사지로 몰아넣었지만 왕에 대한 신앙적, 도덕적 실망은 이루 말할 수 없었을 것이다. 그러했기에 다윗의 일평생 가시로 남았을지도 모르겠다. 책사 아히도벨도 마찬가지이다. 그는 다윗을 도와 전장을 누비며 지혜를 제공했으나 밧세바는 그의 손녀였다. 손녀의 가정을 풍비박산(風飛雹散) 낸 장본인이 다윗이었으니 존경과 충성심에 금이 가기 시작하였고 훗날 이 쓴 열매를 다윗은 홀로 씹어야 했다.

하지만 하나님은 잘려 나간 꼴사나운 그루터기[9]에 희망을 거두지 아니하셨다. 그루터기는 남아 있는 하나님의 소망이었다. 그것은 다시 살아서 자라날 것임을 아셨다. 시간의 주인 되시는 하나님이 보시기엔 회복하고 배나 풍성히 받을 수 있는 시간은 얼마든지 있었

---

8 김형태목사신학편찬위원회, 『밭에 감추인 보화』 (호산나미디어, 2018), 125.
9 부록 참조.

다. 인간의 눈에 절망이요 낙담스러운 것이지 하나님은 분명코 그 그루터기에서 새순이 돋게 하시고 그로 말미암아 하나님의 뜻을 온전히 이루리라 작정하셨다.[10] 하나님과의 관계가 서 있는 한 그 누구도 다윗을 쓰러뜨리거나 없이하지 못한다.

헨리 & 탐 블랙커비의 책에 다음과 같은 글이 있다.

> 지금까지는 충성스럽지 못했다고 해도 괜찮다. 경주 내내 비틀거렸거나 다리를 절며 옆줄로 빠져 있었다고 해도 괜찮다. 자기 실수를 인정하고 회개하기만 하면 누구라도 용서받고 다시 회복할 수 있다. 베드로가 자신을 배신하는 그 순간에도 그리스도는 그를 바라보고 계셨다. 그리스도를 배반했다는 사실을 깨달은 베드로는 밖에 나가서 통곡했다(눅 22:60-62). 하지만 그리스도는 베드로의 마음을 아셨다. 그래서 부활하신 뒤에 다시 한번 베드로에게 시선을 고정시키셨다. 회개하는 베드로를 용서하고 회복시키고 놀라운 일을 맡기셨다(요 21:15-19).[11]

그가 노래했지 않은가! 여호와는 나의 목자, 나는 그의 양. 그러면 다시금 두 떼를 이룰 수 있는 것이다. 왜냐하면 하나님은 스스로 하실 바를 하시는 여호와이시기 때문이다. 다윗의 범죄에도 불구하고 하나님은 다윗에게 작정하신 모든 일을 이루신다. 그를 징계하셔서 쓰시기에 합당한 그릇을 만드시는 것이다.

---

10 김성철, 『얼마나 있으면 밤이 새겠소』, 354.

11 헨리 블랙커비 · 탐 블랙커비, 『하나님께서 쓰시는 사람』 (좋은씨앗, 2005), 27.

다윗은 밧세바를 위로하였고 그녀는 아들을 낳았는데 다윗은 그 이름을 솔로몬이라고 지었다. 여호와께서는 그 아이를 사랑하사 나단 선지자를 보내 이름을 여디디야라 하셨다. '여호와께서 사랑하시는 아이'라는 의미이다. 자! 하나님께서 솔로몬을 이처럼 사랑하신 것이다. 하지만 나는 하나님께서 다윗을 많이 사랑하셨기에 이렇게 하셨다고 생각한다. 비록 범죄하였으나 철저히 회개하고 낮아진 다윗이 하나님 보시기에 그렇게 사랑스러울 수 없었다. 하나님은 다윗을 사랑하셨다. '여디디야' 이 이름의 대상자는 솔로몬 이전에 다윗이다. 다윗은 하나님의 마음에 합한 자요 하나님께서 사랑하시는 하나님의 아이, 즉 자녀였다.

15 장

암논 사건과 압살롬의 반역

여호와여 주의 분노로 나를 책망하지 마시오며 주의 진노로 나를 징계하지 마옵소서 여호와여 내가 수척하였사오니 내게 은혜를 베푸소서 여호와여 나의 뼈가 떨리오니 나를 고치소서 나의 영혼도 매우 떨리나이다 여호와여 어느 때까지니이까 여호와여 돌아와 나의 영혼을 건지시며 주의 사랑으로 나를 구원하소서 사망 중에서는 주를 기억하는 일이 없사오니 스올에서 주께 감사할 자 누구리이까 내가 탄식함으로 피곤하여 밤마다 눈물로 내 침상을 띄우며 내 요를 적시나이다(시 6:1-6).

밧세바가 낳은 첫째가 죽었다. 하나님의 분노의 칼이 시작된 것일까? 그것은 시작도 아니었다. 맛보기도 아니었다. 하나님께서는 다윗에게 복도 약속하셨고 징벌도 약속하셨다. 하나님께서 하신 약속은 그 어느 것이든 간에 다 이루어진다. 이사야 8장 13절에 "만군의 여호와 그를 너희가 거룩하다 하고 그를 너희가 두려워하며 무서워할 자로 삼으라"고 하셨지 않은가! 하나님의 징계로 그는 수척하게 될 것이며, 뼈가 떨리게 될 것이며, 죽음의 고통을 느낄 것이며, 한숨이 깊어질 것이며, 회한의 눈물이 그칠 날이 없을 것이다.

하나님께서는 다윗의 죄를 사하셨다. 하지만 하나님의 공의를 밧세바와의 사이에서 낳은 아들을 죽이심으로 보여주신다. 그리고 공의를 여디디야를 통한 사랑으로 완성하신다. 나는 이것을 하나님께서 살아 계심을 다윗과 만천하에 보여주신 것이라 생각한다. 밧세바와의 사건에 대한 하나님의 공의는 다윗의 가정을 통해 나타난다. 암논[1]과 다말[2]에 의해서 말이다. 하나님께서는 나단 선지자를 통하여 말씀하셨다.

> 이제 네가 나를 업신여기고 헷 사람 우리아의 아내를 빼앗아 네 아내로 삼았은 즉 칼이 네 집에서 영원토록 떠나지 아니하리라(삼하 12:10).

하나님께서는 심판의 말씀을 하나하나 이루셔서 공의의 하나님 되심을 나타내신다. 여기에서 우리가 염두에 두어야 할 것이 있다. 분명 다윗이 헷 사람 우리아의 아내를 빼앗아 취한 것은 그의 정욕

---

1 다윗이 이스르엘 출신 아히노암에게서 난 아들이다. 헤브론에서 출생하였으며 첫째이다.
2 성경에 다말이라는 이름을 가진 사람은 세 명이다. 유다의 며느리가 다말이고, 압살롬의 딸이 다말이요, 여기에 나오는 다윗의 딸이 다말이다. 그녀는 그술왕 달매의 딸 마아가가 낳았다. 마아가는 압살롬의 어머니이다.

때문이었다. 하지만 더 근본적인 것이 있으니 그것은 하나님을 업신여겼기 때문이었다는 것이다. 경홀히 여겼기 때문이다. 하나님 무서운 줄 몰랐기 때문이다.

하나님께서는 하나님을 멸시하는 자를 얼마나 싫어하시는지 엘리 제사장에게 전한 말씀에서 우리는 잘 알 수 있다.

> 그러므로 이스라엘의 하나님 나 여호와가 말하노라 내가 전에 네 집과 네 조상의 집이 내 앞에 영원히 행하리라 하였으나 이제 나 여호와가 말하노니 결단코 그렇게 하지 아니하리라 나를 존중히 여기는 자를 내가 존중히 여기고 나를 멸시하는 자를 내가 경멸하리라 보라 내가 네 팔과 네 조상의 집 팔을 끊어 네 집에 노인이 하나도 없게 하는 날이 이를지라(삼상 2:30-31).

다윗의 첫째 아들 암논은 셋째 압살롬의 누이 다말을 탐하였다. 이것은 율법에 어긋난 그릇된 일이었다.[3] 암논이 왜 그랬을까? 그의 본성이 그랬을까? 아버지 다윗과 밧세바 사건에 의해 하나님에 대한 경외심과 도덕과 윤리가 무너져 내려서인가? 아무튼 다윗의 첫째 아들 암논은 탐욕이 불타올라 비열하고 야비한 일을 서슴없이 저지른다. 암논은 하고 싶은 것을 하고야 마는 이기적이고 안하무인이며 조급하였고 절제하지 못하는 자였다. 그는 병이 나고 말았고 다윗의

---

3 레위기 18장 9절에 "너는 네 자매 곧 네 아버지의 딸이나 네 어머니의 딸이나 집에서나 다른 곳에서 출생하였음을 막론하고 그들의 하체를 범하지 말지니라"고 분명히 말씀하셨다. 암논은 색정에 눈먼 악한 자였다.

형 시므아의 아들 요나답⁴이라는 간교한 친구가 탐욕의 불에 기름을 끼얹는다. 이로 보건대 암논의 인간됨이 얼마나 저급하고 간교한가를 짐작할 수 있다. 유유상종(類類相從)이라 하잖는가?

간교한 자의 술수를 받아들여 아버지 다윗을 이용하여 다말을 불러들였다. 그는 자신의 욕정을 채우기 위해 아버지까지 이용하였다. 다윗이 욕정을 채우기 위해 하나님께로부터 받은 권력을 사용한 것과 같이 말이다. 사무엘하 13장 5절이다.

> 요나답이 그에게 이르되 침상에 누워 병든 체하다가 네 아버지가 너를 보러 오거든 너는 그에게 말하기를 원하건대 내 누이 다말이 와서 내게 떡을 먹이되 내가 보는데에서 떡을 차려 그의 손으로 먹여 주게 하옵소서 하라 하니.

다윗은 첫째 아들 암논과 친구 요나답에게 이용당했다. 철저히 이용당했다. 다윗은 다말에게 암논의 집으로 가서 그를 위하여 음식을 만들어 주라고 명하였고 그 명을 받고 찾아간 누이를 암논은 겁탈하고 만다. 다윗의 죄가 슬금슬금 그의 아들들에게로 전염되기 시작한 것이다. 욕정을 채운 암논은 누이 다말을 내쳤으며 다말은 비참하게 그 집에서 내쫓기게 되었다. 대문은 닫혔고 빗장이 질러졌다. 암논의 하인은 창녀처럼 그녀를 다루었다. 다말은 외롭고 비참히 평생을 살았다.

---

4 다윗의 형 시므아의 아들로서 간교의 대명사와 같은 사악하고 비열한 자이다.

아버지 다윗은 암논을 벌하지도 못했다. 맹목적인 자식에 대한 사랑도 있었겠고5 왕위를 계승할 아들이니 함부로 할 수도 없었겠고 그리고 자신 스스로 벌할 수 있는 떳떳함도 없었으리라. 다말의 오빠 압살롬은 암논을 미워하였고 그 미움은 암논 뿐만 아니라 이를 눈감아 주는 아버지 다윗에게까지 미치게 되었다. 다윗 가정은 산산조각 나기 시작한다. 다윗은 다말로 인하여 일평생 죄의 고통이 더해져 괴로워했을 것이다. 다윗은 쓴잔을 마셔야 했다. 밧세바와의 사이에서 낳은 아들의 쓴 잔, 이제는 지혜롭고 아름다운 딸, 다말의 쓴잔을 마셔야 했다.

다윗의 셋째 아들 압살롬6은 용의주도(用意周到)한 자였다. 그는 분노가 치밀어도 그것을 숨겼다. 누이에게는 아무에게도 말하지 말고 조용히 지내라 했으며 기회를 보았다. 그는 조급하지 않고 냉혹한 복수를 위해 때를 기다렸다. 암논에게서 다윗의 그림자를 볼 수 있듯이 압살롬에게도 다윗의 겉모습을 볼 수 있다. 그는 이 일을 잊지 않고 복수의 칼을 갈았다. 그리고 아버지 다윗의 물러빠진 맹목적인 암논에 대한─모든 자식에게 다 그러했지만─ 우유부단(優柔不斷)한 처신을 이해할 수 없었다. 그럼 압살롬은 단지 여동생 다말의 복수만을 생각했을까? 나는 아니라고 본다. 그의 훗날의

---

5 다윗은 자식에게만큼은 바르게 하나님의 법도로 훈육하지 못한 것 같다. 암논, 압살롬, 아도니야를 보아도 말이다. 한편으론 자식이 어찌 부모의 원대로 되겠는가!

6 다윗의 셋째 아들이다. 헤브론에 있을 때 그술왕 달매의 딸 마아가가 낳았다. 후일 반란을 일으켰으며 도주하다가 상수리나무에 머리카락이 걸려 요압과 그의 부하들에 의해 죽임을 당한다.

태도로 보아 야망이 있는 자였다. 암논이 첫째, 둘째는 슬기롭고 아름다운 아비가일의 소생 길르압, 셋째가 바로 자신이었다. 암논은 복수할 제거의 대상이었고 둘째인 길르압은 왕이 되고픈 야망은 없었을 것으로 생각된다.7 압살롬은 암논만 제거한다면 자신이 왕이 될 것을 계산했을 것이다.

그 후로 이 년이 지난 후 압살롬은 복수의 계획을 하나하나 진행해 나간다. 압살롬은 자기의 양털 깎는 축제 날에 아버지 다윗에게 간청하여 형제들을 초청한다. 그곳에서 그는 술 취한 암논을 종들을 시켜 살해한다. 다윗의 집안이 이제는 피로 물들기 시작한다. 하나님 께서는 나단 선지자로 하여금 밧세바와의 사이에서 난 아이가 반드시 죽으리라 심판을 선언하게 하셨고 그대로 되었다. 그 이유를 말씀하시기를 밧세바와의 일로 "여호와의 원수가 크게 비방할 거리를 얻게 하였다"는 것이다. 하나님의 영광을 가리는 짓을 했기 때문이라는 것이다. 다윗은 자신의 욕심을 채우기 위하여 하나님의 영광을 가리는 짓을 아무 거리낌 없이 한 고로 그 아이를 치신다는 것이다.

---

7 길르압이 어머니 아비가일을 닮았다면 그는 분명 덕이 있고 야심은 없었을 것이다. 그의 어머니 아비가일은 다윗을 지극히 존경하였고 조용한 내조로 자기의 자리에서 할 일을 한 현모양처였다. 그는 다윗이 힘들고 정처 없을 때 빈틈없는 내조와 위로로 힘이 되어 주었고 성경에 이것을 내세웠다 하는 기록이 없다. 그녀는 왕궁의 권력 다툼 에 단 한 번도 이름을 오르내리지 않았고 분명코 다윗의 사랑과 위로를 받으며 살았을 것이라 사료된다. 그녀의 아들 역시 구설수에 오른 적이 없다. 길르압은 어머니 아비 가일의 넉넉하고 좋은 성품을 닮아서 그 어떤 이권이나 싸움에도 끼어든 일이 없다. 다윗의 넷째 아들, 아비나답이 반란을 일으킬 때 언급이 없는 것으로 보아 오래 살지는 못한 것 같다.

그리고 한 가지 더 "여호와의 말씀을 업신여겼기 때문"에 칼이 네 집에서 영원토록 떠나지 아니하리라고 하셨다. 여호와의 원수가 크게 비방할 거리를 제공하였기에, 여호와의 말씀을 업신여겼기에 하나님의 심판이 하나하나 다윗 위에 내려진 것이다.

복수를 이룬 압살롬은 외갓집으로 도망하였고 다윗은 심히 통곡하였다. 그는 나단 선지자의 말이 생각났을 것이며 지나간 날의 죄로 인하여 임한 심판으로 심히 심령이 찢어졌을 것이다. 다윗의 통곡은 하나님 앞에서의 통곡이었다. 사무엘하 13장 39절은 "다윗 왕의 마음이 압살롬을 향하여 간절하니 암논은 이미 죽었으므로 왕이 위로를 받았음이더라"고 기록되어 있다. 다윗은 암논의 일을 이미 지나간 것으로 여겼다는 것이다. 지나간 것이야 어찌하랴! 우리아의 아내가 다윗에게 낳은 아이를 여호와께서 데려가셨을 때에 그가 한 행동을 보라. 사무엘하 12장 20절이다. "다윗이 땅에서 일어나 몸을 씻고 기름을 바르고 의복을 갈아입고 여호와의 전에 들어가서 경배하고 왕궁으로 돌아와 명령하여 음식을 그 앞에 차리게 하고 먹은지라." 그는 지난 것을 가지고 집착하지 않았다. 이것이 다윗의 장점이다. 그는 이 사건을 매듭하고 다시 앞으로 나아간다.

삼 년이 지나자 다윗 왕의 마음도 어느 정도 진정이 되었고 압살롬을 그리워하게 된다. 이러한 때에 군대장관 요압의 기지로 압살롬은 예루살렘으로 돌아올 수 있었고 다시 2년이 지나 아버지 다윗과 화해할 수 있었다. 다윗은 압살롬을 용서한 것이다. 하지만 압살롬은 아버지 다윗의 느려터진 행위가 마음에 차지 않았다. 암논은 저주받아 마땅한 자이고 자신이 한 행위는 정당한 것이었다. 그런데 아버지는 꾸물꾸물 무엇을 주저한단 말인가? 자신을 온전히 신임하고 아버지의 권력을 잇는 자로 선포해야 하지 않은가? 도대체 자신이 무엇을 잘못했단 말인가? 하나님을 대신하여 추잡하고 사악한 것을 죽였는데 말이다. 그러나 사실 압살롬은 야비하고 저질스러운 암논과 다르지 않았다. 암논도 자신의 욕심을 채우고 고분고분 응하지 아니한 다말을 내치지 않았던가? 압살롬도 아버지 다윗의 용서를 받았음에도 속히 주저함 없이 자신을 받아들이지 아니한 아버지를 지금 증오하고 있지 않은가?

압살롬은 곧바로 반란을 꾸민다. 그는 조급했고 아버지에 대한 불신이 작용했고 마음에 맺힌 것을 풀지 못했다. 그 결과 아버지의 용서를 반역의 도구로 사용한 것이다. 그는 곧 이스라엘의 민심을 얻기에 힘을 썼다. 그는 인본주의자였다. 아브라함과 이삭과 야곱의 하나님을 조금도 염두에 두지 않았다. 그의 아버지와는 사뭇 달랐다. 압살롬은 망하기로 작정한 자였다. 자신의 꾀를 믿었고 처세술에 자신만만하였고 무엇이든 자신의 생각대로 될 줄 알았다. 그래서 치밀하게 반란을 위한 기반을 다지기 시작한 것이다. 자신이 마치 정의로운 통치자인 양 재판을 하고 아버지 다윗과 백성 사이를 이간질하기 시작했다.

이를 사무엘하 15장 1-6절에는 다음과 같이 기록하고 있다.

압살롬은 그술 왕국에 머무는 동안 외할아버지한테 이방인의 풍속들을 배워

가지고 왔는데, 이제는 스스로 이스라엘에서 그런 풍속을 차용하여 자기가 타고 다닐 전차 한 대와 여러 마리의 마필과 경호원 50명을 거느리고 있었다. 그리고 압살롬은 매일 아침 일찍 일어나 왕궁으로 들어가는 문 앞에 서서 백성들한테 친절하게 대하기 시작하였다. 재판할 일로 왕에게 판결받으려고 오는 사람마다 그 문을 지나가게 되었기 때문이다. 누구든지 그곳으로 오면 압살롬이 이렇게 물었다. "어느 지역에서 오시는 분이십니까?" 이때에 그 사람이 북쪽 이스라엘의 어느 지파에서 온다고 대답하면 압살롬이 친절하게 그의 억울한 이야기를 들어준 다음 이렇게 말하였다. "당신의 문제는 당연히 재판에서 이기게 되어 있으나 저 왕궁 안에는 지금 당신의 말을 들어줄 사람이 아무도 없소." 그런 다음에 압살롬은 언제나 자기 선전을 하였다. "내가 이 나라에서 재판관이 된다면 누구를 막론하고 그 억울한 사정을 다 풀어 줄 수 있을 것이오." 이런 말을 듣고 누가 그의 앞에 엎드려 큰절을 올리려고 하면 그가 그를 일으켜 세워 끌어안고 입을 맞추었다. 압살롬은 왕에게 판결을 받으러 오는 모든 사람에게 이런 식으로 친절을 베풀었다. 그렇지 않아도 북쪽 이스라엘의 열 지파 사람들은 유다와 다윗 왕에 대하여 거리감이 있었는데, 압살롬이 이렇게 기만과 간교한 수단으로 그들의 마음을 도둑질하자, 얼마 지나지 않아서 온 이스라엘 사람들의 마음이 압살롬에게로 기울어졌다(현대어성경).

누구와 비슷하지 않은가? 창세기 3장 1-6절이다.

그런데 뱀은 여호와 하나님이 지으신 들짐승 중에 가장 간교하니라 뱀이 여자에게 물어 이르되 하나님이 참으로 너희에게 동산 모든 나무의 열매를 먹지 말라 하시더냐 여자가 뱀에게 말하되 동산 나무의 열매를 우리가 먹을 수 있으나 동산 중앙에 있는 나무의 열매는 하나님의 말씀에 너희는 먹지도 말고 만지지도 말라 너희가 죽을까 하노라 하셨느니라 뱀이 여자에게 이르되 너희가 결코 죽지 아니하리라 너희가 그것을 먹는 날에는 너희 눈이 밝아져 하나님과 같이 되어 선악을 알 줄 하나님이 아심이니라 여자가 그 나무를 본즉 먹음직도 하고 보암직도 하고 지혜롭게 할 만큼 탐스럽기도 한 나무인지라 여자가 그 열매를 따먹고 자기와 함께 있는 남편에게도 주매 그도 먹은지라.

뱀의 배후에 사탄이 있었던 것처럼 압살롬의 배후에 사탄이 있었다. 압살롬은 이스라엘 백성을 미혹하고 유혹하여 다윗으로부터 멀어지게 한 것이다. 예수님께서는 요한복음 8장 44절에 "너희는 너희 아비 마귀에게서 났으니 너희 아비의 욕심대로 너희도 행하고자 하느니라 그는 처음부터 살인한 자요 진리가 그 속에 없으므로 진리에 서지 못하고 거짓을 말할 때마다 제 것으로 말하나니 이는 그가 거짓말쟁이요 거짓의 아비가 되었음이라"고 하셨다.

대세가 기울어지기 시작하였다. 압살롬은 완벽하리만큼 꾀를 냈고 작전을 짰고 교활하게 처신하였다. 백성들의 마음도 그리고 다윗 주변에 있는 유력자의 마음도 압살롬에게 기울어졌다. 하지만 하나님의 마음은 얻지 못했다. 왜 그랬을까? 하나님의 안중에 압살롬은 단지 패역한 자요 패륜한 자요 날강도였다. 압살롬은 하나님의 마음을 얻지 못했던 것이다 .

그는 이스라엘 사람의 마음을 훔친 도둑이었다. 그가 복권된지 사 년 만에 오래도록 궁리하고 계획하였던 반란을 실행하기 시작했는데 가장 먼저 한 일은 헤브론[8]으로 간 것이다. 압살롬은 헤브론에서 자신을 스스로 왕으로 선포한다. 그의 반역은 성공하는 듯 보였다. 아마도 이제까지 다윗에게 품었던 불만이 북이스라엘 사람들에게서 봇물처럼 터져 나왔을 것이며 밧세바와의 사건으로 실망한 민중들의 마음이 전과 같지 않은 등 여러 요인이 있었다. 거기에다가 예루살렘의 행정이 마비되는 사건이 있었는데 압살롬이 헤브론으로 떠날 때 200명의 고위 관리를 초청했는데 이들은 압살롬의 반역을 알아채지 못했다. 그들은 헤브론에서 감금되었을 터이고 이로 인하여 나라의 행정을 볼 수 없었다.

게다가 다윗의 자문 역할을 담당한 타의 추종을 불허하는 책략가 아히도벨[9]이 압살롬과 합류하였다. 다윗은 큰 타격을 입었으며 마음에 심한 상처를 입었을 것이다. 그는 다윗과 이제까지 함께한 자로서 친구와 다름이 없었기 때문이다. 어쨌든지 간에 아히도벨은 다윗을 배신하였다. 그때의 아픔이 시편 55편 12-14절에 고스란히 녹아 있다.

---

8 헤브론은 압살롬이 태어난 곳으로 그의 기반이 될 만하다. 다윗은 헤브론에서 7년 반 머물다가 예루살렘으로 천도하였는데 여기에 불만을 품은 무리도 꽤 있었을 것으로 여겨진다. 압살롬은 다윗의 약한 고리를 파고든 것이다.

9 밧세바의 할아버지이다. 지략이 뛰어났고 타의 추종을 불허하는 책략가로서 지근거리 (至近距離)에서 다윗을 섬겼으나 압살롬에게로 갔다. 그 이유는 다윗에 대한 실망 때문이었을 것으로 추정한다. 자기의 손녀를 빼앗고 게다가 손녀사위가 되는 우리아를 죽인 것을 받아들일 수 없었을 것이다.

만일 나를 모욕하는 자가 원수였다면 아마 나는 견딜 수 있었을 것입니다. 원수가 내게 대들었다면 나는 그 사람으로부터 숨을 수 있었을 것입니다. 그러나 나와 같이 다니던 당신들이 그들이었습니다. 당신들은 나의 가장 친한 친구들이었습니다. 한때, 우리는 친하게 지내며 함께 하나님의 집에도 다니곤 했습니다(쉬운성경).

반역하는 일이 커가매 많은 백성이 압살롬에게로 갔다. 어찌 보면 이것은 도저히 생각할 수도 없는 일이었다. 다윗은 할 수 있는 한 선정을 베풀려 애썼고 진심으로 주변의 사람을 아꼈기 때문이다. 하지만 인심(人心)이 돌아서는 것은 많은 시간이 걸리지 않았다. 동방의 의인 욥도 이 같은 경험을 하였다. 욥기 16장 19-21절에는 그의 심정을 다음과 같이 토로하고 있다.

지금 나의 증인이 하늘에 계시고 나의 중보자가 높은 데 계시니라 나의 친구는 나를 조롱하고 내 눈은 하나님을 향하여 눈물을 흘리니 사람과 하나님 사이에 와 인자와 그 이웃 사이에 중재하시기를 원하노니.

친구들마저 욥에게 쓴웃음을 짓고 조롱하니 오직 하나님밖에는 자신 곁에 있어 줄 이 없다는 것이다. 이 땅을 살아가노라면 산들이 떠나며 작은 산들이 옮기는 일들을 본다. 믿었던 사람이 떠날 수 있으며 관계된 것들이 나로부터 멀어질 수 있다. 다윗은 인간으로서 느낄 수 있는 배신감과 섭섭함과 안타까움을 다 맛본다. 다윗은 다 떠나고 멀어지고 거기에 그치지 않고 모욕하고 대드는 벗들을 바라보며 다시금 하나님을 붙들지 아니했겠나!

16장

하나님께서 다윗 편에 계시다

전령이 다윗에게 이스라엘 인심이 다 압살롬에게 돌아갔다고
보고하자 다윗은 신속히 결정한다. 그는 지난 것은 하나님께 맡겨버
린다. 이미 지난 것을 붙들려 하거나 곱씹는 우를 버린다. 그리고
하나님의 뜻에 순종하기로 결심한 것이다. 그는 목숨이 붙어 있는
한 앞만 보고 나아간다. 과거는 지나가 버린 것, 미래는 하나님의
뜻 안에 있는 것이요, 현재는 나를 버리시지 아니하시는 하나님의
장중에 있음을 믿은 것이다. 그래서 그의 일평생은 지금 현재에
할 수 있는 최선의 것을 찾기에 부지런했다. 사무엘하 15장 14절에
는 다음과 같이 기록되어 있다.

다윗이 예루살렘에 함께 있는 그의 모든 신하들에게 이르되 일어나 도망하자
그렇지 아니하면 우리 중 한 사람도 압살롬에게서 피하지 못하리라 빨리 가자
두렵건대 그가 우리를 급히 따라와 우리를 해하고 칼날로 성읍을 칠까 하노라.

그는 예루살렘을 떠나자고 하였다. 아들 압살롬의 용의주도(用意周到)함을 익히 알고 있었다. 수적으로 밀렸고 또한 하나님의 도성 예루살렘이 전화(戰火)에 휩싸여 훼손되는 것도 원치 않았다. 게다가 그는 나단 선지자를 통하여 전해 들은 여호와의 말씀을 기억했기 때문이다.

> 여호와께서 또 이와 같이 이르시기를 보라 내가 너와 네 집에 재앙을 일으키고 내가 네 눈앞에서 네 아내를 빼앗아 네 이웃들에게 주리니 그 사람들이 네 아내들과 더불어 백주에 동침하리라 너는 은밀히 행하였으나 나는 온 이스라엘 앞에서 백주에 이 일을 행하리라 하셨나이다 하니(삼하 12:11-12).

다윗은 하나님의 심판으로 압살롬의 반역을 받아들인 것이다. 하나님께서 하시는 일을 어찌 인생이 막을 것인가! 압살롬이 아버지에 대한 반역을 주도했지만 압살롬이란 몽둥이를 드신 분은 하나님이시지 않은가? 요엘서 2장에 보면 하나님의 심판의 한 방편으로 메뚜기 떼의 재앙을 말씀하시면서 이방 나라에 의한 유다 나라의 심판을 예언하고 계신다. 모든 거민이 벌벌 떨고 있는데 가만히 보니 여호와께서 쳐들어오는 군대를 지휘하시는 것이 아닌가?[1] 그

---

1 "시온에서 나팔을 불며 나의 거룩한 산에서 경고의 소리를 질러 이 땅 주민들로 다 떨게 할지니 이는 여호와의 날이 이르게 됨이니라 이제 임박하였으니, 여호와께서 그의 군대 앞에서 소리를 지르시고 그의 진영은 심히 크고 그의 명령을 행하는 자는 강하니 여호와의 날이 크고 심히 두렵도다 당할 자가 누구이랴"(욜 2:1, 11).

렇다. 유다를 향해 쳐들어오는 군대는 이방 나라의 군대 이전에 여호와께서 지휘하시는 하나님의 군대라는 것이다. 즉, 하나님께서 심판의 몽둥이로 사용하시는 군대라는 것이다. 다윗은 압살롬과 그를 따르는 반역군들을 하나님께서 허락하신 심판의 도구로 본 것이다. 그러기에 모든 것을 하나님 앞에서 순응하고 겸손히 달게 받기로 한 것이다.

그러한 속에서도 그는 이제까지 자신을 이끄시고 사랑으로 인도해 주신 하나님께 소망을 두고 있다. 언약궤를 레위 지파의 사람들에게 매워 다윗과 함께 피난길에 오르고자 한 대제사장 사독에게 다윗은 말한다.

> 보라 하나님의 궤를 성읍으로 도로 메어 가라 만일 내가 여호와 앞에서 은혜를 입으면 도로 나를 인도하사 내게 그 궤와 그 계신 데를 보이시리라. 그러나 그가 이와 같이 말씀하시기를 내가 너를 기뻐하지 아니한다 하시면 종이 여기 있사오니 선히 여기시는 대로 내게 행하시옵소서 하리라(삼하 15:25-26).

그는 하나님의 뜻에 순종하기로 결심한다. 하나님께서 어떻게 행하시든지 말이다. 그러면서도 사람이 할 수 있는 것에 최선을 다한다. 사독2에게는 아비아달3과 함께 예루살렘에 머물며 정보가

---

2 아론의 아들 엘르아살의 자손으로 대제사장이다. 다윗을 도왔으며 다윗의 아들 솔로몬이 왕위에 오르는 데 큰 기여를 하였다.

3 대제사장으로 아히멜렉의 아들이다. 그의 아버지가 사울에 의해 죽임을 당할 때 다윗

있으면 전해달라 했으며, 충성스러운 심복 아렉 사람 후새[4]에게는 압살롬을 섬기겠다고 하고 신임을 얻어 아히도벨의 모략을 뒤엎도록 하라고 부탁한다.

다윗은 감람산 언덕으로 올라갈 때에 두 손으로 머리를 가리고 계속 울면서 맨발로 걸어갔다. 그는 무슨 생각을 했을까? 지금 일어난 사건은 자신의 죄 때문에 일어난 것으로써 그에게 큰 슬픔을 가져왔으며 맨발로 낮아져서 철저한 회개의 걸음을 옮긴 것이다. 그는 변명하지 않는다. 그리고 하나님을 원망하지 않는다. 하나님께서 행하심을 다 달게 받는다.

이에 대한 증거가 사무엘하 16장 5-14절이다.

다윗과 그의 일행이 바후림에 이르렀을 때 한 사람이 마을에서 나와 그들을 저주했는데 그는 사울의 집안 사람 중 하나인 게라의 아들 시므이[5]라는 자였다. 그가 다윗과 그의 신하들에게 돌을 던졌으나 왕은 백성들과 경호병들에게 좌우로 싸여 있었다. 시므이는 또 다윗을 보고 저주하였다. '살인자여! 악한이여! 여기서 사라져라! 여호와께서 사울과 그 가족을 죽인 죄를 너에게 갚으셨

에게로 피신하였고 줄곧 다윗과 함께하였다. 하지만 훗날 다윗을 배신한다.
4 다윗의 군사 전략가이다. 아렉 사람으로 충성스러웠고 군신의 관계 이전에 벗이었다. 다윗과 후새의 관계를 단적으로 기록한 말씀이 역대상 27장 33절이다. "아히도벨은 왕의 모사가 되었고 아렉 사람 후새는 왕의 벗이 되었고."
5 그는 베냐민 지파일 뿐 아니라 사울의 집 족속이요, 바후림 사람이다. 그는 위세가 대단했고 베냐민 지파 가운데 유력한 자임에 틀림없었다. 다윗은 압살롬의 난을 평정한 후로도 지파연합의 평화를 원하여 그를 벌하지는 않았지만 솔로몬에게 그를 죽이라 부탁하였고 솔로몬은 군대장관을 시켜 시므이를 죽였다.

다. 네가 사울의 왕위를 빼앗았으나 이제 여호와께서 그것을 너의 아들 압살롬에게 주었구나! 너는 사람을 죽인 죄로 이제 벌을 받아 망하게 되었다!' 이때 스루야의 아들 아비새가 '어째서 왕은 이 죽은 개 같은 녀석이 왕을 저주하도록 내버려 두십니까? 제가 가서 당장 저놈의 목을 베겠습니다.' 하였다. 그러나 왕은 그에게 이렇게 대답하였다. '이건 네가 상관할 일이 아니다. 여호와께서 나를 저주하라고 말씀하셨기 때문에 그가 나를 저주하고 있다면 누가 그에게 네가 어째서 이렇게 하느냐고 말할 수 있겠느냐? 내 몸에서 난 아들도 나를 죽이려고 하는데 하물며 이 베냐민 사람이야 말할게 있겠느냐? 여호와께서 저에게 그렇게 하라고 말씀하신 것이니 내버려 두어라. 어쩌면 여호와께서 내가 당하는 어려움을 보시고 오늘의 이 저주로 인해서 나를 축복해 주실지도 모른다.' 그래서 다윗과 그를 따르는 사람들은 아무 말 없이 길을 갔으나 시므이는 비탈길로 계속 따라오면서 여전히 저주하고 돌을 던지며 티끌을 날렸다. 왕과 그와 함께 한 모든 사람들이 요단에 이르렀을 때 그들은 몹시 지쳐서 그 곳에 잠시 머물러 쉬었다(현대인의 성경).

그는 아들을 피하여 맨발로 도망하였고 너무도 지쳤고 피곤하였다. 하지만 그는 하나님께 그러한 인생의 곤고한 시기에도 기도를 올린다. 그때 지어진 시가 시편 3편이다.

여호와여 나의 대적이 어찌 그리 많은지요 일어나 나를 치는 자가 많으니이다 많은 사람이 나를 대적하여 말하기를 그는 하나님께 구원을 받지 못한다 하나이다 여호와여 주는 나의 방패시요 나의 영광이시요 나의 머리를 드시는 자이시니이다 내가 나의 목소리로 여호와께 부르짖으니 그의 성산에서 응답하시는 도다 내가 누워 자고 깨었으니 여호와께서 나를 붙드심이로다 천만인이 나를 에워싸 진 친다 하여도 나는 두려워하지 아니하리이다 여호와여 일어나소서 나의 하나님이여 나를 구원하소서 주께서 나의 모든 원수의 뺨을 치시며 악인의 이를 꺾으셨나이다 구원은 여호와께 있사오니 주의 복을 주의 백성에게 내리소서.

압살롬과 그를 따르는 무리가 예루살렘에 이르렀고 책사 아히도벨은 압살롬 곁에 있었다. 압살롬과 그를 따르는 수많은 자들과 아히도벨이 예루살렘 성에 입성한다. 반란은 성공이었으며 거침이 없었다. 그때 후새가 등장한다. 다윗을 따라가지 않았다는 것을 의심하는 압살롬에게 "저는 여호와와 이 백성들과 이스라엘의 모든 무리가 뽑은 사람 편입니다. 저는 왕과 함께 있겠습니다. 전에는 왕의 아버지를 섬겼지만 이제는 누구를 섬기겠습니까? 다윗의 아드님입니다! 저는 왕을 섬기겠습니다"(삼하 16:18-19, 쉬운성경). 압살롬은 후새를 받아들였다.

아히도벨은 압살롬에게 하나의 제안을 한다. "부왕은 이 왕궁을 지키도록 후궁들을 남겨 놓았습니다. 왕은 이제 그 후궁들과 잠자리를 같이 하소서. 이 소문이 온 이스라엘에 퍼지면 누구나 새 왕이 등장한 것을 확실히 깨닫게 되어 온 백성이 한결같이 임금님을 따를 것입니다. 임금님께서 그렇게 부왕과 명백한 선을 긋고 새 왕이 되시면 온 백성이 임금님만 따를 것이기 때문입니다."

아히도벨은 모략가였다. 압살롬이 아버지 다윗의 후궁을 취하게 함으로 왕이 된 것을 공고히 하기 위해서였다. 이러한 일은 그 당시 근동 지방에서 공공연히 이루어졌다. 왕의 여자를 취한다는 것은 왕권을 접수한다는 표가 되었다. 아히도벨은 머뭇거리지 않고 속전속결의 방법을 택한 것이다. 왕궁 옥상에 천막이 펼쳐졌고 압살롬은 아버지 다윗의 후궁들에게로 들어갔다.

그 옥상은 전날 다윗이 침상에서 일어나 거닐던 그곳이었다. 목욕하던 여인을 음침하고 탐욕적인 눈으로 바라보던 곳이었다. 색욕을 이기지 못해서 하나님과의 언약을 깨뜨렸던 옥상이었다. 바로 그곳에서 그의 아들 압살롬은 다윗의 후궁들을 범하고 만다. 일찍이 하나님께서는 나단을 통하여 말씀하셨다. "보라 내가 너와 네 집에 재앙을 일으키고 내가 네 눈앞에서 네 아내를 빼앗아 네 이웃들에게 주리니 그 사람들이 네 아내들과 더불어 백주에 동침하리라 너는 은밀히 행하였으나 나는 온 이스라엘 앞에서 백주에 이 일을 행하리라"(삼하 12:11-12). 모든 이스라엘이 보는 앞에서 압살롬은 다윗의 후궁들에게 들어갔고 더불어 동침하였다. 다윗은 밧세바와 동침한 것을 숨기기 위해 그녀의 남편 우리아를 죽였다. 하지만 하나님께서는 말씀대로 대낮에 심판을 행하셨다. 아히도벨의 계략을 하나님은 심판의 도구로 사용하신 것이다.

아히도벨은 여기서 멈추지 않았다. 압살롬이 후궁들과 자고 나오자 다음과 같은 제안을 한다.

이제 제게 군사적인 전권을 위임해 주소서! 저는 당장 1만 2천명을 뽑아 가지고 오늘 밤으로 다윗을 쫓아가겠습니다. 그가 지쳐서 절망에 빠져 있을 때 뒤쫓아 가면 틀림없이 그를 쉽게 잡을 수 있을 것입니다. 제가 오늘 밤 안으로 기습해 들어가면, 그의 부하들도 놀라서 모두 뿔뿔이 흩어져버릴 것입니다. 그때 제가 다윗만을 잡아 죽이면 더 이상 피 흘릴 필요가 없을 것입니다. 그 다음에는 다윗의 부하들을 모두 임금님 편으로 끌어들이겠습니다. 그들이 임금님에게로 돌아오는 일이 뭐가 어렵겠습니까? 그들은 남편과 다투고 잠시 친정으로 가 있던 새색시가 다시 남편에게로 돌아오듯이 임금님의 편으로 돌아올 것입니다. 임금님께서 지금 제거해야 될 사람은 단 한 사람뿐입니다. 그 사람만 제거되면 온 나라가 조용하고 온 백성이 평안할 것입니다(삼하 17:1-3, 현대어성경).

분명 아히도벨의 책략이 맞았다. 다윗과 그를 따르는 군사들은 다 지치고 큰 슬픔으로 망연자실(茫然自失)해 있었다. 정비할 틈과 시간을 주지 않고 친다면 뿔뿔이 흩어져 버릴 것이다. 아히도벨의 계략을 따를 자가 없었다. 그는 정확히 다윗의 진영의 상황을 간파하고 있었던 것이다. 압살롬과 이스라엘 장로들이 아히도벨의 말을 옳게 여기는 가운데 압살롬은 후새의 의견도 듣고자 그를 불렀다. 후새는 즉시 아히도벨의 계략에 문제점이 있음을 부각시킨다. 다윗과 그를 따르는 자들은 전쟁에 능한 자들이기에 섣불리 기습했다가는 도리어 당할 것이요 이로 인하여 압살롬의 군대는 사기를 잃게 되리라는 것이다. 그러니 당장 치지 말고 온 이스라엘에서 군대를 모조리 모아 그 대군으로 하여금 다윗을 치게 한다면 분명코 승리할 거라는 책략이었다. 후새는 다윗과 함께한 군대가 지칠 대로 지쳐서 싸움을 하기에는 역부족이라고 판단하였고 힘을 내어 전투를 하려면 가능한 정비할 시간이 필요하다고 판단한 것이다. 그래서 그 시간을 벌기 위해 이러한 거짓 계략을 압살롬에게 제안한 것이다. 압살롬과 이스라엘 사람들은 아히도벨의 계략보다 후새의 계략을 더 낫게 여겼다.

이를 성서 기자는 다음과 같이 기록하고 있다.

> 압살롬과 온 이스라엘 사람들이 이르되 아렉 사람 후새의 계략은 아히도벨의 계략보다 낫다 하니 이는 여호와께서 압살롬에게 화를 내리려 하사 아히도벨의 좋은 계략을 물리치라고 명령하셨음이더라(삼하 17:14).

나는 압살롬과 그의 휘하에 있는 지휘관들이 어찌해서 후새의 계략을 좇았나 이해할 수 없다. 압살롬은 자기 아버지에 대하여 잘 알았다. 특히 전투에 능한 자라는 사실을 말이다. 그리고 압살롬을 따르는 참모들 역시 다윗이 보여준 군대를 지휘하는 습관과 방법을 익히 잘 알고 있었을 것이다. 아히도벨의 작전대로 다윗에게는 쉴 틈, 회복할 틈을 주어서는 안 되었다. 다윗은 끈질겼다. 위기 속에서도 수많은 전투 가운데서도 살아남았다. 밟아도 살아남았고 짓이겨도 살아남았다. 그런데 후새의 계략을 뜯어보면 다윗에게 숨돌릴 시간을 갖다 바치는 거였다. 왜 그랬을까?

시편 22편의 간구하는 다윗에게서 찾을 수 있다.

내 하나님이여 내 하나님이여 어찌 나를 버리셨나이까 어찌 나를 멀리 하여 돕지 아니하시오며 내 신음 소리를 듣지 아니하시나이까 내 하나님이여 내가 낮에도 부르짖고 밤에도 잠잠하지 아니하오나 응답하지 아니하시나이다 이스라엘의 찬송 중에 계시는 주여 주는 거룩하시니이다 우리 조상들이 주께 의뢰하고 의뢰하였으므로 그들을 건지셨나이다 그들이 주께 부르짖어 구원을 얻고 주께 의뢰하여 수치를 당하지 아니하였나이다 나는 벌레요 사람이 아니라 사람의 비방거리요 백성의 조롱거리니이다 나를 보는 자는 다 나를 비웃으며 입술을 비쭉거리고 머리를 흔들며 말하되 그가 여호와께 의탁하니 구원하실 걸, 그를 기뻐하시니 건지실 걸 하나이다 오직 주께서 나를 모태에서 나오게 하시고 내 어머니의 젖을 먹을 때에 의지하게 하셨나이다 내가 날 때부터 주께 맡긴 바 되었고 모태에서 나올 때부터 주는 나의 하나님이 되셨나이다 나를 멀리 하지 마옵소서 환난이 가까우나 도울 자 없나이다 많은 황소가 나를 에워싸며 바산의 힘센 소들이 나를 둘러쌌으며 내게 그 입을 벌림이 찢으며 부르짖는 사자 같으니이다 나는 물 같이 쏟아졌으며 내 모든 뼈는 어그러졌으며 내 마음은 밀랍 같아서 내 속에서 녹았으며 내 힘이 말라 질그릇 조각 같고 내 혀가 입천장에 붙었나이다 주께서 또 나를 죽음의 진토 속에 두셨나이다 개들이 나를 에워쌌으며 악한 무리가 나를 둘러 내 수족을 찔렀나이다 내가 내 모든 뼈를 셀 수 있나이다 그들이 나를 주목하여 보고 내 겉옷을 나누며 속옷을 제비 뽑나이다 여호와여 멀리 하지 마옵소서 나의 힘이시여 속히 나를 도우소서(시 22:1-19).

그는 고난 가운데 기도한다. 이것은 그의 거룩한 습관이었다. 환난 날에 하나님을 찾는 자, 망하지 아니하고 하나님의 도움의 손길을 얻는다. 사람의 비방, 조롱, 비웃음, 힐난(詰難), 이 모든 것이 파도처럼 자신에게 몰아칠 때 다윗은 하나님께 자신의 사정을 물 쏟듯 쏟아놓는다. 바꾸어 말하면 그 모든 것을 가지고 하나님께 나아간 것이다. 누가 모든 시련과 시험, 무거운 짐을 가지고 소망의 창조주께 나아가는 자를 당할 수 있으랴! 다윗의 이 간구에 하나님은 복을 주셨다. 그의 후손으로 오는 메시아의 고난을 예언하게 하신 것이다. "내 하님이여 내 하나님이여 어찌 나를 버리셨나이까 어찌 나를 멀리 하여 돕지 아니하시오며 내 신음 소리를 듣지 아니하시나 이까."

마태복음 27장 46절에 예수님께서는 십자가 위에서 기도하신다.

제구시쯤에 예수께서 크게 소리질러 이르시되 엘리 엘리 라마 사박다니 하시니 이는 곧 나의 하나님, 나의 하나님, 어찌하여 나를 버리셨나이까 하는 뜻이라.

다윗이 극심한 고난과 역경 가운데 오직 하나님께만 소망을 두고 부르짖는 그 기도를 통하여 그리스도의 고난을 예언하게 하신 것이다. 시편 22편 14-18절에 다윗의 고난의 절정을 보여준다.

나는 물 같이 쏟아졌으며 내 모든 뼈는 어그러졌으며 내 마음은 밀랍 같아서 내 속에서 녹았으며 내 힘이 말라 질그릇 조각 같고 내 혀가 입천장에 붙었나이다 주께서 또 나를 죽음의 진토 속에 두셨나이다 개들이 나를 에워쌌으며 악한 무리가 나를 둘러 내 수족을 찔렀나이다 내가 내 모든 뼈를 셀 수 있나이다 그들이 나를 주목하여 보고 내 겉옷을 나누며 속옷을 제비 뽑나이다.

예수님의 고난과 십자가에 못 박히실 것과 조롱과 구경거리가 되고 옷이 나누이게 될 것을 예언하고 있다.
요한복음 19장 23-24절은 증거하고 있다.

군인들이 예수를 십자가에 못 박고 그의 옷을 취하여 네 깃에 나눠 각각 한 깃씩 얻고 속옷도 취하니 이 속옷은 호지 아니하고 위에서부터 통으로 짠 것이라 군인들이 서로 말하되 이것을 찢지 말고 누가 얻나 제비 뽑자 하니 이는 성경에 그들이 내 옷을 나누고 내 옷을 제비 뽑나이다 한 것을 응하게 하려 함이러라 군인들은 이런 일을 하고.

드디어 하나님께서는 다윗의 기도를 들으사 간섭해 주시고 개입해 주신다. 이사야 64장 1-9절과 같이 말이다.

아, 하늘을 쪼개시고 내려오십시오. 산들이 당신 앞에서 떨 것입니다. 나뭇가지가 불에 활활 타듯, 물이 펄펄 끓듯, 당신의 원수들은 당신의 이름을 알게 되고 민족들은 당신 앞에서 떨 것입니다. 당신께서 하신 놀라운 일들은 우리가 생각지도 못했던 일들입니다. 일찍이 아무도 들어보지 못한 일, 일찍이 아무도 보지 못한 일, 당신밖에 그 어느 신이 자기를 바라보는 자에게 이런 일들을 하였습니까? 정의를 실천하고 당신의 길을 잊지 않는 사람이 당신 눈에 띄었으면 얼마나 좋았겠습니까? 당신께서 이렇듯이 화를 내신 것은 우리가 잘못을 저지르고 처음부터 당신께 반역하였기 때문입니다. 우리는 모두 부정한 사람처럼 되었습니다. 기껏 잘했다는 것도 개짐처럼 더럽습니다. 우리는 모두 나뭇잎처럼 시들었고 우리의 죄가 바람이 되어 우리를 휩쓸어갔습니다. 당신의 이름을 불러 예배하는 자도 없고 당신께 의지하려고 마음을 쓰는 자도 없습니다. 당신께서 우리를 외면하시므로 우리는 각자 자기의 죄에 깔려 스러져가고 있습니다. 그래도 야훼여, 당신께서는 우리의 아버지이십니다. 우리는 진흙, 당신은 우리를 빚으신 이, 우리는 모두 당신의 작품입니다. 야훼여, 너무 노여워 마십시오. 우리 죄를 영원히 기억하지는 마십시오. 굽어살펴 주십시오. 우리는 모두 당신의 백성입니다(공동번역개정판).

비록 하나님께 범죄하였고 이로 말미암아 징벌을 받지만 그래도 우리는 당신이 만드신 백성이기에 간구하오니 우리의 삶에 개입해 달라는, 하늘을 가르고 강림하여 달라는 것이다. 하나님께서 꺼져가는 심지와 같은 반쯤 꺾인 갈대와 같은 다윗의 삶 속에 개입하신다. 하늘을 가르고 강림하신 것이다. 그리하여 아히도벨의 계략을 수포로 돌아가게 하셨는데 그 이유는 압살롬에게 화를 내리시기로, 멸망시키기로 작정하셨기 때문이었다. 다윗의 기도를 들으심이다. 사무엘하 15장 31절이다.

어떤 사람이 다윗에게 알리되 압살롬과 함께 모반한 자들 가운데 아히도벨이

있나이다 하니 다윗이 이르되 여호와여 원하옵건대 아히도벨의 모략을 어리석
게 하옵소서 하니라.

후새는 사독과 아비아달 두 제사장에게 상황을 알리고 다윗에게
사람을 보내 나루터에서 머물지 말고 속히 요단을 건너라고 이르라
하였다.6 이에 사독과 아비아달은 그들의 아들, 아히마아스와 요나
단으로 하여금 이 사실을 다윗에게 전하였고 다윗과 따르는 모든
백성이 요단을 무사히 건널 수 있었다.

회생할 수 있는 시간을 번 것이다. 아히도벨은 알았다. 자기의
계략을 따르지 아니하면 다윗의 군대에 의해 분명코 압살롬의 군대
가 궤멸된다는 것을 말이다. 아히도벨이 압살롬 편에 든 것에 다윗이
타격을 받았듯이 아히도벨 역시 이제까지 전쟁터에서 보여준 다윗
의 뛰어남을 잘 알고 있었던 것이다. 결과는 보나마나였다. 그는
후새의 잘못된 계략이 받아들여졌음을 알자 나귀에 안장을 지우고
고향으로 돌아가 자기 집을 정리하고 스스로 목매어 죽었다. 가장
큰 위기가 넘어간 것이다. 그 언약7을 이루시기 위하여 하나님께서
하늘을 가르고 강림하사 개입하여 주신 것이다.

후새의 지혜로 시간을 번 다윗은 마하나임을 거점으로 삼을 수

---

6 후새는 자신의 거짓 계략이 받아들여졌지만 완전히 결정된 것은 아니라 만일의 사태
를 대비하기 위하여 이렇게 연락을 한 것이다.
7 다윗이 하나님의 성전을 건축하고자 소망하였을 때 나단 선지자를 통하여 사무엘하
7장 16절에 이르셨다. "네 집과 네 나라가 내 앞에서 영원히 보전되고 네 왕위가 영원
히 견고하리라 하셨다 하라."

있었다. 압살롬은 이스라엘 군을 거느리고 길르앗에 진을 치게 되었다. 하나님께서는 그때 바르실래를 비롯 소비와 마길을 보내사 다윗을 위로하셨다. 다윗의 일생을 보면 그를 마음 아프게 한 이들도 많았고 배반한 자도 있었다. 하지만 하나님께서는 그의 환난 날에 도우셨으며 도움의 손길을 적절하게 보내어 주셨다. 나는 고린도후서 1장 3-10절에 나오는 사도 바울의 간증을 늘 마음에 두고 있다. 다윗의 간증도 이와 같으리라 여긴다.

> 찬송하리로다 그는 우리 주 예수 그리스도의 하나님이시요 자비의 아버지시요 모든 위로의 하나님이시며 우리의 모든 환난 중에서 우리를 위로하사 우리로 하여금 하나님께 받는 위로로써 모든 환난 중에 있는 자들을 능히 위로하게 하시는 이시로다 그리스도의 고난이 우리에게 넘친 것 같이 우리가 받는 위로도 그리스도로 말미암아 넘치는도다 우리가 환난 당하는 것도 너희가 위로와 구원을 받게 하려는 것이요 우리가 위로를 받는 것도 너희가 위로를 받게 하려는 것이니 이 위로가 너희 속에 역사하여 우리가 받는 것 같은 고난을 너희도 견디게 하느니라 너희를 위한 우리의 소망이 견고함은 너희가 고난에 참여하는 자가 된 것 같이 위로에도 그러할 줄을 앎이라 형제들아 우리가 아시아에서 당한 환난을 너희가 모르기를 원하지 아니하노니 힘에 겹도록 심한 고난을 당하여 살 소망까지 끊어지고 우리는 우리 자신이 사형선고를 받은 줄 알았으니 이는 우리로 자기를 의지하지 말고 오직 죽은 자를 다시 살리시는 하나님만 의지하게 하심이라 그가 이같이 큰 사망에서 우리를 건지셨고 또 건지실 것이며 이 후에도 건지시기를 그에게 바라노라.

바르실래, 소비, 마길은 침대와 이부자리, 대야와 질그릇, 밀과 보리와 밀가루와 볶은 곡식, 콩과 팥과 볶은 씨 등을 가지고 왔을뿐더러 꿀과 버터, 양고기와 치즈를 다윗과 함께한 자들에게 제공하였다. 곤하여 지친 모든 자는 이와 같은 양식과 편리를 제공받고 힘을 비축할 수 있었다. 다윗은 곧바로 마하나임[8]을 전투 장소로 선정하고 전열을 가다듬는다. 그는 군대를 세 떼로 나누어 기동력이 있게 했고 요압과 아비새와 잇대에게 맡겼다. 싸움터로 나가는 그들에게 다윗은 부탁한다. "압살롬의 목숨만은 살려 주시오!" 전투는 시작되었고 다윗의 군대는 졸속으로 구성된 오합지졸의 압살롬의 군대를 격퇴시켰는데 이만 명을 죽였다. 압살롬은 전장에서 아버지 다윗이 얼마나 뛰어난 왕인지 바로 보지를 못한 것이다. 그는 숲속으로 도주하다가 상수리나무의 가지에 머리채가 휘감겨 대롱대롱 매달리게 되었다. 요압은 손에 있는 작은 창으로 압살롬의 가슴을 찔렀고 요압 수하에 있던 10명이 압살롬을 때려죽여 버렸다. 압살롬의 시체는 수풀 가운데 큰 구멍에 던져졌고 큰 돌무더기를 그 위에 쌓았다. 압살롬의 반란은 이로써 끝이 났다.[9] 그는 불행히도 하나님 안에서

---

8 다윗이 얼마나 전투에 능숙한 자였는지를 보여준다. 마하나임은 수풀 지역으로서 구덩이가 많았다. 다윗을 따르던 군사는 잘 훈련된 자들로서 이 지형을 잘 이용할 줄 안 반면 압살롬의 군대는 수는 많았으나 전투 경험이 부족한 것이 흠이었다. 다윗의 이 판단이 얼마나 즉효 했느냐는 사무엘하 18장 8절에 적나라하게 드러난다. "그 땅에서 사면으로 퍼져 싸웠으므로 그 날에 수풀에서 죽은 자가 칼에 죽은 자보다 많았더라." 압살롬은 실전에서 아버지 다윗의 적수가 되지 못했다.

9 압살롬의 결말이 왜 이렇게 되었나? 오직 하나다. 그는 자기의 영광만을 추구하였기 때문이다. 사울이나 마찬가지이다.

생각하지 못했고 인본주의적 생각으로 하나님께서 사용하시는 아버지, 아니 하나님의 종에게 반기를 들었고 헛된 야망을 충족하기 위해 이스라엘을 찢으려 했다. 여호와께서 그를 치어 죽이셨다.

다윗은 마하나임 바깥 성문과 안 성문 사이에 앉아 있다가 승전 소식과 함께 아들 압살롬의 죽음도 전달받았다. 그는 마음이 심히 아파 문 위층으로 올라가서 울었다. "내 아들 압살롬아 내 아들 내 아들 압살롬아 차라리 내가 너를 대신하여 죽었더면, 압살롬 내 아들아 내 아들아." 나는 이것이 자식에 대해서만은 우유부단(優柔不斷)하고 맹목적인 사랑을 베푼 아버지의 슬픔의 절규10만이라고는 보지 않는다.

그는 자기의 죄로 인한 결과로 아들의 죽음을 받아들인 것이다. 밧세바와의 사이에서 난 갓난 아들이 죽었고, 사랑스러운 딸 다말은 추행을 당해 괴로운 삶을 살고 있고, 어리석고 색욕에 눈먼 암논이 칼에 맞아 죽었고, 이제는 자기를 죽이려고 달려든 셋째 아들 압살롬이 죽었다. 그야말로 다윗의 집안은 우환과 피바람이 몰아친 것이다. 나단 선지자가 전한 하나님의 말씀처럼 말이다. 사무엘하 12장 10절이다.

이제 네가 나를 업신여기고 헷 사람 우리아의 아내를 빼앗아 네 아내로 삼았은

---

10 다윗이 압살롬의 사망 소식을 듣고 울부짖은 절규는 다윗을 위해 싸운 군사들에게는 힘 빠지는 소리로 들렸을 것이다. '도대체 누구를 위해 싸웠는데 그럼 우리가 죽었어야 옳았단 말인가'라고 생각할 수도 있었겠다.

즉 칼이 네 집에서 영원토록 떠나지 아니하리라.

그는 자신의 죄가 자신을 끝까지 추적하였다고 여겼다. 끝까지 말이다. 그릇된 야망으로 작은 창에 찔리고 10명의 군사에게 맞아 죽은 압살롬, 다 자신의 죄악의 쓴 열매이다. 간음하고 교활하게 속임수를 썼고 마침내 살인한 자신에게 하나님의 심판이 내려진 것으로써 압살롬이 죽었다는 것이다.

내 아들 압살롬아 내 아들 내 아들 압살롬아 차라리 내가 너를 대신하여 죽었더면, 압살롬 내 아들아 내 아들아(삼하 18:33).

어찌 됐건 다윗의 이러한 울부짖음은 그를 따라 죽기로 싸운 요압과 모든 군대의 사기를 떨어뜨리는 것이었다. 요압은 이를 지적하였고 다윗은 속히 받아들였다. 다윗은 왕으로 예루살렘으로 귀환한다. 다윗은 그를 저주한 시므이를 비롯한 다른 자들에게도 다 너그럽게 대하였다. 이스라엘의 또 다른 분열을 원치 않았기 때문이다. 하지만 다윗이 속한 유다 지파와 나머지 지파 사이의 반목은 남아 있어 그 기회를 타 베냐민 지파 출신 세바[11]가 반란을 일으킨다. 요압은 그 와중에 자기의 지위를 아마사[12]가 위협한다 판단하여

---

11 베냐민 사람 비그리의 아들로서 성경은 그를 불량배라고 일컬었다. 반란의 이면에는 이스라엘 지파의 반목이 발단이 된 것으로 보아야 할 것이다.
12 그는 다윗의 누이 아비가일의 소생이었고 아버지는 이스마엘 사람 예델이었다. 압살

그를 살해한다. 이는 분명 다윗의 뜻에 반한 행동이었다. 다윗의 옆구리의 가시로 요압은 악한 역할을 지속한다. 우여곡절 속에서 세바의 반란은 진압되었고 왕국은 안정을 찾아갔으며 굳건해졌다.

롬의 반역에 함께하였지만, 그 후 다윗은 그를 중용하였다. 아마도 다윗은 세력이 커져 다루기가 힘든 요압을 견제하기 위한 방책이었을 것이다. 요압은 이것을 못마땅하게 생각하였고 결국 요압에 의하여 비참하게 죽게 된다. 전날 다윗의 뜻에 반하여 아브넬을 살해한 것처럼 아마사도 죽인 것이다.

17장

죽음 앞에서 부르는 구원의 노래

시편 3편 주해(註解)

카타콤(Catacomb, 라틴어 *catacumbae*)은 특별한 기독교적 의미를 지니고 있다. 카타콤은 성도들이 만든 지하 묘지다. 로마 제국 초기, 성도들은 시신을 화장하는 대신 매장을 선호했지만, 도시 안에 땅을 소유하는 것이 어려웠기에 지하 수 킬로에 이르는 굴을 파 묘지로 사용했다. 이곳에는 수백 개의 방이 만들어졌고, 박해를 피해 그곳에서 밤마다 성찬을 나누며 기도하고, 부활을 기다렸다.

로마의 카스틸로 카타콤(Castello Catacombe)도 그중 하나다. 이곳은 2~3세기 기독교 박해 시대 성도들의 지하 묘지로, 약 4만 개가 넘는 매장실과 미로 같은 통로로 이루어져 있다. 카스틸로 카타콤에서 가장 인상 깊었던 것은 지하 벽을 따라 늘어선 사람 팔 길이가 될 만한 자그마한 무덤들이었다. 이는 숨을 거둔 어린아이들의 시신을 안치한 곳이었다.

성도들은 세대를 넘어 신앙을 지키기 위해 사람들의 눈을 피해 무덤 곁에서 예배하고 성찬을 나누었다. 그들은 가족들과 함께 예배했고 교회를 세웠다. 때로는 가족의 무덤 곁에서 예수님의 십자가를 기억하였고, 자녀들의 시신 옆에서 기도했다. 그렇기에 성도들에게 카타콤은 단순히 죽은 자를 묻은 곳이 아니다. 카타콤에서 드리는 기도는 생존을 위한 몸부림이 아니라 가족 공동체가 함께 죽음 너머의 소망을 붙드는 신앙고백이었다.

이 배경은 시편 3편을 이해하는 데 중요한 몇 가지 맥락을 제공한다. 시편 3편은 성경에서 처음으로 '시편'(מִזְמוֹר, mizmor)이라는 제목이 붙었다. 배경은 사무엘하 15-18장에 기록된 압살롬의 반역 사건으로, 다윗이 왕궁을 떠나 광야로 도망치던 위기의 순간이다.

다윗은 아들 압살롬의 반역으로 왕궁에서 쫓겨나 광야로 도망치며, 죽음을 바로 앞에 둔 상황에서 기도하고 있다. 시편 3편은 바로 그 상황에서 울려 나온 노래다.

시편 3편의 또 다른 주인공은 압살롬이다. 광야로 도망친 아버지 다윗을 보면서 압살롬은 깊은 비통과 용서할 수 없는 분노를 느꼈을 것이다. 그는 이렇게 생각했을지도 모른다. '아버지는 자신이 한 일은 생각하지 않는가?'

압살롬은 어릴 때 아버지 다윗이 충성스러운 장수 우리아의 아내를 빼앗고, 그의 생명을 무참히 앗아가는 모습을 보았다. 사람들은 다윗을 선왕이자 하나님을 참으로 사랑하는 자라고 칭송했지만, 압살롬의 눈에는 정욕을 다스리지 못해 남의 아내를 빼앗고 부하를 죽음으로 내몬 파렴치한으로 보였을 것이다.

다윗은 이 사건으로 인하여 하나님 앞에 회개하고 징계받은 후에 자녀들에게 진심으로 사과하며 대화했을까? 만약 다윗이 진실한 마음으로 자녀들에게 용서를 구하고 자신의 과오를 솔직하게 고백했으면 압살롬과 암논[1]은 어떻게 되었을까?

이러한 배경에서 지어진 시편 3편은 단순한 개인의 탄식이 아니라 가정의 붕괴와 민족 공동체의 위기 속에서 울려 퍼진 신학적 기도였다.[2]

> 여호와여 나의 대적이 어찌 그리 많은지요 일어나 나를 치는 자가 많으니이다
> 많은 사람이 나를 대적하여 말하기를 그는 하나님께 구원을 받지 못한다 하나
> 이다(시 3:1-2).

1-2절에는 대적들의 조롱에 대해 하나님께 탄식하는 다윗의 목소리가 담겨있다. 1절의 대적에 대한 히브리어 원어는 צָרַי(tsaray)이다. 이는 단순히 군사적 적수만을 뜻하지 않는다. 자신을 육체적으로, 정신적으로 압박하는 모든 세력을 가리킨다. 지금 다윗의 대적의 중심부엔 육신의 아들 압살롬이 있다. 다윗은 부모로서 가장 고통스

---

1 암논(Amnon)은 다윗 왕의 장남으로 사무엘하 13장에 기록되어 있다. 이복누이 다말을 사랑하여 강간한 후 버린 인물이며 압살롬이 반역을 일으킨 시발점이 된 인물이다.
2 Martin Luther, *Dr. Martin Luthers Sämmtliche Schriften* (St. Louis: Concordia Publishing House, 1880), 1375.

러운 경험인 사랑하는 아들의 반역이라는 내면의 압박으로 허우적
거리고 있는 것이다.

대적들은 다윗이 하나님의 은혜에서 벗어났다고 선언한다. 이것
은 단순한 비난이 아니라 다윗이 선민(選民)3의 자격을 박탈당했다
고 이야기하는 것이다. 이때 2절의 '구원'은 히브리어 יְשׁוּעָה(yeshuah)
로, 훗날 신약성경의 예수(יֵשׁוּעַ, Yeshua)라는 이름의 뿌리다.

이러한 절망 가운데 시편 3편은 하나님을 부르라고 초대한다.
탄식은 불신앙이 아니라 기도의 시작이다.

> 여호와여 주는 나의 방패시요 나의 영광이시요 나의 머리를 드시는 자이시니
> 이다 내가 나의 목소리로 여호와께 부르짖으니 그의 성산에서 응답하시는도다
> (시 3:3-4).

대적의 조롱 속에서 다윗은 여호와를 방패와 영광으로 고백한다.
이는 전적으로 하나님께 대한 깊은 신뢰에서 비롯된다.

다윗이 하나님을 비유한 두 가지가 무엇인가? 첫 번째는 방패다.

---

3 선민(選民) 사상은 유대교의 핵심 사상으로 히브리 원어로는 am segullah(עַם סְגֻלָּה)
이며 특별한 보물이라는 의미이다. 하나님께서 유대인들을 다른 민족들 가운데 구별
하셨고 백성으로 택하셨다는 의미이다(출 19:5-6; 신7:6). 이것은 하나님께서 출애
굽기에 인간과 맺으신 계약(언약)을 지켜야 하는 의무를 다하며 세상 속에서 하나님
을 드러내야 하는 책임을 져야 함을 동시에 말한다. 다윗의 대적이 다윗에게 하나님께
구원을 받지 못한다고 이야기하는 것은 이 선민의 박탈을 의미하며 하나님과의 관계
단절을 통해 버려진 백성이라는 비난을 의미한다.

히브리 원어로는 מָגֵן(magen)인데 원어 뜻에 의하면 최근접전에서 화살과 칼을 막는 작은 손 방패다. 내 몸에서 가장 가까이 있는 보호막이라는 것이다. 하나님은 다윗에게 멀리 계신 방관자가 아니라 전투 한복판에서 가장 가까이 다윗을 막아주시는 분이다.

두 번째는 영광(כָּבוֹד, kavod)이다. '영광'(כָּבוֹד, kavod)은 본래 '무게'로 '무겁다, 중요하다'에서 파생되었다. 압살롬에 의해 왕위를 잃은 다윗은 여전히 자신을 존귀하게 하시는 분이 하나님이심을 고백한다. 하나님의 능력과 임재가 나를 지킨다는 것이요, 나를 일으키는 실체는 하나님이시라는 것이다. 하나님께서는 패배자의 머리를 들어주시는 분이시다.

다윗이 고백하는 하나님은 동일하다. 방패와 영광이신 하나님, 내가 의지할 유일한 창조자이시다.

> 내가 누워 자고 깨었으니 여호와께서 나를 붙드심이로다 천만인이 나를 에워싸 진 친다 하여도 나는 두려워하지 아니하리이다(시 3:5-6).

인생에게는 내일을 생각하기조차 힘든 고난의 시간이 있다. 환난의 가운데에 있을 땐 신음 소리, 움직임 하나하나가 죽을 만큼 힘들다.

다윗은 놀랍게도 압살롬의 살해 위협과 가정의 붕괴 속에서 평안했다. 죽음 앞에서도 눕고 자고 깨는 일상의 기적을 경험하고 있는 것이다.

여호와여 일어나소서 나의 하나님이여 나를 구원하소서 주께서 나의 모든 원수의 뺨을 치시며 악인의 이를 꺾으셨나이다 구원은 여호와께 있사오니 주의 복을 주의 백성에게 내리소서(시 3:7-8).

마침내 다윗은 신뢰와 평안을 주신 하나님을 인식하고 선포한다. 구원(יְשׁוּעָה, yeshuah)은 고통에서 벗어나는 것이 아니라 하나님의 완전함을 받아들이고 자신의 전적 포기로 시작된다. 그렇기에 다윗은 개인뿐 아니라 이스라엘 전체를 하나님께 맡긴다.

에필로그

압살롬은 전투에서 죽었고, 다윗은 통곡했다.

"내 아들 압살롬아 내 아들 내 아들 압살롬아 차라리 내가 너를 대신하여 죽었더면"(삼하 18:33).

다윗의 울부짖음은 단순한 슬픔이 아니라 대속(代贖)의 소망이었다. 그는 아들을 살릴 수만 있다면 자신이 대신 죽고 싶었으나 그렇게 하지 못했다. 그러나 삼위일체 하나님은 실제로 그렇게 하셨다. 전능하신 아버지 하나님, 천지의 창조주께서는 범죄한 인류를 위해 유일하신 아들을 내어주셨고, 성령으로 잉태되신 우리 주 예수 그리스도께서는 십자가에 못 박혀 죽으셨다.

다윗과 압살롬의 이야기는 비극으로 끝났지만, 하나님의 용서는 십자가에서 완성되었고, 그 십자가 위의 피가 우리를 살리셨다는 것이다.

카스틸로 카타콤은 종착지가 아니라 부활을 기다리는 자리다. 카타콤에서 초기 성도들은 "구원은 여호와께 있다"는 시편 3편과 동일한 마지막 고백을 되뇌었을 것이다. 다윗의 광야와 로마의 카타콤은 시간도 공간도 달랐다. 그러나 동일한 신앙의 맥락 위에 있다.

무덤은 끝이 아니다. 우리도 죽음으로 소멸되는 자들이 아니다. 하나님은 인간이 눕고, 자고, 깨어나게 하시며, 마지막 날에는 우리 모두를 깨우실 것이다.

이제 인생의 갈등과 삶의 무게로부터 하나님께로 시선을 돌리자. 우리의 눕고, 자고, 깰 수 있는 일상조차 하나님의 다스림 아래에 있고 이것이 은혜임을 기억하자. 죽음 앞에서 기도하는 다윗처럼 구원이 하나님께 있음을 믿고 고백하자. 그리고 십자가에서 드러난 하나님의 마음과 예수 그리스도의 희생을 깊이 묵상하자.

다윗의 기도는 절망을 뛰어넘어 하나님께 시선을 고정했고, 그 기도 속에서 구원을 확신했다.

18장

다윗의 인구 조사

다윗은 모든 것을 되찾았고 명예도 부도 더하여졌다. 나라는 안정되었고 한시름을 놓았다. 하지만 늘 경성하고 깨어 있지 아니하면 사탄이 작은 틈을 교묘히 파고든다는 것을 그만 잊어버렸다. 인구 조사를 단행한 것이다. 사람이 어느 정도 이루었고 나이가 들면 자신이 이룩해 놓은 것이 더욱 대견하고 자랑스럽게 보이는 법이라는 말처럼 다윗도 그리되었다. 고린도전서 10장 12절에 "그런즉 선 줄로 생각하는 자는 넘어질까 조심하라"고 하였잖는가! 다윗, 하나님이 붙들어 주시지 아니하면 넘어지는 존재, 바로 그것이었다.

사무엘하 24장 1절에 다음과 같이 기록되어 있다.

여호와께서 다시 이스라엘을 향하여 진노하사 그들을 치시려고 다윗을 격동시키사 가서 이스라엘과 유다의 인구를 조사하라 하신지라.

분명코 다윗의 인구 조사는 이스라엘에 대한 하나님의 진노의 심판임을 말씀하고 있는 것이다. 즉, 이스라엘에 대한 심판의 한 방편으로 다윗을 격동시키신 것이다. 이로 보건대 인구 조사는 이스라엘을 심판하시고자 그리고 다윗의 교만을 벌하고자 하시는 하나님의 종합적 징벌의 단초(端初)라는 것이다. 예컨대 여호수아의 가나안 정복 전쟁을 행하게 하심은 분명 약속의 땅, 가나안을 이스라엘에게 유업으로 주시고자 하시는 하나님의 언약 성취일 뿐 아니라 아모리 족속의 죄악 때문임을[1] 성경은 말씀하고 있다. 우리는 한 부분만을 고집하고 보지만 하나님은 모든 것을 통합하사 통괄적으로 판단하시고 그 오묘하신 뜻을 진행시키시는 것이다. 역대상 21장 1절에는 이렇게 기록되어 있다.

> 사탄이 일어나 이스라엘을 대적하고 다윗을 충동하여 이스라엘을 계수하게 하니라.

다윗의 인구 조사 명령이 일찍이 계획되어 있거나 면밀히 살피지 아니한 즉흥적인 것이었음을 군대장관 요압의 말에서 알 수 있다.

---

1 창세기 15장 16절에 하나님께서 아브라함에게 말씀하시기를 "네 자손은 사대 만에 이 땅으로 돌아오리니 이는 아모리 족속의 죄악이 아직 가득 차지 아니함이니라"고 하셨다. 즉, 애굽에서 400년간 머물다가 가나안 땅으로 돌아오겠다는 말씀으로 가나안의 여러 족속 중 아모리 족속을 언급하신 것은 아모리 족속이 가장 강력한 족속이기에 여러 족속의 대표격으로 말씀하신 것이다.

이 백성이 얼마든지 왕의 하나님 여호와께서 백 배나 더하게 하사 내 주 왕의 눈으로 보게 하시기를 원하나이다 그런데 내 주 왕은 어찌하여 이런 일을 기뻐 하시나이까(삼하 24:3).

인구 조사는 쉬운 것이 아니었다. 열 달 가까이에 걸쳐 인구 조사를 할 만큼 시간과 노력과 비용이 엄청나게 드는 것이었다. 그리고 실제 당시 이러한 전투에 나갈 만한 자를 조사하는 것이 특별히 필요치 않았다. 타국과의 전쟁을 할 만한 일도 없었고 국경에 긴장감을 조성할 만한 일도 일어나지 않았기 때문이다. 말 그대로 태평성대였다. 인구 조사는 다윗의 자만감만 충족시켜 줄 뿐이었다. 하나님을 온전히 의지한 다윗이 이제는 자기의 군대의 힘을 자랑하고 의지하려 한 것 때문에 인구 조사는 시작되었다. 나는 이 사건이야말로 다윗이 '수도자2로 살아가기'를 스스로 포기한 것이라고 본다.

기독교 역사를 한번 되새겨 보자. 초대교회는 박해와 고난 속에서 주님 오심을 기다리며 오늘을 일구어 나갔다. 박해와 고난은 초대교회를 쓰러뜨리지 못했고, 이단들의 교묘한 궤계 역시 초대교회를 훼파하지 못했다. 아니 도리어 그 가운데서 성도들은 빛난 보석과 같이 나올 수 있었는데 박해와 고난, 이단들의 궤계를 분별하고 이겨내는 동안 원석을 가공하듯 깎이고 갈리어 그 안에 있는 빛을

2 수도자란 하나님의 말씀을 심령에 품고 그 말씀을 따라 인생길을 걷는 천국으로의 순례자를 뜻한다. 즉, 주님의 삶을 닮아가길 소원할 뿐 아니라 이를 실천하고자 하는 하나님의 자녀를 통칭하는 것이다.

드러낼 수 있었다. 초대교회 성도들의 삶 자체가 바로 수도자로서의
삶이었다.

필립 샤프는 그의 책에서 다음과 같이 기록하고 있다.

콘스탄티누스 이전에는 그리스도인들이 사실상 이교 세계에서 이교 정부의
통치를 받던, 의지할 데 없고 법익을 박탈당한 소수였다. 당시에 그들은
특정 교리들 때문에 죽은 게 아니라 기독교를 믿는다는 사실 자체 때문에
죽었다. 당시에 그것은 투쟁이었다. 교단이나 분파를 위한 투쟁이 아니라
기독교 자체를 위한 투쟁이었다. 옛 교회가 겪은 순교의 중요성은 희생자
수가 많다거나 고난이 혹독했다는 데 있다기보다, 박해에 굴하지 않고
존립했고, 그 결과 후대를 위해 기독교 신앙을 지켰다는 데 있다. 따라서
처음 3세기는 이교의 박해와 기독교의 순교로 이루어진 고전적인 시대이
다.[3]

순교자 유스티노스를 보자. 그의 삶을 한마디로 표현하자면 그는
자기가 가르친 바를 실천하며 살았다는 데 있었다. 그는 다음과
같은 고백을 하고 순교하였다.

우리 주 예수 그리스도를 위하여 환난을 달게 받고 구원을 얻는 것이야말로
우리들이 무엇보다 간절히 원하는 바요. 이 자리보다 더 엄정하고 또

---

3 필립 샤프/이길상 옮김, 『교회사전집 2 니케아 이전의 기독교』(크리스챤 다이제스트,
  2004), 91-91.

전 인류를 불러내시는 우리의 주님이자 구주의 재판정에 설 때, 지금 이 일이 우리에게는 구원과 위로가 될 터이기 때문이외다.[4]

서머나의 폴루카르포스에 대한 글도 보자.

폴루카르포스의 성망이 말살되지 않은 것은, 그를 앞뒤로 하여 다른 여러 사람이 했듯이 그도 편지를 썼기 때문이 아니다. 그의 생애가 사도 시대로 맞닿아 있었기 때문이 아니다. 다구나 당시 소용돌이친 교회 논쟁 속에서 주도적인 노릇을 했기 때문이 아님도 분명하다. 죽음의 자리에까지 끌려가서도 갖은 회유를 물리치고 믿음을 굽히지 않은 사람, 곧 자기가 섬기는 그리스도의 증인 구실을 해낸 인물이었기 때문이다.[5]

하지만 기독교가 로마 제국에 의해 공인[6]되면서는 상황이 달라졌다. 그리스도를 믿는 신앙에 대한 핍박과 환난은 점점 사라졌고 이러한 가운데 믿는 이의 삶은 변화를 보이기 시작하였는데 그것은 말씀에 대한 둔감(鈍感)이었다. 그 이유는 세상과 기독교가 구별될 필요를 느끼지 못한 것에서 기인한다. 세상적 지위를 기독교는 얻었지만 영적인 능력은 점점 쇠락되어 갔다. 세상과 기독교가 서로 섞이게 된 것이다.

---

4 쿠르트 알란트/조성헌 옮김, 『초대 교회 사람들』(한국신학연구소, 2000), 91.
5 쿠르트 알란트, 『초대 교회 사람들』, 63.
6 로마 황제 콘스탄티누스는 313년 밀라노 칙령으로 기독교를 공인하였다. 그는 또한 325년 제1차 니케아 공의회를 소집하는 등 기독교 발전에 기여하였다.

그래서 경건한 성도들은 하나님을 바라보며 그 안에서 참 소망과 기쁨을 누리길 소원하게 되었다. 열심이 특심한 몇몇 성도들은 세상을 떠나 살길 추구한 가운데 사람이 안 보이는 곳을 찾게 되었을 뿐 아니라 편리한 세상의 환경과 도구를 멀리하였다. 오직 하나님의 사랑 속에 하나님과 교제하길 원하였던 것이다.

그들의 이러한 생활은 대표적으로 기도에 잠기는 것으로 나타났고 금욕으로 표현되었고 고된 삶을 통하여 자신들이 순결해지기를 열망하는 것으로 자리 잡아 갔다. 그래서 자연히 그들의 생활은 기도와 노동 그리고 최소한의 음식 섭취 그리고 말씀 연구로 나타났다. 이 같은 현상들이 나타난 것은 거룩하신 하나님께서 명하신 "너희는 거룩하라"는 말씀에의 순종이었음은 두말할 것도 없겠다. 요한복음 17장 19절에 보면 대제사장 예수님의 기도가 나온다. "또 그들을 위하여 내가 나를 거룩하게 하오니 이는 그들도 진리로 거룩함을 얻게 하려 함이니다." 하나님의 거룩하심을 성경은 말씀하고 있고 그의 아들 되시는 성자 하나님의 거룩하심을 성경은 증거하고 있다.[7]

사도 바울의 소망은 그리스도의 장성한 분량이 충만한 데까지 성도가 이르는 것이라고 그의 서신 에베소서 4장 13절에 기록하고 있다. 경건한 성도들은 삶의 목적과 목표가 오로지 그리스도의 장성한 분량이 충만한 데까지 이르는 것이었다. 그리스도의 장성한 분량

---

7 "손을 내밀어 병을 낫게 하시옵고 표적과 기사가 거룩한 종 예수의 이름으로 이루어지게 하옵소서 하더라"(행 4:30).

이 충만한 데까지, 즉 그리스도로 충만한 상태에까지 도달하는 것은 바로 거룩이었다. 세상과 섞이게 되고 타협하게 되고 이로 인하여 평안함을 추구하고 말씀을 잃어버린 곳에서 그들은 족함을 누리지 못하였다. 왜냐하면 더 높은 것을 추구하고 하나님을 닮아가길 소원했기 때문이다.

자! 다윗은 대체로 수도사적 삶을 살았다. 그는 하나님 앞에서 자신을 닦고 올바른 자세로 경건의 훈련을 게을리하지 않았다. 고난과 박해가 그에게 밀어닥칠 땐 더욱 순금과 같이 자신을 거룩함에 밀어붙였다. 하지만 이제 다윗은 세상적 부족함이 없었고 안락함의 나날을 보내고 있었고 무엇보다도 자신이 이룬 왕국이 자랑스러웠다. 그는 거친 환경에서 양을 보호하는 목동도 이젠 아니었다. 나라의 기틀을 잡기 위해 하나님을 의지하며 이리저리 뛰어다니는 왕도 아니었다. 여러 이방 민족의 위협도, 나라 안에서 반란의 기미도 없이 든든한 지위를 평안하게 누리고 있었다. 이젠 하나님 없이도 살만하였다. 다윗의 삶은 이때 정체되어 있었고 신앙에서 정체란 후퇴를 의미함은 두말할 나위가 없다. 그는 수도자로서의 진보(進步)를 버렸다.

무엇보다도 다윗은 인구 조사 같은 이러한 큰일을 하나님께 묻지 않았다. 대부분 다윗은 먼저 하나님께 묻고 일을 시작하였다. 이것이 그의 평생의 절차였다. 하나님께 묻는 자세를 견지(堅持)할 때 인간의 **욕망을 잠재울 수 있고 조급함으로 인한 실수에서 벗어날 수 있다.** 전날 다윗은 블레셋 용장 골리앗에게 외쳤다.

너는 칼과 창과 단창으로 내게 나아 오거니와 나는 만군의 여호와의 이름 곧 너가 모욕하는 이스라엘 군대의 하나님의 이름으로 내게 나아가노라 오늘 여호와께서 너를 내 손에 넘기시리니 내가 너를 쳐서 네 목을 베고 블레셋 군대의 시체를 오늘 공중의 새와 땅의 들짐승에게 주어 온 땅으로 이스라엘에 하나님이 계신 줄 알게 하겠고 또 여호와의 구원하심이 칼과 창에 있지 아니함을 이 무리에게 알게 하리라 전쟁은 여호와께 속한 것인즉 그가 너희를 우리 손에 넘기시리라(삼상 17:45-47).

그는 오직 하나님만 의지한 것이다. 의지하는 자를 위하여 하나님께서 승리를 주실 줄 믿었던 것이다.

그홉의 아들 소바 왕 하닷에셀과의 전투 때 그는 많은 병거의 말 발의 힘줄을 끊어 쓸모없게 만들었다. 왜냐하면 말의 힘을 의지할까 두려웠기 때문이었다.[8] 이처럼 다윗은 세상을 두려워하지 아니하고 오직 하나님만을 두려워하였다.

도대체 이랬던 자가 어찌 자만심의 수렁에 빠져버렸단 말인가! 그는 전날 어떻게 노래했던가!

많은 군대로 구원 얻은 왕이 없으며 용사가 힘이 세어도 스스로 구원하지 못하

---

8 하나님께서는 모세를 통하여 이스라엘의 왕이 지켜야 할 것을 신명기 17장 16절에 말씀하셨다. "그는 병마를 많이 두지 말 것이요 병마를 많이 얻으려고 그 백성을 애굽으로 돌아가게 하지 말 것이니 이는 여호와께서 너희에게 이르시기를 너희가 이 후에는 그 길로 다시 돌아가지 말 것이라 하셨음이며." 이토록 하나님은 다른 것을 의지하는 것을 싫어하신다.

는도다 구원하는 데에 군마는 헛되며 군대가 많다 하여도 능히 구하지 못하는
도다(시 33:16-17).

이것은 그의 지난날의 경험에서 얻은 교훈이었다. 실제로 다윗은
많은 전장의 전투에서 체험한 것이 바로 이것 아니었나! 하나님을
널리 알리어 영광을 돌리는 것이 아니라 자기를 자랑하고 자기가
영광 받으려는 자기과시였다. 교만은 하나님의 영광을 도둑질하는
것 아닌가!

이스라엘 전역에 징집 대상자 수를 조사하기 시작하여 마침내
요압이 다윗에게 보고하기를 이스라엘에서 칼을 빼는 담대한 자가
팔십만 명이요, 유다 사람이 오십만 명이라고 하였다. 다윗은 흐뭇했
고 만족했고 든든했고 자신이 통치하는 나라에 대한 자부심이 넘쳤
을 것이다. 그뿐만 아니라 나는 그 마음 한편에 세상에 대한 두려움이
싹텄던 까닭이 한몫을 했다고 생각한다. 그렇다. 잃을까 봐, 이룬
것을 빼앗길까 봐 말이다. 전날 사울이 엔돌에 있는 신접한 여인을
왜 찾아갔나! 블레셋 군대를 두려워한 때문이 아닌가! 여호와 하나님
에 대한 믿음이 식어졌던 것이다. 다윗의 교만은 반석과도 같은
그의 믿음을 침식시킨 것이다. 예수님께서는 마태복음 10장 28절에
말씀하셨다.

몸은 죽여도 영혼은 능히 죽이지 못하는 자들을 두려워하지 말고 오직 몸과
영혼을 능히 지옥에 멸하실 수 있는 이를 두려워하라.

이러함 속에서도 하나님께서는 다윗에게 자비를 더하셨는데 마음에 자책이 들게 하셨다. 하나님은 사랑이시다. 회개도 하나님께서 시켜 주셔야만 하는 것이다. 하나님을 의지하지 아니하고 군대를 의지한 것에 대한 회개, 이제까지 고비 고비마다 건져주신 하나님의 사랑과 이끄심을 배반했음을 뜨겁게 통회하였다. 하나님께서는 약 10개월을 기다려 주셨다. 인내의 사랑이 풍성하신 하나님이시다. 우리는 이 사건을 통하여 인간의 죄성과 인생의 악함을 알게 된다. 그럼에도 불구하고 다윗은 하나님을 놓지 않는다. 회개를 통하여 말이다. 우리가 다윗에게 배워야 할 가장 귀한 것은 회개하는 인생이다. 사무엘하 24장 10절이다.

> 다윗이 백성을 조사한 후에 그의 마음에 자책하고 다윗이 여호와께 아뢰되 내가 이 일을 행함으로 큰 죄를 범하였나이다 여호와여 이제 간구하옵나니 종의 죄를 사하여 주옵소서 내가 심히 미련하게 행하였나이다 하니라.

그는 참으로 미련하였다. 하나님께 묻지도 않고 인구 조사를 명하였고, 요압을 비롯한 모든 사람이 반대하는 일을 한 번쯤은 다시 생각해 봄 직한데, 자기도취에 빠져 시행하였다. 그는 정말 미련하였다. 여호와 하나님께서는 선지자 갓[9]을 보내어 이르셨다.

---

9 사울 왕의 칼날을 피해 도망 다닐 때부터 함께한 선지자로서 나단과 함께 성전 음악을 위해 힘썼고 다윗의 행적을 기록하기도 하였다.

왕의 땅에 칠 년 기근이 있을 것이니이까 혹은 왕이 왕의 원수에게 쫓겨 석 달 동안 그들 앞에서 도망하실 것이니이까 혹은 왕의 땅에 사흘 동안 전염병이 있을 것이니이까 왕은 생각하여 보고 나를 보내신 이에게 무엇을 대답하게 하소서(삼하 24:13).

세 가지 중 하나를 선택하라시는 여호와 하나님의 말씀이셨다. 다윗은 셋째 것을 택한다. 이에 그 아침부터 정하신 때까지 여호와께서 이스라엘에게 내리시니 칠만 명이 전염병으로 죽었다. 인구 조사의 죄가 얼마나 크고 무서운 것인지를 알 수 있다. 그의 교만의 죄로 인하여 온 이스라엘 전역이 죽음으로 뒤덮인 것이다. 하지만 그의 교만의 죄도 회개할 때 용서하시는 하나님의 사랑을 이길 수 없었다. 아니 하나님께서는 진노와 아픔 속에서도 다윗을 긍휼히 여기셨고 이스라엘을 불쌍히 여기셨다. 사탄은 하나님의 사랑의 줄을 끊을 수 없었다.

사도 바울은 로마서 8장 38-39절에 온 우주를 향해 외쳤다.

나는 하나님의 사랑에서 우리를 떼어 놓을 수 있는 것은 아무것도 없다고 확신합니다. 죽음도 그렇게 할 수 없고, 생명도 그렇게 할 수 없습니다. 천사들도 그렇게 하지 못하고 지옥의 모든 세력을 다 합친다 해도 하나님의 사랑에서 우리를 멀리 떼어 놓을 수 없습니다. 오늘에 대한 우리의 염려도 내일에 대한 우리의 공포도 또는 하늘 높이 올라가거나 바다 깊은 곳에 들어가거나 우리가 어디에 있든지간에 우리 주 그리스도께서 우리를 위해 죽으실 때 나타난 하나님의 사랑에서 우리를 떼어 놓을 수 있는 것은 아무것도 없습니다(현대어성경).

이제 하나님의 명령을 받드는 천사가 예루살렘을 향하여 손을 들어 멸하려 할 그때에 여호와 하나님께서는 마음을 돌이키시고 중지시키셨다. "이제 그만 두라, 충분하다." 여호와의 천사는 여부스 사람 아라우나의 타작마당 곁에 서 있었다.

다윗의 눈에 전염병으로 백성을 쳐 죽이는 천사가 보였다. 그는 기도하길 시작한다. "여호와여, 죄를 지었어도 저 혼자 지었으며 어리석고 불의한 일을 저질렀어도 제가 지은 것이 아닙니까? 이 백성의 잘못은 없사오니 나와 내 아버지의 집안을 쳐 주옵소서. 잘못했습니다." 그는 철저히 다시금 회개한다. 이러한 다윗에게 여호와께서는 긍휼을 베푸신다. 선지자 갓은 여호와 하나님의 말씀을 전한다. "여부스 사람 아라우나의 타작마당[10]에서 여호와를 위하여 제단을 쌓으소서." 다윗은 아라우나의 타작마당으로 올라갔고 모든 것을 제공하겠다는 아라우나에게 "그렇지 아니하다 내가 값을 주고 네게서 사리라 값없이는 내 하나님 여호와께 번제를 드리지 아니하리라" 하고 오십 세겔로 타작마당과 소를 사고 그곳에서 여호와 하나님께 제단을 쌓고 번제와 화목제를 드렸다. 다윗이 쌓은 제단의 예배를 받으시고 여호와 하나님께서는 이스라엘에게 내리는 재앙을 거두신다.

---

10 전날 아브라함은 이곳에서 자기의 독자 이삭을 번제로 바치려 한 장소이며 솔로몬 성전이 세워진 성전 터가 된다.

이스라엘과 다윗에게 진노하신 하나님께서는 천사에게 명하여 전염병으로 칠만 명을 쳐 죽이셨다. 이처럼 하나님의 분노는 컸다. 하지만 회개하는 자 앞에서 여호와 하나님께서는 분노를 거두실 뿐 아니라 제사를 드린 아라우나의 타작마당을 후일 솔로몬왕 때 지어질 성전 터로 삼으셨다. 회개하는 자에게 하나님은 은혜 위에 은혜를 더하신다.

역대상 21장 22-27절 말씀이다.

다윗이 오르난[11]에게 말하였다. "이 타작마당을 내게 넘겨 주시오. 물론 제값은 다 쳐주겠소. 이곳에 여호와를 섬길 제단을 쌓아 백성에게 내린 전염병을 물리쳐야 되겠소" 오르난이 대답하였다. "내 주 임금님, 그렇게 하십시오. 마음대로 타작마당을 사용하십시오! 이 타작마당은 물론 번제물로 드릴 소들과 땔감으로 쓸 타작 기구들과 소제물로 쓸 밀도 그냥 드리겠습니다." 그러자 다윗 왕이 말하였다. "그럴 수는 없소! 제 값을 다주고 이 타작마당을 사겠소. 나는 여호와께 바치고자 그대의 재산을 빼앗을 생각은 없소. 또 남이 선물한 것을 가지고 여호와께 제물로 바치고 싶지도 않소." 다윗은 그에게 터값으로 금 600세겔[12]을 주었다. 그런 뒤에야 비로소 다윗은 그곳에 여호와를 섬기는 제단을 쌓고, 번제물과 화목제물을 바친 다음 여호와께 재앙을 거두어 달라고

---

11 아라우나와 동일한 인물이다.
12 금 600세겔은 약 7kg 정도의 금으로 추정된다. 사무엘하 24장에는 소와 타작마당을 은 오십 세겔로 샀다고 기록되어 있는데 금 600세겔은 아라우나의 타작마당이 속한 모리아 산 전체 값이 아닐까 싶다.

호소하였다. 여호와께서는 다윗의 호소에 응답해 주시는 표시로 하늘에서 불을 보내어 제단 위의 번제물을 태우셨다. 그리고 천사에게 칼을 다시 칼집에 꽂으라고 명령하셨다(현대어성경).

다윗의 평생소원은 하나님의 성전을 건축하는 것이었다. 그는 전날 자신의 마음을 나단 선지자에게 말하였다. 하나님께서는 그의 소망을 귀히 여기시어 진노 중에서도 회개하는 다윗을 받으셨고 그가 값을 주고 산 그곳을 성전 터로 삼으셨다. 다윗은 그의 생전에 성전 건축을 위한 준비에 힘을 썼다. 다윗은 아들 솔로몬에게 하나님의 성전을 건축할 것을 부탁하였으며 자신은 환난 중에 하나님의 성전을 위하여 모든 재료를 준비하였다고 했다. 그는 하나님을 사랑하였다. 역대상 22장 17-19절이다.

다윗이 또 이스라엘 모든 방백에게 명령하여 그의 아들 솔로몬을 도우라 하여 이르되 너희 하나님 여호와께서 너희와 함께 계시지 아니하시느냐 사면으로 너희에게 평온함을 주지 아니하셨느냐 이 땅 주민을 내 손에 넘기사 이 땅으로 여호와와 그의 백성 앞에 복종하게 하셨나니 이제 너희는 마음과 뜻을 바쳐서 너희 하나님 여호와를 구하라 그리고 일어나서 여호와 하나님의 성전을 건축하고 여호와의 언약궤와 하나님 성전의 기물을 가져다가 여호와의 이름을 위하여 건축한 성전에 들이게 하라 하였더라.

그는 하나님께서 베풀어 주신 은혜를 값싸게 여기지 아니하였다.

생명보다 귀하게 여겼다. 그도 그럴 것이 그 은혜로 살아왔으니 말이다. "값 없이는 번제를 드리지도 아니하리라"(대상 21:24). 은혜에 감격한 자의 바른 자세다. 솔로몬이 성전을 건축하였지만 왜 우리는 다윗이 성전을 건축하였다고도 생각할까? 하나님의 성전은 은혜에 감격한 다윗에게 주시는 하나님의 선물이었던 것이다. 자신과 같은 죄인 살리신 하나님의 은혜가 너무도 놀라워 그 은혜와 감격을 노래한 다윗, 성전은 다윗에게 말할 수 없는 은혜를 주신 하나님을 향한 응답이었다.

19장

아도니야의 반란과 다윗의 유언

이번에는 그의 넷째 아들 아도니야가 반란의 중심에 섰다. 압살롬이 죽고 난 후에 아버지 다윗 왕이 그다음으로 왕위를 이을 자격이 있는 자신에게 아무런 말을 하지 않는다는 것은 있을 수 없다고 생각한 것이다. 왜 그랬을까? 아마도 아도니야는 아버지 다윗 왕이 솔로몬을 후계자로 생각하고 있음을 간파한 것 같다.[1] 다윗은 솔로몬에 대한 자기의 생각을 최측근 몇 명을 제외하고는 말하지 않았다.

서열로 본다면 넷째인 아도니야가 왕위를 이어야 했고 게다가 그는 나름대로 통솔력과 지도력이 있었고 주위의 인정을 받은 것

---

1 다윗이 밧세바와의 사이에서 낳은 첫아들이 병들어 죽고 다시금 밧세바는 둘째를 낳았는데 그 둘째에 대한 기록이 사무엘하 12장 24절과 25절이다. "다윗이 그의 아내 밧세바를 위로하고 그에게 들어가 그와 동침하였더니 그가 아들을 낳으매 그의 이름을 솔로몬이라 하니라 여호와께서 그를 사랑하사 선지자 나단을 보내 그의 이름을 여디디야라 하시니 이는 여호와께서 사랑하셨기 때문이더라." 이때 다윗은 솔로몬을 자신의 후계자로 생각하였으리라고 본다.

같다. 이러한 가운데 솔로몬을 후계자로 선언한다면 적잖은 부작용이 따를 것으로 생각되어 왕위 계승자 밝히기를 미룬 것 같다. 아무튼 다윗은 자녀 문제에 있어선 우유부단(優柔不斷)했고 마음이 약하여 충고도 제대로 하지 못한 아버지였다. 하지만 이것은 시간을 끌어서 되는 것이 아니었다. 강한 것 같지만 약한 인생, 하나님만을 바라보는 것 같지만 주위의 눈치를 살피며 사는 인생의 범주에서 벗어날 인생이 어디 있으랴!

아도니야는 군대장관 요압과 대제사장 아비아달을 포섭하여 자기 사람으로 만들었다. 요압은 다윗에게 없어서는 안 될 장수였으나 그의 난폭하고 교만하고 자기중심적인 성품은 줄곧 다윗을 괴롭혔고 직간접적으로 위협했다. 그는 무엇보다도 자기가 제일이 안 되면 못 참았고 제일이 되기 위해선 어떤 수단도 마다하지 않았다. 그러한 그가 이제는 아도니야에 붙었다. 요압은 이렇듯 다윗을 괴롭혔고 신경을 거스렸고 위협하였다.

아비아달은 다윗과 동고동락(同苦同樂)한 제사장이었으나 아마도 다윗이 사독을 더 신임하기에 반란에 참여하였을 것이다. 아도니야는 자신의 인간적 지위와 시기심으로 하나님께서 사용하시는 왕을 위해 하려 한 것이다. 하지만 간교하고 때에 따라 변하는 인생이 하나님의 거룩한 뜻과 행하심을 방해하지는 못한다. 이사야 8장 10절에 "너희는 함께 계획하라 그러나 끝내 이루지 못하리라 말을 해 보아라 끝내 시행되지 못하리라 이는 하나님이 우리와 함께 계심이니라"고 기록되어 있지 않은가? 그렇다. 하나님이 함께하시는 나라, 백성을 그 무엇도 해할 수 없다.

그때 다윗의 상태는 열왕기상 1장 1절과 같았다.

> 다윗 왕이 나이가 많아 늙으니 이불을 덮어도 따뜻하지 아니한지라.

그는 노쇠하였고 수많은 전투에 참여하면서 얻은 상처로 인하여 고생하지 않았나 싶다. 왕이 건강을 잃어가고 있고 왕성한 집무를 보지 못하니 우쭐대고 자만심이 강한 아도니야가 움직이기 시작한 것이다. 압살롬의 한 짓을 그대로 모방하였다.

시편 41편은 이때 지은 시가 아닐까 하고 생각한다.

> 가난한 자를 보살피는 자에게 복이 있음이여 재앙의 날에 여호와께서 그를 건지시리로다 여호와께서 그를 지키사 살게 하시리니 그가 이 세상에서 복을 받을 것이라 주여 그를 그 원수들의 뜻에 맡기지 마소서 여호와께서 그를 병상에서 붙드시고 그가 누워 있을 때마다 그의 병을 고쳐 주시나이다 내가 말하기를 여호와여 내게 은혜를 베푸소서 내가 주께 범죄하였사오니 나를 고치소서 하였나이다 나의 원수가 내게 대하여 악담하기를 그가 어느 때에나 죽고 그의 이름이 언제나 없어질까 하며 나를 보러 와서는 거짓을 말하고 그의 중심에 악을 쌓았다가 나가서는 이를 널리 선포하오며 나를 미워하는 자가 다 하나같이 내게 대하여 수군거리고 나를 해하려고 꾀하며 이르기를 악한 병이 그에게 들었으니 이제 그가 눕고 다시 일어나지 못하리라 하오며 내가 신뢰하여 내 떡을 나누어 먹던 나의 가까운 친구도 나를 대적하여 그의 발꿈치를 들었나이

다 그러하오나 주 여호와여 내게 은혜를 베푸시고 나를 일으키사 내가 그들에게 보응하게 하소서 이로써 내 원수가 나를 이기지 못하오니 주께서 나를 기뻐하시는 줄을 내가 알았나이다 주께서 나를 온전한 중에 붙드시고 영원히 주 앞에 세우시나이다 이스라엘의 하나님 여호와를 영원부터 영원까지 송축할지로다 아멘 아멘.

다윗은 노쇠하여 건강이 약해졌고 이 틈을 이용한 아들 아도니야와 그에게 붙은 자들로 인하여 상당한 정신적 충격을 받았을 것이다. 그때 그 심정을 하나님을 향하여 토해 놓은 것이다. "내가 신뢰하여 내 떡을 나누어 먹던 나의 가까운 친구도 나를 대적하여 그의 발꿈치를 들었나이다." 그의 시구 그대로다. 다윗은 사람에게서 철저히 배신당했고 그 쓰라림을 맛본 것이다.

예수님께서는 요한복음 13장 18절에 다윗의 노래를 인용하시면서 가룟 유다에 의해 배반당하실 것을 제자들에게 이르셨다. "내가 너희 모두를 가리켜 말하는 것이 아니니라 나는 내가 택한 자들이 누구인지 앎이라 그러나 내 떡을 먹는 자가 내게 발꿈치를 들었다 한 성경을 응하게 하려는 것이니라."

열왕기상 1장 5-10절이다.

다윗이 헤브론에서 낳은 아들은 암논과 길르압과 압살롬과 아도니야인데, 그 가운데서 위로 셋은 이미 다 죽고 넷째 아들 아도니야만 남아 있었다. 그의 어머니는 학깃이었다. 그는 이미 오래전부터 왕위를 물려받으려고 오만한 행동을 서슴지 않더니 이제는 마침내 이렇게 공언하였다. "나는 이 나라의 왕이 될 사람이다!" 그리고 그는 전차와 기마병으로 특전단을 구성해 놓고 행차 때마다 수레 앞에 50명의 호위병까지 거느리고 다녔다. 다윗은 아도니야가 이렇게 왕처럼 행세해도 그를 꾸짖지 않았다. 다윗이 본래 지나치게 자식을 사랑하기도 하였지만 이제는 너무 늙었기 때문이다. 더구나 아도니야는 용모도 뛰어난데다가 의젓한 인품이어서 다윗은 항상 그를 너그럽게 봐 한번도 꾸짖은 일이 없었다. 또 아도니야는 압살롬의 바로 아래 동생으로 그 당시의 풍속에 따라 다윗의 왕위를 계승할 권리를 갖고 있었다. 그토록 유리한 입장에서 아도니야는 보수 세력과 모의하여 자기 세력을 굳혀 나갔다. 요압 장군과 아비아달 제사장이 극비리에 그를 도왔다. 요압의 어머니 스루야는 다윗의 누이였고, 아비아달은 사울이 몰살시킨 놉의 제사장들 중에서 유일하게 살아남은 사람이었다. 그러나 다윗 왕궁의 신진 세력들은 아도니야의 모의에 가담하지 않았다. 예루살렘의 원주민이었던 여부스 족속의 제사장 사독과 여호야다의 아들 브나야 장군과 예언자 나단과 다윗의 용사들과 시므이와 레이는 아도니야의 편에 서지 않았다. 어느 날 아도니야는 예루살렘 성벽 밖 기드론 골짜기에 있는 '뱀바위'에서 큰 잔치를 벌였다. 그곳은 다윗성에서 남쪽으로 300미터쯤 떨어진 '세탁소의 샘' 곁에 있는데, 여기서부터 한놈 골짜기가 시작되었다. 그는 양과 소와 살찐 송아지들을 잡고 왕자들 모두와 궁중의 유다 사람들을 초대하였으나 자기 아우 솔로몬과 예언자 나단과 브나야 장군과 다윗을 경호하는 장교들은 초청하지 않았다(현대어성경).

그 잔치가 절정에 이르렀을 때에 아도니야에게 왕이 되는 기름을 부을 요량이었다. 이 반역의 소식은 곧 나단과 사독과 브나야[2]에게 전해졌다. 나단 선지자는 솔로몬의 어머니 밧세바에게 지침을 알려주었으며 밧세바는 다윗에게 아뢴다. "내 주여 왕이 전에 왕의 하나님 여호와를 가리켜 여종에게 맹세하시기를 네 아들 솔로몬이 반드시 나를 이어 왕이 되어 내 왕위에 앉으리라 하셨거늘"(왕상 1:17). 밧세바의 말은 꾸며낸 말이 아니었다. 이에 다윗의 명을 받은 제사장 사독과 선지자 나단 그리고 여호야다의 아들 브나야 등이 솔로몬을 다윗 왕의 노새에 태우고 인도하여 기혼으로 간다. 성막 가운데에서 제사장 사독이 솔로몬에게 기름을 부었고 기쁨의 뿔나팔을 불어 솔로몬이 왕이 된 것을 선포하였고, 모든 백성이 "솔로몬 왕은 만세수를 하옵소서" 함성을 지르며 즐거워했다.

이 함성은 아도니야와 그의 무리에게도 들렸고 놀란 나머지 이리저리 흩어지게 되었다. 아도니야의 반역이 수포로 돌아간 것이다.[3] 아무튼 이 사건은 늙고 힘이 없는 다윗에게 큰 충격과 상처를 주었다. 암논에 이어 압살롬, 이제는 아도니야까지!

그는 병상에서, 자신이 비록 하나님으로부터는 용서함을 받았으

---

2 그는 다윗의 수비대장이었다. 30인 용사 가운데 하나였고 훗날 솔로몬이 왕권을 공고히 하는 데 큰 역할을 하였다.

3 솔로몬왕은 이때 아도니야를 살려준다. 하지만 아도니야는 야심을 버리지 않고 수넴 여자 아비삭을 솔로몬의 어머니 밧세바에게 요구한다. 수넴 여자 아비삭은 노쇠한 다윗 왕을 돌본 여인이었다. 그러니 수넴 여자 아비삭을 달라는 말은 아직도 자신이 왕이 되어야 마땅한 인물이라고 생각한 것이고 아비삭을 취하므로 훗날 자신이 왕위를 찬탈한다고 해도 면피 거리가 될 수 있겠다고 여긴 것이다. 솔로몬왕은 아도니야의 마음을 꿰뚫어 보았다. 솔로몬왕은 군대장관 브나야를 보내어 아도니야를 쳐 죽이게 하였다.

나 없어지지 않은 죄의 흔적을 처절히 바라보았을 것이다. 그리고 나단 선지자를 통해 하신 하나님의 말씀은 그의 폐부를 다시금 뼈저리게 찔렀을 것이다.

어찌하여 네가 여호와의 말씀을 업신여기고 나 보기에 악을 행하였느냐 네가 칼로 헷 사람 우리아를 치되 암몬 자손의 칼로 죽이고 그의 아내를 빼앗아 네 아내로 삼았도다 이제 네가 나를 업신여기고 헷 사람 우리아의 아내를 빼앗아 네 아내로 삼았은즉 칼이 네 집에서 영원토록 떠나지 아니하리라(삼하 12:9-10).

반란은 진압되었다. 그러는 가운데 죄의 값이 얼마나 큰가를 그리고 지은 죄대로 심판하시지 않은 한량없으신 주님의 은혜를 그는 체험했을 것이다. 다윗을 다듬으시는 주님의 손은 계속된 것이다. 마침내 그는 솔로몬에게 마지막 말을 남긴다.

나는 이제 내 삶을 다 살고 모든 사람들이 가는 길을 가게 되었다. 이제 너는 남에게 뒤지지 않는 대장부가 되도록 힘쓰거라. 또한 네 하나님 여호와께서 원하시는 삶을 살도록 항상 노력하여라. 모세의 책에 기록된 그분의 모든 계명과 지시대로 살아라. 그러면 네가 어디로 가든지 무슨 일을 하든지 다 잘될 것이다. 여호와께서 내게 약속해 주신 것도 이루어 주실 것이다. 주께서는 내게 이와 같이 약속하셨다. "만일 네 후손이 내게 충성하며 온 마음으로 나의 계명을 잘 지키면 언제나 네 자손 중에서 이스라엘을 다스리는 왕이 나올 것이다"(왕상 2:2-4, 현대어성경).

다윗은 솔로몬에게 가장 먼저 하나님의 말씀 속에서 살아가라고
명한 것이다. 말씀을 사랑한 다윗의 당연한 명이었을 것이다. 다윗에
게 하나님의 말씀은 모든 것이었다. 그는 말씀대로 믿고 말씀대로
행하여 말씀대로 복을 받은 것이다.
　　김형태 목사는 다음과 같이 설교하였다.

　　성경을 정직한 심령으로 기도하면서 대하는 사람마다 성경에서 세 가지
　　큰 것을 발견할 수가 있다. 첫째는 성경에서 유일하신 참 하나님을 발견하게
　　된다. 둘째는 우리의 구주가 되시는 예수 그리스도를 만나게 된다. 셋째는
　　성령님의 감동하심을 입어 하늘의 보좌를 바라보게 된다.[4]

다윗은 하나님의 말씀 속에서 유일하신 참 하나님과 메시아 예수
그리스도, 하늘의 보좌를 발견하며 힘을 얻어 삶을 살아냈다. 그는
하나님의 말씀을 자신의 심령에 간직하였고, 다윗의 심령 속에 간직
된 그 말씀이 바로 그의 사명이 되었다.
　　다윗이 압살롬의 반란을 피하여 유다 광야에 있을 때 한 노래다.

　　하나님이여 주는 나의 하나님이시라 내가 간절히 주를 찾되 물이 없어 마르고

---

4 김형태목사신학편찬위원회, 『밭에 감추인 보화』, 92-93.

황폐한 땅에서 내 영혼이 주를 갈망하며 내 육체가 주를 앙모하나이다 내가 주의 권능과 영광을 보기 위하여 이와 같이 성소에서 주를 바라보았나이다. 주의 인자하심이 생명보다 나으므로 내 입술이 주를 찬양할 것이라 이러므로 나의 평생에 주를 송축하며 주의 이름으로 말미암아 나의 손을 들리이다 골수와 기름진 것을 먹음과 같이 나의 영혼이 만족할 것이라 나의 입이 기쁜 입술로 주를 찬송하되 내가 나의 침상에서 주를 기억하며 새벽에 주의 말씀을 작은 소리로 읊조릴 때에 하오리니 주는 나의 도움이 되셨음이라 내가 주의 날개 그늘에서 즐겁게 부르리이다 나의 영혼이 주를 가까이 따르니 주의 오른손이 나를 붙드시거니와 나의 영혼을 찾아 멸하려 하는 그들은 땅 깊은 곳에 들어가며 칼의 세력에 넘겨져 승냥이의 먹이가 되리이다 왕은 하나님을 즐거워하리니 주께 맹세한 자마다 자랑할 것이나 거짓말하는 자의 입은 막히리로다(시 63:1-11).

그는 수치스러운 위기 가운데에서도 하나님의 말씀을 읊조렸다. 피곤하고 낙망하고 창피함 속에도 말씀만은 놓지 않았다. 말씀 속에는 희망이 있기 때문이다. 기운이 진해 쓰러지면서도 한 가닥 남아 있는 힘으로 주님을 바라보며 입술이 말라붙었을지라도 달싹거리면서 찬양하고 주님의 말씀을 작은 소리로 읊조렸다. 바로 거기에서 힘을 얻은 것이다. 말씀을 붙들고 살아가는 사람은 강하고 담대할 수밖에 없다. 왜냐하면 말씀은 이루어지기 때문이다. 이를 굳게 믿었기에 끝까지 말씀을 입에서 떠나게 하지 않았다. 마음을 다하고 성품을 다하여 진실히 하나님 앞에서 행하는 삶을 하나님은 원하심을 다윗은 지난날을 통하여 잘 알고 있었던 것이다.

시편 119편 1-8절에 노래한다.

행위가 온전하여 여호와의 율법을 따라 행하는 자들은 복이 있음이여 여호와의 증거들을 지키고 전심으로 여호와를 구하는 자는 복이 있도다 참으로 그들은 불의를 행하지 아니하고 주의 도를 행하는도다 주께서 명령하사 주의 법도를 잘 지키게 하셨나이다 내 길을 굳게 정하사 주의 율례를 지키게 하소서 내가 주의 모든 계명에 주의할 때에는 부끄럽지 아니하리이다 내가 주의 의로운 판단을 배울 때에는 정직한 마음으로 주께 감사하리이다 내가 주의 율례들을 지키오리니 나를 아주 버리지 마옵소서.

그는 하나님의 말씀을 읊조리고 노래하고 마음에 새겼다. 그리하였더니 말씀대로 되는 것을 다 목도(目睹)하였다. **다윗은 그 말씀에 나를 복종시키는 것, 이것이야말로 하나님께서 주신 은혜요 복이요 긍휼임을 아들에게 전한 것이다.**

이어서 다윗은 솔로몬에게 몇 가지 지나간 일들을 상기시켜 주면서 구체적으로 지시하였다.

너도 기억하겠지만 나의 부하였던 요압 장군이 내 명령을 무시하고 제멋대로 일을 저질렀다. 그는 이스라엘의 훌륭한 장군이었던 아브넬과 아마사를 평화로운 때에 암살하였다. 그가 이렇게 사람을 살해함으로써 스스로 자기의 이름을 피로 물들였다. 너는 지혜로운 사람이니 그에게 적합한 형벌을 내려라.

그가 늙은 사람이기는 하지만 절대로 평안히 죽도록 내버려 두지 말고, 그의 백발에 붉은 피를 묻혀서 음부로 내려 보내라. 그리고 요단강 동쪽의 길르앗 사람 바르실래의 아들들에게는 은혜를 갚아 주어라. 내가 너의 형 압살롬을 피하여 그곳으로 도피하였을 때에 그들이 나를 잘 대접해 주었으니, 너도 그들을 잘 돌봐주어라. 끝으로 베냐민 지파의 바후림 마을 사람 시므이를 네게 맡긴다. 내가 감람산을 넘어 요단강으로 도망할 때에 그가 따라오면서 내게 욕하고 저주하였다. 그러나 내가 마하나임에서 다시 요단강을 건너 돌아올 때에는 그가 뉘우치면서 요단 강가까지 나아와 나를 맞았다. 그래서 내가 그를 죽이지 않겠다고 맹세하였다. 그러나 이것은 아비인 내가 지킬 약속이지 자식된 네가 지킬 약속은 아니다. 너까지 그를 살려 두면 오히려 네 권세가 약하게 보일 수도 있다. 그러므로 이제는 그가 당연히 벌을 받아야 한다. 네게 는 그에게 해야 할 일이 무엇인가를 충분히 알 만한 지혜가 있으니 그가 이미 늙었더라도 그의 백발에 붉은 피를 묻혀서 음부로 내려 보내라(왕상 2:5-9, 현대어성경).

다윗은 주도면밀(周到綿密)하였다. 그는 마지막 남은 지혜를 짜내었다. 솔로몬에게 요압을 제거하라고 지시한다. 요압은 다윗의 일평생 가시였다. 공도 많았으나 다윗의 마음을 아프게 하였다. 요압은 다윗의 뜻에 반하여 두 장군 아브넬과 아마사를 사적인 감정으로 죽였으며 목숨은 손대지 말라고 부탁한 아들 압살롬을 죽였다. 그는 다윗을 지근거리(至近距離)에서 섬겼으며 다윗이 밧세바의 남편 우리아를 죽이는 데 큰 부분을 담당하였으며 이로 인하여 다윗은 요압에게 평생 큰소리를 칠 수 없었다.

어찌 됐든 요압은 뛰어난 장수여서 정복 전쟁에 필요한 역할을 감당하였다. 하지만 시간이 지나면서 자기의 자리를 지키고 위세를 더욱 떨치기 위하여 약점이 있는 다윗을 집요하게 괴롭혔다. 이 자를 내버려둔다면 아직 확고하지 않은 솔로몬의 자리까지 위협하겠다고 여긴 것이다. 요압, 다윗은 생각하기를 그 짐은 자신의 대까지라고 여겼던 것이다. "그의 백발이 평안히 스올에 내려가지 못하게 하라."

또한 베냐민 지파의 유력자 시므이를 죽이라고 지시한다. 전날 다윗이 압살롬에게 쫓겨 피난할 때 지독한 저주를 퍼부었지만 하나님께 죗값을 받고 있다고 받아들인 다윗은 그를 죽이지 아니하였다. 반란을 진압하고 예루살렘으로 돌아올 때 시므이가 태도를 바꾸어 다윗을 대대적으로 환영하였을 때 지파 통합 특히 사울이 속한 베냐민 지파를 자극하지 않으려고 그를 살려 두었다. 이것 역시 자신이 정리하고 가야 할 것이라고 판단한 것이다. 그리하지 않으면 솔로몬의 통치에 거침돌이 될 것임을 염려하였던 것이다. "그의 백발이 피 가운데 스올에 내려가게 하라."

여기에서 좀 더 자세히 생각해 보자. 왜 죽음을 앞둔 다윗은 여태 용납한 요압과 시므이를 죽이라고 아들에게 명하였을까? 나는 사사로운 감정만을 가지고 이러한 일을 지시하지 않았을 것이라고 생각한다. 왕이 된 뒤 다윗은 하나님의 성전 건축에 매진하였고 하나님께서 성전 건축하는 것을 허락하지 않으시자 건축을 위한 모든 준비에 박차를 가하였다. 이제 그가 하나님께로 가기 전 가장 큰 관심은 성전 건축이었음은 말할 것도 없겠다.

만약 요압, 시므이의 세력이 준동(蠢動)한다면 아직 통치 기반이 다져지지 않은 솔로몬에게 있어 위협이 될 뿐 아니라 이로 인하여 성전 건축에 지장을 초래할지 모른다고 다윗은 생각했던 것 같다. 성전 건축의 대역사는 이스라엘이 하나가 되어야 함은 말할 것도 없겠다. 물론 다윗의 충성스러운 신하들이 솔로몬을 보좌할 것이지만 요압과 시므이가 자신의 사후 약해진 왕권을 흔들려 하면 대역사에 지장을 초래할 것은 자명한 일이다. 그리고 이 둘은 어디로 튈지 모르는 성격이었고 여기에 더하여 지지 세력을 입으면 무시할 수 없는 힘이 될 것이라고 판단한 것이다.

다윗의 성전 건축의 열망이 어떠했는지 그리고 하나님께서는 비록 성전을 지으려는 다윗의 소망은 꺾으셨을지라도 그가 어떻게 하였는지 명확하게 보여주는 말씀을 언급하지 아니할 수 없다. 역대상 28장 11-19절이다.

다윗은 성전의 현관과 성전 본당과 성전 둘레에 잇대어 지은 창고들과 다락방들과 내부의 골방들과 법궤를 모시는 지성소의 설계도를 아들 솔로몬에게 넘겨 주었다. 성전의 앞뜰과 사방의 작은 방들에 대한 설계도도 건네 주었다. 다윗은 성령의 감동을 받아 이미 정확하게 설계도를 작성해 놓고 있었던 것이다.[5] 다윗은 또 솔로몬에게 하나님께 봉헌된 성전 보물과 예물의 사용 방법, 성전에서 봉직할 제사장과 레위 사람들의 반 편성, 성전에서 수행해야 할 모든 임무와 그 임무수행에 필요한 기구들을 설명하고, 금과 은으로 만들 기구에 대해서는 하나하나 그 분량까지 정확하게 일러주었다. 금과 은으로 만들 등잔과 등잔대에 대해서도 각각의 용도에 따라 그 금과 은의 분량을 지정해 주었다. 진설병을 차려 놓는 제단을 만드는 데 쓸 금의 분량과 다른 제단을 만드는 데 쓸 은의 분량도 정해 주었다. 고기 갈고리와 대접과 술병에 드는 금의 분량과 금이나 은으로 만드는 각종 잔에 들어가는 금은의 분량도 정해주었다. 다윗은 또 특별히 가장 좋은 정금으로 만들어야 하는 분향단의 무게도 정해 주고, 법궤를 운반할 수레의 도면과 두 날개를 펴서 법궤를 덮는 그룹들의 모양을 그린 도면을 솔로몬에게 주면서 거기에 필요한 금의 무게도 정해 주었다. 다윗은 이 모든 것을 여호와께 감동을 받아 깨달은 대로 자세히 기록하고 그래서 준비하였다(현대어성경).

---

5 그는 성전을 건축하진 못했으나 이미 성전의 모든 것을 보여주신 하나님의 은혜를 입었다. 마치 모세와 같았다. 모세는 가데스에 있는 므리바 반석 사건으로 인하여 하나님으로부터 가나안에 들어감을 허락받지 못했다. 물이 없으므로 하나님과 모세를 비방하고 원망하는 백성들에 대해 참지 못하고 그만 하나님 앞에서 화를 발한 것이다. 하지만 모세는 가나안 땅을 밟고 싶었다. 하나님은 거절하셨다. "이 일 때문에 더 이상 나에게 말하지 말라"고 하신 것이다. 하지만 하나님께서는 여리고 맞은편 비스가산 꼭대기에서 모세에게 가나안을 보여주셨다. 모세는 이미 가나안을 얻은 것이다. 허락하지 아니하심도 하나님의 사랑이었고 그 사랑 안에서 모세는 믿음으로 가장 먼저 가나안에 들어간 것이나 다름이 없었다. 거절하신 것도 하나님의 은혜임을 보여주신 것이다. 성경은 모세에 대하여 평하기를 그 후에 모세와 같은 선지자가 이스라엘에서 일어나지 못하였다고 하였다. 모세나 다윗이나 그들이 든 잔에 하나님은 넘치도록 채워주셨다. 가나안 땅을 모세에게 보이신 것과 같이 다윗에게 지어질 성전의 설계도를 모두 다 계시하여 주신 하나님, 그 하나님의 끝없고 오묘하신 사랑에, 그 십자가의 사랑에 무릎을 꿇지 않을 수 없지 않은가!

어떠한가? 하나님의 성전은 다윗의 열심이 이룬 것 아닌가? 아니다. 그 이전에 하나님께서 다윗을 얼마나 사랑하시고 그의 소망을 갑절로 다 받게 하심을 그가 드린 기도를 통하여 알 수 있다. 그는 한낱 양을 치는 목동의 자리에서 그를 부르신 여호와께 간구를 드린다.

또 내 아들 솔로몬에게 정성된 마음을 주사 주의 계명과 권면과 율례를 지켜 이 모든 일을 행하게 하시고 내가 위하여 준비한 것으로 성전을 건축하게 하옵소서(대상 29:19).

주의 집을 위하는 열성이 다윗의 전 생애를 삼켰다. 그는 성전을 통하여 자기 자신을 세우길 원한 것이 아니라 성전을 위하는 그 열성으로 인하여 자신이 다 타들어가 없어진다 해도 "아멘" 한 신앙인이었다. 다윗은 성전을 위하여 부서졌고 성전을 위하여 자신을 없앴다. 그는 오직 자신의 삶은 하나님의 성전을 위하여 존재함을 알았는데 하나님의 일은 다윗의 삶의 수단이 아니라 그 자신의 존재 이유였다. 그는 자기 자신을 잘 안 것이다.

후안 카를로스 오르티즈는 말했다.

예수님은 이런 말씀으로 이야기를 마치셨다. "이와 같이 너희도 명령받은 것을 다 행한 후에 이르기를 우리는 무익한 종이라 우리의 하여야 할 일을 한 것뿐이라"(눅 17:10). 주님이 명하신 것을 다 행하였다고 말할 수 있는가? 있다면, 당신에게는 졸업식이 기다리고 있다. 당신은 '무익한

종'(unworthy slave)이라고 쓴 졸업장을 받게 된다.6

자, 그는 바르실래의 아들들을 잘 예우하라고 부탁한다. 바르실래는 압살롬을 피해 도피하는 다윗과 및 함께한 자들에게 먹을 것과 침구를 제공한 자로 몸과 마음을 다해 곤고한 다윗을 섬긴 자였다. 정말 도움이 절실할 때 다윗을 도왔던 것이다. 이제 난이 진압되고 환궁할 때 함께 가자는 다윗에게 그는 다음과 같이 아뢰었다.

> 내 생명의 날이 얼마나 있사옵겠기에 어찌 왕과 함께 예루살렘으로 올라가리이까 내 나이가 이제 팔십 세라 어떻게 좋고 흉한 것을 분간할 수 있사오며 음식의 맛을 알 수 있사오리이까 이 종이 어떻게 다시 노래하는 남자나 여인의 소리를 알아들을 수 있사오리이까 어찌하여 종이 내 주 왕께 아직도 누를 끼치리이까(삼하 19:34-35).

다윗과 바르실래는 요단 나루에서 이별한다. 다윗은 하나님의 은혜, 사람의 은혜를 잊지 않았다. 그는 따뜻한 마음의 소유자였다. 일평생 전장을 누비며 칼에 피를 묻히며 산 자였으나 악기를 연주하며 하나님을 높이는 노래를 불렀으며 친구를 잊지 않았고 하나님의 존전(尊前)에서 눈물을 흘렸다. 그 마음을 하나님은 귀히 보셨으며 다윗은 그 마음을 유지하려 하나님의 말씀을 언제나 마음에 두는

---

6 후안 카를로스 오르티즈/김성웅 옮김, 『제자입니까』(두란노서원, 1990), 44.

생활을 하려고 힘썼다. 그는 따뜻한 마음의 소유자였다.

그의 마지막 시의 내용이 사무엘하 23장 1-7절에 있다.

이새의 아들 다윗이 말함이여 높이 세워진 자, 야곱의 하나님께로부터 기름 부음 받은 자, 이스라엘의 노래 잘 하는 자가 말하노라 여호와의 영이 나를 통하여 말씀하심이여 그의 말씀이 내 혀에 있도다 이스라엘의 하나님이 말씀하시며 이스라엘의 반석이 내게 이르시기를 사람을 공의로 다스리는 자, 하나님을 경외함으로 다스리는 자여 그는 돋는 해의 아침 빛 같고 구름 없는 아침 같고 비 내린 후의 광선으로 땅에서 움이 돋는 새 풀 같으니라 하시도다 내 집이 하나님 앞에 이같지 아니하냐 하나님이 나와 더불어 영원한 언약을 세우사 만사에 구비하고 견고하게 하셨으니 나의 모든 구원과 나의 모든 소원을 어찌 이루지 아니하시랴 그러나 사악한 자는 다 내버려질 가시나무 같으니 이는 손으로 잡을 수 없음이로다 그것들을 만지는 자는 철과 창자루를 가져야 하리니 그것들이 당장에 불살리리로다 하니라.

다윗은 자신을 높이 드신 분은 오직 하나님이시라고 하며, 그분이 모든 것을 하셨다는 고백적 노래이다. 특별히 그는 "여호와의 영이 나를 통하여 말씀하심이여 그의 말씀이 내 혀에 있도다"라고 한다. 그렇다. 그가 지은 시편의 노래는 자신의 감정과 감상으로 지어진 것이 아니다. 성령님께서 다윗을 통하여 말씀하신 것이다. 다윗의 시는 성령님께서 감동하심으로 쓰인 것이다. 그 감동하심의 중심을 꿰뚫는 것이 무엇이냐? 그것은 그의 후손으로 하나님의 아들 예수 그리스도께서 이 땅에 오실 것과 하나님의 아들 예수 그리스도께서는 영원한 하나님의 나라를 세우실 것이라는 예언이다.

다윗은 그의 마지막 시에서 "하나님이 나와 더불어 영원한 언약7을 세우사 만사에 구비하고 견고하게 하셨으니 나의 모든 구원과 나의 모든 소원을 어찌 이루지 아니하시랴"(삼하 23:5)라고 하지 않았나? 변치 않는 하나님의 약속이 바로 그것임을 증언하고 있다.

사도 바울은 사도행전 13장 21-23절에 다음과 같이 증거하였다.

그 후에 그들이 왕을 구하거늘 하나님이 베냐민 지파 사람 기스의 아들 사울을 사십 년간 주셨다가 폐하시고 다윗을 왕으로 세우시고 증언하여 이르시되 내가 이새의 아들 다윗을 만나니 내 마음에 맞는 사람이라 내 뜻을 다 이루리라 하시더니 하나님이 약속하신 대로 이 사람의 후손에서 이스라엘을 위하여 구주를 세우셨으니 곧 예수라.

우리는 바울의 증거에서 예수님과 다윗이 얼마나 친근하고 떼려야 뗄 수 없는 관계에 있는지를 알 수 있다.

그는 다윗성에 장사되었다. 안봉호 교수는 그의 책에서 다음과 같이 기술하였다.

---

7 사무엘하 7장에 보면 다윗은 나단 선지자에게 성전 건축에 대한 소망을 피력하였으나 하나님께서는 그의 소망을 허락하시지 아니하셨다. 그러나 다윗을 사랑하시어 다음과 같은 언약을 하셨다. "네 집과 네 나라가 내 앞에서 영원히 보전되고 네 왕위가 영원히 견고하리라."

만유는 이제 모두 남김없이 하나님께로 돌아간다. 모두 하나님께 복종한다. 그렇게 되지 않을 자가 없다. 시간역사의 끝에 만유는 하나님께 돌아가 하나님께 영광을 돌림으로 하나님께서는 "만유의 주로서 만유 안에 계시게" (고전 15:28) 된다.[8]

예루살렘은 다윗성이었다. 인생은 오직 하나님의 주권 하에 있다. 예레미야 10장 23절에는 "여호와여 내가 알거니와 사람의 길이 자신에게 있지 아니하니 걸음을 지도함이 걷는 자에게 있지 아니하니이다"라고 하였다. 이것을 보여준 것이 다윗의 일생이었다. 믿는 이가 믿음으로 할 일은 하나님의 섭리를 인정하는 것이다. 이것이 지혜로운 태도이다. 모자이크 벽화를 보면 여러 가지 타일로 이루어진다. 작은 조각, 큰 조각, 여러 색깔의 타일이 하나의 작품을 이루는 것이다. 그리고 큰 모자이크 벽화는 가까이에선 잘 감상하지 못한다. 조금 떨어져서 봐야 제대로 감상할 수 있다. 인간의 삶도 이와 같다.

인생의 모자이크도 눈물과 웃음, 슬픈 일 또는 기쁜 일, 순풍 불 때 혹은 역풍이 불 때, 건강할 때 약할 때 여러 인생의 조각들이 이리저리 붙여지고 얽히는 가운데 하나의 인생은 이루어진다. 하나님께서는 모든 인생의 조각들을 조화롭게 붙이시고 합하여 유익한 작품을 만드신다. 인생 조각들을 만드시고 붙이시는 주님의 손길을 섭리라고 부른다. 그 손길이 다윗을 만들고 그의 환경을 만들고

---

8 안봉호, 『님의 하나님되심』 (풍만, 1987), 74.

마침내 정금 같이 나오게 하셨다.

하나님께서는 다듬어지지 않고 보이지 않는 시골에 놓인 돌덩어리를 선택하셨다. 아무도 눈여겨보지 않는 것을 하나님께서는 보셨다. 이미 여호와 하나님께서는 창세 전에 그리신 자신의 종을 발견하신 것이다. 그 시로부터 주님은 안된 것을 쳐내시고 거친 부분을 다듬고 갈고 잘라내셔서 소망하시는 작품으로 뽑아내셨다. 잠언 16장 9절에 "사람이 마음으로 자기의 길을 계획할지라도 그의 걸음을 인도하시는 이는 여호와시니라"고 하였다. 물이 굽이쳐 제멋대로 흐르는 것 같으나 다 고랑을 향하여 마침내는 바다에 다다른다. **모든 것은 하나님이 지시하신 방향으로 그 목표를 분명히 향하고 진행되어 가고 있다. 우연이란 없다.**

다윗 왕은 헤브론에서 칠 년 동안 다스렸고 예루살렘에서 삼십삼 년 동안 다스렸다. 그는 칠십 년을 살았다. 파란(波瀾) 많은 인생길을 보내었으나 그는 하나님 안에서 기어코 기도하고 소원한 것을 다 이룸 받았다. 그의 삶은 상처투성이였고 실패로 인하여 찢어졌으나 처절하리만큼 집요히 여호와를 찾았다. 왜 그랬을까? 그를 받아줄 분은 오직 여호와 하나님이신 줄 알았기에 그러했고, 그분이 자신을 통하여 새 일을 하실 수 있는 영원한 목자이심을 믿었기 때문이었다.

다윗 왕은 이스라엘을 강대한 나라로 만들었고 예루살렘 성전 시대의 기초를 놓았으며 메시아 대망 사상을 만들어 냈으며 예수님께서 직접 위대한 왕으로 부르셨다.9 통일왕국 시대나 남유다 시대, 포로기 그리고 오늘날에 이르기까지 이스라엘 민족에게 다윗 왕의 시대는 자부심의 시대였다. 무엇보다도 하나님은 다윗을 사랑하셨다. 하나님께서는 다윗을 생각하사 유다에게 너그러움을 보이시기까지 하셨다. 열왕기하 8장 19절이다.

> 여호와께서 그의 종 다윗을 위하여 유다 멸하기를 즐겨하지 아니하셨으니 이는 그와 그의 자손에게 항상 등불을 주겠다고 말씀하셨음이더라.

무엇보다도 예수님은 다윗의 자손이라 불렸다. 그 외 무엇을 더하랴!

> 여호와는 나의 목자시니 내게 부족함이 없으리로다 그가 나를 푸른 풀밭에 누이시며 쉴 만한 물 가로 인도하시는도다 내 영혼을 소생시키고 자기 이름을 위하여 의의 길로 인도하시는도다 내가 사망의 음침한 골짜기로 다닐지라도 해를 두려워하지 않을 것은 주께서 나와 함께 하심이라 주의 지팡이와 막대기가 나를 안위하시나이다 주께서 내 원수의 목전에서 내게 상을 차려 주시고 기름을 내 머리에 부으셨으니 내 잔이 넘치나이다 내 평생에 선하심과 인자하심이 반드시 나를 따르리니 내가 여호와의 집에 영원히 살리로다(시 23:1-6).

하나님의 마음에 합한 다윗, 그는 죽었으나 죽지 않았다. 그가 노래한 시구와 같이 예수 그리스도와 함께 여호와의 집에 살고 있는

---

9 고영길, 『다윗실록』, 13.

것이다. 그는 예수님을 예언하였고 예수님은 그를 증거해 주셨다.[10]
다윗은 예수님을 전하였으므로 주님 안에서 존재한 것이다.

김형태 목사는 다음과 같이 언급하였다.

나그네는 본향을 전제하고 부르는 명칭이다. '외국인'이란 본국을 전제하고
부르는 이름이다. 우리는 경건함으로 하나님을 섬기는 디아스포라가 되어
야 한다. 나그네 삶이란 잠깐 머무르다가 떠나가는 것이다. 쓰다가 버리는
것이다. 맛을 보다가 던지는 것이다. "이 세상이나 세상에 있는 것들을
사랑치 말라"(요일 2:15)고 한 이유는 "이 세상도 그 정욕도 지나가되
오직 하나님의 뜻을 행하는 이는 영원히 거하느니라"(요일 2:17)라고
한 때문이다.[11]

이와 같이 다윗은 영원하신 주님 안에서 발견될 것이다.

스펄전 목사의 마지막을 언급한 글이 있다.

임종이 가까이 다가오자 그는, '수지(Susie)'라고 속삭이듯 수산나를 불렀다.
그녀는 가까이 허리를 구부려 귀를 기울이며, 그의 손을 자기의 손으로
꼭 쥐어 주면서 말했다. "예, 사랑하는 티르샤타(Tirshatha)." 그러자 그는
중얼거렸다. 그가 얼굴과 얼굴로 그분을 보기 전에 남기고 간 바로 그

---

10 예수님께서는 다윗이 자신에 대하여 예언한 말씀을 여럿 직접 인용하심으로 다윗이
하나님께서 택한 선지자임을 증거하셨다.

11 김형태목사신학편찬위원회, 『밭에 감추인 보화』, 163.

마지막 말을! "오 여보, 나는 그렇게도 복된 시간들을 나의 주님과 함께 누리어 왔었다오"라고.[12]

그의 앞날에 누가 함께할 것인가?

자, 이 땅에서도 주님과 함께한 다윗이 영원히 누구와 함께할 것인가를 묻는다면 이처럼 어리석은 물음은 없을 것이다. 그의 칠십 평생에 남긴 것이 무엇인가? 오직 하나 그가 예언한 예수 그리스도다. 그는 타는 심지였으며 예수님은 그로 인하여 빛을 발하는 불꽃이셨다. 그리고 예수님은 이 땅에 계실 때 다윗을 증거해 주셨다. 주님은 다윗의 시편을 직접 많이 인용하셨으며 그의 행적도[13] 말씀하셨다. 광야의 소리같이 다윗은 스러졌으나 그가 증거한 예수 그리스도께서는 지금도 우리 안에 거하시고 그 나라에서 우리를 기다리시고 계신다. 다윗과 함께 말이다.

---

12 리처드 데이/손주철 옮김, 『스펄전의 생애』 (생명의말씀사, 1989), 278.

13 예수님께서는 마태복음 12장에서 다윗이 사울을 피해 도피할 때 놉 땅에 가서 제사장 아히멜렉으로부터 거룩한 떡(진설병)을 제공받은 것을 말씀하셨다. 떡상에 올려진 진설병은 안식일 전날에 새것으로 바꾸는데 이미 올려졌던 진설병은 제사장이 먹게 되어 있던 것을 다윗과 함께한 자들이 먹은 것이다. 주님께서는 이 예를 바리새인들에게 이르면서 안식일에 제자들이 시장하여 이삭을 잘라 먹은 것을 트집 잡는 그들에게 안식일의 주인은 바로 예수님이심을 선포하셨다.

20장

우리의 진면목
시편 39편 주해(註解)

우리는 죽음을 어떻게 인식하고 있는가? 죽음이 멀리 있는 것처럼 느껴지는가, 아니면 바로 옆에서 나의 미래를 가리키는가? 곧 닥쳐올 죽음을 통해 우리는 삶을 어떻게 바라보고, 무엇을 하나님께 아뢰는가?

성 베네딕트 규칙(Regula Benedicti)에는 이렇게 쓰여 있다.

Mortem cotidianam ante oculos suspectam habere.

죽음을 날마다 눈앞에 두라.[1]

---

1 성 베네딕트 규칙(Regula Benedicti), 제4장 「선한 삶을 위한 도구들」(*De instrumentis bonorum operum*), 47절: "*Mortem cotidianam ante oculos suspectam habere*"(죽음을 날마다 눈앞에 두라).

성 아우구스티누스(Augustinus Hipponensis)는 "인간은 죽음을 피할 수 없으므로, 현세의 모든 영광은 덧없다"[2]라고 가르쳤으며, 『고백록』에는 "우리의 인생 전체가 죽음을 향하는 여정이다"[3]라고 말하지 않았는가?

"죽음을 기억하라"(Memento mori)는 신학적 전통은 수도원 영성이나 중세 신학의 산물만이 아니다. 오히려 그것은 성경에 뿌리를 두고 형성된 영적 성찰이다. 성 베네딕트 규칙의 훈계 그리고 아우구스티누스의 신학 사상은 모두 인간 존재의 유한함과 덧없음을 탄식하는 성경의 흐름 속에 동일하게 놓여 있다. 이는 사실 시편 기자가 수천 년 전 먼저 토로하며 기도로 고백했던 메아리라 할 수 있다. 특히 다윗이 쓴 시편 39편은 인간의 날들이 손바닥 한 뼘 길이처럼 짧고 허망하다는 인식을 정점에 이르게 한다. 따라서 시편 39편은 중세 수도 전통이나 교부 신학에서 전개된 Memento mori 담론의 성경적 원형으로 이해될 수 있다.

이제 우리는 시편 39편의 말씀 속으로 들어가, 다윗이 인간의 유한성과 죽음의 불가피성 속에서 어떻게 하나님을 기억하고자 했는지를 살펴보려 한다. 독일의 구약성서 주석가 하인리히 게오르크 아우구스트 에발트는 시편 39편을 "시편에서 나오는 애가 중 가장

---

2 아우구스티누스, 『하나님의 도성』(De Civitate Dei), XIX, 20: "... quia mortem vitare non potest homo, omnis gloria huius vitae vana est"(인간은 죽음을 피할 수 없으므로 현세의 모든 영광은 헛되다).

3 아우구스티누스, 『고백록』(Confessiones), XI, 29: "tota vita hominis tendit in mortem"(우리의 인생 전체가 죽음을 향하는 여정이다).

아름다운 시"[4]라고 불렀다.

영국 침례교 목사 찰스 스펄전(Charles Spurgeon) 역시 13개의 짧은 문장 속에 인간의 고뇌와 신앙적 갈망이 섬세하게 담겨있다고 평가했다. 이스라엘 왕국의 가장 찬란한 시대를 이룩한 다윗은 죽음을 목전에 두고 인생의 덧없음과 존재론적 연약함을 깨달았다. 그래서 그는 하나님 앞에 겸허히 자신의 의를 꺾고 회개한다.

> 내가 말하기를 나의 행위를 조심하여 내 혀로 범죄하지 아니하리니 악인이 내 앞에 있을 때에 내가 내 입에 재갈을 먹이리라 하였도다 내가 잠잠하여 선한 말도 하지 아니하니 나의 근심이 더 심하도다 내 마음이 내 속에서 뜨거워서 작은 소리로 읊조릴 때에 불이 붙으니 나의 혀로 말하기를(시 39:1-3).

1-3절의 고백처럼 다윗은 침묵한다. 그러나 그의 마음은 평안하지 않았다. 불타는 듯한 근심과 고통이 그를 삼켰다. 우리도 그렇다. 말하지 않는다고 해서 마음이 잔물결 하나 없는 바닷속에 있는 것이 아니다.

그러나 다윗은 고난 속에서 자신을 절제했다. 고통 가운데 자신의 입술이 하나님을 욕되게 할까 두려웠기 때문이다.

욥기에서도 비슷한 모습을 본다.

---

4 Heinrich Ewald, *Die Psalmen* (Göttingen: Vandenhoeck und Ruprecht, 1840), 427.

그가 이르되 그대의 말이 한 어리석은 여자의 말 같도다 우리가 하나님께 복을 받았은즉 화도 받지 아니하겠느냐 하고 이 모든 일에 욥이 입술로 범죄하지 아니하니라(욥 2:10).

다윗은 하나님을 수없이 경험한 사람이었다. 그는 죄를 짓지 않기 위해 침묵을 선택했다. 성도의 침묵은 방관이나 회피가 아니다. 성도의 침묵은 능동적 선택이다. 내 영혼에 죄가 스며드는 것을 막기 위한 신앙 훈련이다.

시편 39편 1절에서 "내가 내 입에 재갈을 먹이리라"는 표현의 히브리어 원어는 מַחְסוֹם(maḥsom)이다. 이 단어는 성경에 드물게 등장하며, 동물의 입을 막기 위해 씌우는 재갈을 뜻한다. 다윗의 침묵은 단순히 말하지 않는 것이 아니었다. 그는 자신의 말이 나가지 못하도록 스스로 입을 틀어막는 결심을 한 것이다. 특히 주를 모르는 자들이 내 고난을 보고 있다면 말이다.

다윗은 악인 앞에서 울부짖거나 불평하는 말이 하나님을 욕되게 할까 두려워했다. 그의 육신의 고통보다 하나님의 이름을 욕되게 하는 것이 더 큰 고통이었다. 그래서 그의 침묵은 평온한 명상이 아니라 불같은 고통 속에서 이루어진 자기 검열이었다.

이 모든 것이 하나님의 이름을 부르지 않는 사람들 앞에서 하나님의 영광을 가리지 않기 위해서다. 우리는 그런 삶을 살고 있는가?

사람 앞에서는 침묵을 선택한 다윗이 하나님 앞에서는 어떠한가?

다윗은 사람 앞에서는 침묵하지만 하나님 앞에서는 그의 아픔을 폭발하듯 쏟아 놓는다. 이것이 바로 기도다. 기도는 감정을 숨기지 않고 하나님께 토해내는 신앙의 행위다. 하나님 앞에서는 안전하다. 하나님 앞에서는 연약함을 보여도 된다. 기도는 가리기 위한 것이 아니다. 나의 고통과 삶의 모든 상처를 고스란히 드러내고 하나님의 회복과 치료를 구하는 것이 기도인 것이다.

> 여호와여 나의 종말과 연한이 언제까지인지 알게 하사 내가 나의 연약함을 알게 하소서 주께서 나의 날을 한 뼘 길이만큼 되게 하시매 나의 일생이 주 앞에는 없는 것 같사오니 사람은 그가 든든히 서 있는 때에도 진실로 모두가 허사뿐이니이다 진실로 각 사람은 그림자 같이 다니고 헛된 일로 소란하며 재물을 쌓으나 누가 거둘는지 알지 못하나이다(시 39:4-6).

다윗의 기도는 계속된다. 고통 속에서 자기의 입을 스스로 봉한 다윗이었으나 그 고통의 억울함은 어찌할 수 없었나 보다. "여호와여 나의 종말과 연한이 언제까지인지 알게 하사 내가 나의 연약함을 알게 하소서"라는 간구를 보면 다윗은 하나님께 고통의 시간이 언제까지 이어지는지 묻고 있다. 이것은 죽기를 요청하는 것이 아니라 고통의 날수를 세어볼 정도로 연약해진 자신의 영혼을 돌아봐 달라는 울음이다. 5-6절을 보면 더욱 분명히 하나님 앞에 신기루 같기도 한 허무한 인생에 대해 말한다. 물론 뒤에서 경건하고 합당한 기도를 드리지만, 여기서는 자신이 연약하고 덧없는 인생을 사는 인간임에도 하나님께서 자신을 조금만 더 들여다봐 주시길 간구한다.[5] 이러한 예는 욥기의 여러 대화 속에서도 찾아볼 수 있다.

> 나의 날은 베 짜는 북보다 빠르니 소망 없이 마치리라.
>
> 내 생명이 한낱 바람 같음을 생각하옵소서.
>
> 주께서 어찌하여 나를 태에서 나오게 하셨나이까.
>
> 차라리 숨이 끊어져 눈이 보지 못하였으면 좋을 뻔하였나이다.
>
> 내 날이 적지 아니하니이까.
>
> 그런즉 그치시고 나를 버려두사 잠시나마 평안히 하옵소서

그러므로 다윗은 고단하고 서운한 마음으로 이렇게 말하는 것이다.

"오 하나님이여, 주께서 나를 이렇게 엄격히 대하신다면, 최소한 내 생명이 얼마나 남았는지라도 알게 하소서. 만일 내 삶이 잠깐에 불과하다면, 어찌하여 이렇게 심한 징계를 내리십니까? 어찌하여 마치 내가 오랜 세월을 살아야 할 사람인 것처럼 이토록 많은 고난을 내 머리에 쌓으십니까? 이렇게 잠시 살다가 가야 한다면, 왜 태어나야 했단 말입니까? 어찌하여 이렇게 짧은 삶 전체를 끊임없는 비참과 고난 속에서 보내야 합니까?"[6]

---

5 John Calvin, *Commentary on the Psalms*, vol. 2 (Grand Rapids: Christian Classics Ethereal Library, n.d.), 시편 39:4, https://www.ccel.org/ccel/calvin/calcom09/calcom09.v.html. 칼빈은 다윗이 자신의 삶을 잠시 머무르는 여행객의 시간처럼 덧없는 것으로 인식하며, 하나님의 빠른 응답과 인도하심을 간구하는 모습을 보여주시길 원하고 있다.

다윗은 자신의 삶의 길이를 '한 뼘 길이'라고 이야기한다. 한 뼘의 원어는 חָפְפֶה(tefah)이다. 이것은 히브리인들에게 가장 작은 측량 단위다. 자신의 생애가 극도로 짧으며 시작과 끝이 맞닿아 있는 것처럼 짧은 인생을 다윗은 직시하고 있다. 먼지보다도 가벼운 자기 인생의 무게를 알게 된 그는 모든 사람이 하나님의 앞에서 헛됨에 불과한 존재라고 말한다. 한 시대의 왕의 고백이다.

주여 이제 내가 무엇을 바라리요 나의 소망은 주께 있나이다 나를 모든 죄에서 건지시며 우매한 자에게서 욕을 당하지 아니하게 하소서 내가 잠잠하고 입을 열지 아니함은 주께서 이를 행하신 까닭이니이다 주의 징벌을 나에게서 옮기소서 주의 손이 치심으로 내가 쇠망하였나이다 주께서 죄악을 책망하사 사람을 징계하실 때에 그 영화를 좀먹음 같이 소멸하게 하시니 참으로 인생이란 모두 헛될 뿐이니이다(시 39:7-11).

그러나 다윗은 여기에서 신앙의 정진을 멈추지 않았다.

스올7에 거하는 자가 하나님께, 죽음처럼 느껴지는 고통을 토로

---

6 Ibid.

7 Encyclopaedia Britannica, "Sheol, abode of the dead in the Hebrew Bible," accessed September 13, 2025, https://www.britannica.com/topic/sheol; Baker's Evangelical Dictionary of Biblical Theology, s.v. "Sheol," accessed September 1, 2025. '스올'(히브리어 שְׁאוֹל, Sheol)은 구약성경 히브리어 본문에 약 65회 언급이 되나 번역에 따라서 66회가 되기도 한다. 스올은 단순한 무덤 이상의 개념으로 어둠과 고요, 침묵과 단절을 의미하고, 죽은 자들의 세계이며 '땅 아래 깊은 곳' 혹은 '지옥'을 의미하기도 한다.

할 뿐 아니라 바로 거기에서 믿음으로 위의 것을 찾는다.

주여 이제 내가 무엇을 바라리요 나의 소망은 주께 있나이다(시 39:7).

'이제'를 뜻하는 עַתָּה(atah)는 단순한 시간적 '이제'를 뜻하는 것이 아니다. 이것은 결정적 순간, 전환점을 말한다. 과거와 비교하여 이제는 상황이 바뀌었다는 의미를 내포한 것이다. 6절과 같이 인간적 한계를 인식한 후 자신의 노력을 의지했던 모습을 돌아보며, 이제는 하나님만을 신뢰하겠다고 한다.

그리곤 다윗은 소망이 주께 있음을 고백한다. 히브리 원어 מִקְוֶה (miqveh)는 과거의 자신의 업적이나 추억에 대한 의존에서 벗어나 현재 하나님께만 소망을 둔다는 결단을 뜻한다. 이는 다윗의 신앙이 다시 한번 성숙과 전환을 이룬 것을 뜻한다.

여호와여 우리에게 은혜를 베푸소서 우리가 주를 앙망하오니 주는 아침마다 우리의 팔이 되시며 환난 때에 우리의 구원이 되소서(사 33:2).

오직 나는 여호와를 우러러보며 나를 구원하시는 하나님을 바라보나니 나의 하나님이 나에게 귀를 기울이시리로다(미 7:7).

이사야 선지자와 미가 선지자 모두 세상의 악을 바라보며 절망하고, 사람들의 끝없는 우상 숭배와 쌓여가는 죄를 보며 절망한다.

그러나 그들의 눈이 세상에서 하나님께로 향할 때 비로소 솟아나는 영적 힘을 경험하는 것이다. 성도에게 소망이란 이런 것이다. 세상의 관점에서 볼 때 길이 보이지 않는 상황에서 기뻐하고 희생하고 주를 신뢰하는 모습은 이해되지 않고 도리어 당혹스러워 보일 수 있다. 하지만 이럴 수 있는 이유는 소망이 세상에 있지 않고 위에 있는 것을 깨달아 시선을 하나님께로 향해서이다.

죽음의 공포와 인생의 허무함이 나의 영혼에 수없이 침투하려 하지만 다시 일어나 소망을 재확인한 다윗, 인생의 깊은 골짜기를 경험하였고 죽음의 위기를 수없이 넘기고 죽음이 주는 공포를 느꼈던 다윗, 죄와 회개, 은혜와 복을 반복하여 경험한 다윗.

우리가 다윗의 허물을 여실히 보았지만 여전히 위대한 신앙인이라 부르는 이유가 있다. 그것은 모든 고난과 죄에 거꾸러지지 않고 일어나 하늘을 향해 주님의 이름을 부르고 소망을 보았던 까닭이다.

내가 무슨 말을 더 하리요 기드온, 바락, 삼손, 입다, 다윗 및 사무엘과 선지자들의 일을 말하려면 내게 시간이 부족하리로다, 이러므로 우리에게 구름 같이 둘러싼 허다한 증인들이 있으니 모든 무거운 것과 얽매이기 쉬운 죄를 벗어 버리고 인내로써 우리 앞에 당한 경주를 하며 믿음의 주요 또 온전하게 하시는 이인 예수를 바라보자(히 11:32, 12:1-2).

그렇기에 다윗은 믿음의 증인이다. 다윗을 비롯한 수많은 증인들의 삶이 우리 앞에 있다. 인생을 순례자의 길로 해석한 신앙인들의 삶은 고통을 통해 하나님의 음성을 들을 수 있었다. 때로는 이 경주를 그만두고 싶을 때가 있지 않았을까? 그런데 다윗을 보자.

여호와여 나의 기도를 들으시며 나의 부르짖음에 귀를 기울이소서 내가 눈물 흘릴 때에 잠잠하지 마옵소서 나는 주와 함께 있는 나그네이며 나의 모든 조상들처럼 떠도나이다 주는 나를 용서하사 내가 떠나 없어지기 전에 나의 건강을 회복시키소서(시 39:12-13).

다윗의 노년은 변함없이 소망이 주께 있음을 재확인하는 시간이었고, 유한한 인생이 하나님 앞에 엎드리는 믿음의 경주를 마치는 시간이었다.

그는 병상 중에 시편 39편의 기도를 드렸다. 죽음이 다가옴을 느꼈으나 끊임없이 죄의 회개를 입술에서 놓지 않았고 기도의 일상을 보냈다. 다윗은 죽음을 끝이라고 보지 않았다. 그는 죽음 너머의 영생의 소망이 충만했다.

시편 16편 10절에서 다윗은 다음과 같이 노래했다.

이는 주께서 내 영혼을 스올에 버리지 아니하시며 주의 거룩한 자를 멸망시키지 않으실 것임이니이다.

다윗은 하나님께서 자신을 사망이 삼키지 못하게 하시며 죽음의 구덩이에 버리지 않으실 줄 의심하지 않은 것이다. 죽음으로 모든 것이 끝나지 않게 하실 하나님을 신뢰한 것이다.

이 구절은 영생을 확신한 다윗만의 노래가 아니다.

베드로는 이 구절을 그의 설교에 인용하고 있다. 사도행전 2장 25-32절이다.

다윗은 그분에 대해서 이렇게 말한 바 있습니다. "나 여호와를 한마음으로 모시고 살며 주께서 내 가까이에 계시니 떨리지 않습니다. 하여 이 마음 기쁘고 한없이 즐겁습니다. 이 몸도 편안히 살아갑니다. 주께서 이 몸을 스올로 팽개 치지 않으시고 주님만을 애타게 그리는 이 몸 버리지 않으시리니 생명의 길 보여주시리니 주님의 얼굴은 한없는 나의 기쁨 주님은 한없는 나의 즐거움이 십니다." 사랑하는 형제들이여, 생각해 보십시오. 지금 내가 인용한 이 말은 다윗이 자기 자신에 대해서 한 말이 아닙니다. 그는 죽어서 묻혔고 그의 무덤이 오늘날까지 남아있습니다. 다윗은 예언자였기 때문에 그의 자손 중에서 메시 야가 나서 다윗의 왕좌에 앉을 것이라고 하신 하나님의 변치 않는 약속을 알고 있었던 것입니다. 다윗은 먼 장래를 내다보면서 메시야의 부활을 예언하였습 니다. 메시야는 지옥에 버려지지 않고 육신 또한 썩지 않을 것이라고 말한 것입니다. 그가 예언한 그대로 하나님께서는 예수를 죽은 자 가운데서 다시 살리셨습니다. 우리는 모두 그분의 부활의 증인입니다(현대어성경).

베드로 사도는 시편 16편은 예언자 다윗의 예수님에 대한 예언임 을 분명히 하고 있는 것이다. 주님의 부활을 다윗은 예언한 것이요, 예언대로 하나님께서는 죽은 자 가운데서 주님을 다시 살리셨다는 역사적 사실을 담대히 증거한 것이다.

사도 바울은 예수님은 부활의 첫 열매가 되사 우리 또한 부활할 것임을 담대히 선포한다.

> 그러나 이제 그리스도께서 죽은 자 가운데서 다시 살아나사 잠자는 자들의 첫 열매가 되셨도다 사망이 한 사람으로 말미암았으니 죽은 자의 부활도 한 사람으로 말미암는도다 아담 안에서 모든 사람이 죽은 것 같이 그리스도 안에서 모든 사람이 삶을 얻으리라(고전 15:20-22).

예수님은 선포하셨다.

> 나는 부활이요 생명이니 나를 믿는 자는 죽어도 살겠고 무릇 살아서 나를 믿는 자는 영원히 죽지 아니하리니 이것을 네가 믿느냐(요 11:25-26).

여기에 담대함이 있으며 우리는 다음과 같이 노래할 수 있다. "주여 이 몸 바쳐 주의 일을 하렵니다. 아무리 어려워도 괴로움 당해도 주와 함께 승리하며 살게 하옵소서. 주님 사랑 크시니 주를 따라가며 주님으로 만족케 하여 주소서. 아 불같은 성령으로 충만케 하옵소서. 고통이 와도 죽음이 와도 주님만 위해 살게 하소서."

죽음이 눈앞에 있어도 하나님께 시선을 고정하며 영원한 소망을 붙드는 것이 천국을 향한 순례자의 삶이다.

인생의 유한함과 죽음 앞에서의 연약함을 적나라하게 보여주면서도, 하나님께 기도하며 소망을 재확인하는 다윗의 모습이 바로 그것이다. 인간의 모든 노력과 업적이 한 뼘 길이만큼 허무하게 느껴지는 순간에도, 그는 다시 하나님을 바라보고 자신의 삶을 소망 가운데 맡겼다.

죽음이 우리를 향해 손짓할 그때를, 삶이 고통스럽게 느껴질 순간을 그 누가 피할 수 있겠는가? 그렇지만 우리는 두려움과 허무 속에서도 소망의 하나님을 믿는 것이다. 다윗이 수없이 경험한 죄와 회개, 은혜와 복의 반복 속에서도 굴복하지 않고 하나님께 눈을 들어 소망을 확인했던 것처럼, 우리 역시 삶의 깊은 골짜기와 고난 속에서 위에 계신 하나님께 시선을 돌릴 수 있다.

성도의 진면목(眞面目)은 바로 여기에 있다. 죽음을 직시하고, 자신의 연약함을 인정하며, 허망한 삶 속에서도 영원한 소망을 붙드는 삶.

인간의 유한함과 덧없음을 깊이 깨닫는 자리에서조차 하나님 안에서 새 생명과 평안을 누리는 삶.

이것이 바로 우리의 본래 모습이자, 영원한 생명을 향한 신앙의 길인 것이다.

21장

왕관을 벗어서

앞선 장 "아도니아의 반란과 다윗의 유언"에서 나는 다음과 같이 기술하였다.

다윗 왕은 헤브론에서 칠 년 동안 다스렸고 예루살렘에서 삼십삼 년 동안 다스렸다. 그는 칠십 년을 살았다. 파란(波瀾) 많은 인생길을 보내었으나 그는 하나님 안에서 기어코 기도하고 소원한 것을 다 이룸 받았다. 그의 삶은 상처투성이였고 실패로 인하여 찢어졌으나 처절하리만큼 집요히 여호와를 찾았다. 왜 그랬을까? 그를 받아줄 분은 오직 여호와 하나님이신 줄 알았기에 그러했고 그분이 자신을 통하여 새 일을 하실 수 있는 영원한 목자이심을 믿었기 때문이었다.

다윗 왕은 이스라엘을 강대한 나라로 만들었고 예루살렘 성전 시대의 기초를 놓았으며 메시아 대망 사상을 만들어 냈으며 예수님께서 직접 위대한 왕으로 부르셨다.

그는 이스라엘 전 역사를 통하여 가장 이상적인 왕이었다. 다윗보다 더 유명한 왕은 그 후로 나오지 않았다. 그와 견줄만한 왕도 없었다. 그는 말 그대로 대왕(大王)이었다.

이스라엘의 왕 제도는 어떻게 정립되었나 살펴보자.

선지자요, 사사인 사무엘에게 이스라엘 백성은 왕을 구했다. 왕을 구한 까닭을 이스라엘의 장로들은 사무엘에게 다음과 같이 말한다.

> 보소서 당신은 늙고 당신의 아들들은 당신의 행위를 따르지 아니하니 모든 나라와 같이 우리에게 왕을 세워 우리를 다스리게 하소서(삼상 8:5).

이스라엘은 이웃 나라의 왕의 제도를 효율적으로 생각했다.[1] 그로 인해 나라가 안정되고 발전하고 외세로부터 보호받을 수 있다고 여겼다. 왕정을 선호하게 된 것이다. 사무엘도 늙었다. 게다가 사사로 세운 그의 아들 요엘과 아비야는 아버지만 못 할 뿐 아니라 사사로운 이익을 따라 행하여 실망을 주었다.[2] 사무엘의 자식들은

---

1 사무엘 선지자 당시 왕정 국가들이 주변에 있었다. 예컨대 애굽, 앗수르, 블레셋이 그러하고 암몬, 모압, 아람 등도 그러했다. 이러한 나라들은 중앙집권적 정치체제와 함께 강한 군사력을 가지고 나라의 안위를 지켜 나갔다.

2 아마도 사무엘은 늙어서 사사 직분을 감당하기가 힘겨워지자 보조 사사로 자기의 두 아들을 세웠을 것으로 추측된다. 사무엘상 8장 1-3절에는 다음과 같이 기록되어 있다. "사무엘이 늙으매 그의 아들들을 이스라엘 사사로 삼으니 장자의 이름은 요엘이요 차자의 이름은 아비야라 그들이 브엘세바에서 사사가 되니라 그의 아들들이 자기 아버지의 행위를 따르지 아니하고 이익을 따라 뇌물을 받고 판결을 굽게 하니라"

이스라엘을 지도할 수 있는 그릇이 아니었다. 그럼에도 불구하고 사무엘이 왜 자식들에게 그러한 자리를 주었는지 이해할 수 없다. 스승 엘리 제사장이 자녀들 문제로 어떤 어려움을 겪었는지를 다 알면서 말이다.3 아무튼 사무엘의 자식에 대한 그릇된 판단이 이스라엘 백성들에게 불만을 일으킨 것만은 분명하다.

그러하니 이스라엘은 더욱 왕들이 다스리는 이웃 나라들을 동경하게 되었다. 왕이 다스리는 나라가 안정되게 보였고 그 왕들의 정치체제가 자신들에게 행복을 가져다줄 것으로 여겼던 것이다.

사사시대 당시 이스라엘은 느슨한 지파 연합을 유지하였다. 즉, 중앙집권적인 리더쉽(leadership)이 없었다. 그들이 죄를 지으면 하나님께서는 주변 나라를 몽둥이로 사용하사 뉘우치고 회개하게 하셨다. 고통 중에 부르짖으면 들으시고 사사를4 세우사 구원해 주셨다. 하나님께서는 사사들을 통하여 이스라엘을 다스리신 것이요, 이것이 사사시대의 반복되는 패턴이었다.

사사기 2장 13-18절이다.

---

3 엘리 제사장은 두 아들을 두었는데 홉니와 비느하스였다. 그들은 불량자였다. 아버지 엘리의 뒤를 이어 제사장이 되었는데 제사를 경홀히 여겼고 회막 문에서 수종 드는 여인들과 동침하는 등 패악은 말할 수 없었다. 이렇게 된 데에는 엘리 제사장이 하나님보다 아들들을 귀히 여긴 것이 한몫을 차지하였다. 결국 하나님의 징계를 받아 블레셋과의 전투에서 엘리 제사장의 두 아들 홉니와 비느하스는 한 날에 죽임을 당했다.

4 이스라엘이 가나안에 정착 후, 사울 왕이 기름부음을 받기 전까지 하나님께서 세우신 이스라엘의 지도자를 일컬으며 이들은 평상시엔 재판을 담당하고 위급 시 군사를 일으켜 대적들과 싸웠다. 대표적인 사사로 여 사사인 드보라, 기드온, 입다, 삼손 등이 있다.

곧 그들이 여호와를 버리고 바알과 아스다롯을 섬겼으므로 여호와께서 이스라엘에게 진노하사 노략하는 자의 손에 넘겨 주사 그들이 노략을 당하게 하시며 또 주위에 있는 모든 대적의 손에 팔아 넘기시매 그들이 다시는 대적을 당하지 못하였으며 그들이 어디로 가든지 여호와의 손이 그들에게 재앙을 내리시니 곧 여호와께서 말씀하신 것과 같고 여호와께서 그들에게 맹세하신 것과 같아서 그들의 괴로움이 심하였더라 여호와께서 사사들을 세우사 노략자의 손에서 그들을 구원하게 하셨으나 그들이 그 사사들에게도 순종하지 아니하고 오히려 다른 신들을 따라가 음행하며 그들에게 절하고 여호와의 명령을 순종하던 그들의 조상들이 행하던 길에서 속히 치우쳐 떠나서 그와 같이 행하지 아니하였더라 여호와께서 그들을 위하여 사사들을 세우실 때에는 그 사사와 함께 하셨고 그 사사가 사는 날 동안에는 여호와께서 그들을 대적의 손에서 구원하셨으니 이는 그들이 대적에게 압박과 괴롭게 함을 받아 슬피 부르짖으므로 여호와께서 뜻을 돌이키셨음이거늘.

그럼 사사들은 왕을 어떻게 생각하였을까? 자세한 기록은 성경에 없으나 하나의 일례로 삼을 만한 것이 있다. 사사 기드온이 미디안과의 전투에서 승리했을 때 이스라엘 백성들은 그에게 "당신과 당신의 아들과 당신의 손자가 우리를 다스리소서"라고 부탁했다. 왜 이스라엘 백성들은 이렇게까지 말했을까? 사사 기드온의 업적은 가히 놀라웠다. 300명의 용사를 이끌고 미디안 연합군을 물리쳤다. 그때 미디안 연합군의 위용을 기록한 말씀이 사사기 7장 12절이다.

미디안과 아말렉과 동방의 모든 사람들이 골짜기에 누웠는데 메뚜기의 많은
수와 같고 그들의 낙타의 수가 많아 해변의 모래가 많음 같은지라

이러한 대군을 삼백 명으로 격파하였다. 혁혁(赫赫)한 승리였다.
십삼만 오천 명을 무찔렀으니 말이다. 이스라엘 백성은 환호했다.
그리고 기드온이야말로 자신들을 다스릴 왕으로 여겼으며 기드온
뿐 아니라 그의 아들 손자가 이스라엘을 다스리길 원했다. 당시
사사직은 임시직이었다. 그때그때 하나님께서 세우셔서 그들을 통
하여 이스라엘을 구원하셨다. 하지만 미디안 대군을 기드온이 물리
치자 이스라엘 백성은 그를 왕으로 추대하기로 한 것이다. 즉, 그와
그의 가문이 이스라엘의 왕이 되어 다스려 주기를 원한 것이다.

기드온은 다음과 같이 대답하였다. "내가 너희를 다스리지 아니
하겠고 나의 아들도 너희를 다스리지 아니할 것이요 여호와께서
너희를 다스리시리라"(삿8:23). 기드온은 자신과 자신의 아들 손자
가 왕이 되는 것을 좋게 여기지 않았으며 강력한 권한이 자신에게
있어 중앙집권적 정치체제를 갖추는 것도 원치 않은 것이다. 자신의
위상과 눈에 보이는 효율성을 생각한다면야 느슨한 지파 연합보다
는 왕정이 나았는데 말이다.

그 이유가 무엇일까? 추측건대 왕이 되면 이스라엘을 자기와
집안의 소유로 여기게 될 것과 자기 뜻대로 다스리고자 하는 욕망이
일어날 것을 염려한 것이 아니었겠나 여겨진다. 이러한 생각은 사사
들의 공통된 것이었다고 생각된다. 즉, "여호와께서 다스리시리라"

는 사상이다.

사사들을 보면 바람직한 사사들도 있었고 그렇지 못한 사사들도 있었으나 그래도 그들은 "하나님께서 이스라엘을 다스리신다"라는 것을 공유했다. 적어도 사사들은 "하나님께서 이스라엘을 다스리신다"는 것이 마음속에 새겨져 있었다. 즉, **자신들을 통하여 하나님께서 다스리시는 민족이 이스라엘이라는 사실을 기억했음을 뜻한다**. 바꾸어 말하면 사사들은 자기가 이스라엘을 다스린다고는 생각지 않은 것이다. 그들은 기드온과 같이 아들이 자신들을 이어 사사가 되는 것을 원하지도 않았다. 왜냐하면 하나님께서 자신을 선택한 것이지 자녀까지 선택한 것이 아니라는 사실을 알고 있었기 때문이다. 선택은 하나님의 권한이지 자신들의 권한이 아니라는 것도 알았다. 그들은 그저 하나님의 도구에 불과함을 인정하였고 그 이상을 기대하지도, 넘보지도 않은 것이다.

예를 들어보자. 입산이라는 사사는 사사의 자리에 7년을 있었고 그동안 아들 삼십 명과 딸 삼십 명을 시집 장가 보냈는데 딸들은 밖으로 시집 보냈고 아들들은 밖에서 여자 삼십 명을 데려다가 결혼 시켰다. 60명의 자녀를 국제결혼 시켰든지 아니면 다른 지파와 혼인을 시켰든지 정략적으로 혼인 관계를 맺은 것 같다. 자신의 안위와 집안의 안정과 번영에 집착하였던 것이다. 자녀가 그의 최고 관심사였음엔 틀림없다. 이러한 면에서 입산은 타의 추종을 불허한 사람이다. 이러한 입산도 자녀를 자신의 뒤를 잇는 사사로 만들려는 마음은 없었다. 감히 하나님 흉내를 내지는 않았던 것이다.

많은 이들이 사사시대를 암흑시대라고도 부른다. 이렇게 생각하는 이유는 그 시대가 사회적으로도 문제가 많았고 무엇보다도 하나님에 대한 신앙에 반하는 죄가 만연되어 있었던 까닭이다. 이스라엘 백성들은 죄로 인한 어려움을 겪었고 다시금 회개하고 회복되는가 싶으면 다시금 옛 습성을 버리지 못했다. 그럼에도 불구하고 사사들은 하나님은 유일하신 우리의 왕이라고 생각하였다. 그러므로 하나님은 세우신 사사들이 하나님의 뜻과 부합하게 살지 못한 경우도 허다했으나 그들을 통하여 당신의 백성들을 보존시켜 나간 것이다.

이 같은 생각에 대적한 악한 자가 있었다. 기드온의 아들 아비멜렉[5]이다. 그는 스스로 왕이 되겠다고 형제들을 죽이고 세겜에서 왕이 되었다. 이 형제의 난에서 겨우 살아남은 요담[6]이 그리심산 꼭대기로 가서 서서 세겜 사람들에게 외친 말이 있다.

하루는 나무들이 몰려와서 자기들을 다스릴 왕을 하나 뽑자고 올리브나무에게 몰려가 이렇게 말하였소. "여보시오. 우리의 왕이 되어 주시오" "거, 무슨 소리요, 내가 왕이 되다니! 내가 내는 기름이 어쩌나 신들을 기쁘게 해주는지 알고나 하는 소리요? 또 사람들은 어떻구. 이 올리브기름을 발라야 품위가 있어 보이지 않겠소? 그런 소리 마시오. 다른 나무들을 못살게 마구 짓밟는

---

5 사사 기드온이 세겜 출신 첩으로부터 나은 아들로서 자기 형제들을 도륙하고 왕이 되었으나 이스라엘을 다스린 지 3년에 비참하게 죽었다.
6 기드온은 70명의 아들을 두었는데 막내가 요담이다. 아비멜렉에게 형제들이 죽임을 당했을 때 가까스로 살아남아 그리심산 꼭대기로 가서 서서 비유를 하나 말했는데 그 내용이 사사기 9장에 나온다.

짓을 하다니! 내가 할 일은 이렇게 좋은 기름을 열심히 만들어 내는 일뿐이오"
나무들은 무화과나무에게 몰려가 똑같이 말을 건넸소. "제발 부탁이오. 우리
의 왕이 되어 주시오." "나 원 참 살다보니 별소리 다 듣는구려. 이렇게 맛있는
무화과를 내지 않고 내 할 일이 또 무엇이겠소? 이렇듯 달콤한 무화과를 그만내
라니! 말이나 되는 소리요? 다른 나무들을 못살게 마구 짓밟는 짓을 하다니!
생각조차하기 싫소" 나무들은 포도나무에게 몰려가 똑같은 말을 하였소. "좀
우리를 생각해 주시구려. 우리를 다스릴 왕이 되어 주시오" "아이구, 큰일날
소리를 다하는 구려. 내 어찌 이 달콤한 포도주를 그만내겠소! 내가 내는 이
술을 마시면서 사람들이 얼마나 흥겨워하는지 아시겠소. 또 신들은 어떻구요.
다른 나무들을 못살게 마구 짓밟는 짓을 하다니! 내 그 말은 안들은 것으로
하겠소" 이번에는 나무들이 가시나무에게 몰려갔소. 그에게도 똑같은 말을
해보았다오. "여보시오, 한번 생각해 주오. 우리를 다스릴 왕이 되어 보는게
어떻겠소?" "그게 무슨 말이오. 정말 자네들이 나를 왕으로 섬길 셈이오?
그 말이 진심이거든 모두 나에게 몰려와 내 그늘 아래 몸을 숨겨 보시오. 내
말을 거슬렀다가는 이 가시덤불에서 불을 뿜어 내어 레바논의 아름답다는
송백까지도 태워 없애 버리겠소"(삿 9:8-15, 현대어성경).

요담의 비유를 보자. 그는 아비멜렉을 가시나무에 빗대었다.
아무 유익이 없는 찌르는 가시를 세겜 사람들이 왕으로 추대한 것을
보고 서로를 불태우고 함께 망하는 비참한 결말을 예견한 것이다.[7]

---

7 결국 세겜 사람들은 아비멜렉 군대에 의해 비참히 죽임을 당했으며, 아비멜렉 역시
한 여인이 던진 맷돌 위짝에 두개골이 깨지는 중상을 입었고 부하에게 자신을 죽이라

사람이 사람을 다스리는 것은 옳지 않을 뿐 아니라 그 폐해는 이루 말할 수 없다는 것이요, 인생은 주어진 달란트와 여건 가운데 성실하게 사는 것이 복됨을 시사하고 있다.

사람은 힘과 권력이 지나치게 집중되면 교만해지고 왕이신 하나님을 경홀히 여기기 쉽다. 이것이 인생의 실체이다. 이러한 상황과 환경을 만들어 내지 않든지 피하든지 하는 것이 지혜이다.

자! 하나님께서는 왕을 달라는 이스라엘 백성의 요구에 어떻게 응답하셨는지를 성서 기자는 사무엘상 8장 7-9절에 적고 있다.

> 여호와께서 사무엘에게 이르시되 백성이 네게 한 말을 다 들으라 이는 그들이 너를 버림이 아니요 나를 버려 자기들의 왕이 되지 못하게 함이니라 내가 그들을 애굽에서 인도하여 낸 날부터 오늘까지 그들이 모든 행사로 나를 버리고 다른 신들을 섬김 같이 네게도 그리하는도다 그러므로 그들의 말을 듣되 너는 그들에게 엄히 경고하고 그들을 다스릴 왕의 제도를 가르치라

이스라엘 백성들의 요구는 바로 하나님을 버림이요, 자기들의 왕이 되지 못하게 하려는 것임을 말씀한 것이다.

이스라엘 백성들은 보이는 하나님을 원했다. 다른 이방의 신들은 다 보였으니까. 목석으로 깎아 만든 것 그리고 흙으로 만든 것, 금과 쇠붙이 등으로 만든 우상들이다. 하지만 하나님은 보이지 않았다.

명하여 죽게 된다.

만져지지 않았다. 이스라엘 백성은 자극적인 하나님을 원했다. 하나님께서는 십계명 중 제 이 계명에 분명히 말씀하셨다.

너를 위하여 새긴 우상을 만들지 말고 또 위로 하늘에 있는 것이나 아래로 땅에 있는 것이나 땅 아래 물 속에 있는 것의 어떤 형상도 만들지 말며 그것들에 게 절하지 말며 그것들을 섬기지 말라(출 20:4-5).

하지만 이스라엘 백성들은 조급하였고, 느껴지고 눈에 확실히 보이는 것을 선호하였다. 대표적인 사건이 금 송아지 사건이었다.[8] 그들은 보이는 하나님, 만져지는 하나님을 원한 것이다. 아론은 이스라엘 백성의 요구를 들어주지 않으면 폭동이 날까 두려워하여 백성이 가져다준 금붙이를 모아 녹인 후 거푸집에 넣어 수송아지 신상을 만들었고 사람들은 신상을 보고 "이스라엘아! 이 신이 우리를 애굽 땅에서 이끌어 낸 신이다"라고 소리쳤다. 그 앞에서 이스라엘 백성은 제물을 드리고 먹고 마시며 일어나서 뛰놀았다. 이에 하나님

---

8 이스라엘 백성이 시내산에 이르렀을 때에 여호와께서 모세에게 말씀하셨다. "너는 산에 올라 내게로 와서 거기 있으라 네가 그들을 가르치도록 내가 율법과 계명을 친히 기록한 돌판을 네게 주리라"(출 24:12). 모세는 구름 속으로 들어가서 산 위에 올랐으며 사십 일 사십 야를 산에 머물러 있었다. 이스라엘 백성은 모세가 산에서 내려옴이 더딤을 보고 아론에게 "일어나라 우리를 위하여 우리를 인도할 신을 만들라 이 모세 곧 우리를 애굽 땅에서 인도하여 낸 사람은 어찌 되었는지 알지 못함이니라"(출 32:1)고 압박하였고 여기에 굴복한 아론은 백성이 가져온 금붙이로 금송아지를 만들었고 이에 이스라엘 백성은 "이스라엘아 이는 너희를 애굽 땅에서 인도하여 낸 너희 신이라"(출 32:8)고 하면서 금송아지 우상을 위한 축제를 행했다.

께서 얼마나 진노하셨는지 우리는 알고 있다.

사무엘에게 하나님께서는 이러한 고집 세고 완악한 이스라엘 백성의 속성을 꿰뚫어 보시고 말씀하신 것이다. "나를 버려 자기들의 왕이 되지 못하게 함이니라" 그들은 보이지 않는 하나님의 다스림보다 보이는 왕의 통치를 원한 것이다. 이제 하나님께서는 사무엘을 통하여 왕의 권한이 어떤 것인지도 알려 주신다.

여러분이 왕을 세워 달라고 요청하였으나 그렇게 하였을 때 왕에게 얼마나 많은 특권이 주어지는가를 명백하게 알아야 합니다. 왕은 여러분의 아들들을 데려다가 온갖 일을 다 시킵니다. 자기가 타는 말을 키우게 하고 수레도 맡겨 놓고, 자기가 행차할 때에는 여러분의 아들들을 그 앞에서 달려가게도 합니다. 그는 또 여러분의 아들들을 데려다가 장교나 사병도 만들고, 자기의 밭에서 일하는 농부도 만들고, 무기나 전차를 만들게도 합니다. 그는 여러분의 딸들도 데려다가 자기의 왕궁에서 온갖 일을 시키며 부려먹습니다. 왕을 위하여 요리도 하고 떡도 굽고 향유도 만들고 옷에 수도 놓게 합니다. 그는 여러분의 농토와 포도원과 감람원에서 나는 가장 좋은 것들을 강제로 거두어다가 자기의 관리들에게 나누어 줍니다. 그리고 나서 여러분이 수확하는 곡식과 포도 가운데서 10분의 1을 세금으로 거두어다가 자기의 신하와 종들에게 줍니다. 그는 여러분의 남종과 여종들도 데려다가 자기 일을 시키고, 여러분의 소와 나귀 중에서도 제일 좋은 것만 끌어다가 부려먹습니다. 그는 여러분의 양 떼 중에서도 열 마리에 한 마리씩은 세로 받아 갑니다. 결국 여러분 자신은 모두가 왕의 종이 됩니다. 여러분이 그렇게 당하는 날이 오면, 지금 소원하던 왕 때문에 탄식하며 부르짖게 될 것입니다. 그러나 그때에는 여호와께서 여러분의 호소를 들어주지 않으실 것입니다(삼상 8:11-18, 현대어성경).

하지만 백성들은 자기들의 소견을 굽히지 않았다. 그들은 완고하였고 고집이 세었다. 사사기는 다음과 같이 끝맺고 있다. "그 때에 이스라엘에 왕이 없으므로 사람이 각기 자기의 소견에 옳은 대로 행하였더라." 그들 마음은 왕이신 하나님을 멀리하였고 그 말씀 속에 살아가는 것을 싫어하였다. 그래서 자기들의 생각과 뜻대로 행한 것이다. 사사시대가 저물어 갈수록 이스라엘 백성의 마음은 강퍅(剛愎)해졌으며 급기야 사무엘의 말 듣기를 거절하며 "우리도 우리의 왕이 있어야 하리니 우리도 다른 나라들같이 되어 우리의 왕이 우리를 다스리며 우리 앞에 나가서 우리의 싸움을 싸워야 할 것이니이다"라고 하였다.

이렇게 하여 세워진 이스라엘의 초대 왕이 바로 사울이었다. 그는 준수하였고 모든 백성이 보기에 뛰어난 자였으며 효자였으며 하나님의 사람을 존중하는 겸손함이 배어 있었다. 이러한 그를 하나님께서는 왕으로 택하셨고 사무엘은 사울의 머리에 기름을 부었고 그 시로 여호와의 영이 크게 임하였다. 사무엘은 다음과 같이 이스라엘 백성에게 마지막으로 경고하였다.

이때에 사무엘은 이스라엘 백성이 이제까지 지은 죄악을 열거하면서 설교하기 시작하였다. "나는 이제 여러분의 행위에 대하여 책임을 묻겠습니다. 여호와께서는 여러분과 여러분의 조상을 위하여 얼마나 진실하게 도와주셨습니까? 나는 이제 여호와께서 도와주신 일들을 모두 여러분 앞에 들추어내겠습니다. 야곱이 많은 식구들을 거느리고 애굽으로 내려가서 살자 애굽 왕궁에서 그들을 억압하였습니다. 그들이 애굽 사람들의 억압에 견디지 못하여 여호와께 호소하며 부르짖자, 여호와께서 그들에게 모세와 아론을 보내주셔서 그들을 애굽에서 데리고 나와 이 땅에 정착시키도록 하셨습니다. 그러나 그들은 여호와께서 자기들을 구해 주셨던 그 사실을 금방 잊어버리고, 여호와를 떠나 다른 신들을 쫓아다녔습니다. 여호와께서는 이러한 그들을 사방의 원수들에게 넘겨 주셔서 블레셋 족속과 모압 족속의 왕과 도시 국가인 하솔의 왕 야빈의 군사령관 시스라가 쳐들어와서 여러분을 괴롭히게 하셨습니다. 그러자 여러분의 조상들은 여호와께 부르짖으면서 "저희가 우리의 하나님 여호와를 버리고 남신 바알의 신상과 여신 아스다롯의 신상들을 섬겨 죄를 지었습니다. 그러나 우리의 뉘우침을 용납해 주시고 지금 우리를 죽이려고 쳐들어온 저 원수들의 손아귀에서 구해 주십시오! 그러면 저희가 주님만을 섬기겠습니다."하고 도움을 구하였습니다. 그러자 여호와께서 여룹바알과 베단과 입다와 나 사무엘까지 보내 주셔서 여러분을 사방으로 둘러싼 원수들의 손아귀에서 건져내 주셨습니다. 그래서 여러분이 오늘날과 같이 이 땅에서 평화롭고 안전하게 살 수 있게 되었습니다. 그런데도 암몬 족속의 왕 나하스가 전군을 거느리고 여러분을 치러 오자, 여러분의 태도가 달라져서 "우리 민족에게는 왕이 없어서 안되겠습니다! 우리에게도 왕을 세워 주십시오!"라고 내게 강요하였습니다. 여러분의 왕은 이미 하나님 여호와이심에도 불구하고 그렇게 요구하고 나섰습니다. 이제는 여러분이 그토록 원하던 왕이 여기 이렇게 서 있습니다. 여호와께서 여러분에게 왕을 주신 것입니다. 이제 중요한 것은 여러분이 여호와를 두려워하고 그분에게 순종하며, 항상 그분의 가르침에 따라서 살고, 그분의 명령을 거역하지도 않고, 여러분과 여러분을 다스리는 왕의 마음이 하나가 되어 언제나 그분에게만 충성을 바쳐 복을 받고, 모든 일이 순조롭게 잘 풀린다는 사실입니다. 그러나 여러분이 만일 여호와의 말씀을 듣지 않고 그분의 명령에도 따르지 않는다면 여호와께서 여러분의 조상을 치셨던 것처럼 여러분과 여러분의 왕을 쳐서 멸망시키실 것입니다(삼상 12:6-15, 현대어성경).

하지만 왕의 권한을 맛본 사울 왕이 변하는 것은 오랜 시간이 걸리지 않았다. 그는 교만해졌으며 권력을 남용해서 제사장만이 할 수 있는 제사를 자신이 드리고 말았다. 그리고 이스라엘 왕 사울은 자기 눈에 좋은 대로 행하였고 결과적으로 하나님의 말씀을 거역하기 시작하였다. 즉, 사울 왕은 하나님의 왕 되심을 인정하지 않기 시작한 것이요 자신이야말로 이스라엘 왕이라 여긴 것이다. 그리고 그는 고집스럽게 이를 견지(堅持)해 나갔다. 즉, 자기의 소견에 옳은 대로 행하기 시작한 것이다. **피조물이 창조주 하나님같이 되려 할 때가 죄의 시작인 것이다.** 교만은 하나님 앞에서 하나님의 뜻과 섭리를 무시하고 자기의 방법으로 하나님처럼 되고자 하는 욕심이다. 다윗은 어떠했는가?

유승원은 그의 책에 다음과 같이 썼다.

다윗은 비록 실수를 저지르기는 했으나 하나님의 통치를 인정한 이상적인 왕이었다.[9]

그는 하나님을 나의 왕이라고 불렀다.[10] 다윗의 삶 전체를 살펴보면 그의 왕은 오직 여호와 하나님이셨다. 진정한 왕은 그 자신이 아니었다. 사무엘하 5장 12절에 다음과 같은 말씀이 있다.

> 다윗이 여호와께서 자기를 세우사 이스라엘 왕으로 삼으신 것과 그의 백성 이스라엘을 위하여 그 나라를 높이신 것을 알았더라.

다윗은 이스라엘의 왕이 되고 시온 산성을 빼앗아 다윗성을 삼고 궁궐을 짓는 과정 속에서 하나님의 손길을 깨달았다. 깨닫는 것이 얼마나 중요한가? 깨닫지 못하는 것은 우매한 짐승과 다름이 없다. 삼손을 보라. 머리털이 다 밀리고 블레셋 사람이 들이닥쳤을 때까지 어떻게 했나?

> 들릴라가 이르되 삼손이여 블레셋 사람이 당신에게 들이닥쳤느니라 하니 삼손이 잠을 깨며 이르기를 내가 전과 같이 나가서 몸을 떨치리라 하였으나 여호와께서 이미 자기를 떠나신 줄을 깨닫지 못하였더라(삿 16:20).

---

9 유승원, 『세상에 이런 일이』(도서출판 나사렛, 2000), 152.
10 "여호와여 나의 말에 귀를 기울이사 나의 심정을 헤아려 주소서 나의 왕, 나의 하나님이여 내가 부르짖는 소리를 들으소서 내가 주께 기도하나이다"(시 5:1-2).

하지만 다윗은 하나님 앞에서 자신의 위치를 잊지 않았다. 그것은 자신을 왕 되게 하신 분이 하나님이요, 이스라엘을 번영하게 하시기 위하여 자신을 높이신 분이 하나님이심을 알았다. 이스라엘 백성은 나라는 자신의 소유가 아니란 말이다. 만왕의 왕, 만주의 주께서 잠시 자신에게 의탁한 것임을 깨달았던 것이다. 자신은 하나님께서 정하신 기간에 하나님께서 부여하신 권한을 받은 종임을 잊지 않은 것이다. 이것을 언제나 잊지 않았기에 다음과 같은 감사기도를 드릴 수 있었다.

> 여호와여 위대하심과 권능과 영광과 승리와 위엄이 다 주께 속하였사오니 천지에 있는 것이 다 주의 것이로소이다 여호와여 주권도 주께 속하였사오니 주는 높으사 만물의 머리이심이니이다 부와 귀가 주께로 말미암고 또 주는 만물의 주재가 되사 손에 권세와 능력이 있사오니 모든 사람을 크게 하심과 강하게 하심이 주의 손에 있나이다(대상 29:11-12).

그는 왕이었다. 하지만 하나님 앞에서만은 어린아이였고 진정한 왕은 오직 여호와 하나님이심을 그의 시편이 증거하고 있다.

> 여호와께서 그 왕에게 큰 구원을 주시며 기름 부음 받은 자에게 인자를 베푸심이여 영원토록 다윗과 그 후손에게로다(시 18:50).

> 여호와의 율법은 완전하여 영혼을 소성시키며 여호와의 증거는 확실하여 우둔

한 자를 지혜롭게 하며 여호와의 교훈은 정직하여 마음을 기쁘게 하고 여호와의 계명은 순결하여 눈을 밝게 하시도다 여호와를 경외하는 도는 정결하여 영원까지 이르고 여호와의 법도 진실하여 다 의로우니 금 곧 많은 순금보다 더 사모할 것이며 꿀과 송이꿀보다 더 달도다 또 주의 종이 이것으로 경고를 받고 이것을 지킴으로 상이 크니이다(시 19:7-11).

왕이 여호와를 의지하오니 지존하신 이의 인자함으로 흔들리지 아니하리이다(시 21:7).

땅의 모든 끝이 여호와를 기억하고 돌아오며 모든 나라의 모든 족속이 주의 앞에 예배하리니 나라는 여호와의 것이요 여호와는 모든 나라의 주재심이로다(시 22:27-28).

땅과 거기에 충만한 것과 세계와 그 가운데에 사는 자들은 다 여호와의 것이로다, 문들아 너희 머리를 들지어다 영원한 문들아 들릴지어다 영광의 왕이 들어가시리로다 영광의 왕이 누구시냐 강하고 능한 여호와시요 전쟁에 능한 여호와시로다 문들아 너희 머리를 들지어다 영원한 문들아 들릴지어다 영광의 왕이 들어가시리로다 영광의 왕이 누구시냐 만군의 여호와께서 곧 영광의 왕이시로다(시 24:1, 7-10).

여호와여 내가 소리 내어 부르짖을 때에 들으시고 또한 나를 긍휼히 여기사 응답하소서 너희는 내 얼굴을 찾으라 하실 때에 내가 마음으로 주께 말하되 여호와여 내가 주의 얼굴을 찾으리이다 하였나이다 주의 얼굴을 내게서 숨기지 마시고 주의 종을 노하여 버리지 마소서 주는 나의 도움이 되셨나이다 나의 구원의 하나님이시여 나를 버리지 마시고 떠나지 마소서(시 27:7-9).

여호와께서 홍수 때에 좌정하셨음이여 여호와께서 영원하도록 왕으로 좌정하시도다(시 29:10).

다윗 왕의 통치년간(統治年間)엔 진정한 왕 되시는 하나님의 통치가 이루어진 기간이라 말할 수 있겠다. 이것을 부인하는 사람은 없을 것이다. 물론 그의 실수와 불신앙으로 인한 실패 등이 곳곳에 있었으나 그는 다시금 하나님의 품에 안겼고 하나님의 충성된 종으로 살았고 이스라엘을 하나님의 나라로 세워나갔다. 다윗은 알았다. 하나님의 백성을 사람이 다스리는 것을 하나님께서는 기뻐하지 아니하신다는 것을 말이다. 이것이 그의 통치년간(統治年間)의 통치 철학이었다.

그의 통치 철학을 나타낸 행동 두 가지를 꼽으라면 나는 하나님의 법궤를 다윗성으로 옮긴 사건과 성전 건축을 소망한 것을 든다. 법궤가 들어올 때 너무도 기뻐 여호와 앞에서 힘을 다하여 춤을 춘 다윗을 향하여 그의 아내 사울의 딸 미갈이 말한다. "이스라엘 왕이 오늘 어떻게 영화로우신지 방탕한 자가 염치없이 자기의 몸을 드러내는 것처럼 오늘 그의 신복의 계집종의 눈앞에서 몸을 드러내셨도다" 이에 다윗은 다음과 같이 말한다. "이는 여호와 앞에서 한 것이니라 그가 네 아버지와 그의 온 집을 버리시고 나를 택하사 나를 여호와의 백성 이스라엘의 주권자로 삼으셨으니 내가 여호와 앞에서 뛰놀리라 내가 이보다 더 낮아져서 스스로 천하게 보일지라도 네가 말한 바 계집종에게는 내가 높임을 받으리라"

이 책 11장 "다윗이 온 이스라엘의 왕이 되다"에서 나는 다음과 같이 썼다.

이제 다윗은 예루살렘에 하나님의 궤를 옮겨온다. 기럇여아림에 70년 이상 머물던 언약궤를 다윗성으로 모시려 한 것이다. 다윗은 이스라엘의 진정한 왕은 하나님이심을 알았다. 그래서 십계명 두 돌판이 들어있는 언약궤를 옮겨 옴으로써 이스라엘은 하나님이 통치하신다는 것을 온 이스라엘과 천하에 선포하고자 한 것이다.

하나님의 영광을 드러내기 위해 옷이 흘러내리는 줄도 모르고 아이처럼 춤을 춘 다윗, 여호와 앞에서는 언제나 낮고 천한 사람이 되는 것이 소원인 다윗, 그는 자신의 왕관을 벗어서 만왕의 왕께 드린 자였다.

하나님의 말씀에 의해 다스려지는 나라를 꿈꾼 다윗의 소망은 성전 건축이었다. 언제나 그 중심엔 하나님의 성전이 있었으며 그곳에서 만왕의 왕, 만주의 주, 하나님께 예배하는 하늘 백성으로서 살고 싶었던 것이다. 언약궤를 다윗성에 모실 때부터 그 꿈은 구체화 되었다. 왕의 명에 의해 다스려지는 나라가 아니라 하나님의 입에서 나오신 말씀으로 다스림을 받는 나라를 그는 심령 속에 그렸다. 다윗은 이 그림을 왕이 된 후 줄곧 그렸으며 여호와 하나님께서는 이러한 그를 하나님의 말씀을 기록할 수 있는 시편의 저자가 되게 하셨다.

다윗의 행적을 역대상 29장 26-27절엔 다음과 같이 기록하고 있다.

이새의 아들 다윗이 온 이스라엘의 왕이 되어 이스라엘을 다스린 기간은 사십 년이라 헤브론에서 칠 년간 다스렸고 예루살렘에서 삼십 삼 년을 다스렸더라.

분명 다윗은 이스라엘을 사십 년간 다스렸다. 하지만 그는 여호와의 뜻을 따라 다스린 하나님의 종이었다. 그는 진정한 통치란 하나님의 뜻을 받들어 그 뜻을 따라 자신에게 위임된 권한을 행사하는 것임을 오늘을 사는 우리에게 가르쳐 주고 있다. 사람은 다 권력욕이 있다. 권력이란 남을 복종시키거나 지배할 수 있는 공인된 권리와 힘을 말한다. 남을 굴복시켜 자기 마음대로 움직이려 하는 것은 누구에게나 있으며 이토록 매력적인 것은 세상에 없다. 그러기에 사람들은 권력을 탐하고 한 번 잡은 권력을 놓질 않으며 이것을 잡기 위해 일생을 걸기도 하고 모든 것을 던지기도 한다. 권력을 잡으려는 욕심은 나라나 사회나 가정이나 아니 교회에서도 비일비재(非一非再)하다. 그러기에 모든 권력의 근원은 누구에게서 오는가를 항상 잊지 말아야 한다.

유다서 1장 25절엔 기록하고 있다.

곧 우리 구주 홀로 하나이신 하나님께 우리 주 예수 그리스도로 말미암아 영광과 위엄과 권력과 권세가 영원 전부터 이제와 영원토록 있을지어다 아멘.

영광과 위엄과 모든 권력과 권세는 영원 전부터 영원 후까지 우리의 구주시며 오직 한 분이신 하나님께 있다는 것이다. 그렇다. 권력은 내 것이 아니라 하나님께서 나에게 잠시 위임해 주신 것뿐이다. 다윗은 다음과 같이 기도한다.

우리는 이 세상에서 모든 조상들과 다름이 없는 인생을 살아가고 있습니다. 주께서 주신 이 땅에서 우리는 그저 나그네처럼 잠시 머물러 살고 있습니다. 우리의 인생은 이 세상에서 그림자처럼 허무하게 사라질 뿐이니 영원한 희망은 아무것도 없습니다(대상 29:15, 현대어성경).

다윗 왕은 인생을 정확히 꿰뚫어 보았다. 의지할 곳이 없는 단지 먼지와 같다는 것이다. 그런데도 인생은 천년만년 살 것 같고 오늘을 그렇게 살고 있다. 죽음은 남의 일처럼 느껴진다. 그러니 권력에 심취되어 가고 다시 돌아오지 못하는 바람임을 잊고 산다.

다윗 왕, 그는 하나님께서 자신에게 씌어 주신 왕관을 날마다 순간마다 벗어서 그 왕관의 참 주인이신 하나님께 돌려 드린 하나님의 종이었다.

맺음말

여기까지 다윗의 일생에 있어서 중요한 사건을 중심으로 살펴보았다. 우리는 다윗 한 개인의 삶을 반추해 보면서 놀라우신 하나님의 개입과 은혜로우심은 측량할 길이 없음을 깨닫는다. 한낱 목동을 들어 쓰시는[1] 하나님의 위대하심과 택한 사람을 끝까지 포기하지 않으시고 아름다운 결말을 허락하시는 좋으신 하나님을 만날 수 있었다.

한 인물을 기록하는 일에 성경은 조금도 망설임 없이 그의 잘함뿐 아니라 못함을, 정결함뿐 아니라 부정함을, 주님을 좇는

---

[1] 이처럼 하나님께서 아무것도 아닌 자를 부르셔서 사용하신 예는 성경 여러 곳에서 찾아볼 수 있다. 왜 그러셨을까? 바울 사도는 다음과 같이 적고 있다. "형제들아 너희를 부르심을 보라 육체를 따라 지혜로운 자가 많지 아니하며 능한 자가 많지 아니하며 문벌 좋은 자가 많지 아니하도다 그러나 하나님께서 세상의 미련한 것들을 택하사 지혜 있는 자들을 부끄럽게 하려 하시고 세상의 약한 것들을 택하사 강한 것들을 부끄럽게 하시며 하나님께서 세상의 천한 것들과 멸시 받는 것들과 없는 것들을 택하사 있는 것들을 폐하려 하시나니 이는 아무 육체도 하나님 앞에서 자랑하지 못하게 하려 하심이라"(고전 1:26-29). 과연 그러하다.

애씀뿐 아니라 불순종을 그리고 회색지대에 서서 고뇌하는 인생을 있는 그대로 그리고 있다. 실제로 다윗이라는 인물은 긍정적인 면과 부정적인 면이 섞여 있어 단번에 그를 평할 수는 없었다. 마치 그는 에스겔이 본 골짜기에 흩어져 있던 바짝 말라비틀어진 뼈와 같았다.

볼품도 없고 괜찮은 면이 보이는가 하면 절망스러운 면이 다가온다. 화려한 등장만큼이나 추악한 모습을 발견할 수 있었고, 순수한 그의 심령 속에서 추잡한 것을 찾기란 어렵지 않았다. 부르짖는 모습이 일거에 변하여 권모술수(權謀術數)의 악한 잔꾀가 적나라하게 드러났으며, 인간의 본능을 초월하여 높이 날아오르는가 하면 본능에 사로잡혀 그 수렁 속에서 헤매기도 하였고, 하나님의 권능을 그렇게 의지하다가 사람의 잔머리를 굴리며, 살기 위해 허덕이는 적나라한 모습을 보여주기도 하였다.

하나님께서는 에스겔 선지자에게 물으셨다. "인자야 이 뼈들이 능히 살 수 있겠느냐" 에스겔 선지자는 믿음으로 주님께 답한다. "주 여호와여 주께서 아시나이다" 그렇다. 하나님은 살리시기도 하시고 죽이시기도 하시며, 긍휼을 베푸시기도 하시고 베푸신 그 긍휼을 거두어 가기도 하신다. 다윗의 일생을 통하여 알 수 있는 것은 쓰러지고 넘어져도 다시금 여호와 하나님의 언약의 지팡이를 잡고 일어서고자 하는 자를 여호와 하나님께서는 버리시지 아니하신다는 것이다. 아니 그를 끝까지 기억하사 그가 죽은 후에도 영향력이 미치었다.[2]

다윗은 인생의 항해 가운데서, 광야를 지나야만 하는 메마른 곳에서 하나님을 불렀다. 그것이 그의 노래가 되었고 그의 예언이 되었다.

하나님이여 나를 지켜 주소서 내가 주께 피하나이다. 주밖에는 나의 복이 없나이다. 여호와여 의의 호소를 들으소서 나의 울부짖음에 주의하소서. 구원은 여호와께 있사오니 주의 복을 주의 백성에게 내리소서. 여호와여 나의 뼈가 떨리오니 나를 고치소서. 여호와여 어찌하여 멀리 서시며 어찌하여 환난 때에 숨으시나이까. 여호와여 어느 때까지니이까 나를 영원히 잊으시나이까 주의 얼굴을 나에게서 어느 때까지 숨기시겠나이까. 내 하나님이여 내 하나님이여 어찌 나를 버리셨나이까 어찌 나를 멀리하여 돕지 아니하시오며 내 신음 소리를 듣지 아니하시나이까. 주의 얼굴을 내게서 숨기지 마시고 주의 종을 노하여 버리지 마소서. 여호와여 나를 버리지 마소서. 나의 하나님이여 나를 멀리하지 마소서. 내가 두려워하는 날에는 내가 주를 의지하리이다. 무릇 나는 내 죄과를 아오니 내

---

2 하나님께서는 다윗과 그와 맺은 언약을 그의 사후에도 기억하셨다. 유다 여호사밧 왕의 뒤를 이어 그의 아들 여호람이 왕이 되었는데 그는 여호와 보시기에 악을 행한 자였다. 하지만 그러한 가운데서도 하나님께서는 유다나라에 긍휼을 베푸셨다. 그 이유를 열왕기하 8장 19절에는 기록하고 있다. "여호와께서 그의 종 다윗을 위하여 유다 멸하기를 즐겨하지 아니하셨으니 이는 그와 그의 자손에게 항상 등불을 주겠다고 말씀하셨음이더라." 히스기야 왕 때 앗수르의 산헤립 왕이 유다 예루살렘을 치려 할 때 하나님께서는 이사야 선지자를 통하여 다음과 같은 말씀을 하셨고 그 말씀과 같이 구원하여 주셨다. "대저 내가 나를 위하며 내 종 다윗을 위하여 이 성을 보호하며 구원하리라 하셨나이다 하니라"(사 37:35).

죄가 항상 내 앞에 있나이다. 내 마음이 약해질 때에 땅 끝에서부터 주께 부르짖으오리니 나보다 높은 바위에 나를 인도하소서. 주여 내게 은혜를 베푸소서 내가 종일 주께 부르짖나이다. 나는 사랑하나 그들은 도리어 나를 대적하니 나는 기도할 뿐이라. 내가 환난 중에 다닐지라도 주께서 나를 살아나게 하시고 주의 손을 펴사 내 원수들의 분노를 막으시며 주의 오른손이 나를 구원하시리이다. 내가 소리 내어 여호와께 부르짖으며 소리 내어 여호와께 간구하는도다.

여호와 하나님께서 이러한 자를 버리실 수 있었겠나? 허물이 많기에 더욱 사랑하셨고, 쓰러졌기에 더욱 안쓰럽게 보셨고, 아시면서도 져주셨고, 다른 길로 갔다가 낭패와 실망의 짐을 안고 돌아왔기에 다시금 안아 주셨고, 해도 해도 안 되는 인생이기에 더 큰 은혜를 쏟아부어 주셨다. 이것이 하늘 아버지의 마음임을 분명코 다윗의 굴곡 많은 삶을 통하여 볼 수 있었다.

토니 테니는 다음과 같이 적고 있다.

하나님은 친히 우리에게 잡혀 주신다. 자녀와 잡기 놀이를 하는 아버지가 사랑스레 웃는 자녀에게 잡혀 주는 것처럼 하늘 아버지도 그렇게 잡혀 주신다. 그분은 우리의 사랑에 '잡히기' 원하신다. 그분은 사랑스러운 웃음의 만남을 간절히 고대하신다. 에덴동산 이후로 그분은 인간과의 그런 시간을 그리워하셨다. 하나님을 좇는 사람들은 직관적으로 그것을 알았다. '불가능한 것'이 자신을 잡을 줄 알았기에 그들은 '잡을 수 없는

것을 기꺼이 좇았다.[3]

　하나님께서는 다윗을 택하셨다. 그가 어머니 뱃속에서 만들어지기 전부터 말이다. 정하신 뜻이 계셨다. 이것은 외아들, 예수 그리스도를 예언하게 하시려는 것이었다. 이를 위하여 그를 만들어 가셨다. 좋은 나무라야 좋은 열매가 맺히는 것처럼[4] 아버지 하나님께서는 다윗을 좋은 나무로 만드시기 위하여 순간순간 삶의 고비마다 역사하셨다. 그의 휘어진 데를 바로잡으셨고 엉뚱한 방향으로 자란 가지를 쳐내셨고 다듬으셨다. 그리고 무엇보다도 은혜의 거름과 물을 담뿍 주셨다. 하나님의 얼굴빛을 그에게서 거두어 가신 일이 없으셨다. 다윗의 일생은 은혜의 연속이었고 이른 비와 늦은 비의 쉼 없는 연속이었으며 공의로운 해가 진 때가 없었다. 능력의 망대를 세우셔서 원수를 막아주셨고 다윗의 연약한 팔로 놋 활을 당기게 하셨다.
　그리고 그의 기도대로 정결하게 하셨다.

우슬초로 나를 정결하게 하소서 내가 정하리이다 나의 죄를 씻어 주소서 내가 눈보다 희리이다 내게 즐겁고 기쁜 소리를 들려 주시사 주께서 꺾으신 뼈들도 즐거워하게 하소서 주의 얼굴을 내 죄에서 돌이키시고 내 모든 죄악을 지워

---

3 토미 테니/윤종석 옮김, 『하나님 당신을 갈망합니다』 (두란노, 2005), 194-195.
4 예수님께서는 말씀하셨다. "이와 같이 좋은 나무마다 아름다운 열매를 맺고 못된 나무가 나쁜 열매를 맺나니 좋은 나무가 나쁜 열매를 맺을 수 없고 못된 나무가 아름다운 열매를 맺을 수 없느니라"(마 7:17-18). 우리는 좋은 열매 맺기를 원하지만 그보다 먼저 좋은 나무가 되어야 한다. 좋은 나무라면 좋은 열매를 맺기 마련이다.

주소서 하나님이여 내 속에 정한 마음을 창조하시고 내 안에 정직한 영을 새롭
게 하소서(시 51:7-10).

여호와 하나님께서는 폐품(廢品)을 이용하시길 기뻐하신다. 그
것을 새롭게 하사 정하신 뜻을 거침없이 이루어가신다. 이로 인하여
일을 계획하시고 행하시고 완성하시는 분은 오직 자신임을 증거하신다.

왜 이렇게 여호와 하나님께서는 다윗에게 행하셨을까? 그것은
여호와 하나님의 이름을 위해서였다. 다윗이 하나님을 택한 것이
아니요, 하나님께서 그를 택하사 스스로 언약하셨고 약속하셨기
때문이다. 그리스도를 예언할 자로 말이다. 하나님께서 스스로에게
하신 약속과 맹세를 어찌 변개하시랴! 어찌 하나님께서 거짓말을
하시랴!

다윗의 그 위대한 영성은 바로 하나님의 작품이었다. 하나님의
솜씨를 온전히 나타낸 것이었다. 진흙과 같은 그가 스스로 부서진
때 많았고, 찌그러진 때 허다했지만 하나님의 녹로에서 떨어진 적은
없었다. 이것은 신비였다. 그 이유는 토기장이의 손이 붙드셨기
때문이다. 그 녹로에서 하나님의 손이 쉼 없이 그를 만지시고 빚으셨
다. 그리하여 그는 위대한 영성의 소유자가 되었다.

다윗 그 위대한 영성의 비밀은 자기 아들을 예언하게 하시려는
하나님의 역사였고 그 위대한 영성을 통하여 그의 시편에서, 그의
삶에서 예수 그리스도를 드높일 수 있었다. 그의 위대한 영성의 비밀
은 오직 하나, 예수 그리스도였다.

부록

복음의 중심, 예수 그리스도

성경에 복음은 모든 믿는 자에게 구원을 주시는 하나님의 능력이 된다고 하였다.[1] 사도 바울은 이 복음을 위하여 삶을 바쳤고 마침내 목숨까지 내어놓았다. 복음이란 무엇인가! 누가복음 2장 10-11절에 천사가 "무서워 하지 말라 보라 내가 온 백성에게 미칠 큰 기쁨의 좋은 소식을 너희에게 전하노라 오늘 다윗의 동네에 너희를 위하여 구주가 나셨으니 곧 그리스도 주시니라"라고 양 떼를 지키던 목자들에게 일러주었다. 다윗의 동네, 주님은 다윗의 후손임을 강조한 것이리라. 사무엘상 20장에 보면 다윗은 요나단에게 베들레헴을 자기 성읍이라고 하였다. 다윗은 베들레헴에서 태어났고 자랐으며 이 근방에서 양을 쳤을 것이다. 미가서 5장 2절에는 바로 베들레헴에서 메시아가 다윗의 후손으로 탄생할 것이 예언되어 있다. "베들레헴

---

1 롬 1:16-17.

에브라다야 너는 유대 족속 중에 작을지라도 이스라엘을 다스릴 자가 네게서 내게로 나올 것이라 그의 근본은 상고에 영원에 있느니라."

천사는 복음을 "온 백성에게 미칠 큰 기쁨의 좋은 소식"이라고 하였다. 복음은 어느 지역, 장소에 국한된 것이 아니요, 어느 특정한 민족이나 나라에 제한된 것이 아니다. 다윗은 그의 시, 시편 24편 1절에 노래하였다. "땅과 거기에 충만한 것과 세계와 그 가운데에 사는 자들은 다 여호와의 것이로다." 어떤가? 성령님의 감동하심을 받은 다윗은 하나님의 말씀을 전하고 있다. 이스라엘만 하나님의 것인가? 우주 만물이 다 하나님의 것이다. 여호와 하나님께서 만드신 것은 다 하나님의 것이요, 하나님의 통치를 받는 것이다. 그리고 마침내 하나님께서는 온 세상을 위하여 아들을 보내셨다. 스가랴 8장 22절에 기록되어 있다. "많은 백성과 강대한 나라들이 예루살렘으로 와서 만군의 여호와를 찾고 여호와께 은혜를 구하리라." 만약 복음이 어느 지역, 어느 민족에게만 그 영향을 미친다면 진정한 복음이라고 할 수 없을 것이요, 성경이 말씀하신 복음은 아닐 것이다.

그럼 복음의 내용에 대하여 살펴보기로 하자. 이것이 중요한 것은 다른 복음이 있기 때문이다. 갈라디아서 1장 6-10절에 사도 바울은 다음과 같이 언급하고 있다. "그리스도의 은혜로 너희를 부르신 이를 이같이 속히 떠나 다른 복음을 따르는 것을 내가 이상하게 여기노라 다른 복음은 없나니 다만 어떤 사람들이 너희를 교란하여 그리스도의 복음을 변하게 하려 함이라 그러나 우리나 혹은 하늘로부터 온 천사라도 우리가 너희에게 전한 복음 외에 다른 복음을 전하면 저주를 받을지어다 우리가 전에 말하였거니와 내가 지금 다시 말하노니 만일 누구든지 너희가 받은 것 외에 다른 복음을 전하면 저주를 받을지어다 이제 내가 사람들에게 좋게 하랴 하나님 께 좋게 하랴 사람들에게 기쁨을 구하랴 내가 지금까지 사람들의 기쁨을 구하였다면 그리스도의 종이 아니니라."

이 말씀은 복음을 변질시키려 하는 자들, 복음을 왜곡시키려고 하는 자들이 있다는 것이다. 사도는 갈라디아 교인들이 이미 받아들 인 복음과 다른 것을 전하는 자가 있다면 그는 저주를 받을 것이라고 한다. 그러면서 사도는 11절과 12절에 기록하기를 "형제들아 내가 너희에게 알게 하노니 내가 전한 복음은 사람의 뜻을 따라 된 것이 아니니라 이는 내가 사람에게서 받은 것도 아니요 배운 것도 아니요 오직 예수 그리스도의 계시로 말미암은 것이라"고 하였다. 복음은 사람에게서 비롯된 것이 아니다. 그리고 그 누구에게서 배운 것도 아니다. 오직 예수 그리스도께서 계시해 주심으로써 그것을 받은 것이다. 우리는 복음을 믿는 자요, 복음의 전달자요, 선전자이다. 세상에서 가장 귀하고 영광스러운 직임은, 우주에서 가장 존귀한 직임은 복음을 전하는 자다.

그 이유는 하나님께서 이 복음을 전하신 최초의 전도자이시기에 그렇다. 갈라디아서 3장 8절에 "또 하나님이 이방을 믿음으로 말미 암아 의로 정하실 것을 성경이 미리 알고 먼저 아브라함에게 복음을 전하되 모든 이방인이 너로 말미암아 복을 받으리라 하였느니라"고 기록되어 있다. 하나님께서는 일찍이 아브라함에게 "모든 민족이 너를 통해 복을 받을 것이다"라는 기쁜 소식을 전하셨다.[2] 하나님의 일꾼들은 하나님께서 하신 일을 잇는 자들이다. 사도 바울은 자신의 정체성을 담대히 기록하고 있다. "예수 그리스도의 종 바울은 사도로 부르심을 받아 하나님의 복음을 위하여 택정함을 입었으니 이 복음은 하나님이 선지자들을 통하여 그의 아들에 관하여 성경에 미리 약속하신 것이라"(롬 1:1-2). 자신은 하나님의 복음을 위하여 택함을 입은 일꾼이라는 것이요, 이 복음은 갑자기 생겨난 것이 아니라 이미 오래전에 하나님께서 선지자들[3]을 통하여 그의 아들에 관하여 성경에 미리 약속하신 것이라고 했다. 좀 더 구체적으로 바울 사도는 다음과 같이 증거하고 있다.

"그의 아들에 관하여 말하면 육신으로는 다윗의 혈통에서 나셨고 성결의 영으로는 죽은 자들 가운데서 부활하사 능력으로 하나님의 아들로 선포되셨으니 곧 우리 주 예수 그리스도시니라 그로 말미암아 우리가 은혜와 사도의 직분을 받아 그의 이름을 위하여 모든 이방인 중에서 믿어 순종하게 하나니 너희도 그들 중에서 예수 그리

---

2 "너를 축복하는 자에게는 내가 복을 내리고 너를 저주하는 자에게는 내가 저주하리니 땅의 모든 족속이 너로 말미암아 복을 얻을 것이라 하신지라"(창 12:3).

3 성경에 다윗도 선지자라 하였다. "형제들아 내가 조상 다윗에 대하여 담대히 말할 수 있노니 다윗이 죽어 장사되어 그 묘가 오늘까지 우리 중에 있도다 그는 선지자라 하나님이 이미 맹세하사 그 자손 중에서 한 사람을 그 위에 앉게 하리라 하심을 알고 미리 본 고로 그리스도의 부활을 말하되 그가 음부에 버림이 되지 않고 그의 육신이 썩음을 당하지 아니하시리라 하더니 이 예수를 하나님이 살리신지라 우리가 다 이 일에 증인이로다"(행 2:29-32).

스도의 것으로 부르심을 받은 자니라"(롬 1:3-6). 앞도 잘 보이지 않고, 가족도 하나 없는 사람, 몸에 병이 있는 사람, 함께한 동역자도 하나 둘 떠나버린 쓸쓸한 노인, 그에게 그 무엇이 이렇듯 당당하고 담대한 고백을 하게 한 것인가? 그것은 그가 하나님의 복음을 가졌기 때문이다. 하나님께서는 이 복음을 직접 아브라함에게 전하셨고, 이 복음을 선지자들이 전하였고, 천사들이 전하였고, 사도들이 전하였고, 성령님께서 전하셨다.

이사야 선지자는 우리의 죄악을 친히 담당하신 예수님에 대한 예언을 하고 있다. "여호와께서 그에게 상함을 받게 하시기를 원하사 질고를 당하게 하셨은즉 그의 영혼을 속건제물로 드리기에 이르면 그가 씨를 보게 되며 그의 날은 길 것이요 또 그의 손으로 여호와께서 기뻐하시는 뜻을 성취하리로다 그가 자기 영혼의 수고한 것을 보고 만족하게 여길 것이라 나의 의로운 종이 자기 지식으로 많은 사람을 의롭게 하며 또 그들의 죄악을 친히 담당하리로다 그러므로 내가 그에게 존귀한 자와 함께 몫을 받게 하며 강한 자와 함께 탈취한 것을 나누게 하리니 이는 그가 자기 영혼을 버려 사망에 이르게 하며 범죄자 중 하나로 헤아림을 받았음이니라 그러나 그가 많은 사람의 죄를 담당하며 범죄자를 위하여 기도하였느니라"(사 53:10-12). 우리 주 예수 그리스도를 구체적으로 예언한 말씀이다.

에스겔 선지자는 하나님의 말씀을 에스겔 34장 23-24절에 전하고 있다. "내가 한 목자를 그들 위에 세워 먹이게 하리니 그는 내 종 다윗이라 그가 그들을 먹이고 그들의 목자가 될지라 나 여호와는 그들의 하나님이 되고 내 종 다윗은 그들 중에 왕이 되리라 나 여호와의 말이니라." 다윗의 자손으로 오시는 우리 주 예수 그리스도를 말씀하고 있다. 하나님께서는 그들의 하나님이 되시고, 하나님의 양을 먹일 하나님께서 세우시는 한 목자는 그들의 왕이 될 것이라고 하셨다. 한 목자는 바로 하나님 품으로 우리를 인도하실 유일하신 하나님의 아들 예수 그리스도이시다. 예레미야 선지자는 예레미야 23장 5절에 하나님의 말씀을 전하고 있다. "여호와의 말씀이니라 보라 때가 이르리니 내가 다윗에게 한 의로운 가지를 일으킬 것이라 그가 왕이 되어 지혜롭게 다스리며 세상에서 정의와 공의를 행할 것이며." 의심할 나위 없이 우리 주 예수 그리스도를 말씀하고 있는 것이다.

성령님께서 예수님을 증언하시고 사도들도 주님의 증인이 될 것임을 예수님께서는 말씀하셨다. "내가 아버지께로부터 너희에게 보낼 보혜사 곧 아버지께로부터 나오시는 진리의 성령이 오실 때에 그가 나를 증언하실 것이요 너희도 처음부터 나와 함께 있었으므로 증언하느니라"(요 15:26-27). 그뿐만 아니라 복음이신 예수 그리스도께서 복음을 전파하셨음이 마태복음 4장 23절에 기록되어 있다. "예수께서 온 갈릴리에 두루 다니사 그들의 회당에서 가르치시며 천국 복음을 전파하시며 백성 중의 모든 병과 모든 약한 것을 고치시니." 하나님께서 전하신 복음, 선지자들과 사도들이 전한 복음, 천사들이 전한 복음, 성령님께서 나아가 예수님께서 전하신 복음의 중심은 예수 그리스도시다.

오늘날 예수 그리스도가 빠진 거짓 복음이 얼마나 많은가? 예수 그리스도의 십자가가 없어진 다른 복음이 얼마나 많은가? 그리스도의 보혈이 생략된 엉터리 복음이 얼마나 많은가? 예수님의 자리에 인간의 바벨탑이 들어서고, 그리스도의 십자가를 대신하여 이생의 자랑만이 난무하며, 그리스도의 보혈이 배제된 채 삶의 성공만이 난무하고 있지는 않은가? 세상에는 좋고 복되다 하는 것이 참으로 많다. 하지만 이러한 것이 이 땅에 발을 붙이고 사는 인류를 복되게 못 한다. 피조물이 피조물을 복되게 할 수는 없다.

하나님께서 우리에게 주신 은혜의 길은 오직 예수 그리스도시다. 창세기 3장 15절에 주님은 여자의 후손으로 계시 되시고, 아브라함을 통하여 주시기로 한 약속의 아들이시고, 다윗의 왕위를 이을 메시아로 예언되었다. 아버지 하나님께서는 범죄한 인류를 에덴동산에서 쫓아내셨으나 긍휼하심과 자비하심과 인애로 한 가지 약속을 하여 주셨다. 그것은 인류를 구원할 하나님의 아들 메시아 예수 그리스도시다. 그 약속을 붙잡은 사도 바울은 디모데후서 2장 8-10절에 이렇게 담대히 썼다. "내가 전한 복음대로 다윗의 씨로 죽은 자 가운데서 다시 살아나신 예수 그리스도를 기억하라 복음으로 말미암아 내가 죄인과 같이 매이는 데까지 고난을 받았으나 하나님의 말씀은 매이지 아니하니라 그러므로 내가 택함 받은 자들을 위하여 모든 것을 참음은 그들도 그리스도 예수 안에 있는 구원을 영원한 영광과 함께 받게 하려 함이라." 그가 전한 복음은 약속대로 다윗의 후손으로 오셨고 우리 죄를 속하시기 위하여 십자가에 못 박혀 죽으셨고 다시 살아나신 예수 그리스도시다. 고린도전서 2장 1-2절에는 "형제들아 내가 너희에게 나아가 하나님의 증거를 전할 때에 말과 지혜의 아름다운 것으로 아니하였나니 내가 너희 중에서 예수 그리스도와 그가 십자가에 못 박히신 것 외에는 아무것도 알지 아니하기로 작정하였음이라"라고 하였다.

요한복음 1장 14절에 "말씀이 육신이 되어 우리 가운데 거하시매 우리가 그의 영광을 보니 아버지의 독생자의 영광이요 은혜와 진리가 충만하더라"라고 기록되어 있다. 예수님은 육신을 입고 역사 속에 찾아오신 유일하신 참 하나님이시다. 유한한 인생은 자력(自力)으로 하나님께 갈 수 없다. 그러하기에 하나님께서는 인간이 되사 우리에게 다가오신 것이다. 예수 이외에 다른 이로서는 구원을 얻을 수 없고 천하 인간에 구원을 얻을 만한 다른 이름을 우리에게 주신 일이 없다.[4] 하나님께서 인생에게 복을 주시기 위하여 다른 것을 택하지 않으시고 오직 사랑하시고 기뻐하시는 아들을 택하셨음을 성경은 증거하고 있다. 예수 그리스도를 통하여, 예수 그리스도에 의하여 인생은 복될 수 있다. 복음의 중심은 예수 그리스도시기 때문이다.

복음은 좋은 소식이요 기쁨의 소식이다. 이 복음은 모든 이에게

---

4 "너희와 모든 이스라엘 백성들은 알라 너희가 십자가에 못 박고 하나님이 죽은 자 가운데서 살리신 나사렛 예수 그리스도의 이름으로 이 사람이 건강하게 되어 너희 앞에 섰느니라 이 예수는 너희 건축자들의 버린 돌로서 집 모퉁이의 머릿돌이 되었느니라 다른 이로써는 구원을 받을 수 없나니 천하 사람 중에 구원을 받을 만한 다른 이름을 우리에게 주신 일이 없음이라 하였더라"(행 4:10-12).

미칠 복된 소식이다. 복음은 세상 것으로 말미암아 이루어지는 것이 아니다. **복음은 하나님의 보좌로 말미암은 것이며 스스로 계신 자 하나님의 인류를 향한 사랑의 선물이다.** 예수님께서 세례를 받으시고 물에서 올라오실 때 하늘이 열리고 하나님의 성령이 그 위에 임하셨으며 하나님의 음성이 들렸다. "하늘로부터 소리가 있어 말씀하시되 이는 내 사랑하는 아들이요 내 기뻐하는 자라 하시니라"(마 3:17). 복음은 타락하고 범죄한 인생을 사랑으로 구원하사 하나님의 자녀로 회복시키는 것이요, 사탄을 멸하고 하나님의 하나님 되심을 증거하는 것이다.

이 복음의 시작은 예수 그리스도시다.[5] 이 복음의 본론은 예수 그리스도시다. 이 복음의 결론은 예수 그리스도시다. 하나님께서는 예수님 안에서, 그리스도로 말미암아 모든 일을 이루신다. 복음의 주제는 예수 그리스도시며, 이 복음을 이루실 분도 예수 그리스도시며, 이 복음을 완성하실 분도 예수 그리스도시다. 예수님께서는 말씀하셨습니다. "내게는 요한의 증거보다 더 큰 증거가 있으니 아버지께서 내게 주사 이루게 하시는 역사 곧 내가 하는 그 역사가 아버지께서 나를 보내신 것을 나를 위하여 증언하는 것이요 또한 나를 보내신 아버지께서 친히 나를 위하여 증언하셨느니라 너희는 아무 때에도 그 음성을 듣지 못하였고 그 형상을 보지 못하였으며 그 말씀이 너희 속에 거하지 아니하니 이는 그가 보내신 이를 믿지

---

5 "하나님의 아들 예수 그리스도의 복음의 시작이라"(막 1:1).

아니함이라 너희가 성경에서 영생을 얻는 줄 생각하고 성경을 연구하거니와 이 성경이 곧 내게 대하여 증언하는 것이니라"(요 5:36-39). 누가복음 24장 44절에도 주님은 말씀하셨다. "또 이르시되 내가 너희와 함께 있을 때에 너희에게 말한 바 곧 모세의 율법과 선지자의 글과 시편에 나를 가리켜 기록된 모든 것이 이루어져야 하리라 한 말이 이것이라 하시고." 빌립이 나다나엘을 찾아 말한 내용이 요한복음 1장 45절에 있다. "모세가 율법에 기록하였고 여러 선지자가 기록한 그이를 우리가 만났으니 요셉의 아들 나사렛 예수니라."

복음의 중심은 사람이 아니요 다른 피조물이 아니다. 하나님께서는 복음의 중심에 예수 그리스도를 두셨으며, 그를 통하여 모든 것을 이루시기를 작정하셨다.6 메시아는 사람이 선택하는 것이 아니다. 사람이 고르는 것이 아니란 말이다. 모두에 언급했지만 "내가 메시아다. 내가 그리스도다. 내가 복음이다"라고 말하는 뻔뻔스러운 자들이 얼마나 많은가? 그리스도는 내가 되고 싶어서 되는 것이 아니다. 복음은 내가 말해서 복음이라 인정받는 것이 아니다. 오직 하나님께서 보내신바 하나님의 아들이다. 그러므로 우리는 자신

---

6 "예수께서 그 자라나신 곳 나사렛에 이르사 안식일에 늘 하시던 대로 회당에 들어가사 성경을 읽으려 서시매 선지자 이사야의 글을 드리거늘 책을 펴서 이렇게 기록된 데를 찾으시니 곧 주의 성령이 내게 임하셨으니 이는 가난한 자에게 복음을 전하게 하시려고 내게 기름을 부으시고 나를 보내사 포로 된 자에게 자유를, 눈 먼 자에게 다시 보게 함을 전파하며 눌린 자를 자유롭게 하고 주의 은혜의 해를 전파하게 하려 하심이라 하였더라 책을 덮어 그 맡은 자에게 주시고 앉으시니 회당에 있는 자들이 다 주목하여 보더라 이에 예수께서 그들에게 말씀하시되 이 글이 오늘 너희 귀에 응하였느니라 하시니"(눅 4:16-21).

있다. 복음의 중심되시는 예수님께서 구원을 이루시고 완성시키시기 위하여 십자가를 지셨고 부활 승천하사 하나님 보좌 우편에서 사명자들을 위하여 기도해 주실 것이며 재림하실 것이기 때문이다.

우리 주 예수 그리스도께서는 성부 하나님께 기도드린다. "아버지께서 아들에게 주신 모든 사람에게 영생을 주게 하시려고 만민을 다스리는 권세를 아들에게 주셨음이로소이다 영생은 곧 유일하신 참 하나님과 그가 보내신 자 예수 그리스도를 아는 것이니이다"(요 17:2-3).

예수님은 복음의 중심이시다. 그러므로 다윗의 시편의 중심 역시 예수님이시다. 다윗의 노래는 성령님의 감동하심을 받아 노래한 하나님의 말씀이요, 즉 복음이다. 복음의 중심은 예수님이시요, 다윗은 시편을 통하여 예수님을 증거한 것이다.

부록 2

복음의 주제, 하나님의 나라

하나님께서는 천지 만물을 지으시고 에덴에 동산을 베푸셨으며 그곳에 아담과 하와를 두셨다.[1] 에덴동산은 사람을 위하여 만드신 하나님의 동산이었다. 그곳에서 사람은 아름답고 먹기에 좋은 나무의 열매를 먹었고 생명나무의 과실을 먹고 평화를 누렸으며 온 동산을 다스리며 복되게 살았다. 무엇보다도 사람은 거기서 하나님과 대화하였다. 아담이 각 생물을 일컫는 것이 그 이름이 되었으며 동산 안에서 하나님의 음성을 들었고 하나님과 동행하는 기쁨을 누렸다. 그곳은 죽음이 없었고 아픔이 없었고 두려움이 없었다. 오직 찬양과 평강과 기쁨만이 넘친 낙원이었다.[2]

---

1 "여호와 하나님이 동방의 에덴에 동산을 창설하시고 그 지으신 사람을 거기 두시니라 여호와 하나님이 그 땅에서 보기에 아름답고 먹기에 좋은 나무가 나게 하시니 동산 가운데에는 생명 나무와 선악을 알게 하는 나무도 있더라"(창 2:8-9).

2 "나 여호와가 시온의 모든 황폐한 곳들을 위로하여 그 사막을 에덴 같게, 그 광야를 여호와의 동산 같게 하였나니 그 가운데에 기뻐함과 즐거워함과 감사함과 창화하는

하지만 아담과 하와는 자신들의 범죄로 말미암아 이 동산에서 쫓겨났다.3 사탄의 말을 하나님의 말씀보다 중히 여긴 타락한 인생은 하나님의 동산에 거할 수 없었다. 그러나 하나님은 사랑이시다. 그 사랑은 끝이 없으시며, 잴 수 없으며, 표현할 수 없다. 모든 것이 변한다 해도 변치 않으시며, 모든 것이 사라진다 해도 없어지지 아니하시는 사랑이시다. 하나님은 사랑이시요, 사랑은 하나님이시기에 그렇다. 하늘을 종이 삼고 바다를 먹물 삼아도 그 사랑을 다 기록할 수 없는 한량없으신 하나님의 사랑이시다. 그 사랑은 낙원의 회복을 위하여 역사하시고, 하늘과 땅을 새롭게 창조하시기 위하여 역사하시고, 그 새 하늘과 새 땅을 사랑하는 인생들에게 주시기 위하여 역사하신다.

인생은 하나님의 동산 에덴을, 하나님의 나라를 사모한다. 성경은 인생뿐 아니라 만물도 하나님의 나라가 임하길 바란다고 했다. 왜냐하면 땅과 만물까지도 인간으로 인하여 저주를 받았으며 약육강식의 세계가 되었고 버려지게 되었기 때문이다.4 탄식 소리가

소리가 있으리라"(사 51:3).

3 "여호와 하나님이 이르시되 보라 이 사람이 선악을 아는 일에 우리 중 하나 같이 되었으니 그가 그의 손을 들어 생명 나무 열매도 따먹고 영생할까 하노라 하시고 여호와 하나님이 에덴 동산에서 그를 내보내어 그의 근원이 된 땅을 갈게 하시니라 이같이 하나님이 그 사람을 쫓아내시고 에덴 동산 동쪽에 그룹들과 두루 도는 불 칼을 두어 생명 나무의 길을 지키게 하시니라"(창 3:22-24).

4 "우리가 지금 당하고 있는 고난은 장차 우리가 누릴 영광과 비교하면 아무 것도 아닙니다. 모든 피조물은 하나님께서 그분의 자녀들을 부활시키실 날을 인내와 희망을 가지고 기다리고 있습니다. 그날에는 하나님의 명에 따라 본의 아니게 이 세상을 지배하고 있던 가시와 엉겅퀴, 죄, 죽음, 부패 따위는 모두 다 사라져버리고 우리는 영광스러운

가득한 세상을 피조물 된 인생이 회복시킬 수 없음을 성경은 말씀하고 있다. 성경은 세상을 악한 세대5, 악하고 음란한 세대6, 믿음이 없고 패역한 세대7, 어그러지고 거스르는 세대8라고 말씀하고 있다. 베드로후서 3장 6절과 7절에 다음과 같이 기록되어 있다. "이로 말미암아 그 때에 세상은 물이 넘침으로 멸망하였으되 이제 하늘과 땅은 그 동일한 말씀으로 불사르기 위하여 보호하신 바 되어 경건하지 아니한 사람들의 심판과 멸망의 날까지 보존하여 두신 것이니라." 이 세상은 영구한 것이 아님을, 다만 심판과 멸망의 날까지 보존하여 두신 것임을 말씀하고 있는 것이다. 이어서 베드로후서 3장 8-10절에는 "사랑하는 자들아 주께는 하루가 천 년 같고 천 년이 하루 같다는 이 한 가지를 잊지 말라 주의 약속은 어떤 이들이 더디다고 생각하는 것 같이 더딘 것이 아니라 오직 주께서는 너희를 대하여 오래 참으사

해방을 맞아 하나님의 자녀들이 누리는 즐거움을 나누게 될 것입니다. 동물이나 식물과 같은 자연계의 생물까지도 이 위대한 사건을 기다리면서 병과 죽음의 고통을 참아 내고 있다는 것을 우리는 압니다. 성령을 받고 장래의 영광을 미리 맛본 그리스도인조차도 고통과 고난에서 놓여 나기 위해 신음하며 하나님의 자녀로서 완전한 권리를 받게 될 날을 고대하고 있습니다. 그날에는 하나님께서 우리에게 약속하신대로 두 번 다시 병에 걸리지도 않고 죽지도 않을 새 몸을 주실 것입니다"(롬 8:18-23, 현대어성경).

5 "그리스도께서 하나님 곧 우리 아버지의 뜻을 따라 이 악한 세대에서 우리를 건지시려고 우리 죄를 대속하기 위하여 자기 몸을 주셨으니"(갈 1:4).

6 "예수께서 대답하여 이르시되 악하고 음란한 세대가 표적을 구하나 선지자 요나의 표적 밖에는 보일 표적이 없느니라"(마 12:39).

7 "예수께서 대답하여 이르시되 믿음이 없고 패역한 세대여 내가 얼마나 너희와 함께 있으며 얼마나 너희에게 참으리요 그를 이리로 데려오라 하시니라"(마 17:17).

8 "이는 너희가 흠이 없고 순전하여 어그러지고 거스르는 세대 가운데서 하나님의 흠 없는 자녀로 세상에서 그들 가운데 빛들로 나타내며"(빌 2:15).

아무도 멸망하지 아니하고 다 회개하기에 이르기를 원하시느니라 그러나 주의 날이 도둑 같이 오리니 그날에는 하늘이 큰 소리로 떠나가고 물질이 뜨거운 불에 풀어지고 땅과 그 중에 있는 모든 일이 드러나리로다"라고 하였다. 하나님께서는 세상을 심판하시겠다고 하셨다. 그리고 인생을 구원하시기 위하여 복음을 제시하신 것이다.

하나님께서는 악한 세대, 음란한 세대, 믿음이 없는 세대, 거스리는 세대, 패역한 세대, 죄 많은 세대를 심판하사 자기의 백성을 구원하시길 원하신다. 아무도 멸망하지 아니하고 다 회개하기에 이르기를 원하신다. 하나님께서 복음을 제시하신 까닭은 이러한 세상을 심판하시고 회복시키시기 위해서이다. 다시금 에덴을 창조하여 주시기 위하여 복음을 주신 것이다. 사도 바울은 예수 믿는 자를 핍박하고 가두기 위해서 다메섹으로 가는 자신에게 주님께서 나타나셨음을 사도행전 26장에 회고하고 있다.9 예수님께서는 그에게 나타나사 감당할 사명을 주시며 많은 사람이 죄 용서를 받고 하늘나라를 상속받게 하기 위해 부르셨다고 했다.

요한복음 18장 36절에 예수님께서 빌라도에게 대답하신 말씀이 나온다. "내 나라는 이 세상에 속한 것이 아니니라 만일 내 나라가

---

9 "일어나 너의 발로 서라 내가 네게 나타난 것은 곧 네가 나를 본 일과 장차 내가 네게 나타날 일에 너로 종과 증인을 삼으려 함이니 이스라엘과 이방인들에게서 내가 너를 구원하여 그들에게 보내어 그 눈을 뜨게 하여 어둠에서 빛으로, 사탄의 권세에서 하나님께로 돌아오게 하고 죄 사함과 나를 믿어 거룩하게 된 무리 가운데서 기업을 얻게 하리라 하더이다"(행 26:16-18).

이 세상에 속한 것이었더라면 내 종들이 싸워 나로 유대인들에게 넘겨지지 않게 하였으리라 이제 내 나라는 여기에 속한 것이 아니니라." 주님의 나라는 이 세상 나라가 아니요, 이 세상에 속한 나라가 아니라는 것이다. 사람이 세운 세상 나라는 무너지지만 그러한 가운데서 하나님의 보이지 아니하는 나라는 이루어지는 것이다. 그러므로 이 세상이 점점 어두워질 때 믿는 이는 미래를 바라본다. 밤이 깊어진다는 것은 아침이 가까워 오고 있다는 것을 우리에게 알려 준다. 하나님의 나라, 선지자들과 예언자들, 사도들이 전한 하나님의 나라가 가까이 오고 있는 것이다.[10] 이것이 우리의 역사관이요,

---

10 하나님의 나라(Kingdom of God)의 개념은 기본적으로 하나님의 통치가 미치는 영역이나 범위가 아니다. 오히려 하나님의 나라는 하나님의 왕으로의 통치, 하나님의 주권을 가리킨다(항목 "하나님나라, 하늘나라", 편찬위원회 편, 『기독교대백과사전』 제15권 [기독교문사, 1996], 1376). 성경에서 하나님의 왕으로서의 통치는 세 가지 관점에서 이해된다. 첫째는 하나님의 왕으로서의 통치는 당연하고 영원한 사실로 이해된다. 영원부터 지금까지 하나님은 하늘과 땅에서 지극히 높으신 주권자로서 세상을 다스리고 계신다. 둘째는 사람이 그것을 받아들임으로써 이 땅 위에 분명히 나타나는 것으로 이해되며, 마지막으로 장차 미래에 완성되는 것으로 이해된다. 하나님의 나라의 첫째 관점은 하나님은 영원한 왕으로서 하늘과 땅, 만유를 통치하고 계신다는 사실이다. 그분은 하늘에 보좌를 세우시고 그 보좌에서 세상을 다스리고 계신다. 하나님이 하늘에 보좌를 세우신 곳을 성경에서는 셋째 하늘(고후 12:2), 낙원(눅 23:43)으로 표현하고 있다. 하나님의 나라의 둘째 관점은 각 사람들이 하나님의 통치를 자신의 삶 속에서 받아들여 하나님의 뜻에 순종할 때 어디서나 경험되는 것을 말한다. 예수님은 하나님의 나라에 대해 "여기 있다 저기 있다고도 못하리니 하나님의 나라는 너희 안에 있느니라"(눅 17:21)라고 말씀하셨다. 바울 사도 역시 "하나님의 나라는 먹는 것과 마시는 것이 아니요 오직 성령 안에 있는 의와 평강과 희락이라"(롬 14:17)라고 말하면서 현재 우리 삶 속에서 실현되고 경험되어지는 하나님의 나라를 제시하고 있다. 하나님의 나라의 셋째 관점은 장차 미래에 완성되는 하나님의 나라의 종말론적 개념을 의미한다. 예수님의 가르침에서 가장 중심적인 내

이러한 신앙적 역사관을 가지고 우리는 이 세상을 소망 가운데 살아간다. 다윗 역시 노쇠해 가는 인생의 나날 가운데 여호와의 집을 사모했으며 그 집을 소망하였다.

다니엘서 7장에서 다니엘은 인자 같은 이가 이루실 나라는 멸망하지 아니하는 영구한 나라임을 보았다.[11] 이 땅의 나라는 진동하는 나라다. 있다 없어지고 생겼다 망하는 나라다. 그러나 하나님의 나라는 진동치 않는 나라다. 예수님의 나라는 이 땅의 나라가 아니요, 이 세상에 속한 나라가 아닌 영원한 권세요, 폐하지 아니하는 나라다. 하나님께서는 다윗에게 말씀하셨다. "네 수한이 차서 네 조상들과 함께 누울 때에 내가 네 몸에서 날 네 씨를 네 뒤에 세워 그의 나라를 견고하게 하리라"(삼하 7:12). 분명 그의 아들 솔로몬을 두고 하신

용은 바로 하나님 나라의 종말론적인 관점이다. 복음서에서 예수님이 선포하신 설교의 주제는 하나님 나라였다. 예수님은 하나님의 나라가 종말론적인 소망임을 선포하셨다. 장차 미래에 완성되는 하나님의 나라는 예수 그리스도의 초림으로 이미 시작되었고(막 1:15, "때가 찼고 하나님의 나라가 가까이 왔으니 회개하고 복음을 믿으라"; 눅 11:20, "내가 만일 하나님의 손을 힘입어 귀신을 쫓아낸다면 하나님의 나라가 이미 너희에게 임하였느니라"), 예수 그리스도의 재림을 통해 완성될 것이다. 사도행전 1장 11절에서는 예수님의 재림을 통해 하나님의 나라가 이루어질 것을 시사하고 있다. "너희 가운데서 하늘로 올려지신 이 예수는 하늘로 가심을 본 그대로 오시리라." 예수 그리스도의 재림은 종말적인 하나님의 나라의 완성을 이룰 것이며, 거룩하신 하나님의 뜻이 하늘에서 이루어진 것처럼 땅에서도 이루어지게 될 것이다(김성철, 『얼마나 있으면 밤이 새겠소』, 85, 註: 김성수).

11 "내가 또 밤 환상 중에 보니 인자 같은 이가 하늘 구름을 타고 와서 옛적부터 항상 계신 이에게 나아가 그 앞으로 인도되매 그에게 권세와 영광과 나라를 주고 모든 백성과 나라들과 다른 언어를 말하는 모든 자들이 그를 섬기게 하였으니 그의 권세는 소멸되지 아니하는 영원한 권세요 그의 나라는 멸망하지 아니할 것이니라"(단 7:13-14).

말씀이다. 하지만 여호와 하나님께서는 이에 그치지 아니하시고 영원한 나라에 대하여 이르셨다. "네 집과 네 나라가 내 앞에서 영원히 보전되고 네 왕위가 영원히 견고하리라"(삼하 7:16).

이는 하나님의 아들 예수 그리스도에 의해 세워질 하늘나라에 대한 예언이다. 즉, 여호와께서는 다윗에게 곧 있을 다윗 후대 왕과 그로 인한 나라에 대하여 뿐 아니라 만왕의 왕, 만주의 주이신 예수 그리스도에 의해서 세워질 영원한 도성을 말씀하셨다. 하나님께서 다윗에게 예수 그리스도와 하늘나라를 전하셨던 것이다. 다윗의 자손으로 오시는 이가 하나님의 나라를 세우실 것이다. 바로 이것을 성령님은 다윗을 감동시키시사 노래하게 하였고 다윗은 그의 시편에 기록하였다.

다니엘 선지가 받은 칠십 이레의 계시도 그러하다. 바벨론에 의해 유다나라는 멸망 당하고 말았으며 백성들은 바벨론에 포로로 잡혀갔다. 다니엘의 소망은 유다 백성들의 해방이었다. 그래서 다니엘은 하나님께 기도하며 몸부림쳤으며 그때의 일이 다니엘서 9장 1-3절에 기록되어 있다. "메대 족속 아하수에로의 아들 다리오가 갈대아 나라 왕으로 세움을 받던 첫 해 곧 그 통치 원년에 나 다니엘이 책을 통해 여호와께서 말씀으로 선지자 예레미야에게 알려 주신 그 연수를 깨달았나니 곧 예루살렘의 황폐함이 칠십 년만에 그치리라 하신 것이니라 내가 금식하며 베옷을 입고 재를 덮어쓰고 주 하나님께 기도하며 간구하기를 결심하고."

다니엘은 70년이 지나면 유다 백성은 해방되리라 하신 예언의 말씀을 깨달은 것이다. 이 예언의 말씀이 예레미야 29장에 기록되어 있다.12 다니엘은 말씀에 의지하여 금식하며 베옷을 입고 재를 무릅쓰고 주 하나님께 기도하며 간구한다. 다니엘 9장 16-17절을 보면 그의 간절한 부르짖음을 엿볼 수 있다. "주여 구하옵나니 주는 주의 공의를 따라 주의 분노를 주의 성 예루살렘, 주의 거룩한 산에서 떠나게 하옵소서 이는 우리의 죄와 우리 조상들의 죄악으로 말미암아 예루살렘과 주의 백성이 사면에 있는 자들에게 수치를 당함이니이다 그러하온즉 우리 하나님이여 지금 주의 종의 기도와 간구를 들으시고 주를 위하여 주의 얼굴 빛을 주의 황폐한 성소에 비추시옵소서." 그는 유다 백성이 해방되면 고토(故土) 예루살렘으로 돌아가 나라를 회복하고 성전을 재건하는 꿈을 가지고 있었고, 이것이야말로 그의 기도의 모든 것이었다. 그래서 불타는 심정으로 하늘 아버지께 간구한 것이다. 이때 가브리엘 천사가 빨리 날아서 다니엘에게 하나님의 말씀을 전한다. 이것이 그 유명한 칠십 이레의 계시다.

"네 백성과 네 거룩한 성을 위하여 일흔 이레를 기한으로 정하였나니 허물이 그치며 죄가 끝나며 죄악이 용서되며 영원한 의가 드러

---

12 "여호와께서 이와 같이 말씀하시니라 바벨론에서 칠십 년이 차면 내가 너희를 돌보고 나의 선한 말을 너희에게 성취하여 너희를 이곳으로 돌아오게 하리라 여호와의 말씀이니라 너희를 향한 나의 생각을 내가 아나니 평안이요 재앙이 아니니라 너희에게 미래와 희망을 주는 것이니라 너희가 내게 부르짖으며 내게 와서 기도하면 내가 너희들의 기도를 들을 것이요 너희가 온 마음으로 나를 구하면 나를 찾을 것이요 나를 만나리라 이것은 여호와의 말씀이니라 나는 너희들을 만날 것이며 너희를 포로된 중에서 다시 돌아오게 하되 내가 쫓아 보내었던 나라들과 모든 곳에서 모아 사로잡혀 떠났던 그 곳으로 돌아오게 하리라 이것은 여호와의 말씀이니라"(렘 29:10-14).

나며 환상과 예언이 응하며 또 지극히 거룩한 이가 기름 부음을 받으리라 그러므로 너는 깨달아 알지니라 예루살렘을 중건하라는 영이 날 때부터 기름부음을 받은 자 곧 왕이 일어나기까지 일곱 이레와 예순두 이레가 지날 것이요 그 곤란한 동안에 성이 중건되어 광장과 거리가 세워질 것이며 예순두 이레 후에 기름 부음을 받은 자가 끊어져 없어질 것이며 장차 한 왕의 백성이 와서 그 성읍과 성소를 무너뜨리려니와 그의 마지막은 홍수에 휩쓸림 같을 것이며 또 끝까지 전쟁이 있으리니 황폐할 것이 작정되었느니라 그가 장차 많은 사람들과 더불어 한 이레 동안의 언약을 굳게 맺고 그가 그 이레의 절반에 제사와 예물을 금지할 것이며 또 포악하여 가증한 것이 날개를 의지하여 설 것이며 또 이미 정한 종말까지 진노가 황폐하게 하는 자에게 쏟아지리라 하였느니라 하니라"(단 9:24-27).13

---

13 "하나님께서 네 백성과 거룩한 성을 위해 칠십 이레로 기간을 정하셨다. 이 기간이 지나야 하나님께 반역하는 것이 그치고, 죄악이 그치고, 악한 것이 없어지고, 영원한 의가 드러나며, 환상과 예언이 이루어지고, 지극히 거룩한 것이 세워질 것이다. 너는 배우고 깨달아라. 예루살렘을 다시 건설하라는 명령이 있을 때부터 하나님이 세우시는 지도자가 올 때까지 사십구 년과 사백삼십사 년이 지날 것이다. 예루살렘이 다시 건설되어 거리와 도랑이 이루어질 것이나 그 때는 힘든 때이다. 사백삼십사 년 뒤에 하나님께서 세우신 지도자가 죽임을 당하며, 장차 한 통치자가 그 도시와 거룩한 것을 파괴할 것이다. 그 마지막이 홍수처럼 밀려오며 마지막 때까지 전쟁이 있을 것이다. 하나님께서 그 곳이 완전히 멸망될 것을 선언하셨다. 그 통치자는 많은 백성과 더불어 칠 년 동안, 언약을 맺을 것이다. 그는 삼 년 반 동안, 예물과 제사를 못 드리게 막을 것이다. 그리고 멸망의 끔찍한 것이 성전의 가장 높은 곳에 놓이게 되지만, 하나님께서는 그 사람을 없애라는 명령을 이미 내리셨다"(쉬운성경).

이 칠십 이레의 계시는 다음과 같은 의미가 아니겠나! "다니엘아! 유다 민족이 바벨론에서 해방되어 예루살렘에 올라가면 당장 이스라엘 나라가 완전히 회복되리라고 생각하느냐? 네가 생각하는 그 나라가 이루어질 것 같으냐? 그렇지 않다. 유다 민족이 바벨론에서 해방되어 예루살렘으로 돌아갈지라도 여러 과정을 거쳐야 할 것이다. 예루살렘 성이 중건되고 기름부음을 받은 자 왕이 일어나기까지 얼마가 지나갈 것이다. 즉, 일곱 이레가 지나가고 육십이 이레가 지나갈 것이다. 육십이 이레 후에 기름부음을 받은 자 왕이 끊어져 없어질 것이다. 그리고 한동안 세상은 마지막 궁극점을 향하여 치달을 것이다. 도읍과 성소는 한 장군이 이끄는 군대에 헐릴 것이며 전쟁으로 끝장이 나 폐허가 될 것이다. 점점 종말은 홍수처럼 다가올 것이되, 정한 때에 한 통치자가 한 이레 동안 언약을 세우고 그 이레의 절반이 지나면 희생 제사와 곡식 예물 봉헌을 중지시키고 성소 한쪽에 미운 물건 우상을 세울 것이다. 그러나 결국 그 파괴자는 망할 것이다. 이러이러한 과정을 거친 후에 다니엘아, 네가 그토록 바라보고 소망하던 영원한 하나님의 나라, 새 하늘과 새 땅이 이루어질 것이다. 너 미리 이것을 알아두어라."

하나님께서는 천사 가브리엘을 통하여 천국의 이정표를 말씀해 주신 것이다. "유다 민족이 예루살렘으로 돌아가 나라를 재건하는 것이 다가 아니다. 온전한 나라, 완전한 나라, 의와 정의가 넘치는 나라, 샬롬의 평강이 풍성한 나라, 하나님께서 다스리는 나라, 즉 네 마음에 꿈꾸고 있는 그 나라는 이러이러한 것을 거친 후에 이루어지는 것이다."

그 나라는 어떤 나라인가? "또 내가 새 하늘과 새 땅을 보니 처음 하늘과 처음 땅이 없어졌고 바다도 다시 있지 않더라 또 내가 보매 거룩한 성 새 예루살렘이 하나님께로부터 하늘에서 내려오니 그 준비한 것이 신부가 남편을 위하여 단장한 것 같더라 내가 들으니 보좌에서 큰 음성이 나서 이르되 보라 하나님의 장막이 사람들과 함께 있으매 하나님이 그들과 함께 계시리니 그들은 하나님의 백성 이 되고 하나님은 친히 그들과 함께 계셔서 모든 눈물을 그 눈에서 닦아 주시니 다시는 사망이 없고 애통하는 것이나 곡하는 것이나 아픈 것이 다시 있지 아니하리니 처음 것들이 다 지나갔음이러라"(계 21:1-4).

이사야 11장 6-9절이다. "그 때에 이리가 어린 양과 함께 살며 표범이 어린 염소와 함께 누우며 송아지와 어린 사자와 살진 짐승이 함께 있어 어린 아이에게 끌리며 암소와 곰이 함께 먹으며 그것들의 새끼가 함께 엎드리며 사자가 소처럼 풀을 먹을 것이며 젖 먹는 아이가 독사의 구멍에서 장난하며 젖 뗀 어린 아이가 독사의 굴에 손을 넣을 것이라 내 거룩한 산 모든 곳에서 해 됨도 없고 상함도 없을 것이니 이는 물이 바다를 덮음 같이 여호와를 아는 지식이 세상에 충만할 것임이니라."

계시록 22장 1-5절에는 다음과 같이 기록되어 있다. "또 그가 수정 같이 맑은 생명수의 강을 내게 보이니 하나님과 및 어린 양의 보좌로부터 나와서 길 가운데로 흐르더라 강 좌우에 생명나무가 있어 열두 가지 열매를 맺되 달마다 그 열매를 맺고 그 나무 잎사귀들은 만국을 치료하기 위하여 있더라 다시 저주가 없으며 하나님과 그 어린 양의 보좌가 그 가운데에 있으리니 그의 종들이 그를 섬기며 그의 얼굴을 볼 터이요 그의 이름도 그들의 이마에 있으리라 다시 밤이 없겠고 등불과 햇빛이 쓸 데 없으니 이는 주 하나님이 그들에게 비치심이라 그들이 세세토록 왕 노릇 하리로다." 하나님께서는 이 나라를 이루시고 이 나라를 그의 자녀들에게 주시기 위하여 새 일을 시작하셨다. 하나님께서는 성도로 하여금 하나님 나라를 유업으로 받게 하시기 위하여 이 세상의 모든 것과 역사를 주관하시고 마침내 그 나라를 성도에게 주신다.[14]

　　창세기와 출애굽기를 잇는 요셉을 보면 그는 애굽에서 총리로 있으면서도 애굽에서의 낙을 사모하지 아니하고 약속의 땅 언약의 땅인 가나안을 소망하였음이 창세기 50장에 기록되어 있다.[15] 그는

---

14 "우리 주 예수 그리스도의 아버지 하나님을 찬송하리로다 그의 많으신 긍휼대로 예수 그리스도를 죽은 자 가운데서 부활하게 하심으로 말미암아 우리를 거듭나게 하사 산 소망이 있게 하시며 썩지 않고 더럽지 않고 쇠하지 아니하는 유업을 잇게 하시나니 곧 너희를 위하여 하늘에 간직하신 것이라"(벧전 1:3-4).

15 "요셉이 그의 아버지의 가족과 함께 애굽에 거주하여 백십 세를 살며 에브라임의 자손 삼대를 보았으며 므낫세의 아들 마길의 아들들도 요셉의 슬하에서 양육되었더라 요셉이 그의 형제들에게 이르되 나는 죽을 것이나 하나님이 당신들을 돌보시고 당신들을 이 땅에서 인도하여 내사 아브라함과 이삭과 야곱에게 맹세하신 땅에 이르게 하시리라 하고 요셉이 또 이스라엘 자손에게 맹세시켜 이르기를 하나님이 반드시 당신들을 돌보시리니 당신들은 여기서 내 해골을 메고 올라가겠다 하라 하였더라 요셉이 백십 세에 죽으매 그들이 그의 몸에 향 재료를 넣고 애굽에서 입관하였더라" (창 50:22-26).

자신은 죽을지라도 하나님의 언약은 사라지지 아니하고 반드시 아브라함과 이삭과 야곱에게 맹세하신 땅에 이르게 하실 것임을 바라본 것이다. 나는 이것을 거룩한 집요함이라고 부른다. 이사야 40장 6-8절의 신앙 아닌가! "말하는 자의 소리여 이르되 외치라 대답하되 내가 무엇이라 외치리이까 하니 이르되 모든 육체는 풀이요 그의 모든 아름다움은 들의 꽃과 같으니 풀은 마르고 꽃이 시듦은 여호와의 기운이 그 위에 붊이라 이 백성은 실로 풀이로다 풀은 마르고 꽃은 시드나 우리 하나님의 말씀은 영원히 서리라 하라."

요셉은 본향으로 갔으나 하나님의 말씀은 그 뜻을 이루시기까지 역사하시고 그 뜻을 다 이루신다. 그렇다. 하나님의 말씀은 영원히 그 효력을 발생하고 그대로 이루어지는 것 아닌가! 훗날 모세가 애굽을 탈출할 때 무엇을 가지고 나왔는지 성경에 기록되어 있다. 요셉의 예언과 같이 모세와 이스라엘 자손은 다시는 돌아올 수 없는 여행을 떠난다.[16] 그 밤은 여호와의 밤이었다. 여행이란 돌아오는 것을 전제로 떠나는 것이지만 여호와의 밤에 떠난 여행은 영원히 돌아올 수 없는 여행, 약속의 땅을 향한 여행이었다. 모세는 애굽을 탈출할 때 대족장 요셉의 뼈를 품고 나왔다.[17] 아니 요셉의 믿음,

---

16 "이스라엘 자손이 애굽에 거주한 지 사백삼십 년이라 사백삼십 년이 끝나는 그 날에 여호와의 군대가 다 애굽 땅에서 나왔은즉 이 밤은 그들을 애굽 땅에서 인도하여 내심으로 말미암아 여호와 앞에 지킬 것이니 이는 여호와의 밤이라 이스라엘 자손이 다 대대로 지킬 것이니라"(출 12:40-42).

17 "모세가 요셉의 유골을 가졌으니 이는 요셉이 이스라엘 자손으로 단단히 맹세하게 하여 이르기를 하나님이 반드시 너희를 찾아오시리니 너희는 내 유골을 여기서 가지고 나가라 하였음이더라"(출 13:19).

요셉의 꿈을 품고 나왔던 것이다. 이것이 신앙의 위인들의 정신이다. 미래의 주권자가 하나님이심을 믿은 요셉, 그는 영안이 열려 영적 이스라엘이 살 곳은 이 땅이 아니라 아브라함처럼 새 하늘과 새 땅, 천국임을 보았을 것이다. 그는 하늘 소망을 가지고 살다 간 믿음의 선진이었다.

"이 사람들은 다 믿음을 따라 죽었으며 약속을 받지 못하였으되 그것들을 멀리서 보고 환영하며 또 땅에서는 외국인과 나그네임을 증언하였으니 그들이 이같이 말하는 것은 자기들이 본향 찾는 자임을 나타냄이라 그들이 나온 바 본향을 생각하였더라면 돌아갈 기회가 있었으려니와 그들이 이제는 더 나은 본향을 사모하니 곧 하늘에 있는 것이라 이러므로 하나님이 그들의 하나님이라 일컬음 받으심을 부끄러워하지 아니하시고 그들을 위하여 한 성을 예비하셨느니라"(히11:13-16).

그 한 성이 어떤 곳인지 구체적으로 기록한 것이 히브리서 12장 22-24절이다. "그러나 여러분은 시온 산에 이르렀으며, 살아 계신 하나님의 성, 하늘의 예루살렘에 이르렀습니다. 이곳은 수많은 천사들이 기뻐하며 함께 모여 있는 곳입니다. 또 하늘에 이름이 기록된 맏아들들의 모임이 열리는 곳이며, 모든 사람의 심판자이신 하나님께서 계신 곳입니다. 그리고 완전하게 된 의인들의 영혼이 거하는 곳이기도 합니다. 여러분은 그의 백성들에게 하나님의 새 언약을 가져다 주신, 예수님께서 계신 곳에 왔습니다. 여러분은 아벨의 피보다 더 나은 소식을 전해 준, 그리스도의 피에 가까이 나아온 것입니다"(쉬운성경). 우리가 훗날 다다를 하나님의 성, 하늘나라에 수많은 천사와 구원받은 하나님의 자녀들이 있는 곳이요, 하나님 아버지와 우리 주 예수님께서 계신 그곳이란 것입니다. 성도는 그곳을 사모하며 항상 바라는 것이요, 우리의 육신이 무너지는 그날 이르게 될 본향이다.

찬송가의 노랫말에 이 감격을 다음과 같이 표현하고 있다. "후일에 생명 그칠 때 여전히 찬송 못 하나 성부의 집에 깰 때에 내 기쁨 한량없겠네. 후일에 장막 같은 몸 무너질 때는 모르나 정녕히 내가 알기는 주 예비하신 집 있네. 후일에 석양 가까워 서산에 해가 질 때에 주께서 쉬라 하리니 영원한 안식 얻겠네. 그날을 예비하면서 내 등불 밝게 켰다가 주께서 문을 여실 때 이 영혼 들어가겠네."

하나님의 말씀은 살았고 운동력이 있어 뜻하신 바 된 섭리를 이루시기 위하여 역사(役事)하신다. 역사는 하나님의 약속으로 시작하여 하나님의 약속의 성취로 모든 끝맺음을 한다. 모든 역사의 끝맺음, 그것은 바로 하나님의 나라이다. 사도 요한도 하나님의 나라를 바라보고 예수님의 환난과 나라와 참음에 동참하였다. 그는 밧모라고 불리는 돌 섬에 유배되어 강제 노역을 하였고 그곳에서 예수님의 음성을 듣고 하나님의 나라가 이루어지기까지의 과정을 책에 기록하였다. 그가 낙심하지 아니하고 이같이 할 수 있었던 것은 말씀에 인생을 던지고 말씀을 좇아가는 끝은 하나님의 나라이기 때문이었다. 왜냐하면 모든 역사는 우연한 것이 아니요, 시작이 있고 끝이 있다. 이 역사의 작성자는 하나님이시다. 이 역사의 주관자는 하나님이시다. 이 역사의 통치자는 하나님이시다.

그 누구보다도 다윗은 이 사실을 알았기에 시편 33편 6-11절에 노래하고 있다. "여호와의 말씀으로 하늘이 지음이 되었으며 그 만상을 그의 입 기운으로 이루었도다 그가 바닷물을 모아 무더기 같이 쌓으시며 깊은 물을 곳간에 두시도다 온 땅은 여호와를 두려워하며 세상의 모든 거민들은 그를 경외할지어다 그가 말씀하시매 이루어졌으며 명령하시매 견고히 섰도다 여호와께서 나라들의 계획을 폐하시며 민족들의 사상을 무효하게 하시도다 여호와의 계획은 영원히 서고 그의 생각은 대대에 이르리로다." 천지와 만물을 지으신 하나님을 경외할 것은 그 뜻이 이루어지고 견고히 서기 때문이요, 하나님께서 작정하신 것을 열방과 민족이 흔들지 못할 것이기에 그렇다. 물이 고랑을 따라 흘러 마침내 바다에 이르듯이 이 역사의 결말은 하나님의 나라이다. 마침은 하나님의 나라이다. 그 나라를 얻기 위하여 모든 것을 버리기도 하고, 불편함을 감수하기도 하고, 손해를 보기도 하고, 미련 없이 떠나기도 한다. 영원한 나라를 바라보기에 이 땅의 것에 진정한 가치를 부여치 않는다. 복음의 주제는 에덴의 회복이요, 새 하늘과 새 땅이요, 하나님의 나라이다.

예수님께서는 세례 요한이 잡힌 후 갈릴리에 오셔서 하나님의 복음을 전파하시기를 "이르시되 때가 찼고 하나님의 나라가 가까이 왔으니 회개하고 복음을 믿으라 하시더라"(막 1:15)라고 하셨다. 누가복음 4장 43절과 44절에는 "예수께서 이르시되 내가 다른 동네들에서도 하나님의 나라 복음을 전하여야 하리니 나는 이 일을 위해 보내심을 받았노라 하시고 갈릴리 여러 회당에서 전도하시더라"라고 기록되어 있다. 주님께서 공생애 기간 동안 전도하사 하나님 나라를 증거하셨다. 예수님은 사람에 대하여 증거하시지 않으셨고, 로마에 대하여 증거하시지 않으셨다. 사도 베드로는 베드로후서 3장 13절에 기록하였다. "우리는 그의 약속대로 의가 있는 곳인 새 하늘과 새 땅을 바라보도다."

다윗 왕국도 무너졌다. 둘로 쪼개어졌고 마침내 북이스라엘은 앗수르에, 남유다는 바벨론에 처참히 무너져 내렸다. 지금 이 땅에 다윗 왕국은 그저 자취만이 쓸쓸히 찾을 수 있다. 하지만 다윗이 바라고 소망한 그 나라는 이루어질 것이다. 아니 다윗이 궁극적으로 꿈에 그리던 그 나라는 분명코 임할 것이다. 그러기에 다윗의 꿈은 낡지 않았다. 왜냐하면 그 나라는 하나님께서 이미 그리신 설계도 안에 있기 때문이다. 이 나라는 사람의 손으로 세워지는 것이 아니다. 만군의 하나님에 의해서 세워질 것이다. 모퉁이 돌 되시는 예수님께서 영원한 하나님의 나라를 이루실 것이다. 하나님은 그 나라를 이루시고 그 나라를 그의 자녀에게 주시기 위하여 새 일을 행하신다. 사탄의 권세 아래, 흑암의 권세 아래, 사망이 왕노릇하고 악한 자 안에 처해 있는 본질상 하나님의 진노 아래 있는 세상을 심판하시고 새 하늘과 새 땅을 성도에게 허락하시기 위하여 새 일을 행하신다. 그 새 일이 복음의 내용이요, 하나님의 말씀이다.

하나님의 새 일, 그것은 다윗이 그토록 소망한 나라이다. 시편 23편 6절을 보자. "내 평생에 선하심과 인자하심이 반드시 나를 따르리니 내가 여호와의 집에 영원히 살리로다." 그렇다. 다윗이 평생 이룬 것은 다 사라졌다. 그토록 그가 염원하여 준비한 솔로몬 성전도 바벨론의 느브갓네살 군대에 의하여 허물어지고 말았다. 역대하 36장 17-19절에 역대하 기자는 다음과 같이 기록하고 있다. "하나님이 갈대아 왕의 손에 그들을 다 넘기시매 그가 와서 그들의 성전에서 칼로 청년들을 죽이며 청년 남녀와 노인과 병약한 사람을 긍휼히 여기지 아니하였으며 또 하나님의 전의 대소 그릇들과 여호와의 전의 보물과 왕과 방백들의 보물을 다 바벨론으로 가져가고 또 하나님의 전을 불사르며 예루살렘 성벽을 헐며 그들의 모든 궁실을 불사르며 그들의 모든 귀한 그릇들을 부수고." 다윗이 그토록 애써서 이루어 놓은 모든 것은 이 땅에 남아있지 않다. 그 육신 역시 흙으로 돌아가 자취도 없다.

그러나 다윗의 장부로서의 신앙은 면면히 교훈 되어 우리의 심령에 흐르고 있다. 그리고 그가 예수 그리스도를 예언하며 바라고 바라던 그 나라는 지금 더 명확히 믿는 이에게 다가오고 있다. 하나님의 선하심과 인자하심이 삶 가운데 함께하셔서 마침내 여호와의 집에 다다르게 하신다. 다윗이 소망한 것은 이 땅의 다윗 왕국이 아니다. 그가 이룬 왕국은 피바람이 그치지 아니하였고 그의 아들들은 그 왕국을 차지하려고 서로를 죽이지 아니했나! 변함없는 평강이 풍성한 곳, 아픔과 눈물과 헤어짐이 없는 곳을 다윗은 사모하였다. 그의 본향이요 마음의 고향을 말이다. 정욕과 야망이 난무한 이 땅에서 그는 아버지의 집의 소망을 품고 살아간 것이다. 이 소망을 품게 하시기 위하여 하나님께서는 다윗의 일생을 인도하셨다. 그리고 연단하셨다. 마침내 순금과 같이 만드셔서 천국의 순례자로 만드신 것이다.

히브리서 11장 13-16절 현대어성경이다. "지금 내가 열거한 이 사람들은 하나님께서 약속하신 것을 다 얻은 뒤 죽은 것은 아닙니다. 그들은 단지 그 약속이 자기 앞에 다가오고 있는 것을 기쁨으로 기다렸습니다. 그들은 세상이 참 고향이 아니고 다만 자신들은 잠시 이 땅에 나그네로 와 있는 데 불과하다는 것을 알고 있었습니다. 그들이 이렇게 생각한 것으로 보아 하늘에 있는 참 고향을 그리워했음을 알 수 있습니다. 만일 그들이 이 세상의 여러 가지 달콤한 생활로 돌아가기를 원했다면 언제든지 돌아갈 수 있었습니다. 그러나 그들은 그것을 원하지 않고 하늘의 도성을 바라보며 살았습니다. 그래서 하나님 역시 그들의 하나님이라고 불리는 것을 수치로 여기지 않고 그들을 위해 하늘의 도성을 만들어 두셨습니다."

우리는 세상 나라의 부침(浮沈)을 보면서 영원한 하나님의 나라를 소망한다. 결국 세상 나라는 무너져 내리지만 이와 동시에 말씀 속에 계시된 하나님의 나라가 세워지는 것을 보며 즐거워한다. 사도 바울은 고린도후서 4장 16절에서부터 5장 1절에 이렇게 적고 있다. "그러므로 우리가 낙심하지 아니하노니 우리의 겉사람은 낡아지나 우리의 속사람은 날로 새로워지도다 우리가 잠시 받는 환난의 경한 것이 지극히 크고 영원한 영광의 중한 것을 우리에게 이루게 함이니 우리가 주목하는 것은 보이는 것이 아니요 보이지 않는 것이니 보이는 것은 잠깐이요 보이지 않는 것은 영원함이라 만일 땅에 있는 우리의 장막 집이 무너지면 하나님께서 지으신 집 곧 손으로 지은 것이 아니요 하늘에 있는 영원한 집이 우리에게 있는 줄 아느니라." 그렇다. 성도의 참 소망은 이 세상 나라도 아니요, 우리가 입고 있는 육신도 아니다. 이 모든 것은 이사야 선지의 예언대로 시들기로 작정된 것뿐이다. 영원한 것은 하나님의 말씀이니 그 말씀이 가리키는 것은 성경의 주제, 하나님의 나라이다.

성경은 40여 명에 의하여 기록되었는데 여러 직업 그리고 여러 계층의 사람들이었다. 대략 1,500년에 걸쳐 기록되었고 세 가지 다른 언어로 쓰였다. 하지만 성경 66권은 그 한 사람, 하나님의 아들 예수 그리스도를 소개하고 있으며, 한 나라를 우리에게 전하고 있다. 그 까닭은 오직 하나 성령 하나님의 감동으로 쓰였기 때문이며 그 나라가 복음의 주제인 하나님의 나라이다. 그중에 다윗 왕이 지은 시편이 얼마나 큰 비중을 차지하고 있는지 우리는 안다.

부 록 3

그루터기

이사야 당시 유다 백성들은 몸과 마음과 영이 무너져 내리고 있었는데 정작 자신들은 이 사실을 깨닫지도 못했다. 어디에서도 소망이란 찾아볼 수 없었다. 이사야 1장 2-8절에 유다와 예루살렘의 상황에 대하여 말씀하신다.

"하늘이여 들으라 땅이여 귀를 기울이라 여호와께서 말씀하시기를 내가 자식을 양육하였거늘 그들이 나를 거역하였도다 소는 그 임자를 알고 나귀는 그 주인의 구유를 알건마는 이스라엘은 알지 못하고 나의 백성은 깨닫지 못하는도다 하셨도다 슬프다 범죄한 나라요 허물 진 백성이요 행악의 종자요 행위가 부패한 자식이로다 그들이 여호와를 버리며 이스라엘의 거룩하신 이를 만홀히 여겨 멀리하고 물러갔도다 너희가 어찌하여 매를 더 맞으려고 패역을 거듭하느냐 온 머리는 병들었고 온 마음은 피곤하였으며 발바닥에서 머리까지 성한 곳이 없이 상한 것과 터진 것과 새로 맞은 흔적뿐이거늘 그것을 짜며 싸매며 기름으로 부드럽게 함을 받지 못하였도다 너희의 땅은 황폐하였고 너희의 성읍들은 불에 탔고 너희의 토지는 너희 목전에서 이방인에게 삼켜졌으며 이방인에게 파괴됨 같이 황폐하였고 딸 시온은 포도원의 망대 같이, 참외밭의 원두막 같이, 에워 싸인 성읍 같이 겨우 남았도다."

이사야 선지자가 유다나라를 보고 느낀 것은 절망이었다. 하나님을 향한 신앙은 형식이 되어 있었고 온갖 부패와 죄악이 넘쳤다. 겉으로는 번영을 구가(謳歌)하는 것 같았지만 속은 썩어 문드러지고 있었던 것이다. 외적으로도 녹록하지 않았다. 앗수르의 왕 디글랏 빌레셋 3세는 유다나라를 계속 압박하고 있었고 애굽은 전날에 비하여는 쇠퇴한 상태였으나 여전히 위협적인 존재였으며 바벨론은 점점 부상하고 있었다. 유다는 강대국 사이에서 이러지도 저러지도 못하는 처지에 있었다. 이러한 국내외적인 상황 속에 예루살렘은 성경 말씀대로 포도원의 망대같이, 참외밭의 원두막같이, 에워싸인 성읍같이 겨우 껍데기만 남아 있는 처량한 신세였다.

원래부터 이랬었나? 아니다. 심히 기름진 산에 하나님은 포도원을 만드셨다. 땅을 파서 돌을 제하고 극상품 포도나무를 심으신 것이다. 포도원을 지키기 위해 망대를 세웠고 풍성한 수확을 위해 술틀을 파셨다. 그리고 좋은 포도 맺기를 소망하셨다.[1] 하나님께서

---

1 "나는 내가 사랑하는 자를 위하여 노래하되 내가 사랑하는 자의 포도원을 노래하리라 내가 사랑하는 자에게 포도원이 있음이여 심히 기름진 산에로다 땅을 파서 돌을 제하고 극상품 포도나무를 심었도다 그 중에 망대를 세웠고 또 그 안에 술틀을 팠도다 좋은 포도 맺기를 바랐더니 들포도를 맺었도다"(사 5:1-2).

는 그토록 아끼시고 기대하시고 배려하셨건만 좋은 포도가 아니라 들포도, 썩은 포도를 맺은 것이다. 이제 그 포도나무는 잘려 나갈 것이다. 예수님께서는 말씀하셨다. "사람이 내 안에 거하지 아니하면 가지처럼 밖에 버려져 마르나니 사람들이 그것을 모아다가 불에 던져 사르느니라"(요 15:6). 그렇다. 그들은 하나님의 품을 떠났다. 스스로 떠났다. 하나님께서 선대하였어도 유다 백성들은 고마움을 몰랐다. 거룩하신 분을 멀리 떠난 결과였다. 지금도 처참하지만 앞으로가 더 문제였다. 포도나무 잎은 다 떨어질 것이고 가지도 잘려 나갈 것이고 줄기 역시 베임을 당할 것이다. 이사야 선지자는 유다나라의 미래를 걱정하였다. 그러는 가운데 그는 결단하여야 했다. 걱정에 빠져 지낼 것인지, 아니면 그 걱정의 보따리를 하나님 앞에 풀어 놓을지 말이다. 그는 번뇌를 그치고 성전으로 달려갔다. 최종 결정은 하나님께서 하심을 믿었기 때문이다.

에스겔 선지자도 그랬다. 여호와 하나님께서 권능으로 에스겔에게 임재하시고 하나님의 영으로 한 골짜기로 데려가셨다. 거기엔 아주 말라버린 뼈가 가득하였다. 죽음의 골짜기였던 것이다. 여호와께서는 선지자에게 물으셨다. "인자야 이 뼈들이 능히 살 수 있겠느냐?" 그 누가 보아도 살지 못할 죽음의 골짜기에 널브러진 뼈들이었으나 에스겔은 스스로 판단하지 않는다. 왜냐하면 모든 것의 결정은 하나님이 하시기 때문이다. "주 여호와여 주께서 아시나이다" 이것이 에스겔 선지자의 현명한 답변이었다.

이사야 선지자도 유다나라에 대한 최종 판결을 받으러 성전에 달려간 것이다. 이사야 선지자는 웃시야 왕이 죽던 해에 성령님의 감동하심을 입어 하늘로 올라가 보좌에 높이 들린 하나님을 뵈옵고 힘을 얻었다. 계시록 4장에도 사도 요한은 이리로 올라오라 하시는 음성을 듣고 성령님에 감동되어 하늘 보좌에 앉으신 하나님을 뵙는다. 그리고 하나님께 예배하는 장면을 보고 힘을 얻는다. 절망의 상황을 희망으로 바꾸실 수 있는 분은 오직 하나님이시다. 주님의 경륜과 섭리 속에 우리의 내일이 있다. 그러하기에 하나님께서는 이사야를 부르셨고 요한 사도를 부르시어 보여주신 것이다. 이리로 올라오라 하신 뜻을 김형태 목사는 다음과 같이 설명하였다.

> 기독교인의 예민한 양심과 바른 정의감은 시대와 상황에 따라 새로운 신학을 창출합니다. 그늘지고 퀴퀴하게 냄새나는 곳에 '골목 신학'이 있고, 네거리 서성이는 사람들을 보면서 '거리 신학'을 그려냅니다. 찬란하지만 슬픔과 죄악이 가득한 곳에 '도시 신학'이 있고, 권위와 질서는 있으나 폭력과 암투가 난무하는 곳에 '나라 신학'이 있습니다. 우리의 상황에서 '민중 신학2'이 나오고, 남미의 상황에서 '해방 신학3'이 나옵니다.

---

2 민중신학(民衆神學, Minjung Theology)은 1970년대 중반 이후 안병무, 서남동, 현영학, 서광선, 문익환 등을 중심으로 해서 일어난 한국 개신교 고유의 신학운동이었다. 민중신학은 그 당시 한국의 정치 상황, 즉 군사정부의 억압적인 정치에 맞물려 일어난 인권운동과 연결되어 형성되고 발전되었다. 민중신학이란 말은 1979년 한국에서 열린 CCA(아시아기독교협의회, Christian Conference of Asia)신학협의회에서 처음 사용되었다. 그 후 라틴아메리카의 상황신학인 해방신학과 더불어 한국적 상황신학으로 인정되었다(생명의말씀사편, 『교회용어사전』, 280). 민중신학은 일반적인 정통신학과는 대립되는 신학으로서, 정통신학은 지배자의 눈으로 본 말씀만을 주장

새로운 신학으로의 열정은 우리 안에 생명이 아직 살아 숨 쉰다는 증거이며, 보다 나은 세계와 이상을 추구하며 부딪쳐 보는 몸부림으로써 모두 상황의 산물입니다. 마치 골리앗을 향해 던지는 다윗의 물맷돌 같은 것이라 할 수 있습니다. 그래서 신학이란 하늘을 향해 부르짖는 사람의 기도 소리이며 꿈을 그리는 우리의 소망이라 할 수 있겠습니다.

그러나 여기에 문제가 있습니다. 골목 안에 있으면 그곳이 세상의 전부인 것처럼 보이지만, 얼마 가지 않아 막다른 골목인 한계 상황에 부딪히게 된다는 사실입니다. 이제 우리는 지붕에 올라가야 합니다. 올라갈 때에야

하는 실천력을 상실한 신학으로 평가하였다. 대신 민중신학은 실천신학이자 진보 신학으로 민중을 역사의 주체로 보았다. 민중신학에서는 예수는 갈릴리에서 민중운동을 한 분으로 해석하고, 교회는 이런 예수를 본받아 민중과 함께해야 함을 주장한다. 그리고 민중이 주인이 된 교회가 참 교회이고, 민중에 의해 해방된 나라가 하나님의 나라이며, 지배자와 가진 자의 구원도 이 민중을 통해 달성된다고 주장했다. 김성철, 『얼마나 있으면 밤이 새겠소』, 254, 註: 김성수.

3 해방신학(解放神學, Theology of Liberation)은 1960년대 후반에 라틴아메리카에서 천주교 신학자들이 중심이 된 신학운동이며, 이후에 진보적 개신교 신학자들이 참여하였다. 기독교의 가르침을 억눌리고 소외된 가난한 사람들의 입장에서 해석하고 그들을 정치, 경제, 사회와 문화의 불평등에서 해방시키려는 신학운동이었다. 해방신학은 빈곤을 하나님의 뜻에 어긋난 죄악으로 해석하고 이를 타파하려는 실천적인 신학이었다. 해방신학을 주장한 사람들은 라사 카사스 신부, 카미로 트레스 신부, 페루의 G. 구티에레즈 신부, 피로니오, 카마라 대주교, 레오나르도 보프 신부, 오스카 로메로 대주교, 에르네스토 카르데날 신부 등이 있다. 해방신학은 1970년대와 1980년대 지속적으로 발전하면서 아프리카와 아시아에 퍼져 있는 서구 신학과는 다른 제3세계 신학으로 본격 대두되었다. 세계교회협의회(World Council of Churches, WCC)는 방콕대회(1972년)와 나이로비대회(1975년)에 해방신학을 WCC의 신학으로 채택하기도 했다. 그러나 로마교황청의 경고, 즉 해방신학과 마르크스주의 이데올로기 사이의 연관성을 지적하는 경고가 나온 후로(1984년과 1986년) 그 영향력이 쇠퇴하였다(생명의말씀사편, 『교회용어사전』, 399). 김성철, 『얼마나 있으면 밤이 새겠소』, 254, 註: 김성수.

비로소 골목 안의 풍경을 한눈에 다 내려다볼 수 있고, 골목 안의 삶의 모습을 생생히 보며 잘못된 점을 알게 됩니다. 올라가는 자만이 골목의 비밀을 알게 되며 골목의 내일을 확실하게 설계할 수 있습니다. 또 우리는 여기서 머물지 말고 거리로 나가야 합니다. 그리고 남산 타워에도 올라가야 합니다. 비행기를 타고 하늘을 날 때 국경과 국경, 나라와 나라의 모습이 보입니다. 우주선에 몸을 담아야 지구의 전부를 볼 수 있습니다. 그러나 20세기 말인 오늘날, 상상을 초월할 만한 첨단 과학기술의 발달로 인하여 지구상 어느 한 곳에서 은밀히 행하는 사소한 동작이 동시에 지구 저 끝에 있는 누군가에 의해 보여진다 한들 그것으로 우주의 전부를 면밀히 관찰했다고 누군들 확언할 수 있겠습니까?

사도 요한은 "이리로 올라오라"는 하나님의 음성을 듣고 성령의 감동하심을 입어 하늘 보좌에 계신 하나님의 영광을 보았습니다. 요한은 하나님께서 지으신 우주의 모든 것과 하나님의 비밀의 경륜을 알았습니다. 하나님께서 계획하신 일의 시작과 진행과 결과를 신령한 차원에서 깨달았던 것입니다. 그것은 하늘과 땅과 그 가운데 있는 모든 것을 지으시고 섭리하시는 하나님의 영의 감동하심을 입어 하늘로 올라가서 세상을 바라보았기 때문입니다.

인간의 삶의 모습에 대한 바른 판단이 골목 안에서는 가능하지 않습니다. 우주선을 타고 대기권을 벗어나 항진하며 지구를 관측한다 한들 그것은 불가능합니다. 오직 "이리로 올라오라"는 하나님의 음성을 듣고 성령의 감동하심을 입을 때에만 가능합니다.

사랑하는 여러분! 이제는 땅에서 하늘로 올라가시기 바랍니다. 신령한 안목으로 세상을 보고 역사를 통찰할 수 있는 혜안을 가지시기 바랍니다. 처음과 나중이 되시는 하나님께서 섭리하시는 큰 일을 바로 이해하시기 바랍니다. 이것이 바로 성령의 조명을 받아 깨닫는 계시의존사색(啓示依存思索)[4]입니다. 그리하여 맡겨진 양무리들이 장차 우리를 위하여 예비하신 하나님의 나라를 유업으로 얻도록 인도하는 이 시대의 바른 교회의 일꾼 되시기를 바랍니다.[5]

하나님이 열어주셔야, 하나님이 보여주셔야, 이리로 올라오라 하시는 하나님의 영에 감동하심을 받아야 우리의 크고 작은 문제가 해결되는 것이다.

이사야는 세상에서 가장 현명한 선택을 한 것이다. 그는 갑갑하고 절망적일 때 주저앉지 아니하고 하나님의 성전에 달려갔고 하늘 성전에 계신 하나님을 뵌 것이다.

그는 하늘의 스랍들을 보았고 그들의 화답하며 찬송하는 소리도 들었다. 뿐만 아니라 거룩하신 만군의 여호와 하나님의 영광이 미치지 않는 곳이 없음도 보았고 거룩하신 하나님 앞에서 자신이 얼마나 죄 많은 인생임을 깨달았다.

---

4 계시의존사색(啓示依存思索)의 철학적 원리는 사람은 자기의 지혜와 지식으로는 하나님을 알 수 없고 오직 하나님의 계시에 의해서만 알게 된다는 개념이다. 이는 기독교 변증학자인 반틸 박사(Dr. C. Van Til)의 저서 『기독교인식론』(*The Defense of the Faith, Christian Epistemology*)에서 설명되었고, 이를 바탕으로 한 박윤선 박사의 『성경신학』(11-27)에서 '성경을 바로 아는 성경 신학의 기본 원리'로 채택되어 서술되었다. 김성철, 『얼마나 있으면 밤이 새겠소』, 256, 註: 김성수.

5 김성철, 『얼마나 있으면 밤이 새겠소』, 253-256.

"그 때에 내가 말하되 화로다 나여 망하게 되었도다 나는 입술이 부정한 사람이요 나는 입술이 부정한 백성 중에 거주하면서 만군의 여호와이신 왕을 뵈었음이로다 하였더라 그 때에 그 스랍 중의 하나가 부젓가락으로 제단에서 집은 바 핀 숯을 손에 가지고 내게로 날아와서 그것을 내 입술에 대며 이르되 보라 이것이 네 입에 닿았으니 네 악이 제하여졌고 네 죄가 사하여졌느니라 하더라"(사 6:5-7).

이사야는 제단 숯불로 인해 새로워져서 "내가 누구를 보내며 누가 우리를 위하여 갈꼬" 하시는 하나님의 부름에 응답한다. "내가 여기 있나이다 나를 보내소서" 사명을 받고 나가려니 얼마나 기쁘고 마음이 뜨거웠겠나? 하지만 이어지는 "네가 상대할 백성들은 깨닫지도 못하는 우매한 자들이다"라는 하나님의 말씀은 그의 들뜬 마음에 찬물을 끼얹은 것이나 마찬가지였다. 완악하고 더디 믿는 고집 센 자들이라는 것이다. 이사야 6장 10절이다.

"너는 이 백성의 마음을 둔하게 하여라. 그 귀가 막히고, 그 눈이 감기게 하여라. 그리하여 그들이 볼 수 없고, 들을 수 없고 또 마음으로 깨달을 수 없게 하여라. 그들이 보고 듣고 깨달았다가는 내게로 돌이켜서 고침을 받게 될까 걱정이다"(새번역).

에스겔 선지자에게 하나님께서 이르신 말씀이 있다.

"내게 이르시되 인자야 내가 너를 이스라엘 자손 곧 패역한 백성, 나를 배반하는 자에게 보내노라 그들과 그 조상들이 내게 범죄하여 오늘까지 이르렀나니 이 자손은 얼굴이 뻔뻔하고 마음이 굳은 자니라 내가 너를 그들에게 보내노니 너는 그들에게 이르기를 주 여호와의 말씀이 이러하시다 하라 그들은 패역한 족속이라 그들이 듣든지 아니 듣든지 그들 가운데에 선지자가 있음을 알지니라 인자야 너는 비록 가시와 찔레와 함께 있으며 전갈 가운데에 거주할지라도 그들을 두려워하지 말고 그들의 말을 두려워하지 말지어다 그들은 패역한 족속이라도 그 말을 두려워하지 말며 그 얼굴을 무서워하지 말지어다 그들은 심히 패역한 자라 그들이 듣든지 아니 듣든지 너는 내 말로 고할지어다"(겔 2:3-7).

하나님께서는 에스겔에게 "네가 가서 전해야 할 사람들은 나에게 반역만 해 온 자들이며 이날까지 죄만 지은 자들, 얼굴이 뻔뻔하고 마음이 딱딱해질 대로 딱딱한 강퍅(剛愎)한 자들이다"라고 하신 것이다.

자, 정말 하나님께서 백성들이 돌이켜서 고침을 받는 것을 원치 않으셨나? 원치 않으셨다면 이사야 선지자를 보내지도 않았을 것이다. 너무 사랑하시기에, 마음이 너무 아프시기에 하신 말씀임에 틀림없다. 하나님께서는 패역한 백성들을 위해 선지자들을 보내고 복음의 일꾼들을 파송하였으나 보냄 받은 일꾼들을 핍박하고 죽였다.[6] 이사야 선지자는 언제까지 이 같은 자들에게 복음을 전해야 할까를 하나님께 묻는다. "주여 어느 때까지니이까?" 하나님께서는 이사야 선지자에게 대답하신다.

---

6 "예루살렘아 예루살렘아 선지자들을 죽이고 네게 파송된 자들을 돌로 치는 자여 암탉이 그 새끼를 날개 아래에 모음 같이 내가 네 자녀를 모으려 한 일이 몇 번이더냐 그러나 너희가 원하지 아니하였도다"(마 23:37).

"성읍들은 황폐하여 주민이 없으며 가옥들에는 사람이 없고 이 토지는 황폐하게 되며 여호와께서 사람들을 멀리 옮기셔서 이 땅 가운데에 황폐한 곳이 많을 때까지니라"(사 6:11-12).

얼마나 지나야 사람들이 하나님의 말씀을 들을 것인가를 묻는 선지자의 질문에 주님은 모든 것이 다 황폐할 때까지는 너의 말을 듣지 않을 것이라고 답하신 것 아니겠나!

70이레의 계시7라고 알려진 다니엘 9장엔 세상 끝까지 전쟁이 있으며 황폐할 것이 작정되었다고 예언되어 있다. 예수님께서 감람산에서 제자들에게 이르신 말씀도 그러하다.

"민족이 민족을, 나라가 나라를 대적하여 일어나겠고 곳곳에 기근과 지진이 있으리니 이 모든 것은 재난의 시작이니라 그 때에 사람들이 너희를 환난에 넘겨 주겠으며 너희를 죽이리니 너희가

---

7 다니엘 선지자가 유다 포로들의 해방의 날을 소망하며 기도하며 성경을 펴놓고 그 햇수를 생각하고 있었다. 그것은 일흔 해였다. 그는 예루살렘이 칠십 년 동안 황폐함 속에 있을 것을, 칠십 년이 차면 해방될 것을 깨달았던 것이다. 이때가 메대 족속 사람으로서 아하수에로의 아들 다리오가 갈대아 나라의 왕이 된 첫해의 일이었다. 다니엘은 이제 유다나라가 바벨론에서 해방될 기약이 찼음을 알고 금식하며 하나님께 자신과 겨레의 죄를 고백하였는데 그 기도가 얼마나 간절했는가는 다니엘 9장 19절을 보면 짐작할 수 있다. "주여 들으소서 주여 용서하소서 주여 귀를 기울이시고 행하소서 지체하지 마옵소서 나의 하나님이여 주 자신을 위하여 하시옵소서 이는 주의 성과 주의 백성이 주의 이름으로 일컫는 바 됨이니이다."
하나님께서는 이 같은 기도의 사람 다니엘에게 응답을 주셨는데 가브리엘 천사를 급히 그에게 보내어 주셨다. 그 응답의 내용이 70이레의 계시다. 유다나라와 유다 민족의 앞날을 궁금해하고, 해방되어 온전한 나라가 세워지는 날을 손꼽아 기다리는 다니엘에게 하나님께서는 유다 민족과 나라의 앞날뿐 아니라 세계 역사의 미래와 종국을 가브리엘 천사를 통하여 알려 주신 것이다. 70이레의 계시는 다니엘의 기도의 응답이었고 그가 기도를 시작한 즉시 주신 응답이다.

내 이름 때문에 모든 민족에게 미움을 받으리라 그 때에 많은 사람이 실족하게 되어 서로 잡아 주고 서로 미워하겠으며 거짓 선지자가 많이 일어나 많은 사람을 미혹하겠으며 불법이 성하므로 많은 사람의 사랑이 식어지리라 그러나 끝까지 견디는 자는 구원을 얻으리라 이 천국 복음이 모든 민족에게 증언되기 위하여 온 세상에 전파되리니 그제야 끝이 오리라"(마 24:7-14).

예수님께서는 모든 것이 절망적이요, 캄캄하다 할지라도 복음은 계속 전파될 것이며 모든 민족은 그 복음을 들을 것이요, 그때야 끝이 올 것임을 말씀하신 것이다. 역사는 마지막 궁극점을 향하여 치달을 것이지만 이러한 가운데서도 하나님의 일꾼들은 복음 전파를 위하여 직무를 다해야 함을 명한 것 아니겠나?

이사야 선지자에게 주신 말씀이 어둡고 차가운 말씀일까? 그렇지 않다. 하나님의 말씀을 증거하는 일꾼들은 이러한 가운데서도 사명을 감당할 것이다. 그 가운데 그루터기에서 싹을 내시는 하나님의 역사하심을 체험할 것이다.

마가복음 5장에 보면 예수님께서는 거라사인의 지방에서 더러운 귀신 들린 사람을 만났으며 그에게서 귀신을 쫓아내 주셨다. 쫓겨난 귀신은 돼지 떼에 들어갔고 2,000마리나 되는 떼가 바다를 향하여 비탈로 내리달아 바다에서 몰사한다. 이 소문을 들은 사람들이 현장을 가보니 군대 귀신 들렸던 자가 옷을 입고 정신이 온전하여 앉아 있었다. 하지만 사람들은 이를 보고 감사하거나 기뻐하지 않았다. 단지 두려워할 뿐이었다. 한 생명이 회복된 것보다 2,000마리나

되는 돼지가 몰사했으니 경제적으로 손해 본 것만을 생각한 것이다. 그들은 예수님이 계속 여기에 머무르면 얼마나 더 큰 손해가 있을 것인가 걱정하였다. 그래서 사람들은 예수님께 그 지방에서 떠나시기를 간구한다.

그럼 예수님의 행하심은 실패한 것일까? 거라사인의 지방에 큰 광풍과 물결을 뚫고 찾아오사 행하신 그 사랑의 역사는 헛것이 되었나? 아니다. 주님께서 그곳을 떠나시려 배에 오르실 때에 귀신 들렸던 사람이 함께 있기를 간구하였다. 예수님을 따르겠다고 한 것이다. 이때 주님은 그에게 말씀하셨다. "집으로 돌아가 주께서 네게 어떻게 큰 일을 행하사 너를 불쌍히 여기신 것을 네 가족에게 알리라" 그는 예수님께서 자신에게 어떻게 큰 일을 행하셨지 데가볼리에 전파하였다고 성경은 증거하고 있다.

예수님께서 떡 일곱 개와 작은 생선 두어 마리를 가지고 사 천명을 먹이실 때 함께한 사람들은 대부분 데가볼리에 거하던 이방인들이었다. 사천 명을 먹이신 장소가 데가볼리 지역이라는 것이다. **예수님의 복음 전파는 실패하지 않으셨다.** 더러운 귀신이 들렸다가 회복된 그 사람을 그루터기로 삼으셔서 많은 열매를 거두신 것이다.

자, 하나님께서는 이사야에게 너는 내 백성에게 복음을 전하라는 것이다. 네가 하는 일이 실패한 것 같아도, 다 절망적인 일만 네 앞에 나타나도, 아무런 열매가 없는 것 같이 보일지라도, 내 백성에게 복음을 전하라는 말씀이다. 눈에 아무런 열매가 보이지 않아도 귀에 아무런 증거가 들리지 않아도 말이다.

이사야는 실패한 걸까? 이사야의 사명은 정말 절망스러운 결말만이 남아 있는 걸까? 아니다. 하나님께서는 이어서 말씀하신다.

"그 주민 가운데 10분의 1이 살아 남는다 하더라도 그들마저 타버리고 말 것이다. 하지만 참나무와 상수리나무를 베어 넘어뜨려도 그 그루터기는 남아 있는 것같이 비록 이스라엘이 거듭거듭 침략을 당해 멸망하여도 그 뿌리는 살아 남는 나무와 같을 것이다. 그 나무의 그루터기는 항상 다시 살아서 자라날 것이다. 그 그루터기는 거룩한 씨인 까닭이다"(사 6:13, 현대어성경).

모든 것이 황폐하게 될 것임은 분명하지만 그 그루터기는 남아 있다는 것이다. 잎이 떨어져 나가도 가지가 다 잘려 땅에 떨어져서 비참하게 되어도, 아니 나무줄기가 베임을 당한다 해도 그 그루터기는 남는다는 것이다. 그 나무의 그루터기는 다시 살아서 자라날 것임을 하나님께서는 말씀하신 것이다. 인간의 눈에 절망이요 낙담스러운 것이지 하나님은 분명코 그 그루터기에서 새순이 돋게 하시고 그로 말미암아 하나님의 뜻을 온전히 이루실 것이다. 하나님의 일꾼들이 전한 말씀은 그대로 성취된다는 것 아니겠나?

그럼 그루터기를 남겨 놓으신 분이 누구신가? 하나님이시다. 그분의 한량없으신 긍휼로 마지막 희망을 남겨 놓으셨다. 몽땅 거두어 가시지는 않았다. 그러니 복음의 중심 예수 그리스도, 복음의 주제 하나님의 나라를, 때를 얻든지 못 얻든지 힘써 전해야 하지 않겠나?

이사야가 본 것은 높이 들린 보좌에 앉으신 주님을 보았고 주님께서 남겨두신 은혜의 그루터기를 본 것이다.

다윗은 일평생을 회고(回顧)하면서 하나님은 자비로우시고 은혜로우시며 노하기를 더디하시며 그지없는 사랑으로 자신을 이끌어 주셨음을, 그 크신 사랑으로 항상 감싸주셨음을 찬송하고 있다.[8] 시편 78편 38-39절에는 다음과 같은 말씀이 있다.

"오직 하나님은 긍휼하시므로 죄악을 덮어 주시어 멸망시키지 아니하시고 그의 진노를 여러 번 돌이키시며 그의 모든 분을 다 쏟아내지 아니하셨으니 그들은 육체이며 가고 다시 돌아오지 못하는 바람임을 기억하셨음이라."

다윗의 일생은 하나님의 사랑으로 엮긴 바 되었고 이끌림 바 된 하나님의 은혜의 작품이었다. 하나님은 다윗의 체질을 아셨기에 실망하시거나 미워하지 않으시고 하나님의 녹로 위에 다시금 올려 놓으사 마음에 맞는 작품으로 빚으셨다. 다윗은 하나님께서 끝까지 자신을 사랑하심을, 소망을 두심을, 계획하신 대로 이루어 줄 것임을 의심하지 않았다. 자신의 모든 것이 허물어지고 치욕 속에 가려졌어도 말이다. 다윗이 예수 그리스도의 조상이 된 것은 오직 하나님의 열심이 빚어낸 은혜의 결과이다. 성경은 이를 증거하고 있다.

그의 일생을 보면 밤나무와 상수리나무가 베임을 당한 것과 같이

---

8 "여호와는 긍휼이 많으시고 은혜로우시며 노하기를 더디 하시고 인자하심이 풍부하시도다 자주 경책하지 아니하시며 노를 영원히 품지 아니하시리로다 우리의 죄를 따라 우리를 처벌하지는 아니하시며 우리의 죄악을 따라 우리에게 그대로 갚지는 아니하셨으니 이는 하늘이 땅에서 높음 같이 그를 경외하는 자에게 그의 인자하심이 크심이로다 동이 서에서 먼 것 같이 우리의 죄과를 우리에게서 멀리 옮기셨으며 아버지가 자식을 긍휼히 여김 같이 여호와께서는 자기를 경외하는 자를 긍휼히 여기시나니 이는 그가 우리의 체질을 아시며 우리가 단지 먼지뿐임을 기억하심이로다"(시 103:8-14).

볼성사나운 모습으로 전락할 때가 여러 번 있었다. 그 자신의 죄와 조급함과 욕망에 눈이 먼 결과였다. 하나님께서 베풀어 주신 은혜와 사랑을 버렸기 때문이요 회복될 수 없는 치명상이었다. 그 누구도 다윗을 돌아보지 않았다. 다윗은 시편 32편 4절에 다음과 같이 썼다.

"주의 손이 주야로 나를 누르시오니 내 진액이 빠져서 여름 가뭄에 마름 같이 되었나이다."

다윗의 모습은 메말라 뒤틀린, 타들어 간 것 같은 들풀과 같이 되었다. 그 누구도 동정 어린 눈빛으로 바라보지 않았다.

그의 시편 22편 6-8, 14-16절을 보자.

"나는 벌레요 사람이 아니라 사람의 비방거리요 백성의 조롱거리니이다 나를 보는 자는 다 나를 비웃으며 입술을 비쭉거리고 머리를 흔들며 말하되 그가 여호와께 의탁하니 구원하실 걸, 그를 기뻐하시니 건지실 걸 하나이다 나는 물 같이 쏟아졌으며 내 모든 뼈는 어그러졌으며 내 마음은 밀랍 같아서 내 속에서 녹았으며 내 힘이 말라 질그릇 조각 같고 내 혀가 입천장에 붙었나이다 주께서 또 나를 죽음의 진토 속에 두셨나이다 개들이 나를 에워쌌으며 악한 무리가 나를 둘러 내 수족을 찔렀나이다."

그는 모든 것이 잘려 나갔다. 잎도 가지도 그리고 줄기도 말이다. 하나님의 공의로운 심판이다. 하지만 하나님은 다윗의 이야기를 끝내질 않으셨다. 그루터기를 하나님께서는 남겨 놓으신 것이다. 왜 그러셨을까? 하나님께서는 다음과 같은 기도를 드릴 수 있도록 도우셨다.

"여호와여, 들으소서. 이것이 부르짖나이다. 어여삐 보소서. 대답하소서. '어서 내게 오너라.' 하시던 말씀 그리워 이렇듯 주님의 얼굴을 뵈오려 하오니 얼굴을 돌리지 마소서. 화내어 주님의 종을 버리지 마소서. 주께서 도와주지 않으신다면 이것은 어찌할 수 없어요. 이것을 건져내시는 하나님, 이것을 내팽개치지 마소서. 이것을 버리지 마소서. 설령 내 부모는 나를 버릴지라도 그래요, 여호와께서는 나를 끝끝내 붙드시리니 여호와여, 주님의 길을 내게 일러주셔요. 저렇듯 원수들 노려보고 있사오니 안전한 길로 이끌어 주셔요"(시 27:7-11, 현대어성경).

다윗에 대한 하나님의 사랑은 변함이 없었다. 그가 하나님의 마음에 합했을 때는 기쁜 마음으로 사랑하셨고, 하나님께 실망을 주었을 때는 아픈 마음으로 사랑하셨다.

그 결과 다윗의 행적을 역대기 기자는 다음과 같이 기록할 수 있었다.

"이새의 아들 다윗이 온 이스라엘의 왕이 되어 이스라엘을 다스린 기간은 사십 년이라 헤브론에서 칠 년간 다스렸고 예루살렘에서 삼십삼 년을 다스렸더라 그가 나이 많아 늙도록 부하고 존귀를 누리다가 죽으매 그의 아들 솔로몬이 대신하여 왕이 되니라"(대상 29:26-28).

다윗 왕가는 어떠했던가? 이사야 11장 1절엔 예언하고 있다.

"다윗 왕가의 계열이 마치 한 그루의 나무처럼 잘려 끊어질 것이다"(현대어성경).

역사적으로 보면 다윗 왕가의 계열은 언제나 위태위태하였다. 변변치 못했다. 하나님께로부터 받은 바 그 직무를 제대로 감당한 왕이 몇 없었다. 게다가 북이스라엘 아합 왕과 이세벨의 딸인 아달라9가 유다 나라의 왕이 되기 위해 다윗 왕가의 씨를 말살시키려고까지 하였다. 다윗의 자손으로 오시는 예수 그리스도의 길을 없애려 한 것이다. 풍전등화(風前燈火)와 같은 상황 속에서 하나님께서는 아하시야의 아들 요아스를 살리시어 다윗 왕가는 이어지게 된다. 그러다가 마침내 유다나라는 바벨론의 침공을 B.C. 606, 597, 586년에 받았으며 멸망 당한다. 바벨론 포로 후에도 유다 민족은 하스몬 왕조10 때 잠시 독립을 되찾았을 뿐 페르시아, 그리스, 로마의 지배 속에 있었다. 하나님께서는 여기서 끝내버리셨나? 아니다. 하나님께서는 다윗과의 약속을 이루시기 위해서 일하셨다.11 언제나 다윗을 기억하셨다.12 이스라엘의 역사를 보라! **마침내 그 그루터기에서**

---

9 아달랴는 남유다의 여호람 왕과 결혼하여 아하시야를 낳았다. 아하시야가 왕이 된 후 살해당하자 아달랴는 스스로 유다나라의 왕이 되기 위하여 왕의 자손을 멸절하려 하였다. 하지만 아하시야의 누이 여호세바가 아하시야의 아들 요아스를 왕자들이 죽임을 당하는 중에서 빼내어 살리게 된다. 이로써 다윗 왕가는 이어지게 되었다.

10 하스몬 왕조(B.C. 140~163)는 마카베오 가문이 셀레우코스 제국을 물리치고 세운 왕조다. 이는 바벨론 멸망 후 처음으로 유대인이 세운 독립 왕조였다. 하지만 안타깝게도 권력 다툼과 분열로 막을 내리고 이후 유다 민족은 로마의 통치를 받게 된다.

11 "네 집과 네 나라가 내 앞에서 영원히 보전되고 네 왕위가 영원히 견고하리라 하셨다 하라 나단이 이 모든 말씀들과 이 모든 계시대로 다윗에게 말하니라"(삼하 7:16-17).

12 "여호와께서 그의 종 다윗을 위하여 유다 멸하기를 즐겨하지 아니하셨으니 이는 그와 그의 자손에게 항상 등불을 주겠다고 말씀하셨음이더라"(왕하 8:19).
"내가 나와 나의 종 다윗을 위하여 이 성을 보호하여 구원하리라 하셨나이다 하였더라"(왕하 19:34).

만왕의 왕, 만주의 주께서 새순으로 돋아나신다.

"다윗 왕가의 계열이 마치 한 그루의 나무처럼 잘려 끊어질 것이다. 그러나 그 그루터기에서 새순이 하나 돋아 오를 것이다. 그렇다. 그 옛 뿌리에서 새싹이 하나 돋아날 것이다. 그에게는 여호와의 영이 함께 할 것이다. 지혜와 깨달음의 영, 방책과 용기의 영, 여호와를 알고 두려워하게 하는 영이 머무르실 것이다. 그는 즐거이 주께 순종할 것이다. 그는 외모나 소문이나 거짓 증거에 따라서 판결을 내리지 않을 것이다. 오히려 그는 가난한 자들과 착취당하는 자들을 옹호할 것이다. 그는 불쌍한 자들을 탄압하는 악인들을 엄격하게 다스릴 것이다. 그에게는 공평과 진실이 옷과 허리띠가 될 것이다"(사 11:1-5, 현대어성경).

아브라함과 다윗의 자손으로 오실 예수 그리스도에 대한 예언 아닌가?[13] 하나님께서는 택하신 백성을 버리시지 않는다. 끝까지 포기하지 않으신 것이다. 오래전 다윗을 포기하지 않으시고 정하신 뜻을 이루신 것처럼 말이다. 그 구체적인 증거가 우리 주 예수 그리스도의 강림이 아닌가? 이사야 9장 6-7절엔 다음과 같이 예언되어 있다.

"이는 한 아기가 우리에게 났고 한 아들을 우리에게 주신 바 되었는데 그의 어깨에는 정사를 메었고 그의 이름은 기묘자라, 모사라, 전능하신 하나님이라, 영존하시는 아버지라, 평강의 왕이라 할

---

13 "아브라함과 다윗의 자손 예수 그리스도의 계보라"(마 1:1).

것임이라 그 정사와 평강의 더함이 무궁하며 또 다윗의 왕좌와 그의 나라에 군림하여 그 나라를 굳게 세우고 지금 이후로 영원히 정의와 공의로 그것을 보존하실 것이라 만군의 여호와의 열심이 이를 이루시리라."

하나님께서는 정하신 섭리와 뜻 안에 모든 것을 이끌어 가실 것이다. 이것을 믿고 아무리 사방이 황폐해지고 어둠만이 밀려온다 해도 낙심하지 말 것이다. 그리고 그루터기를 분명코 남겨 놓으시는 하나님을 소망할 뿐 아니라 내 안에도 은혜의 그루터기를 두신 하나님을 붙들자. 성도는 모든 것을 하나님의 손에 맡기고 오늘에 충실할 것이다. 주님 앞에서 할 일을 하는 하나님의 자녀로 말이다. 사랑을 베풀며 소망을 잃지 않고 그루터기에서 새싹이 돋게 하시는 능력의 주님을 앙망하며 기쁨과 감사와 기도로 살아갈 것이다.

왜 이렇게 살아갈 수 있을까? 하나님께서는 이 세상 속에서 택하신 백성을 찾으시고, 그들로 인하여 열방과 모든 민족을 복되게 하실 것이기 때문이다. 사람은 풍성했던 열매를 회상하고, 무성하게 우거진 잎사귀를 그리워하고, 널리 뻗은 나뭇가지를 기억하고, 줄기를 떠올릴 때 하나님께서는 끝까지 그루터기를 잊지 않고 찾으시고 바라보신다. 그리고 거기서 새싹을 틔우고야 마신다. 하나님은 그루터기를 남겨 놓으시고 그루터기를 거룩한 씨로 부르신다. 어찌 그루터기가 거룩한 씨로 불릴 수 있나? 그 까닭은 하나님이 그렇게 부르시니 그런 것이다. 다시금 여기에서부터 시작하신다는 거룩하신 하나님의 거룩한 의지시다. 다시금 나는 새 일을 시작하겠다는 것이다.

여호와 하나님의 열심이 이루시겠다는 것이다. 이를 위해서 사랑의 언약을 파기하시지 아니하시고 외아들 예수 그리스도까지 보내신 것 아닌가? 하나님의 사랑의 언약은 인간의 반역에도 없어지지 아니하고 파기되지 아니한다. 맹세와 약속은 사라지지 아니한다.[14] 이스라엘이 옛 언약을 파기했을지라도 하나님께서는 그들을 버리지 아니하시고 다시금 새 언약을 세우셨다.[15] 이 같은 인자하신 하나님이심을 믿기에 이사야 선지는 다음과 같은 기도를 드렸다.

"그러나 여호와여, 이제 주는 우리 아버지시니이다 우리는 진흙이요 주는 토기장이시니 우리는 다 주의 손으로 지으신 것이니이다 여호와여, 너무 분노하지 마시오며 죄악을 영원히 기억하지 마시옵소서 구하오니 보시옵소서 보시옵소서 우리는 다 주의 백성이니이다"(사 64:8-9).

주님 안에 있는 자는 소망을 빼앗기지 않는다. 이 세상은 시작이 있고 마침이 있음을 성경은 말씀하지만 그 마침 또한 영광된 시작임을 말씀하고 있다. 우리는 이 땅 가운데서도 그리스도 예수 안에서

---

14 "하나님은 약속을 기업으로 받는 자들에게 그 뜻이 변하지 아니함을 충분히 나타내시려고 그 일을 맹세로 보증하셨나니 이는 하나님이 거짓말을 하실 수 없는 이 두 가지 변하지 못할 사실로 말미암아 앞에 있는 소망을 얻으려고 피난처를 찾은 우리에게 큰 안위를 받게 하려 하심이라"(히 6:17-18).

15 "여호와의 말씀이니라 보라 날이 이르리니 내가 이스라엘 집과 유다 집에 새 언약을 맺으리라 이 언약은 내가 그들의 조상들의 손을 잡고 애굽 땅에서 인도하여 내던 날에 맺은 것과 같지 아니할 것은 내가 그들의 남편이 되었어도 그들이 내 언약을 깨뜨렸음이라 여호와의 말씀이니라 그러나 그날 후에 내가 이스라엘 집과 맺을 언약은 이러하니 곧 내가 나의 법을 그들의 속에 두며 그들의 마음에 기록하여 나는 그들의 하나님이 되고 그들은 내 백성이 될 것이라 여호와의 말씀이니라"(렘 31:31-33).

천국을 맛보고 살 것이며, 이 세상이 마침이 되는 날 영원한 하나님의 나라의 복락을 누릴 것이다. **사명자는 절망을 말하는 자가 아니요, 복음의 희망을 증거하는 자이다.** 예레미야는 비탄과 눈물의 선지자라고도 하나 그는 분명 소망의 선지자였다. 예레미야 18장 1-4절엔 다음과 같이 기록되어 있다.

"여호와께로부터 예레미야에게 임한 말씀에 이르시되 너는 일어나 토기장이의 집으로 내려가라 내가 거기에서 내 말을 네게 들려주리라 하시기로 내가 토기장이의 집으로 내려가서 본즉 그가 녹로로 일을 하는데 진흙으로 만든 그릇이 토기장이의 손에서 터지매 그가 그것으로 자기 의견에 좋은 대로 다른 그릇을 만들더라."

토기장이는 터진 진흙을 버리지 않으신다. 바로 그것으로 다시금 원하시는 그릇을 만드신다. 우리는 오늘도 그루터기를 사용하시는 하나님을 신뢰한다. 몸통까지도 베임을 당했을지라도 죄와 허물로 인해 그 누구도 돌아보는 이 없을지라도 하나님은 그루터기 위에 역사하신다. 그 증거를 보여줄 것을 요구하는 자들을 향해 우리는 "오래전 다윗을 보라!"고 할 것이다. 아니 이제는 "우리를 보라"고 외칠 것이다. 그리고 황폐하고 소망 없는 나의 사명지에서 하나님의 말씀을 외칠 것이다.

"그 주민 가운데 10분의 1이 살아 남는다 하더라도 그들마저 타버리고 말 것이다. 하지만 참나무와 상수리나무를 베어 넘어뜨려도 그 그루터기는 남아 있는 것같이 비록 이스라엘이 거듭거듭 침략을 당해 멸망하여도 그 뿌리는 살아 남는 나무와 같을 것이다. 그 나무의 그루터기는 항상 다시 살아서 자라날 것이다. 그 그루터기는 거룩한 씨인 까닭이다"(사 6:13, 현대어성경).

우리는 거룩한 씨를 통하여서 새 일을 하시는 하나님을 믿고 용맹을 발하며 사명의 언덕을 십자가 바로 지고 오를 것이다. 끝까지 끝까지 하나님께서 내 삶의 마침표를 찍으실 때까지 말이다. 그 누구도 그 어떤 피조물도 우리의 삶에 마침표를 찍지 못한다. 참되시고 성실하신 하나님을 믿고 그 복음을 위하여 전진하는 삶, 그것이 우리의 할 일이다.16 다윗과 같이 말이다.

---

16 김성철, 『얼마나 있으면 밤이 새겠소』, 349-355.